Mitarbeiterbindung im Einflussfeld gesellschaftlicher Modernisierung in Mittel- und Osteuropa

PERSONALMANAGEMENT UND ORGANISATION

Herausgegeben von Volker Stein

Band 3

Zur Qualitätssicherung und Peer Review der vorliegenden Publikation

Die Qualität der in dieser Reihe erscheinenden Arbeiten wird vor der Publikation durch den Herausgeber der Reihe geprüft.

Notes on the quality assurance and peer review of this publication

Prior to publication, the quality of the work published in this series is reviewed by the editor of the series.

Malte Krill

Mitarbeiterbindung im Einflussfeld gesellschaftlicher Modernisierung in Mittel- und Osteuropa

Eine Analyse am Beispiel der Automobilzulieferindustrie in Rumänien

PL ACADEMIC RESEARCH

Bibliografische Information der Deutschen Nationalbibliothek
Die Deutsche Nationalbibliothek verzeichnet diese Publikation in der Deutschen Nationalbibliografie; detaillierte bibliografische Daten sind im Internet über http://dnb.d-nb.de abrufbar.

Zugl.: Siegen, Univ., Diss., 2013

Gedruckt auf alterungsbeständigem,
säurefreiem Papier.

D 467
ISSN 1868-940X
ISBN 978-3-631-64964-0 (Print)
E-ISBN 978-3-653-04099-9 (E-Book)
DOI 10.3726/978-3-653-04099-9

Peter Lang – Frankfurt am Main · Bern · Bruxelles · New York ·
Oxford · Warszawa · Wien

Dieses Buch erscheint in einer Herausgeberreihe bei PL Academic Research und wurde vor Erscheinen peer reviewed.

www.peterlang.com

Nicht Arbeit, nicht Kapital,
nicht Land und Rohstoffe
sind die Produktionsfaktoren,
die heute in unserer Gesellschaft zählen,
sondern das Wissen der Mitarbeiter
in den Unternehmen.

Peter F. Drucker

Danksagung

Das Ergebnis vieler Jahre intensiver Arbeit liegt nun vor Ihnen. Bei dessen Entstehung haben mich viele Menschen in vielfältiger Weise unterstützt. Meinem Doktorvater, Herrn Univ.-Prof. Dr. Volker Stein, gilt mein besonderer Dank für seine fachliche Betreuung sowie die intensiven Diskussionen, die mir stets wertvolle Anregungen gegeben und neue Sichtweisen eröffnet haben. Frau Univ.-Prof.in Hanna Schramm-Klein danke ich für die Übernahme des Zweitgutachtens. Weiterhin gilt mein Dank all denen Menschen in meinem persönlichen Umfeld, die mich – bewusst oder unbewusst – stets entlastet, motiviert und aufgebaut haben. Alles wäre jedoch nicht möglich gewesen ohne die permanente Unterstützung meiner Lebenspartnerin Angela, die in den letzten Jahren sehr viel auf mich verzichten musste. Dafür danke ich ihr von ganzem Herzen.

Inhaltsverzeichnis

Abkürzungsverzeichnis

ADI	Ausländische Direktinvestitionen
Aufl.	Auflage
BIP	Bruttoinlandsprodukt
BTI	Bertelsmann Transformation Index
bzw.	beziehungsweise
DDR	Deutsche Demokratische Republik
Dev.	Development (Entwicklung)
d. h.	das heißt
et al.	et alii/aliae (und andere)
etc.	et cetera
EU	Europäische Union
GLOBE	Global Leadership and Organizational Behavior Effectiveness
IWF	Internationaler Währungsfonds
KPdSU	Kommunistische Partei der Sowjetunion
lin.	linear(e)
LKW	Lastkraftwagen
MA	Mitarbeiter
Mio.	Million
MOE	Mittel- und Osteuropa
OEM	Original Equipment Manufacturer
p. a.	per anno (pro Jahr)
ROI	Return on Investment
SO	Standort
u. a.	unter anderem
vgl.	vergleiche
WVS	World Values Survey
z. B.	zum Beispiel

Abbildungsverzeichnis

Tabellenverzeichnis

1 Einleitung

1.1 Problemstellung

Gegenstand der vorliegenden Dissertation ist die Erforschung der Mitarbeiterbindung in internationalen Unternehmen der Automobil- und Automobilzulieferindustrie in Mittel- und Osteuropa mit Fokus auf Rumänien. Das Konstrukt der Mitarbeiterbindung sowie deren Instrumente werden dabei hinsichtlich der Einflussmöglichkeiten für Unternehmen zur Erhöhung der Mitarbeiterbindung untersucht. Gesellschaftliche Modernisierung, widergespiegelt durch verstärkte Individualisierung und rationaleres Verhalten aller Akteure, bildet dabei einen wichtigen dynamischen Einflussfaktor für die Erwartungen und das Bindungsverhalten der Mitarbeiter. Wirtschaftlich aufstrebende Regionen wie Mittel- und Osteuropa stehen relativ am Anfang dieses Modernisierungsprozesses. Daraus resultierende Veränderungen der Bindungsanforderungen speziell in diesen Regionen und potenzielle Ansätze für Unternehmen, darauf zu reagieren, werden diskutiert.

Der Arbeitsmarkt für gut ausgebildete Fach- und Führungskräfte in Mittel- und Osteuropa ist gekennzeichnet durch niedrige Arbeitslosigkeit, starken Wettbewerb um die Kandidaten sowie eine vergleichsweise hohe Fluktuation.[1] Die Ansiedelung vieler internationaler Unternehmen und ihre Investitionen haben dazu geführt, dass die Arbeitslosigkeit in nahezu allen Staaten in Mittel- und Osteuropa erheblich gesunken ist. Beispielsweise hat in Rumänien, das seit 2007 Mitglied der EU ist, die Arbeitslosenquote von 8,6 Prozent in 2002 auf 7,2 Prozent im ersten Quartal in 2012 abgenommen.[2] Diese Arbeitslosenquote liegt im Vergleich zu beispielsweise Polen oder der Slowakei für das erste Quartal 2012 mit Werten von 9,9 beziehungsweise 13,7 Prozent deutlich niedriger.[3] Führt man eine Analyse innerhalb der jeweiligen Länder durch, so sind starke regionale Unterschiede feststellbar. Die Arbeitslosigkeit in der Region um Timisoara, das als eines der industriellen Zentren Rumäniens gilt, beträgt zum Beispiel lediglich 1,7 Prozent.[4] Die Löhne liegen hier bereits deutlich über dem Landesdurchschnitt.[5]

---

1 vgl. *Kaufmann/Panhans* (2006), 95; *Schulz* (2007), 149-151; *Deutsch-Ungarische Industrie- und Handelskammer* (2008), 11-12.

2 Datenquelle: *Eurostat* (2012a).

3 Datenquelle: *Eurostat* (2012a).

4 vgl. *Konsulat der Bundesrepublik Deutschland Temeswar* (2012).

5 vgl. *Vetter/Herz/Brüggmann* (2008).

Meist bieten Regionen wie die um Timisoara aufgrund ihrer Nähe zu Universitäten sowie den vorhandenen Sprachkenntnissen äußerst attraktive Bedingungen besonders für deutsche Investoren. Folgen sind die Ansiedelung weiterer Unternehmen und die damit verbundene Verschärfung der Knappheit personeller Ressourcen. Dieser Wettbewerb um die Kandidaten hat zu einem starken Anstieg der Löhne mit einer Annäherung an das westeuropäische Niveau geführt, wenn auch die absolute Differenz immer noch sehr groß ist.[6] So musste beispielsweise der zum Renault-Konzern gehörende rumänische Automobilhersteller Dacia im April 2008 einer Lohnerhöhung von 30 Prozent zustimmen. Das aufstrebende Unternehmen war zuvor fast drei Wochen bestreikt worden und hatte einen täglichen Produktionsausfall im Wert von ca. 10 Millionen Euro zu verbuchen.[7] Trotz Krise in der Automobilindustrie, von der Dacia in 2009 allerdings geringfügiger als der Gesamtmarkt betroffen war, konnten Belegschaft und Gewerkschaften Anfang 2010 eine weitere Lohnerhöhung von etwa 10 Prozent durchsetzen.[8] Insgesamt fielen die Lohnerhöhungen in Mittel- und Osteuropa in der Krisenzeit mit durchschnittlich 4,5 Prozent moderater aus als in der Zeit zuvor.[9] Eine Rückkehr zu Steigerungsraten auf Vorkrisenniveau stellte sich bereits 2011 wieder ein.[10]

Abbildung 1 zeigt die Veränderung der monatlichen Arbeitskosten einiger ausgewählter mittel- und osteuropäischer Länder und Deutschland im Zeitraum 1996 bis 2010, berechnet auf Basis des Euro. Auffallend ist dabei insbesondere die Entwicklung der Arbeitskosten in Rumänien, wo der Wert um 275 Prozent gestiegen ist.[11] Die absoluten Löhne in Rumänien liegen im Vergleich zu anderen mittel- und osteuropäischen Ländern allerdings noch auf niedrigerem Niveau, so dass der drastische Anstieg auch Teil eines gewissen „Nachholbedarfs" ist.

Das steigende Lohnniveau und der damit verbundene zunehmende Wohlstand bieten wiederum Unternehmen aus weiteren Bereichen Marktchancen, sich beispielsweise mit Dienstleistungen zu positionieren. Zusätzlich siedeln sich nach der Anfangsphase Unternehmen an, die nicht zu den Pionieren bei Verlagerungen oder Neuaufbauten von Tochtergesellschaften in Mittel- und Osteuropa zählen.

---

6 vgl. *European Union* (2011a), 254-255.

7 vgl. *Focus Online* (2008).

8 vgl. *Automobil Produktion* (2010), 1.

9 vgl. *Bethkenhagen* (2010), 2.

10 vgl. *ECA International* (2011).

11 vgl. *Gillies* (2008), 35.

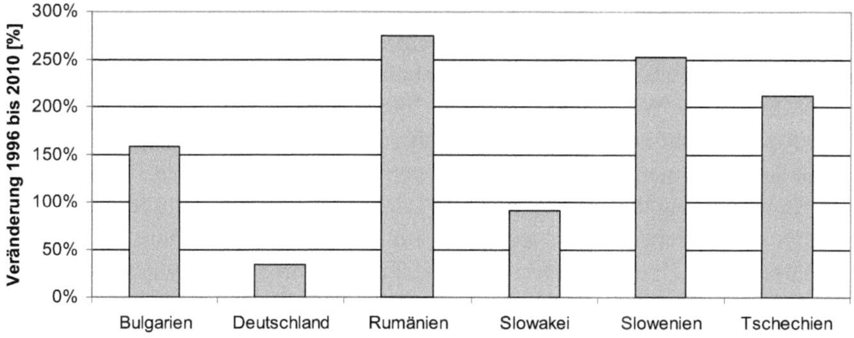

Abbildung 1: Veränderung der monatlichen Arbeitskosten 1996 bis 2010[12]

Damit bietet sich für gute und wechselwillige Kandidaten die Möglichkeit großer Gehaltssteigerungen innerhalb kurzer Zeit. Im Vergleich zu westeuropäischen Ländern liegt die Fluktuation in Mittel- und Osteuropa auch aus diesem Grund deutlich höher. Untersuchungen bestätigen Fluktuationsraten von ca. 25 Prozent in Rumänien.[13] Ähnlich verhält es sich auch in anderen Ländern in Mittel- und Osteuropa.[14]

Der Arbeitsmarkt in Mittel- und Osteuropa erweist sich damit aus Unternehmenssicht als schwierig. Die Bindung relevanter, gut ausgebildeter Mitarbeiter stellt vor diesem Hintergrund eine große Herausforderung dar. Kurzfristige Entspannungen auf dem Arbeitsmarkt, primär ausgelöst durch die Finanz- und Wirtschaftskrise, können nicht zu einer mittel- bis langfristigen Verbesserung der Situation beitragen.[15] Frühere Erfahrungen wie beispielsweise die Krise von 2000/2001 haben gezeigt, dass sich während der Krisenphase die von entwickelten Industriestaaten ausgehenden Verlagerungstätigkeiten allgemein und auch speziell nach Mittel- und Osteuropa reduzieren, danach jedoch wieder stark ansteigen.[16] Offenbar nutzen die Unternehmen den Krisenzeitraum mit seinen beschränkten finanziellen Mitteln, um ihre Planungen neu auszurichten und diese anschließend bei steigender Konjunktur und den entsprechenden Finanzierungsmöglichkeiten umzusetzen. Die Verlagerungsaktivitäten deutscher Unternehmen befanden sich 2009 auf dem tiefsten Stand seit 15 Jahren.[17] Die seit

12 Datenbasis: *Eurostat* (2012b). Berechnet auf Basis des Euro.

13 vgl. *Häuser* (2010), 1; *Bethkenhagen* (2010), 2; *manager-magazin.de* (2008).

14 vgl. *IHK Ulm* (2009), 1-2.

15 vgl. *ECA International* (2011).

16 vgl. *Kinkel/Maloca* (2009), 3.

17 vgl. *Kinkel/Maloca* (2009), 3.

2010 auch gegenüber dem Vorkrisenniveau steigenden ausländischen Direktinvestitionen sind ein Indikator, dass Unternehmen verstärkt in Rumänien präsent sind oder die bestehenden Präsenzen ausbauen.[18]

Während der Wirtschaftskrise von 2009 hat die Fluktuation in Mittel- und Osteuropa spürbar abgenommen, da sich sowohl einheimische als auch ausländische Unternehmen mit Neueinstellungen zögerlich verhielten. Durch die rasche Stabilisierung der wirtschaftlichen Lage im Bereich der Automobilindustrie – teilweise getrieben durch nationale Unterstützungsprogramme wie der Abwrackprämie in Deutschland – stieg die Fluktuation schnell wieder an, da gut ausgebildete Mitarbeiter von den Chancen zum Beispiel in sich neu ansiedelnden Betrieben profitieren wollten.[19]

Aktuell befindet sich die europäische Automobilindustrie – und mit ihr ihre Zulieferer – aufgrund rückläufiger Verkaufszahlen in einer sehr kritischen Phase.[20] Rückläufige Produktionszahlen führen zu nicht ausgelasteten Kapazitäten und erleichtern so Verlagerungen oder Konzentrationen auf bereits bestehende, kostengünstige Standorte.

Vor diesem Hintergrund wird sich die Lage auf dem Arbeitsmarkt in Mittel- und Osteuropa mittel- bis langfristig aus Unternehmenssicht nicht merklich verbessern. Für Unternehmen stellt dies ein Problem dar, dem sie sich nicht verschließen können. Gerade in der Aufbauphase ist es für die Unternehmen wichtig, auf die Unterstützung kompetenter und erfahrener Mitarbeiter zählen zu können und nicht unnötig Ressourcen in das Basistraining ständig neuer Mitarbeiter zu investieren. Unternehmen müssen sich daher darauf vorbereiten, zusätzliche Anstrengungen zu unternehmen, um Fluktuation zu minimieren und ihre produktiven und gewinnbringenden Mitarbeiter zu halten. Dabei erweist sich gerade die Bindung selbst als ein erhebliches Problem.

Unabhängig von den situativen Bedingungen bestimmter Regionen oder Entwicklungsphasen eines Unternehmens stellt Bindung von Mitarbeitern eine Thematik dar, die schon seit einiger Zeit im Fokus betriebswirtschaftlicher Forschung steht.[21] Den Themen Fachkräftemangel, demografische Entwicklung sowie Kampf um Talente und geeignete Kandidaten müssen sich Unternehmen in

18 vgl. *Auswärtiges Amt* (2012); *KPMG* (2012); *Allgemeine Deutsche Zeitung für Rumänien* (2012).

19 vgl. *Kinkel/Spomenka* (2009), 8; auch *ECA International* (2011); *Focus online* (2008); *Auto Motor und Sport* (2008).

20 vgl. *Spiegel Online* (2012); *Automobil Produktion* (2012).

21 vgl. unter anderem *Bauer/Jensen* (2001); *Mitchell et al.* (2001), 337-352; *Ramlall* (2003), 63-72; *Michelman* (2003); *Brökermann/Pepels* (2004); *Szebel-Habig* (2004); *Gehlen* (2004); *vom Hofe* (2005); *Felfe* (2008); *Thom/Friedli* (2008); *Bruhn/Grund* (2010), 861-866, *Trost* (2012).

Deutschland wie auch in aufstrebenden Ländern stellen.[22] Der „War for Talents“[23] findet grenzübergreifend statt.

Aktuelle Studien in Deutschland zeigen, dass weitverbreitet Probleme bei der Besetzung von vakanten Positionen bestehen.[24] Die Unternehmensbefragung des Deutschen Industrie- und Handelskammertages (DIHK) stellt fest, dass zwei von fünf Unternehmen hierbei auf Schwierigkeiten stoßen und beispielsweise die Besetzung offener Stellen bei 37 Prozent der Unternehmen länger als zwei Monate dauert.[25] Dabei wird der Fachkräftemangel von jedem dritten Unternehmen in Deutschland als eine der größten Bedrohungen für die eigene wirtschaftliche Entwicklung angesehen.[26] Der Trend ist hierbei stark steigend.[27]

Nach einem Ausblick der Organisation für wirtschaftliche Zusammenarbeit und Entwicklung (OECD) auf die Weltwirtschaft in den nächsten Jahrzehnten werden insbesondere für Deutschland Wachstumsbeschränkungen aufgrund der überalterten Bevölkerung prognostiziert.[28] Eine überalterte Bevölkerung bei gleichzeitiger Stagnation und Reduktion der Einwohnerzahl bedeutet automatisch auch eine geringere Verfügbarkeit von Fachpersonal.

Eine Studie von *Bienzeisler/Bernecker* im Umfeld technischer Unternehmen aus dem Jahr 2008 zeigt, dass mehr als 60 Prozent der befragten deutschen Betriebe unter Fachkräftemangel leiden, ein Viertel davon sogar unter extremer Verknappung.[29] Dieser Mangel an Fachkräften führt zu negativen Auswirkungen auf das bereits bestehende Personal, beispielsweise durch Überlastung und verringerte Leistungsqualität, sowie zu geringerem Wachstum und verschlechterten Erfolgsaussichten der Unternehmen.[30]

Mit der gleichen Thematik müssen sich auch Unternehmen in Mittel- und Osteuropa auseinandersetzen. Die demografische Entwicklung stellt hier jedoch eher selten die Ursache der Probleme dar; Gründe sind primär eine grundsätzlich geringe Verfügbarkeit von qualifiziertem Personal bedingt durch starke Ansie-

---

22 vgl. unter anderem *Groenewald* (2006a), 46-48; *Glen* (2006), 37-45; *von der Oelsnitz/Stein/Hahmann* (2007), 81-83; *Schmitt-Lechner* (2007), 28-38; *Reisch* (2008), 1; *Koppel/Plünnecke* (2009), 27-38; *Mesaros/Vanselow/Weinkopf* (2009), 9-20; *Binder* (2009), 139-150; *Schat* (2012), 32-38; *Wilhelm/Wuttke* (2012), 40-45; *Müller/Scholz* (2012), 68-81; *Baharian/Kouli/Ratazzi-Förster* (2012), 112-122..

23 *Michaels/Handfield-Jones/Axelrod* (2001), 1.

24 vgl. *Richter/Weiß* (2009), 69-70; *Kirchgeorg* (2009), 1; *Erdmann/Seyda* (2012), 20-26.

25 vgl. *DIHK* (2011), 7-8.

26 vgl. *DIHK* (2011), 5.

27 vgl. *DIHK* (2011), 5.

28 vgl. *Zeit Online* (2012).

29 vgl. *Bienzeisler/Bernecker* (2008), 10-11.

30 vgl. *Bienzeisler/Bernecker* (2008), 11-12.

delung neuer Unternehmen sowie Wissensmigration ins Ausland.[31] Die Folgen für die Unternehmen bleiben die gleichen.

Die vereinfachten Zugangsmöglichkeiten zu Information über vakante Stellen und verfügbare Kandidaten unterstützen Wechseltendenzen. Online-Stellenportale, Bewerber-Datenbanken sowie Newsletter zusätzlich zu den traditionellen Printmedien erhöhen die Wahrscheinlichkeit, dass die „Richtigen" miteinander in Kontakt treten können.[32] Die weite Verbreitung und Nutzung von Personaldienstleistungsunternehmen tragen ebenfalls dazu bei.[33]

Um dem Thema Bindung zu entsprechen, setzen Unternehmen daher Mitarbeiterbindungssysteme ein. Die Maßnahmen reichen dabei von finanziellen Elementen wie marktgerechten Gehältern oder Retention-Boni über Weiterbildungsmöglichkeiten bis zu Programmen zur Gesundheitsvorsorge.[34] Dabei werden nicht unbedingt neue Instrumente beschrieben, aber ihre Einsatzmöglichkeiten werden unter bindungsbezogenen Aspekten neu akzentuiert.[35]

Solche Mitarbeiterbindungssysteme stützen sich auf die betriebswirtschaftliche Forschung zur Bindungstheorie.[36] Ziel ist es dabei, den Mitarbeiter zu einem freiwilligen und damit hoch motivierten Verbleiben im Unternehmen zu bewegen.[37] Teilweise finden sich auch Elemente einer Zwangsbindung wie beispielsweise die Rückzahlung von Weiterbildungskosten bei vorzeitigem Arbeitsplatzwechsel oder Wettbewerbsverbote in den Bindungssystemen.[38] Strukturierte Mitarbeiterbindungssysteme sind in entwickelten Ländern wesentlich weiter verbreitet als in aufstrebenden Ländern.[39]

Die bestehenden Konzepte weisen jedoch Limitationen auf. Insbesondere werden gesellschaftliche Veränderungen vernachlässigt. Gesellschaftliche Modernisierung, die sich aufgrund der Weiterentwicklung der Länder sowohl in entwickelten als auch in aufstrebenden Gesellschaften vollzieht, hat einen großen Einfluss auf Werte und Verhaltensweisen.[40] Diese Werte und Verhaltens-

---

31 vgl. *Kaufmann/Panhans* (2006), 190; *Mihalcea* (2007), 102-103; *Jürgens/Krzywdzinski* (2010), 18-19+114-118.

32 vgl. *Knoblauch* (2004), 103.

33 vgl. *Grunwald* (2001), 227-230.

34 vgl. *Towers Perrin* (2006), 16-17.

35 vgl. *Bröckermann* (2004), 18-23.

36 vgl. insbesondere *Bauer/Jensen* (2001); *Gehlen* (2004); *vom Hofe* (2005); *Thom/Friedli* (2008).

37 vgl. *vom Hofe* (2005), 3-9.

38 vgl. *vom Hofe* (2005), 194.

39 vgl. *Gehlen* (2004), 23-24; *Groenewald* (2006a), 46; *Reisch* (2008), 1.

40 vgl. *Rössel* (2007), 545-547.

weisen wiederum bestimmen, wie erfolgreich Instrumente der Bindung bei einem Mitarbeiter wirken können.

Nach *Inglehart* durchläuft Modernisierung unterschiedliche Phasen.[41] Durch Industrialisierung kommt es zu einer Verschiebung der traditionellen Werte hin zu säkular-rationalen Werten. Damit findet eine allgemeine Rationalisierung mit einem Bedeutungsverlust von Traditionen statt. Die postindustrielle Phase stellt den weiteren Abschnitt der Modernisierung dar. Die damit einhergehende und anhaltende Verbesserung der Lebensumstände ermöglicht es, sich anderen Zielen als der Sicherung materieller Lebensumstände zu widmen. Dies führt zu einer Verschiebung der Werte von *Survival* zu *Self-Expression*, das heißt von materialistischen zu postmaterialistischen Werten.[42]

Die Zunahme postmaterialistischer Werte drückt sich auch in der zunehmenden Individualisierung aus.[43] Mitarbeiter verhalten sich opportunistisch, verfolgen ihre eigenen Ziele und optimieren ihre persönlichen Chancen.[44] Bezogen auf den Arbeitsplatz bedeutet das zum Beispiel, dass dabei der Austausch von traditionellen Unterordnungs- und Gehorsamkeitswerten durch Selbstentfaltungswerte stattfindet.[45] Auch die zunehmende Bedeutung des Themas Work-Life-Balance ist Ausdruck einer verstärkten Individualisierung.[46] Diese Veränderungen erschweren die Bindung von Mitarbeitern zusätzlich, da Unternehmen sie zunächst erkennen und dann handeln müssen, um den Mitarbeiter nicht zu verlieren.

Gleichzeitig verändern sich auch die Werte der Unternehmen. Um sich am Markt behaupten zu können, müssen Unternehmen kontinuierlich nach Verbesserungen suchen, ihre Wettbewerbssituation stärken und die bestehenden Ressourcen effektiver nutzen. Die Automobilzulieferindustrie beispielsweise ist weltweit seit langem von hohem Kostendruck gekennzeichnet[47], was auch zu verstärkten Verlagerungsaktivitäten in die Niedriglohnländer in Mittel- und Osteuropa führte. Die aus ihrer begrenzten Anzahl resultierende Marktmacht der Automobilhersteller erhöht zusätzlich den Druck auf die Zulieferer, neben dem teilweise dramatischen Preisverfall von Fahrzeuggeneration zu Fahrzeuggeneration auch jährliche Preisreduktionen zu garantieren. Dies gilt insbesondere für Unternehmen, die direkt an die Automobilhersteller liefern (Tier-1-Zulieferer). Sie sehen sich zusätzlich auf ihrer eigenen Zulieferseite häufig starken, bran-

---

41 vgl. *Inglehart* (1998), 109-111; *Inglehart/Welzel* (2005), 5.

42 vgl. *Inglehart* (1998), 111-114; *Inglehart/Welzel* (2005), 45-47.

43 vgl. *Inglehart* (1998), 120-121.

44 vgl. *Scholz* (2003), 53-61.

45 vgl. *Krohn* (2007), 119.

46 vgl. *Krohn* (2007), 113-116; *Thiele* (2009), 64-68.

47 vgl. *Radtke/Abele/Zielke* (2004), 17-20.

chenunabhängigen Lieferanten ausgesetzt, die eine Weitergabe des Kostendrucks nur bedingt zulassen. Diese „Sandwich-Position“ verschlechtert die finanzielle Situation der Tier-1-Zulieferer und hat letztlich jedoch auch negative Auswirkungen auf die Zulieferer der anderen Stufen (Tier-2, Tier-3). Finanzielle Vorteile, die beispielsweise durch niedrigere Personalkosten in Mittel- und Osteuropa realisiert werden, werden damit schnell aufgezehrt. Unternehmen verfolgen daher ebenfalls konsequent ihre Ziele durch ständige Kostenoptimierungen. Um dies effektiv durchzuführen, sind sie auf hoch motivierte, fähige und trainierte Mitarbeiter angewiesen.

Gesellschaftliche Modernisierung findet in allen Ländern statt. *Inglehart* geht, gestützt auf die Daten des *World Values Survey*, nicht von einer Wertekonvergenz, sondern von einer Verschiebung der Werte einzelner Länder in die gleiche Richtung aus.[48] Die Werte basieren dabei nicht nur auf dem, was von der älteren Generation übertragen wurde, sondern auch auf den eigenen Erfahrungen insbesondere der Jugendzeit.[49]

Die gesellschaftlichen Veränderungen haben hierbei keinen linearen Verlauf, sondern sind stark abhängig von der Phase und dem jeweiligen Entwicklungsstand des Landes.[50] Während beispielsweise Deutschland schon seit vielen Jahrzehnten einen hohen Lebensstandard mit grundsätzlich gesicherten materiellen Lebensumständen aufweist und die dortigen Bewohner nicht-materiellen Bedürfnissen einen hohen Stellenwert zuschreiben, befinden sich aufstrebende Gesellschaften wie die der Region Mittel- und Osteuropa noch am Anfang dieser Entwicklung. Durch den Zusammenbruch der kommunistischen Regime kam es hier vorübergehend zu deutlichen Verschlechterungen des Lebensstandards.[51] Die Folgen der wirtschaftlichen und politischen Transformation sind gut 20 Jahre nach dem Zusammenbruch des Systems zwar noch deutlich spürbar, die gesellschaftliche Modernisierung schreitet hier (insbesondere bei jüngeren, gut ausgebildeten Bevölkerungsgruppen) jedoch sehr schnell voran.[52] Entsprechende Auswirkungen auf die Werte, Einstellungen und Verhaltensweisen der Mitarbeiter sind die Folge. Durch die Auswirkungen der politischen Reformen, die Modernisierung gesellschaftlicher Institutionen und die damit verbundene wirtschaftliche Entwicklung in weiten Teilen Mittel- und Osteuropas hat sich die persönliche Lage vieler Einwohner verbessert.[53] Während in der Vergangenheit

48 vgl. *Inglehart/Welzel* (2005), 20.

49 vgl. *Inglehart/Welzel* (2005), 2.

50 vgl. *Inglehart/Welzel* (2005), 78.

51 vgl. *Inglehart/Welzel* (2005), 38.

52 vgl. *Sterbling* (2007), 155-156.

53 vgl. *GfK GeoMarketing* (2007), 2-3; *Deutsch-Ungarische Industrie- und Handelskammer* (2008), 5-8.

überwiegend die Befriedigung materieller Bedürfnisse im Vordergrund stand, kommen nun weitere Bedürfnisse hinzu. Diese Veränderungen müssen zur Sicherstellung einer effektiven Mitarbeiterbindung beachtet werden.[54] Abbildung 2 zeigt die Entwicklung des realen Bruttoinlandsprodukts in Rumänien.[55]

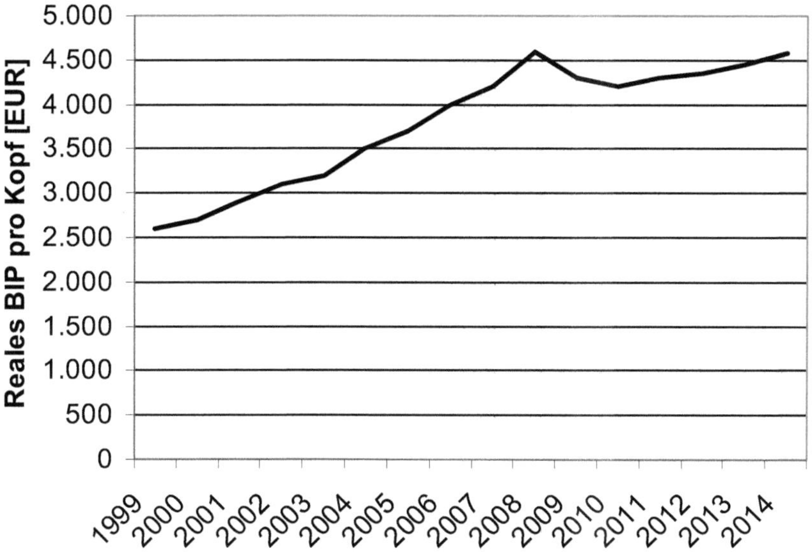

Abbildung 2: Entwicklung des realen BIP pro Kopf in Rumänien 1999 bis 2014 (ab 2012 prognostizierte Werte)[56]

Erkennbar ist dabei, dass es in Folge der weltweiten Wirtschafts- und Finanzkrise 2009 und 2010 zu einem Rückgang gekommen ist. Die Prognosen für die Folgejahre zeigen jedoch, dass an die Entwicklung vor der Krise angeknüpft wird und das Wachstum weiterhin deutlich über dem der bereits weiter entwickelten westlichen EU-Länder liegt.[57] Das Land befindet sich daher in einer Entwicklung zu mehr Wohlstand, die nach *Inglehart* zu Veränderungen der Werte und Bedürfnisse führt.[58] Die früheren Entwicklungen in weiter fortgeschrittenen, westlichen Gesellschaften zeigen, dass mit zunehmendem Wohl-

54 vgl. *Hibsch* (2007), 220-221.
55 Datenbasis: *Eurostat* (2012c).
56 Datenbasis: *Eurostat* (2012c).
57 vgl. *Eurostat* (2012c)
58 vgl. *Inglehart* (1998), 109-111; *Inglehart/Welzel* (2005), 5.

stand der Anteil der Materialisten zugunsten der Postmaterialisten zurückgeht.[59] Insbesondere die besser ausgebildeten und in relativ gesicherten Verhältnissen aufgewachsenen Menschen sind überwiegend nicht-monetär geprägt. Der Anteil der Personen in Mittel- und Osteuropa, die unter ähnlichen Randbedingungen seit der politischen Wende aufgewachsen sind, nimmt ständig zu.

Abbildung 3 zeigt die Bedeutung der Werte innerhalb eines Landes in unterschiedlichen Altersgruppen. Dabei repräsentiert der Beginn des Pfeils die älteste Gruppe, die Spitze des Pfeils die jeweils jüngste Gruppe. Je nach Entwicklungsstand befinden sich die dargestellten Länder innerhalb der Box an unterschiedlichen Positionen. Insgesamt ist erkennbar, dass die jüngeren Generationen tendenziell in die rechte obere Ecke der Abbildung streben.[60] Diese entspricht nicht-monetären Werten und Bedürfnissen. Gerade die Bevölkerungsgruppe der jungen, häufig gut ausgebildeten ist für Unternehmen als potenzielle Mitarbeiter sehr interessant und bedeutsam.

Die bisherige betriebswirtschaftliche Bindungsforschung stößt hierbei an ihre Grenzen, da der wichtige Aspekt der gesellschaftlichen Modernisierung nicht oder nur unzureichend Berücksichtigung findet. Bestehende Systeme der Mitarbeiterbindung können daher nicht effektiv und zielgerichtet wirken. Für Unternehmen bedeutet dies kostenintensive Ineffizienzen, die sie sich im starken Wettbewerb nicht erlauben können. Aufgrund gesellschaftlicher Modernisierung als dynamischem Prozess wird sich dieser Zustand noch verschärfen. Regionen in Transformationsphasen wie Mittel- und Osteuropa, die aktuell noch am Anfang dieses nicht linearen Modernisierungsprozesses stehen, werden Veränderungen durchlaufen, für die die Bindungsforschung Antworten bereitstellen muss.

59 vgl. *Inglehart/Welzel* (2005), 99-107.

60 vgl. *Inglehart/Welzel* (2005), 112-113.

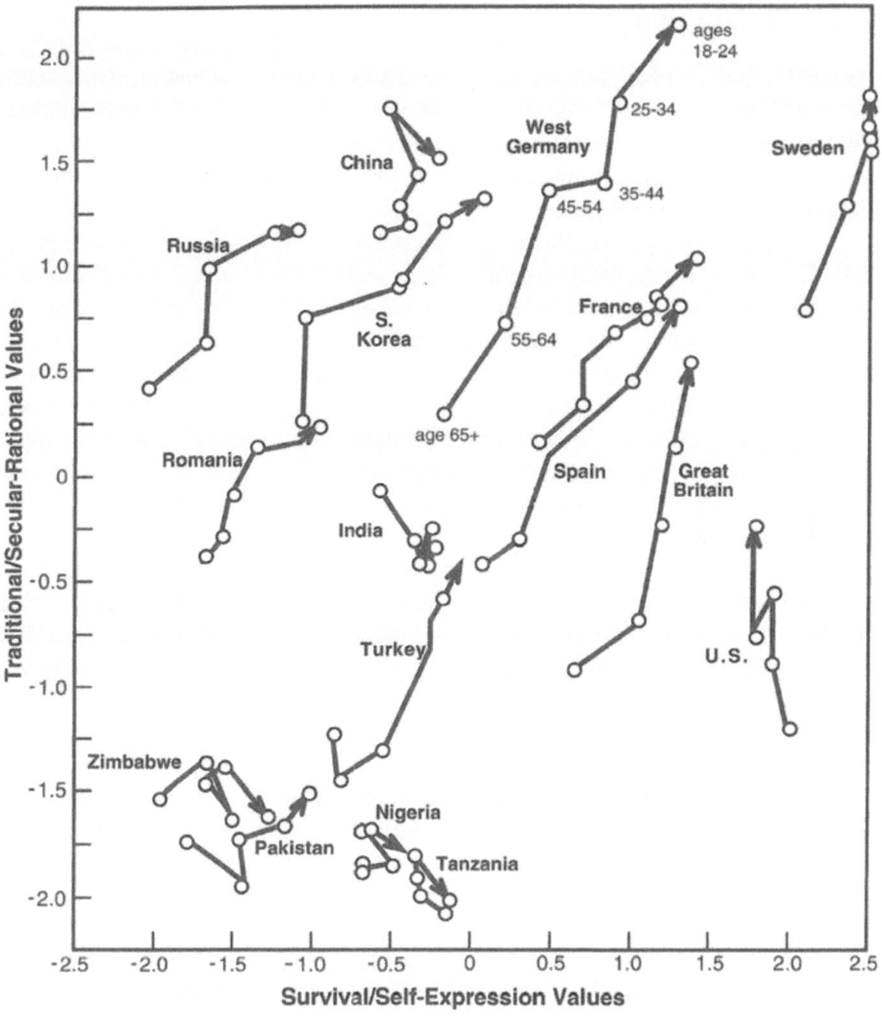

Abbildung 3: Bedeutung der Werte in unterschiedlichen Altersgruppen in unterschiedlichen Ländern[61]

61 *Inglehart/Welzel* (2005), 112.

1.2 Zielsetzung

Ziel der Arbeit ist eine Analyse der Mitarbeiterbindung im Kontext gesellschaftlicher Modernisierung in Mittel- und Osteuropa. Die Arbeit soll zum Verständnis beitragen, wie Instrumente der Mitarbeiterbindung von Unternehmen eingesetzt werden können, um unter den veränderten gesellschaftlichen Rahmenbedingungen erfolgreich zu sein.

Das theoriegeleitete Ziel der Arbeit liegt in der Klärung des Einflusses gesellschaftlicher Modernisierung auf die Mitarbeiterbindung und auf die bindungsbezogenen Verhaltensweisen der beteiligten Unternehmen und Mitarbeiter. Bei den Instrumenten ist herauszustellen, welche Veränderungen und Anpassungen hier vollzogen werden, um Effizienz und Effektivität der Instrumente bei unterschiedlichen Ständen gesellschaftlicher Modernisierung sicherzustellen.

Weiterhin sollen in diesem Zusammenhang die Einflussnahme der Unternehmenszentralen auf die Bindungsstrategien der Tochtergesellschaften sowie umgekehrt die Einflussnahme der Töchter auf die globalen Bindungsstrategien der Zentralen analysiert werden.

Basierend auf diesem Verständnis ist es ferner das Ziel dieser Dissertation, Ge-staltungsmöglichkeiten zur Vorbereitung auf die zukünftigen Anforderungen für Unternehmen in Transformationsländern aufzuzeigen. Bestehende Ansätze zur Mitarbeiterbindung sollen um den dynamischen Aspekt der gesellschaftlichen Modernisierung ergänzt und damit in ihrer Effektivität und Aktualität verbessert werden.

Aus praktischer Sicht soll somit den Unternehmen ein Leitfaden an die Hand gegeben werden, mit dessen Hilfe sie ihre Position bei der Bindung und Rekrutierung von Mitarbeitern im dynamischen Umfeld der Transformation und Modernisierung der Länder verbessern und somit ihre Wettbewerbsfähigkeit steigern können. Entscheidungsträgern in Unternehmen können so optimierte Handlungsempfehlungen zur Mitarbeiterbindung in Transformationsländern gegeben werden. Diese Empfehlungen sollen insbesondere das optimierte Zusammenspiel zwischen Stammhaus und regionaler Tochtergesellschaft mit einbeziehen. Die Ergebnisse sind somit einerseits für Unternehmen hilfreich, die bereits in entsprechenden Regionen aktiv sind. Diese Unternehmen können insbesondere ihr Personalmanagement optimieren und damit positive Effekte für das Gesamtunternehmen realisieren. Andererseits können die Untersuchungsergebnisse auch Unternehmen helfen, die sich derzeit in der Planungsphase für einen solchen Eintritt befinden, einen umfassenden Überblick über den wichtigen Aspekt Personalmanagement für die jeweilige Region zu erhalten.

Der regionale Fokus der Arbeit liegt auf den Ländern in Mittel- und Osteuropa. Aufgrund der Nähe sowie der überwiegenden Integration in die EU stellen sie einen wichtigen Partner Westeuropas dar. Für deutsche Unternehmen hat die Region ebenfalls eine sehr große Bedeutung, sowohl als Absatzmarkt als auch als Produktionsstandort.[62] Innerhalb der Länder Mittel- und Osteuropas liegt der Fokus dieser Arbeit auf Rumänien, das innerhalb der mittel- und osteuropäischen Länder der EU noch relativ am Anfang der wirtschaftlichen Entwicklung steht. Aufgrund der Bedeutung der Automobil- und Automobilzulieferindustrie sowohl für Rumänien als auch Deutschland wird bei Vergleichen mit weiter entwickelten Ländern Deutschland als Stellvertreter für diese weiter entwickelten Länder angesehen.

Der Branchenschwerpunkt der Dissertation ist die Automobil- und Automobilzulieferindustrie. Sie haben sowohl in Deutschland als auch in Mittel- und Osteuropa einen erheblichen Anteil an der Gesamtbeschäftigung sowie am BIP.[63] Mittel- und Osteuropa wird als das „Detroit des Ostens“[64] bezeichnet, da bereits in 2007 27 Prozent der weltweiten Kraftfahrzeugherstellung aus der Region Mittel- und Osteuropa stammten.[65] Aufgrund der Relevanz für Deutschland sollen verlagerte und neu aufgebaute Produktionsbetriebe deutscher Unternehmen aus der Automobil- und Automobilzulieferindustrie im Zentrum der Analyse stehen. Zusätzlich werden internationale, westliche Konzerne mit in die Analyse aufgenommen.

Bei den Analysen steht insgesamt die unternehmerische Sichtweise im Vordergrund.

1.3 Aufbau

Die vorliegende Dissertation ist in insgesamt fünf Kapitel gegliedert. Der Aufbau der Arbeit wird weitgehend durch die methodische Vorgehensweise determiniert. Abbildung 4 zeigt den Aufbau schematisch.

Im ersten Kapitel wird zunächst auf die Ausgangssituation und die Problemstellung eingegangen. Weiterhin werden Zielsetzung, Aufbau und wissenschaftstheoretische Einordnung erläutert.

Das zweite Kapitel behandelt die theoretischen Grundlagen der Arbeit. In diesem Zusammenhang wird zunächst das Thema Mitarbeiterbindung analysiert.

---

62 vgl. *Kaufmann/Panhans* (2006), 9; *Kinkel/Zanker* (2007), 25-26.

63 vgl. *Statistisches Bundesamt Deutschland* (2009); *Germany Trade and Invest GTAI* (2008), 1-2.

64 *Germany Trade and Invest GTAI* (2008), 1.

65 vgl. *Germany Trade and Invest GTAI* (2008), 1-2. MOE inklusive Russland. Siehe auch *Jürgens/Krzywdzinski* (2010), 28-33; *Bluhm* (2007), 128-156.

Ausgehend von einer Begriffsdefinition werden theoretische Erklärungsansätze sowie ein Überblick über den aktuellen Forschungsstand zu Fluktuationsdeterminanten, Kunden- und Mitarbeiterbindung sowie Commitment gegeben. Anschließend werden die Ziele und Instrumente der Mitarbeiterbindung analysiert. In einem weiteren Abschnitt des Grundlagenkapitels wird die Region Mittel- und Osteuropa mit ihrer politischen, wirtschaftlichen und gesellschaftlichen Entwicklung vorgestellt. Zusätzlich wird auf Verlagerungen aus Deutschland in die Region Mittel- und Osteuropa eingegangen. Der dritte Abschnitt der theoretischen Grundlagen thematisiert die gesellschaftliche Modernisierung. Dabei wird neben der Erläuterung des Modernisierungsbegriffs die Modernisierungstheorie vorgestellt. Anschließend werden Kulturbegriff und -modelle beschrieben. Abschließend wird zusammenfassend auf die Aspekte der gesellschaftlichen Modernisierung eingegangen. Im Vordergrund stehen dabei die Aspekte Wohlstands- und Lohnentwicklung, Verfügbarkeit von Fachkräften sowie Wertewandel.

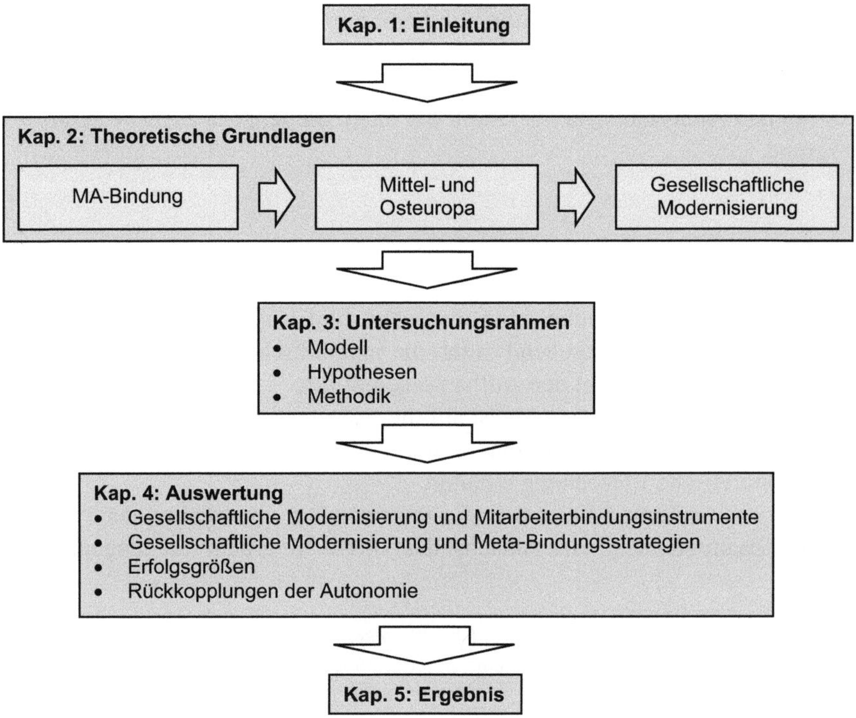

Abbildung 4: Aufbau der Arbeit

Das dritte Kapitel gibt einen Überblick über den Untersuchungsrahmen. Dabei werden das theoretische Modell dargestellt sowie die Hypothesen herausgearbeitet. Zusätzlich wird die Methodik der Untersuchung erläutert.

Das vierte Kapitel präsentiert die Auswertung der empirischen Untersuchung. Die Darstellung orientiert sich dabei an den Forschungsfragen und den Hypothesen der Dissertation.

Im Ergebniskapitel werden die zentralen Erkenntnisse der Arbeit zusammengefasst und bewertet. Außerdem wird auf die Limitationen sowie die Implikationen für Theorie und Praxis eingegangen.

1.4 Wissenschaftstheoretische Einordnung

Die Wissenschaftstheorie setzt sich mit den Methoden auseinander, die von Wissenschaftlern angewendet werden, um das Erkenntnisziel der Wissenschaften zu erreichen.[66] Die Wissenschaftstheorie stellt dabei eine Metadisziplin („Wissenschafts-Wissenschaft“[67]) dar.[68]

Wissenschaftstheoretische Fragen sind in der Vergangenheit ausgiebig diskutiert worden und waren dabei fast immer auch umstritten.[69] Unabhängig davon blieb die Forderung, dass wissenschaftliche Arbeiten bei der Verfolgung ihrer Ziele wissenschaftlichen Kriterien gerecht werden müssen. Ziel jeder wissenschaftlichen Arbeit ist es, die im Rahmen der Arbeit gestellten Forschungsfragen zu beantworten.[70] Bei der Beantwortung dieser Forschungsfragen ist daher die Beachtung wissenschaftstheoretischer Anforderungen zu gewährleisten.[71]

Im Rahmen der vorliegenden Dissertation geht es um die Analyse der Mitarbeiterbindung in Mittel- und Osteuropa und ihrer zielgerichteten Erweiterung unter Berücksichtigung gesellschaftlicher Modernisierung. Im Gegensatz zu den analytischen oder „formalen“ Wissenschaften wie beispielsweise der Mathematik zählt die vorliegende betriebswirtschaftliche Forschung zu den erfahrungswissenschaftlichen Forschungen. Dies bedeutet, dass sie in Konfrontation mit der „Realität“ vorangetrieben wird. Ziel ist es dabei, eben diese Realität besser zu verstehen.[72] Daran orientiert sich diese Arbeit und geht zur Gewinnung neuer

---

66 vgl. *Raffée* (1974), 17-18; *Kornmeier* (2007), 6-8.

67 *Kornmeier* (2007), 8.

68 vgl. *Schanz* (1988), 1-2.

69 vgl. *Frank* (2003), 278-284.

70 vgl. *Kornmeier* (2007), 9.

71 vgl. *Schauenberg* (2004), 2017-2019.

72 vgl. *Kirsch/Seidl/Aaken* (2007), 7.

Erkenntnisse die Konfrontation aufgestellter gedanklicher Bezugsrahmen mit der Realität – das heißt mit den empirisch gestützten Untersuchungen – ein.

Wissenschaftstheoretisch wird allgemein in einen Entdeckungs-, einen Begründungs- und einen Verwertungszusammenhang differenziert.[73] In der Phase des Entdeckungszusammenhangs werden Hypothesen gesucht oder generiert, das heißt es geht um den Prozess des Zustandekommens einer Theorie.[74] Bezüglich ihrer Überprüfbarkeit verweisen Entdeckungszusammenhänge letztlich auf psychologische Verknüpfungen, die als nicht logisch überprüfbar angesehen werden.[75] Anders ist es beim Begründungszusammenhang, bei dem überprüft wird, ob sich die aufgestellten Hypothesen oder Theorien logisch begründen und beispielsweise empirisch überprüfen lassen. Der Verwertungs- oder Anwendungszusammenhang wiederum beschreibt die finale Verwertung der theoretischen Ergebnisse, zum Beispiel die Form der Ergebnispräsentation.[76]

Trotz grundsätzlich nicht möglicher logischer Überprüfbarkeit der Entstehung von Hypothesen oder Theorien stehen im Rahmen betriebswirtschaftlicher Forschung verschiedene Wege der systematischen Erkenntnisgewinnung offen.[77] Die im Rahmen dieser Dissertation eingesetzten Entdeckungsmethoden sollen nachfolgend kurz beschrieben werden.

Die vorherrschende Methode der Arbeit ist die Deduktion[78], bei der aus bestehenden theoretischen Erkenntnissen durch Kombination ein neues, zu überprüfendes Untersuchungsmodell abgeleitet wird. Damit orientiert sich die Dissertation vorwiegend an der wissenschaftstheoretischen Position des Kritischen Rationalismus *Poppers*.[79] Neben dieser wesentlichen Vorgehensweise kommt auch aufgrund der Tatsache, dass sich ein primär personalwirtschaftliches Thema überwiegend mit Menschen sowie ihrem nicht deterministischen Verhalten und Zusammenspiel in einem Unternehmen befasst, auch die Hermeneutik („Methode der verstehenden Erfassung von Lebenssituationen"[80]) zur Anwendung in der Arbeit. Dabei wird versucht, Wirkungszusammenhänge durch Nachvollziehen und Verstehen zu erklären. Das Einzelne wird hierbei nicht isoliert, sondern immer im Kontext betrachtet und dadurch verstehbar.[81] Weiterhin

---

73 vgl. *Reichenbach* (1938), 6-7+382; *Raffée* (1974), 42; *Chmielewicz* (1993), 37+290; *Friedrichs* (1990), 54.

74 vgl. *Kirsch/Seidl/Aaken* (2007), 10; *Brühl* (2006), 182.

75 vgl. *Popper* (1994), 6-7; *Reichenbach* (1938), 382; aber auch *Schanz* (1988), 7+39.

76 vgl. *Friedrichs* (1990), 54-55; *Kirsch/Seidl/Aaken* (2007), 10.

77 vgl. *Kornmeier* (2007), 77-78.

78 vgl. *Popper* (1994), 7-8.

79 vgl. *Popper* (1994), 3-21.

80 vgl. *Raffée* (1974), 43.

81 vgl. *Kornmeier* (2007), 80; auch *Raffée* (1974), 43-44.

wird stellenweise die von *Peirce* in die Wissenschaftstheorie eingeführte Methode der Abduktion angewendet.[82] Bei dieser Vorgehensweise wird jeweils die plausibelste Erklärung herangezogen und damit der Instinkt des Menschen hervorgehoben. *Peirce* hat auf die Tatsache hingewiesen, dass Forscher ihren Instinkt und ihr Hintergrundwissen einsetzen und damit häufig in wenigen Schritten vielversprechende Hypothesen finden, anstatt zunächst erfolglos unzählige mögliche Hypothesen auszuprobieren.[83] Es handelt sich damit um die Suche nach der besten Erklärung.[84] Abduktion gewinnt in der Wissenschaftstheorie eine immer größere Bedeutung[85], da sich damit innovative und kreative Hypothesen entdecken lassen.[86] Sie fließt damit – bewusst oder unbewusst – über Plausibilitätsprüfungen des Autors automatisch in jede Arbeit mit ein. Der abduktive Schluss beinhaltet letztlich das Risiko, nur „vielleicht wahr" zu sein.[87] Ein grundsätzliches Restrisiko bezüglich der Fehlbarkeit aufgestellter Hypothesen und Modelle besteht jedoch auch bei den anderen wissenschaftstheoretischen Entdeckungsmethoden.

Fehlbarkeit stellt zudem ein wichtiges Kriterium im Rahmen des Begründungszusammenhangs dar. Die insbesondere durch *Popper* in Frage gestellte ursprüngliche Annahme, dass Hypothesen und Theorien *verifiziert* werden können, ist in zunehmendem Maße durch die Anerkennung der prinzipiellen Fehlbarkeit und damit Kritikwürdigkeit der erfahrungswissenschaftlichen Erkenntnis verdrängt worden.[88] Wissenschaftlicher Erkenntnisfortschritt vollzieht sich damit nach *Poppers* Ansicht durch das Aufstellen von Vermutungen, die durch Konfrontation mit empirischen Beobachtungen einem Versuch der Widerlegung ausgesetzt werden.[89] Am Ende werden nur solche Vermutungen vorläufig akzeptiert, die bislang nicht widerlegt (*falsifiziert*) werden konnten. Erkenntnisfortschritt beruht damit auf der Widerlegung durch Kritik und der Elimination des Falschen und nicht mehr auf der Begründung des Wahren.[90] Die aufgestellten Theorien kommen der Wahrheit damit immer näher.[91]

---

82 vgl. *Brühl* (2006), 183.
83 vgl. *Peirce* (1960), 106-108.
84 vgl. *Harman* (1968), 529-533.
85 vgl. *Barthelbort* (1996), 552-559.
86 vgl. *Brühl* (2006), 184.
87 vgl. *Kornmeier* (2007), 80-83; *Brühl* (2006), 183-184; *Eberhard* (1999), 120-125.
88 vgl. *Schauenberg* (2004), 2021.
89 vgl. *Kirsch/Seidl/Aaken* (2007), 10-11.
90 vgl. *Schauenberg* (2004), 2021; *Kirsch/Seidl/Aaken* (2007), 15; *Poser* (2001),119-122.
91 vgl. *Popper* 1994, S. 428-433.

Um eine „Endlosschleife“ der Falsifikation zu vermeiden, ist eine Bereitschaft zur Anerkennung akzeptierter Basissätze notwendig.[92] „Jede Nachprüfung einer Theorie (...) muss bei irgendwelchen Basissätzen haltmachen, die *anerkannt* werden.“[93] Allgemein anerkannte Basisaussagen werden im Rahmen der Arbeit daher als akzeptiert angesehen und entsprechend behandelt.

Die dieser Arbeit als Basis dienenden theoretischen Erkenntnisse stammen primär aus der Modernisierungstheorie sowie aus der (Mitarbeiter-)Bindungsforschung. Damit werden sozial- und wirtschaftswissenschaftliche sowie psychologische Erkenntnisse kombiniert und darüber die Interdisziplinarität der Arbeit gefördert.

Die empirische Überprüfung der theoretischen Aussagen, die nach den oben genannten Methoden aufgestellt wurden, erfolgt in dieser Dissertation im Rahmen einer Befragung mittels Online-Fragebogen. Zur Generierung eines besseren Überblicks und der Strukturierung der Thematik wurden der Befragung fünf Interviews mit Vertretern deutscher Unternehmen in Rumänien vorangestellt. Die Nutzung sowohl qualitativer als auch quantitativer Forschungsmethoden erhöht die Aussagekraft der erzielten Ergebnisse.[94]

Im Rahmen des Verwertungszusammenhangs geht es um die Reflexion des Erkenntnisgewinns der Forschung und die Verwertung der Ergebnisse.[95] Dazu gehören die Effekte einer Untersuchung sowie ihr Beitrag zur Lösung des anfangs gestellten Problems.[96] Die Arbeit soll letztlich dazu beitragen, das Thema der Mitarbeiterbindung im Rahmen gesellschaftlicher Modernisierung insbesondere für die Region Mittel- und Osteuropa im Allgemeinen und Rumänien im Speziellen besser zu verstehen. Der Nutzen der Arbeit liegt dabei darin, mögliche Handlungsalternativen aufzuzeigen und darauf basierend Empfehlungen zu geben, die von Entscheidungsträgern dazu verwendet werden können, dieser Thematik in ihren Unternehmen zielgerichteter und effektiver zu begegnen. Daran orientiert sich folglich die Darstellung der Untersuchungsergebnisse in dieser Arbeit und soll dem Anwender konkrete Hilfestellungen zur Erreichung seiner Ziele zur Seite stellen.

---

92 vgl. *Popper* (1994), 69.

93 *Popper* (1994), 69.

94 vgl. *Creswell* (2003); *Schreyögg* (2011), 38.

95 vgl. *Kromrey* (2006), 85-86.

96 vgl. *Friedrichs* (1990), 54.

2 Theoretische Grundlagen

2.1 Mitarbeiterbindung

2.1.1 Definition

Mitarbeiterbindung behandelt grundsätzlich die Beziehung zwischen Mitarbeiter(n) und Unternehmen. Daher lassen sich zwei grundlegende Betrachtungsperspektiven unterschieden: Die Mitarbeiter- und die Unternehmensperspektive. In der Literatur ist häufiger die Unternehmensperspektive vorzufinden. Zentrale Fragestellungen sind hier, wie eine Bindung der Mitarbeiter an das Unternehmen erreicht werden kann und welche konkreten Maßnahmen Unternehmen zur Mitarbeiterbindung einsetzen können. Die Perspektive der Mitarbeiter wird insbesondere aus psychologischer Sicht untersucht und fokussiert die Frage, was Mitarbeiter zum Verbleib in einem Unternehmen veranlasst.

Bindung kann grundsätzlich auf fünf unterschiedlichen Ebenen ansetzen.[97] So kann eine Bindung zum Unternehmen als solches bestehen (z. B. an Produkte, Image oder Unternehmerpersönlichkeit). Weiterhin ist eine Bindung an den Unternehmensbereich und die Position innerhalb des Unternehmens möglich. Die Bindung an die Arbeitsgruppe stellt die dritte Ebene dar und drückt gleichzeitig die Integration im Team aus. Neben dem gesamten Team kann die Bindung auch an eine einzelne Bezugsperson (z. B. Führungskraft oder Mentor) erfolgen. Gründe hierfür können neben Freundschaft auch persönliche Verpflichtungen oder Karrierekalküle sein. Die fünfte Ebene bildet die Aufgabe selbst. Dabei sind insbesondere die Arbeitsinhalte sowie die aus der Aufgabe resultierende Verantwortung und das Prestige entscheidend.

In Veröffentlichungen werden im Zusammenhang mit der Mitarbeiterbindung unterschiedliche Begriffe verwendet. Neben dem Begriff der Mitarbeiterbindung selbst sind auch die Begrifflichkeiten Personalbindung, Personalerhaltung, Mitarbeiter-Retention oder Employee Retention gebräuchlich. Eher selten wird in der Literatur dabei zwischen den genannten Begriffen unterschieden. Aus Mitarbeiterperspektive wird meist ausschließlich von Mitarbeiterbindung gesprochen, während aus Unternehmensperspektive alle genannten Begriffe Verwendung finden. In *Vahlens Großes Personallexikon* wird vom Begriff Mitarbeiterbindung direkt auf Personalbindung verwiesen: Diese „umfasst alle personalpolitischen Maßnahmen, mit denen das Commitment der Beschäftigten er-

97 vgl. *Gmür* (2010), 864-865.

halten und damit ihre Qualifikation und ihr Engagement für das Unternehmen gesichert werden".[98]

Thom und *Friedli* definieren Personalerhaltung im engeren Sinne als „das systematische Zusammenspiel verschiedener, aufeinander abgestimmter Instrumente unterschiedlicher personalwirtschaftlicher Funktionen, mit dem Ziel der Erhaltung und Steigerung der personellen Leistungsmotivation."[99] Hier steht ebenfalls die Unternehmensperspektive im Vordergrund.

Nach *vom Hofe* betrachtet Mitarbeiterbindung „die vom Mitarbeiter empfundene Verbundenheit sowie seine Gebundenheit an ein Unternehmen und umfasst alle Maßnahmen eines Unternehmens, die darauf abzielen, die Mitarbeiter darin zu beeinflussen, beim Unternehmen zu verbleiben und die Beziehung zu stabilisieren bzw. zu festigen."[100]

Auch wenn bei einer spezifischen Untersuchung entweder die Mitarbeiter- oder die Unternehmensperspektive im Vordergrund steht, so kann die jeweils andere Perspektive nie völlig ausgeblendet werden. Insbesondere bei der Konzeption eines wirksamen Mitarbeiterbindungsmanagements (oder Employee Retention Managements) müssen zwingend Erkenntnisse aus beiden Perspektiven einfließen. Im Rahmen dieser Arbeit wird daher der „perspektivneutrale" Begriff Mitarbeiterbindung verwendet. Unabhängig davon stellt die in dieser Arbeit vorwiegende Perspektive die der Unternehmensseite dar.

Zusätzlich zielt Mitarbeiterbindung auf die Sicherung der strategisch wichtigen Wissensressourcen. Das relevante Wissen sowie dessen Wissensträger müssen zunächst unternehmensspezifisch identifiziert werden.[101] Im Rahmen eines Mitarbeiterbindungsmanagements gilt es dann primär, die Träger des wettbewerbsrelevanten Wissens weiter an das Unternehmen zu binden. Mit einem solchen Mitarbeiterbindungsmanagement beabsichtigt ein Unternehmen daher *nicht*, Abwanderung von Mitarbeitern *grundsätzlich* zu verhindern. Stattdessen sollen die für das Unternehmen *relevanten Mitarbeiter* gebunden werden.

In Anlehnung an die vorgenannten Definitionen wird Mitarbeiterbindung im Rahmen dieser Arbeit wie folgt definiert:

Mitarbeiterbindung umfasst alle personalpolitischen Instrumente, die darauf abzielen, die aus Sicht des Unternehmens für den Erfolg relevanten Mitarbeiter dahingehend zu beeinflussen, beim Unternehmen zu verbleiben und die Beziehung zu stabilisieren beziehungsweise zu festigen.

---

98 *Gmür* (2010), 863; siehe auch *Brauweiler* (2010), 80-81.

99 *Friedli/Thom* (2001), 3-4.

100 *vom Hofe* (2005), 8.

101 vgl. *Knaese/Probst* (2001), 37.

2.1.2 Forschungsstand

In den letzten Jahren ist das Interesse am Thema Mitarbeiterbindung in Wissenschaft und Praxis kontinuierlich gestiegen. Mitarbeiterbindungsforschung kann allgemein unter dem Forschungsgebiet betriebswirtschaftlicher Bindungsforschung subsumiert werden. Hierzu zählt ebenfalls die Kundenbindungsforschung, die bereits seit längerem im Fokus betriebswirtschaftlicher Forschung steht und deren Erkenntnisse vielfach die Basis für die Mitarbeiterbindungsforschung bilden. Selbiges gilt grundsätzlich für die Fluktuationsdeterminantenforschung, die – sozusagen in ihrer Umkehrung – ebenfalls wichtige Erkenntnisse für die Mitarbeiterbindungsforschung liefern kann.[102]

2.1.2.1 Fluktuationsdeterminantenforschung[103]

Fluktuation bezeichnet die allgemeinen Personalschwankungen oder -bewegungen.[104] Als Kennzahl dient die Fluktuationsrate oder -quote, die als Anzahl der Austritte in einem bestimmten Zeitraum bezogen auf die Anzahl der Personen, die im gleichen Zeitraum durchschnittlich beschäftigt waren, definiert ist.[105] Bei ihrer konkreten Berechnung gibt es jedoch häufig Unterschiede, die zu einer limitierten Vergleichbarkeit zwischen Unternehmen führen.[106] So werden teilweise alle Personalabgänge des Unternehmens berücksichtigt. In anderen Darstellungen bezieht sich Fluktuation nur auf Personalabgänge, die durch beiderseitige Vereinbarung oder Kündigung entstehen. Wieder andere fokussieren die Personalabgänge, die aus autonomen Entscheidungen der Mitarbeiter resultieren.[107] Letztere Auffassung des Fluktuationsbegriffs stellt die Grundlage der weiteren Betrachtung dar.

Die Kosten der Fluktuation für Unternehmen sind erheblich.[108] Sie resultieren insbesondere aus dem Verlust des Humankapitals, aus der Trennung an sich (in Form von zum Beispiel Abfindungen) und aus der Ersatzbeschaffung kompetenter neuer Arbeitskräfte. Negative Auswirkungen auf das Image des Unternehmens bei den verbliebenen Mitarbeitern sowie auf die unternehmensexterne

---

102 vgl. *Krill* (2012), 401-427.

103 Teile des nachfolgenden Abschnitts 2.1.2.1 wurden vorab ausgekoppelt und sind – zum Teil wörtlich – in *Krill* (2012) veröffentlicht, der die Fluktuationsdeterminantenforschung überblicksartig als Forschungsfeld vorstellt.

104 vgl. *Ortlieb* (2009), 359.

105 vgl. *Ortlieb* (2009), 360.

106 vgl. *Neuhaus* (2010), 28-29.

107 vgl. *Olfert* (2006), 289.

108 vgl. *Olfert* (2006), 289.

Öffentlichkeit sind durch imagewirksame Assoziationen wie beispielsweise, dass das verlassene Unternehmen mit Makeln behaftet sein muss, nicht auszuschließen. Gerade bei erfolgsmotivierten Mitarbeitern kann die Entlassung von größeren Zahlen von Mitarbeitern den Eindruck einer geschwächten Unternehmensposition erwecken, was wiederum eigene Abwanderungsgedanken fördern kann.[109]

Fluktuation ist jedoch keineswegs nur nachteilig für Unternehmen. Sie kann einerseits dazu genutzt werden, die im Rahmen von Restrukturierungen oder anderen Entscheidungen vorgegebenen Mitarbeiterreduzierungen sozial verträglich ohne tatsächliche Kündigungen umzusetzen. Zum anderen können frei werdende Arbeitsplätze gezielt mit leistungsfähigeren oder erfahreneren Mitarbeitern besetzt werden. Spezifische Lücken in den Kenntnissen und Fähigkeiten des bereits bestehenden Teams können durch eine entsprechende Neubesetzung minimiert oder sogar eliminiert werden. Gleichzeitig können motivierte neue Mitarbeiter das Klima in der gesamten Arbeitsgruppe verbessern.[110]

Zur Erklärung der Fluktuation liegen insbesondere aus dem angelsächsischen Raum zahlreiche theoretische Ansätze und Modelle vor. Der Großteil der psychologischen Ansätze basiert dabei auf der Anreiz-Beitrags-Theorie[111] von *Barnard* und dem darauf aufbauenden Grundmodell zu Eintritts- und Verbleibsentscheidungen in Organisationen[112] von *March* und *Simon* (Abbildung 5).[113] Die beiden Autoren postulieren, dass eine Verbesserung des Verhältnisses zwischen Anreiz- und Beitragsnutzen die Neigung des individuellen Teilnehmers, aus der Organisation auszuscheiden, vermindert.[114] Die Verschlechterung des Verhältnisses führt umgekehrt zum Gegenteil. Für das Verhältnis zwischen Anreizen und Beiträgen und damit für das Fluktuationsverhalten sind zwei Hauptkomponenten verantwortlich: der wahrgenommene Wunsch, aus einer Organisation auszuscheiden, und die wahrgenommene Einfachheit des Ausscheidens aus der Organisation. Die Wahrscheinlichkeit einer Kündigung steigt demnach, je größer der Wunsch nach einem Wechsel ist und je einfacher dieser Wechsel erscheint. Dabei sind die beiden Faktoren nicht als vollständig unabhängig voneinander zu sehen.[115]

---

109 vgl. *Stock-Homburg* (2010), 312.
110 vgl. *Olfert* (2006), 290.
111 vgl. *Barnard* (1938).
112 vgl. *March/Simon* (1958).
113 vgl. *Ortlieb* (2009), 360.
114 vgl. *March/Simon* (1976), 89.
115 vgl. *March/Simon* (1976), 89.

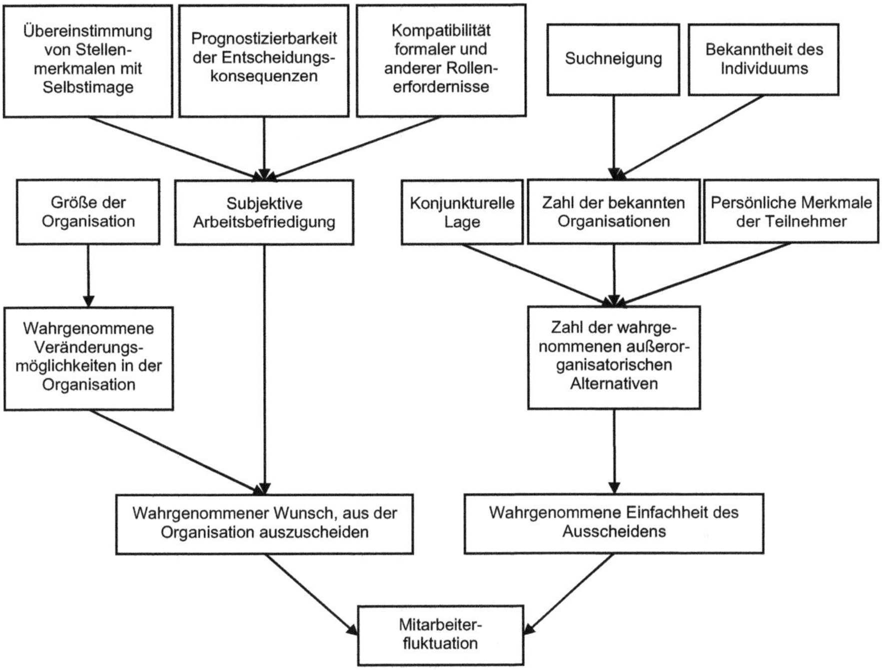

Abbildung 5: Grundmodell zu Eintritts- und Verbleibsentscheidungen in Organisationen von March/Simon[116]

Dem Modell zu Folge wird der wahrgenommene Wunsch, aus der Firma auszuscheiden, von der subjektiven Arbeitsbefriedigung und den wahrgenommenen Veränderungsmöglichkeiten der Organisation beeinflusst. Die Arbeitsbefriedigung wird ihrerseits von drei Hauptfaktoren bestimmt: die Übereinstimmung von Stellenmerkmalen mit dem Selbstbild des Individuums, die Prognostizierbarkeit der Entscheidungskonsequenzen sowie die Kompatibilität formaler und anderer Rollenerfordernisse.[117] Unzufriedenheit mit dem aktuellen Arbeitsplatz entsteht demnach bei Disparität zwischen Realität der Arbeitsstelle und den eigenen Vorstellungen und Idealen. Für die Erhöhung der Zufriedenheit wiederum sorgt es, wenn die Prognose der Folgen der im Rahmen dieses Jobs getroffenen Entscheidungen gut mit der Realität übereinstimmt. Erhöhte Prognostizierbarkeit führt im Allgemeinen bei den meisten Menschen zu erhöhter

---

116 nach *March/Simon* (1958), 99+106; deutsche Übersetzung *March/Simon* (1976), 95+101.

117 vgl. *March/Simon* (1976), 90-91.

Befriedigung.[118] Ferner nimmt die Zufriedenheit mit der aktuellen Stelle zu, wenn Kompatibilität innerhalb der Mitglieder der Gruppe (Organisation) besteht.[119] *March* und *Simon* stellen hier weitere, detailliertere Hypothesen auf (zum Beispiel zu Ausbildungsniveau und Konfliktpotenzial zwischen Merkmalen der Arbeitsstelle und dem Selbstimage des Individuums).[120]

Auf diese Kompatibilität wirkt sich auch die Größe der Arbeitsgruppe und Organisation aus. Je kleiner diese sind, desto größer ist tendenzielle die Kompatibilität der formalen und anderen Rollenerfordernisse.[121] Die Größe der Organisation wiederum wirkt auf die wahrgenommenen Veränderungsmöglichkeiten innerhalb der Organisation und damit auf den Wunsch, das Unternehmen zu verlassen.

Als Hauptfaktor mit Einfluss auf die wahrgenommene Einfachheit des Ausscheidens wirkt nach *March* und *Simon* die Zahl der wahrgenommenen außerorganisatorischen Beschäftigungsalternativen.[122] Diese wiederum wird durch die aktuelle konjunkturelle Lage, die Anzahl der dem Individuum bekannten Organisationen sowie durch persönliche Merkmale der Teilnehmer bestimmt. Zu letzteren zählen neben Alter, Geschlecht und sozialem Status auch Aspekte wie Technisierungsgrad des Jobs und Spezialisierungsgrad des Arbeitnehmers. Änderungen in diesen Bereichen können zu differenzierten Einsatzmöglichkeiten führen. Beispielsweise führt Automatisierung zu einer relativ höheren Nutzungsmöglichkeit weiblicher Arbeitskräfte, da die Bedeutung körperlicher Belastung sinkt. Ein hoher Spezialisierungsgrad führt zu weniger (wahrgenommenen) außerorganisatorischen Alternativen.[123] Die Zahl der dem Individuum bekannten Organisationen hängt von der Bekanntheit des Individuums selbst sowie seiner Suchneigung ab.[124]

Trotz des Einflusses des Grundmodells auf die Fluktuationsforschung gibt es kaum empirische Überprüfungen der Annahmen als Ganzes, so dass die direkte empirische Basis insgesamt als schwach zu bezeichnen ist.[125]

Mobley fokussiert in seinem Modell zum Prozess der Fluktuationsentscheidung den Zusammenhang zwischen Arbeitszufriedenheit und Mitarbeiterfluktuationsverhalten als Abfolge einzelner, aufeinanderfolgender Schritte und ist

---

118 vgl. *March/Simon* (1976), 91.
119 vgl. *March/Simon* (1976), 91.
120 vgl. *March/Simon* (1976), 92-94.
121 vgl. *March/Simon* (1976), 94.
122 vgl. *March/Simon* (1976), 95.
123 vgl. *March/Simon* (1976), 97.
124 vgl. *March/Simon* (1976), 98-100.
125 vgl. *Weller* (2007), 34-35.

damit weniger statisch als der Ansatz von *March* und *Simon*.[126] Das Modell versucht, den Prozess und die Verbindungsglieder („intermediate linkages") zwischen Arbeits-(un)zufriedenheit und tatsächlicher Kündigungsentscheidung zu beschreiben (siehe Abbildung 6). Danach führt die Bewertung der momentanen Arbeitsstelle zu einer bewusst wahrgenommenen Arbeitszufriedenheit oder -unzufriedenheit. Dieser Zustand wirkt nicht direkt auf eine mögliche Fluktuation, sondern löst zunächst nur Gedanken über eine Kündigung aus. Im folgenden Schritt werden der erwartete Nutzen einer Suche sowie die Kosten eines Stellenwechsels bewertet. Dabei werden sowohl die Erfolgsaussichten einer Stellensuche als auch die Attraktivität einer neuen Stelle durch den unzufriedenen Mitarbeiter berücksichtigt. Ferner beinhaltet die Kostenbetrachtung Aufwendungen für zum Beispiel Reisen oder den Verlust von Vorteilen aus einer langen Betriebszugehörigkeit. Werden Wechselkosten als hoch und Wechselnutzen als gering eingestuft, kann es zu einer Neubewertung des aktuellen Jobs und damit zu einer Veränderung der wahrgenommenen Zufriedenheit kommen. Kommt der Mitarbeiter jedoch zu einer positiven Einschätzung der Wechselsituation, entsteht die Absicht, nach Alternativstellen zu suchen. Dabei können auch nicht direkt arbeitsbezogene Faktoren diese Suchintention stimulieren (zum Beispiel Wohnortwechsel des Partners, gesundheitliche Aspekte). Die Alternativen werden dann einer Bewertung unterzogen und anschließend mit der aktuellen Arbeitsstelle verglichen. Fällt diese Bewertung positiv für eine Alternative aus, folgt auf die Kündigungsabsicht die Kündigung. Wird die aktuelle Position als attraktiver erachtet, kann die Suche nach Alternativen fortgesetzt werden. Der Prozess kann damit mehrmals durchlaufen werden, sofern sich die Kündigungsabsichten nicht ändern oder alternative Formen des Rückzugs (zum Beispiel innere Kündigung) gewählt werden. *Mobley* berücksichtigt in seinem Modell ebenfalls die Möglichkeit, dass eine Kündigung spontan und ohne Durchlauf der einzelnen Prozessschritte ausgesprochen werden kann. Ferner sind interindividuelle Unterschiede im Prozessablauf möglich.[127]

In einer späteren Untersuchung schlagen *Mobley et al.* noch eine Reihe von Moderatorvariablen sowie Nebenbedingungen vor und verdeutlichen die Notwendigkeit, zwischen gegenwartsbezogener Zufriedenheit und zukunftsbezogener Anziehung mit erwartetem Nutzen zu unterscheiden.[128]

Das Modell von *Mobley* bildet (überwiegend in der im Rahmen weiterer Forschungsarbeiten reduzierten Variante[129]) die Basis für eine Vielzahl empiri-

126 vgl. *Mobley* (1977), 237-239.
127 vgl. *Mobley* (1977), 238.
128 vgl. *Mobley et al.* (1979), 512-520.
129 vgl. *Semmer/Baillod* (1993), 183.

scher Studien.[130] Es wird in der Regel von den Autoren als in seinen Grundzügen bestätigt angesehen.[131] Die Abfolge der Zwischenschritte konnte jedoch empirisch nicht bestätigt werden, so dass dem Modell insgesamt primär heuristischer Wert zukommt.[132]

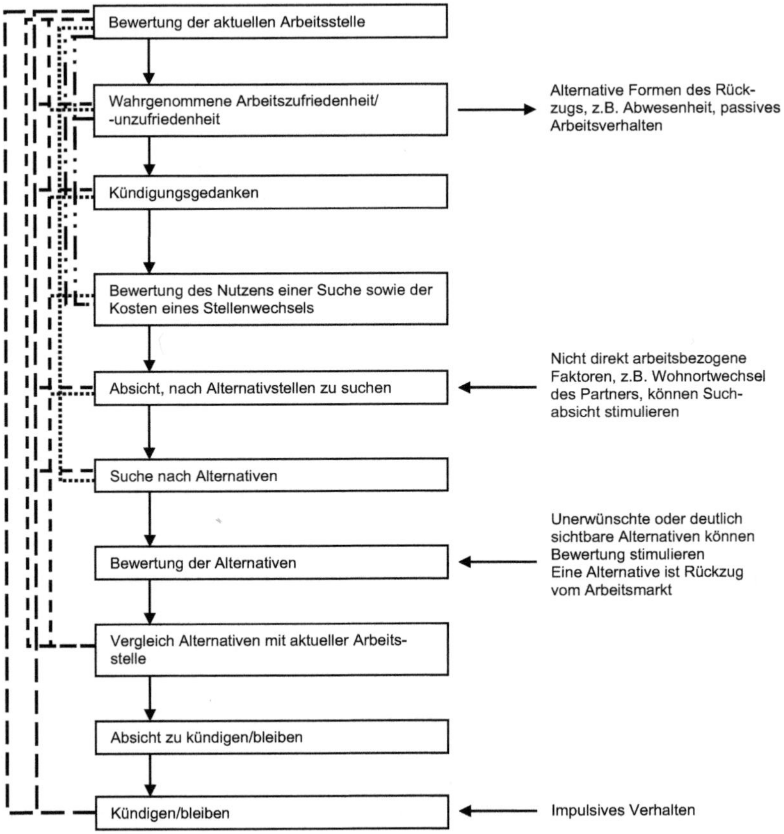

Abbildung 6: Fluktuationsentscheidungsprozess nach Mobley[133]

Semmer und *Baillod* vergleichen eine Vielzahl von multivariaten Prozessmodellen, um die diesen Modellen gemeinsamen Korrelate und Prädiktoren der

130 vgl. *Michaels/Spector* (1982), 53-58.
131 vgl. *Semmer/Baillod* (1993), 183.
132 vgl. *Weller* (2007), 37.
133 *nach Mobley* (1977), 238.

Fluktuation zu bestimmen (Abbildung 7).[134] Danach zählen demografische Merkmale wie zum Beispiel Alter, Betriebszugehörigkeit oder Geschlecht, Arbeitseinstellungen (insbesondere Zufriedenheit) sowie Fluktuationserwägungen und -absichten zu den Bestimmungsfaktoren, die direkt oder indirekt auf die Fluktuation wirken.[135] Dies fassen die Autoren zu einem Rahmenmodell der Fluktuationsentscheidung zusammen. Darin werden die Arbeitseinstellungen noch in spezifische und generalisierte Einstellungen unterteilt. Unter den spezifischen Einstellungen werden Aspekte der Zufriedenheit mit dem Arbeitsinhalt verstanden, während die generalisierten Einstellungen zum Beispiel die allgemeine Arbeitszufriedenheit betreffen.[136]

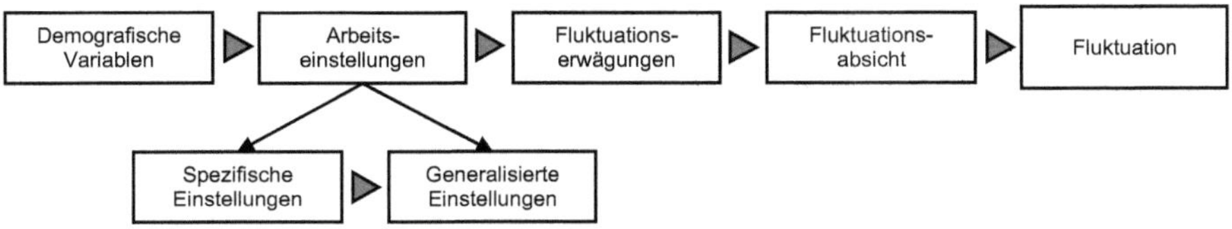

Abbildung 7: Rahmenmodell der Fluktuationsentscheidung nach Semmer/Baillod[137]

Dieses Modell wurde von *Semmer* und *Baillod* im Rahmen einer Untersuchung zur Fluktuation von Computerfachleuten empirisch zum Teil bestätigt.[138] Im Gegensatz zu den meisten anderen Studien zur Fluktuation handelt es sich hier um eine Längsschnittuntersuchung, die insgesamt zu drei Zeitpunkten im Abstand von je etwa einem Jahr durchgeführt wurde.[139] Durch die Unterscheidung von sechs Berufsverläufen wird die bisher häufig vorzufindende dichotome Betrachtungsweise in „Stayers“ und „Leavers“ differenzierter dargestellt. Die Autoren unterscheiden dabei in die Gruppen „Gleiche Stelle“, „Innerbetrieblicher Wechsel“, „Gleiche Stelle, ausgesprochene Kündigung“, „Organisationsinitiierter Wechsel“, „Individuumsinitiierter Wechsel in andere Organisation“ und „Individuumsinitiierter Wechsel in die Selbständigkeit“.[140] Insgesamt werden insbesondere die Variablen allgemeine Arbeitszufriedenheit, Commitment und normative Überzeugungen als bedeutend angesehen. Zwischen den beiden erstgenannten besteht dabei eine deutliche Korrelation. Die allgemeine Arbeitszufriedenheit richtet sich hier auf die Arbeit als Ganzes, während Commitment

134 vgl. *Semmer/Baillod* (1993), 180-182.
135 vgl. *Semmer/Baillod* (1993), 184.
136 vgl. *Semmer/Baillod* (1993), 184.
137 nach *Semmer/Baillod* (1993), 184.
138 vgl. *Semmer/Baillod* (1994), 161.
139 vgl. *Semmer/Baillod* (1994) und *Semmer/Baillod* (1996).
140 vgl. *Semmer/Baillod* (1994), 157.

(organisationale Verbundenheit) spezifischer die Einstellungen gegenüber dem Unternehmen betrifft. Normative Überzeugungen hingegen repräsentieren das sozialpsychologisch relevante Umfeld der Individuen (zum Beispiel die Meinung maßgebender Bezugspersonen).[141] Basierend auf den Ergebnissen der Untersuchung kommen die Autoren zu dem Schluss, dass sich eine freiwillige Kündigung aus Sicht der Mitarbeiter in den meisten Fällen tatsächlich lohnt.[142]

Aufbauend auf den bestehenden Modellen überträgt *Gehlen* die Thematik der Fluktuation auf Transformationsländer.[143] Sie geht damit auf die dort vorherrschenden Randbedingungen einer stark wachsenden Wirtschaft mit limitierter Verfügbarkeit qualifizierter Mitarbeiter und vergleichsweise hoher Fluktuation ein. *Gehlen* analysiert in ihrer Dissertation, welche Einflussfaktoren bei chinesischen Mitarbeitern deutsch-chinesischer Gemeinschaftsunternehmen auf die „intention to quit" bestehen und wie die Motivation für ein Verbleiben im Unternehmen gesteigert werden kann. Den Ergebnissen zu Folge gibt es keine Unterschiede zwischen Männern und Frauen sowie zwischen verschiedenen Unternehmensgruppen.[144] Mittels Regressionsanalyse wurden zwei Prädiktoren identifiziert, die direkt die Absicht, das Unternehmen zu verlassen, erklären. Dabei handelt es sich um die allgemeine Arbeitszufriedenheit und die Absicht, im nächsten Jahr aktiv nach einem neuen Jobs zu suchen („intention to search").[145] Die allgemeine Arbeitszufriedenheit wiederum wird von vier signifikanten Prädiktoren bestimmt (Grad der erfüllten Erwartungen; Zufriedenheit mit der Qualität der Arbeit; Zufriedenheit mit den Möglichkeiten, eigene Fähigkeiten einsetzen zu können; wahrgenommene Sicherheit des Arbeitsplatzes). Dabei trägt der Grad der erfüllten Erwartungen mit Abstand am stärksten zur Vorhersage bei. Die „intention to search" wird durch sechs Prädiktoren erklärt. Neben der allgemeinen Arbeitszufriedenheit sind dies Höhe des Verdienstes, Alter, empfundene Gerechtigkeit der Aufstiegsmöglichkeiten im Vergleich zu Kollegen, empfundenes Image des Unternehmens bei den eigenen Beschäftigten sowie wahrgenommene Chancen auf dem Arbeitsmarkt. Das Alter hat den stärksten Einfluss auf die Suchabsichten des Mitarbeiters; mit steigendem Alter nimmt diese Absicht ab. Ähnlich stark ist der Einfluss der empfundenen Gerechtigkeit der Aufstiegsmöglichkeiten im Vergleich zu chinesischen Kollegen der gleichen Abteilung. Die Höhe des Verdienstes hingegen hat entgegen den Erwartungen der Au-

141 vgl. *Semmer/Baillod* (1994), 159; *Semmer/Baillod* (1996), 197.

142 vgl. *Semmer/Baillod* (1996), 197.

143 vgl. *Gehlen* (2004).

144 vgl. *Gehlen* (2004), 114-115.

145 vgl. *Gehlen* (2004), 129-145.

torin den geringsten Einfluss der identifizierten Prädiktoren auf die „intention to search“ (Abbildung 8).[146]

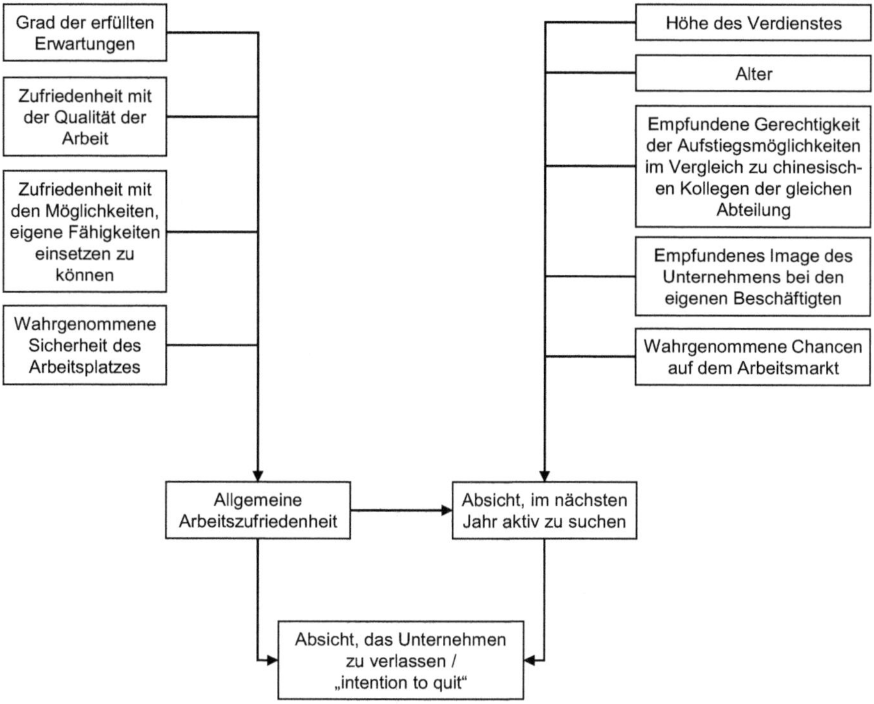

Abbildung 8: Modell der „intention to quit“ von Gehlen[147]

Ebenso wie *Semmer* und *Baillod* weist *Gehlen* auf die methodische Problematik hin, dass Fluktuation streng genommen nicht durch Querschnittsuntersuchungen erforscht werden kann.[148] Es lassen sich lediglich Beziehungen zwischen vermuteten Prädiktoren und abhängigen Variablen herstellen. Nur durch eine Längsschnittuntersuchung zu mindestens zwei unterschiedlichen Zeitpunkten könne nachgewiesen werden, ob und welche Probanden ihre Absicht, das Unternehmen zu verlassen, tatsächlich umgesetzt hätten.[149]

146 vgl. *Gehlen* (2004), 135.
147 nach *Gehlen* (2004), 130.
148 vgl. *Semmer/Baillod* (1993), 179; *Gehlen* (2004), 131.
149 vgl. *Semmer/Baillod* (1993), 179-180; *Gehlen* (2004), 131.

Neuhaus wählt in ihrer Dissertation eine unterschiedliche Rahmentheorie zur Erklärung von Fluktuation.[150] Sie stützt ihr Modell zur Erklärung von Arbeitnehmerkündigungsverhalten auf das allgemeine Erklärungsmodell für Verhalten von *Ajzen* und *Fishbein*.[151] Die dort angenommenen Modellkomponenten und Kausalzusammenhänge werden dabei von ihr auf das Arbeitnehmerkündigungsverhalten übertragen. Innerhalb ihres Modells berücksichtigt sie neun direkte (Einstellungen zum Arbeitnehmerkündigungsverhalten, Subjektive Norm, wahrgenommene Kontrolle über Kündigungsverhalten, Wahrnehmung und Einschätzung von Alternativen auf dem Arbeitsmarkt, spezifische Zufriedenheit, Alter, Geschlecht, Ausbildung und Familienstand) und fünf indirekte Determinanten der Arbeitnehmerkündigungsabsicht (Verfügbarkeit Kündigungserfahrungen, Kündigungserwartungen, Kündigungsbewertungen, Kündigungsüberzeugungen, relative Wichtigkeit der „Einstellung zum Arbeitnehmerkündigungsverhalten" und der „subjektiven Norm", Wichtigkeit von Bezugspersonen und -gruppen).[152]

Nach Analyse der Daten der durchgeführten Befragung konnten aus den direkten Determinanten mit der Einstellung zum Arbeitnehmerkündigungsverhalten, der subjektiven Norm sowie dem Alter drei signifikante Determinanten identifiziert werden.[153] Unter subjektiver Norm wird dabei die Summe der Produkte aus der Überzeugung, dass bestimmte Individuen oder Gruppen das jeweilige Verhalten vom Akteur erwarten würden, und der Motivation, diesen Erwartungen jeweils zu entsprechen, verstanden.[154] Von den indirekten Determinanten stellten sich die Wichtigkeit von Bezugspersonen und -gruppen sowie die Verfügbarkeit von Kündigungserfahrungen als signifikant heraus.[155]

Da es sich in der Mehrheit um einstellungstheoretische Merkmale handelt, die in diesem Zusammenhang noch nicht systematisch analysiert wurden, sind die im Rahmen der Untersuchung gefundenen Einflussfaktoren von Fluktuation der Autorin zur Folge als neuwertig zu betrachten (siehe Abbildung 9).[156]

---

150 vgl. *Neuhaus* (2010).

151 vgl. dazu *Ajzen/Fishbein* (1980); *Fishbein/Ajzen* (1975).

152 vgl. *Neuhaus* (2010), 114-118.

153 vgl. *Neuhaus* (2010), 177-178.

154 vgl. *Ajzen/Fishbein* (1980), 7+76).

155 vgl. *Neuhaus* (2010), 177-178.

156 vgl. *Neuhaus* (2010), 237.

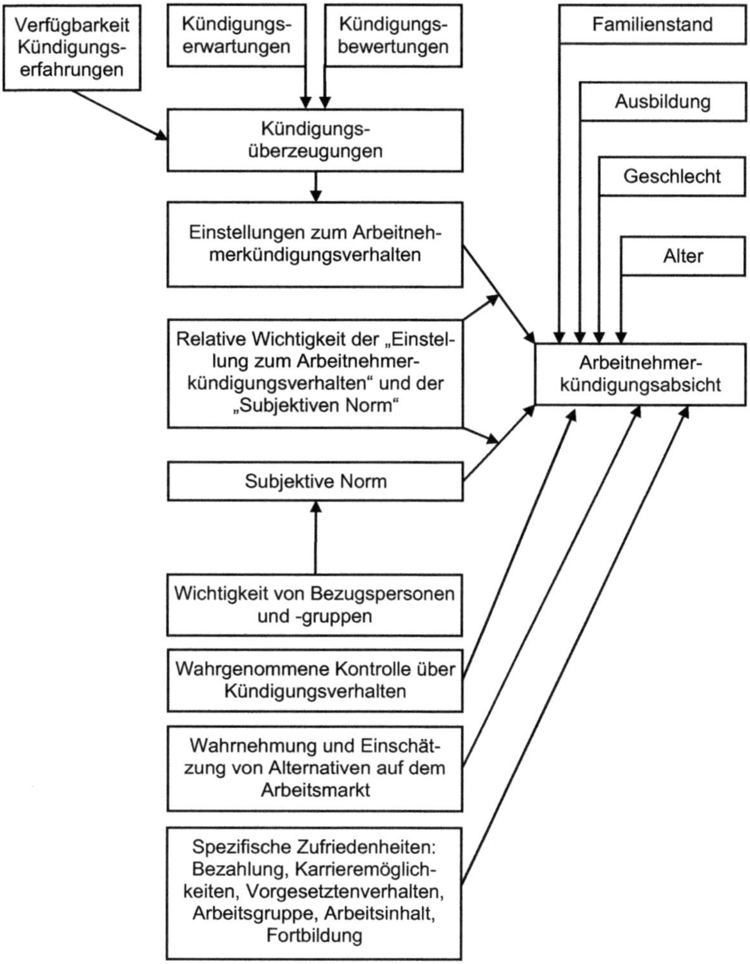

Abbildung 9: Einstellungstheoretisches Modell zur Erklärung von Arbeitnehmerkündigungsverhalten" nach Neuhaus[157]

Grunwald verbindet in ihrer Untersuchung Fluktuation mit Personalerhaltung.[158] Im Zentrum ihrer Analyse steht die Gruppe der Führungskräfte, der sie ein im Vergleich zu Mitarbeitern auf untergeordneten Hierarchiestufen unter-

157 *Neuhaus* (2010), 118.
158 vgl. *Grunwald* (2001).

schiedliches Fluktuationsverhalten attestiert. Klassische Früherkennungsmerkmale wie erhöhte Fehlzeiten liegen bei Führungskräften mit Fluktuationsabsicht in der Regel nicht vor. Auch erschwert die zunehmende Individualisierung die unternehmensseitige Bindung von Führungskräften.

Die Befragung richtet sich dabei an Personalabteilungen verschiedener Unternehmen. Die Ansichten der Arbeitnehmerseite werden indirekt über die Befragung einer Personalberatungsgesellschaft analysiert. Die vorrangigen Fluktuationsgründe werden in drei Sphären eingeteilt, die in sehr enger Korrelation zueinander stehen: unternehmensinterne Gründe (Position und Inhalt, Verhältnis zum Vorgesetzten und Rahmenbedingungen), Headhunter-Abwerbungsversuche sowie Angebote anderer Unternehmen (Abbildung 10).[159]

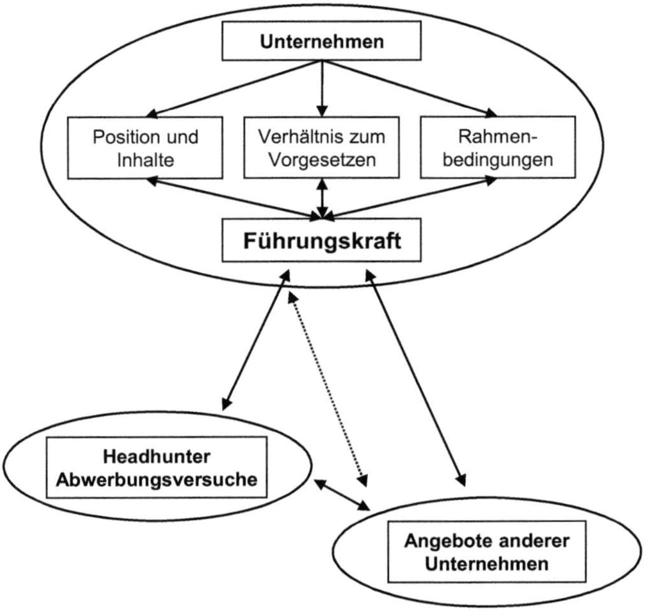

Abbildung 10: Beziehungsgeflecht der Führungskräftefluktuation nach Grunwald[160]

Bevor die Führungskraft eine Entscheidung zum Wechsel trifft, werden die Bedingungen der angebotenen Arbeitsstelle mit den jeweils korrespondierenden Punkten beim aktuellen Arbeitgeber verglichen. Dies gilt sowohl für den Fall

159 vgl. *Grunwald* (2001), 184-185.

160 nach *Grunwald* (2001), 185.

des Angebots über einen Headhunter als auch bei einer direkten Ansprache durch ein anderes Unternehmen.[161]

Nach den Ergebnissen der Arbeit kann eine konsequent angewandte aktive Personalerhaltungspolitik zur teilweisen Vermeidung ungewollter Führungskräfteabwanderung beitragen.[162] Dabei haben einzelfallbezogene, reaktive Maßnahmen angesichts der Abwanderung einer Führungskraft jedoch wenig Aussicht auf längerfristigen Erfolg. Hat sich ein Mitarbeiter entschlossen, das Unternehmen zu verlassen, können beispielsweise Maßnahmen im Entgeltbereich lediglich eine vorübergehende, kurzfristige Bindung erzielen. Zudem wirken solche Maßnahmen, insbesondere wenn sie erst bei Bekanntwerden des Wechsels angeboten werden, unglaubwürdig.[163] Von Unternehmen werden sie daher auch eher selten angewendet. Hingegen haben Maßnahmen, die aus dem Wissen der Fluktuationsgründe bereits ausgeschiedener Mitarbeiter abgeleitet werden und den verbleibenden Führungskräften zugute kommen, auf diese eine präventive Wirkung. Zur Vermeidung ungewollter Fluktuation ist es entscheidend, schon bei der Einstellung der Mitarbeiter auf entsprechende Übereinstimmungen mit dem Unternehmen zu achten, Warnsignale aufzudecken, Transparenz über Entwicklungsmöglichkeiten zu geben und geeignete Führungskräfte zu fördern.[164] Weiterhin sollten Überlegungen zu Bindungsmaßnahmen immer berücksichtigen, inwieweit sich die konkreten Mitarbeiter mit der Produktpalette und dem Unternehmen identifizieren (können). Ist eine positive Identifikation aufgrund unattraktiver Produkte oder der Branche für den Mitarbeiter schwierig, kommt den Bindungsmaßnahmen des Unternehmens eine noch größere Bedeutung zu.[165]

Grunwald analysiert weiterhin den speziellen Einfluss von Headhuntern auf die Fluktuation von Führungskräften.[166] Dabei wird aufgezeigt, dass Führungskräfte, die über Headhunteraktivitäten in das Unternehmen gekommen sind, generell eine höhere Fluktuationsneigung haben und gegenüber erneuten Ansprachen von Personalberatern anfälliger sind.[167] Dies liegt zum einen an ihrer generellen Einstellung als auch daran, dass sie aus Sicht des Headhunters wesentlich einfacher zu kontaktieren sind und eine aufwendige Akquisition anderer Wechselkandidaten vermieden werden kann.[168] Zudem wird durch die Arbeit der

161 vgl. *Grunwald* (2001), 184.
162 vgl. *Grunwald* (2001), 214.
163 vgl. *Grunwald* (2001), 216.
164 vgl. *Grunwald* (2001), 222-223.
165 vgl. *Grunwald* (2001), 212-227.
166 vgl. *Grunwald* (2001), 227-230.
167 vgl. *Grunwald* (2001), 227-228.
168 vgl. *Grunwald* (2001), 228.

Headhunter der Aufwand eines Wechsels für die Führungskraft minimiert. So entfällt beispielsweise die Erstellung von Bewerbungsunterlagen. Aufgrund des Einflusses der Personalberater sind damit auch grundsätzlich mit ihrem Arbeitsplatz zufriedene Führungskräfte als latent fluktuationsgefährdet einzustufen und in die Bindungsaktivitäten des Unternehmens mit einzubeziehen.[169]

Eine chronologische Übersicht mit weiteren Untersuchungen im Rahmen der Fluktuationsdeterminantenforschung gibt Tabelle 1.[170]

Tabelle 1: Überblick zur Fluktuationsdeterminantenforschung[171]

Autor(en)	Jahr	Determinanten der Fluktuation
March/Simon	1958	• Wahrgenommener Wunsch, aus der Organisation auszuscheiden (mit ihren direkten und indirekten Determinanten Wahrgenommene Veränderungsmöglichkeiten in der Organisation, Größe der Organisation, Subjektive Arbeitsbefriedigung) • Wahrgenommene Einfachheit des Ausscheidens aus der Organisation (mit ihren direkten und indirekten Determinanten Zahl der wahrgenommenen außerorganisatorischen Alternativen, konjunkturelle Lage, Zahl der bekannten Organisationen, persönliche Merkmale der Teilnehmer, Suchneigung, Bekanntheit des Individuums)
Porter/Steers	1973	• Bezahlung, familiäre Verpflichtungen, Persönlichkeitsfaktoren, Zufriedenheit, Absentismus
Rippe	1974	• Fokus der Untersuchung auf Fluktuation von Führungskräften • Determinanten bei Führungskräften: Anspruchsniveau der Arbeit (ausgedrückt als Zufriedenheit mit der beruflichen Zukunft, Marktstellung des eigenen Unternehmens, Human Relations innerhalb des eigenen Unternehmens), Verbundenheit mit dem Unternehmen und Dauer der Unternehmenszugehörigkeit
Price	1977	• Arbeitszufriedenheit mit den Determinanten Bezahlung, Integration (Freunde am Arbeitsplatz), instrumentelle Kommunikation (Ausmaß, in dem Informationen über die Rollenausübung der Organisationsmitglieder übermittelt werden), formale Kommunikation (Ausmaß offiziell übermittelter Kommunikation) und Zentralisation (Ausmaß der Machtkonzentration innerhalb der Organisation)

169 vgl. *Grunwald* (2001), 229-230.

170 vgl. *Krill* (2012), 413-417; zu weiteren detaillierten Übersichten vgl. *Baillod* (1992), S. 47-62; oder *Hom/Griffith* (1995), 51-55.

171 vgl. *Krill* (2012), 413-417.

Autor(en)	Jahr	Determinanten der Fluktuation
		• Moderatorvariable: Arbeitsmarktchancen (Ausmaß erreichbarer Arbeitsmarktstellen in der Umgebung)
Sabathil	1977	• Einteilung des Fluktuationsentscheidungsprozesses in die Phasen Anregung (mit den Faktoren Arbeitszufriedenheit und Aspekte des privaten Bereichs), Suche (mit dem Ergebnis „wahrgenommene Einfachheit einer Änderung der Arbeitssituation"), Auswahl (zwischen den möglichen Alternativen Beschwerde, Leistungsrestriktion, Absentismus, intraorganisationale Fluktuation, inter- oder extraorganisationale Fluktuation), Durchsetzung (Kündigung, Austritt) und Kontrolle (Überprüfung der neuen Arbeitssituation, mit dem Resultat kognitiver Dissonanzen oder Zufriedenheit)
Mobley	1977	• Absicht, das Unternehmen zu verlassen/zu bleiben (Beschreibung als Entscheidungsprozess wiederum mit den direkten und indirekten Determinanten Ergebnis des Vergleichs zwischen Alternativen und aktuellem Arbeitsplatz, Bewertung der Alternativen, Suche und Suchabsicht nach Alternativen, Ergebnis der Bewertung der Such- und Kündigungskosten, Kündigungsgedanken, wahrgenommene Arbeitszufriedenheit, Ergebnis der Bewertung des aktuellen Arbeitsplatzes)
Steers/Mowday	1981	• Wunsch/Absicht, zu bleiben/das Unternehmen zu verlassen (mit den direkten und indirekten Determinanten individuelle Charakteristika, Information über Stelle(n) und Organisation(en), berufsbezogene Erwartungen und Werte, berufliche Alternativen, Marktbedingungen und wirtschaftliches Umfeld, organisationale Charakteristika (z. B. Arbeitsinhalt, Bezahlung), Leistungsniveau, Anstrengung zur Veränderung der Situation, affektives Verhältnis zur Arbeit (Arbeitszufriedenheit, Verbundenheit), außerberufliche Einflüsse) • Modell sieht alternativ zum Stellenwechsel die Möglichkeit anderer Rückzugsformen vor (z. B. Absentismus, Leistungszurückhaltung)
Arnold/Feldman	1982	• Beschäftigungsdauer • Absicht, nach Alternativen zu suchen (mit ihren Determinanten Alter, Arbeitszufriedenheit, Organizational Commitment) • Wahrgenommene Arbeitsplatzsicherheit
Dalessio/ Silverman/ Schuck	1986	• Absicht, das Unternehmen zu verlassen/zu bleiben (mit ihren direkten und indirekten Determinanten Suchabsicht, Kündigungsgedanken, Arbeitszufriedenheit und Alter)
Cotton/Tuttle	1986	• Familiäre Verpflichtungen, Betriebszugehörigkeitsdauer, Geschlecht, Ausbildung, Persönlichkeitsfaktoren, Arbeitszufriedenheit

Autor(en)	Jahr	Determinanten der Fluktuation
Semmer/Baillod	1993 (1994, 1996)	• Fluktuationsabsicht (mit ihren direkten und indirekten Determinanten Fluktuationserwägungen, generalisierte Arbeitseinstellungen (organisationale Verbundenheit, allgemeine Zufriedenheit, normative Überzeugungen), spezifische Arbeitseinstellungen (Arbeitsinhalt, Privatbereich, Führungsklima), demografische Variablen)
Grund	2000	• Fokus auf die zwischenbetriebliche Mobilität mit den grundsätzlichen Möglichkeiten Kündigung und Entlassung • Determinante für Kündigung ist Kündigungsneigung (mit den direkten und indirekten Determinanten Arbeitszufriedenheit, unternehmensexterne Arbeitsmarktchancen, Lohn, Arbeitsbedingungen, Arbeitsplatzunsicherheit, Arbeitsmarktsituation, individuelle Faktoren und wirtschaftliche Situation des Unternehmens)
Lambert/Hogan/ Barton	2001	• Demografische Charakteristika, Arbeitsumgebung, Arbeitszufriedenheit und Wechselabsicht • Arbeitsumgebung dabei mit größerem Einfluss auf Arbeitszufriedenheit als demografische Daten des Mitarbeiters • Arbeitszufriedenheit hervorragende Determinante für Kündigungsabsicht
Grunwald	2001	• Fokus der Untersuchung auf oberes Management • Vorrangige Fluktuationsgründe: Position und Inhalte, Verhältnis zum Vorgesetzen sowie Rahmenbedingungen (alle unternehmensintern); Headhunter-Abwerbungsversuche und Angebote anderer Unternehmen • Determinanten für Zufriedenheit in und mit der Aufgabe: Sicherheit, Freiheiten, Verantwortung und Teilhabe an übergeordneten Entscheidungsprozessen • Analyse des Einflusses von Headhunteraktivitäten auf die Fluktuation: Einfluss auf die Einstellungspolitik (über Headhunter eingestellte Führungskräfte verfügen generell über eine erhöhte Wechselbereitschaft, bestehender Kontakt zu Headhunter macht erneuten Wechsel wahrscheinlicher), Vereinfachung der Fluktuationsvorbereitung (keine Eigeninitiative zum Wechsel notwendig, administrative Aufgaben zur Bewerbung entfallen, Ansprache durch Headhunter weckt Neugier zum Austesten des eigenen Marktwerts), Fluktuationsgefahr durch Suggestion (durch aktive und aggressive Ansprache durch Headhunter werden auch zufriedene Führungskräfte mit Fluktuationsgedanken und -möglichkeiten konfrontiert)
Lohaus/ Habermann	2002	• Fokus auf Kosten des Motivationsrückgangs (primär in Folge von Restrukturierungen eines Unternehmens) • Motivationsrückgang kann auch zur Fluktuation des Mitar-

Autor(en)	Jahr	Determinanten der Fluktuation
		beiters führen
Benkhoff/ Mallmann	2003	• Fokus auf im Rahmen von Outsourcing-Maßnahmen von anderen Unternehmen übernommene Mitarbeiter • Determinanten der Fluktuationsneigung (Verbleibmotivation): Arbeitszufriedenheit (mit ihren Determinanten Aufstiegsmöglichkeiten, Verhältnis zu den Vorgesetzten, Weiterbildungsmöglichkeiten, Behandlung durch Vorgesetzte, Arbeitsplatzsicherheit, Mitsprache-/Einflussmöglichkeiten, Einschätzung der Arbeitssituation durch Kollegen) und Alternativen auf dem Arbeitsmarkt
Sousa-Poza/ Sousa-Poza	2003	• Fokus auf geschlechtsspezifische Unterschiede des Einflusses der Arbeitszufriedenheit auf das Kündigungsverhalten • Reduzierung der Arbeitszufriedenheit führt bei Männern mit größerer Wahrscheinlichkeit zur Kündigung als bei Frauen
Gehlen	2004	• Allgemeine Arbeitszufriedenheit (mit ihren Determinanten Grad der erfüllten Erwartungen, Zufriedenheit mit der Qualität der Arbeit, Zufriedenheit mit den Möglichkeiten, eigene Fähigkeiten einsetzen zu können und wahrgenommene Sicherheit des Arbeitsplatzes) • Absicht, im nächsten Jahr aktiv nach einem neuen Jobs zu suchen (mit ihren Determinanten Höhe des Verdienstes, Alter, empfundene Gerechtigkeit der Aufstiegsmöglichkeiten im Vergleich zu Kollegen, empfundenes Image des Unternehmens bei den eigenen Beschäftigten und wahrgenommene Chancen auf dem Arbeitsmarkt)
Fee/Hadlock	2004	• Neubesetzung der Position des CEO führt zur Fluktuation auf Ebene darunter, insbesondere wenn neuer CEO Unternehmensexterner ist
Allen/Weeks/ Moffitt	2005	• Fokus auf Gründe für tatsächliche Aussprache einer Kündigung bei bestehender Kündigungsabsicht des Mitarbeiters • Niedrige Selbstkontrolle und Risikoaversion führen zur Umsetzung der Absicht • Kontrollüberzeugung und proaktive Persönlichkeit der Mitarbeiter führen nicht signifikant zur Umsetzung einer Kündigungsintention
Grimpe	2005	• Fokus auf die Fluktuation im Post Merger Integrationsprozess • Arbeitszufriedenheit (mit den signifikanten Determinanten Einkommenssicherheit, Unsicherheitsvermeidung und Integrationsqualität)
Golden	2006	• Fokus auf Einfluss von Telearbeit • Telearbeit korreliert negativ mit Kündigungsabsicht und positiv mit Commitment

Autor(en)	Jahr	Determinanten der Fluktuation
Itasse	2007	• Freiräume der Mitarbeiter (z. B. flexible Arbeitszeiten), Arbeitsinhalte und -abwechslung (z. B. Auslandsaufenthalte, Projektgruppen, Teilnahme an Geschäftsreisen oder Messen), Information durch die Geschäftsleitung, Entwicklungsperspektiven (inklusive Fachlaufbahnen, Weiterbildungsmöglichkeiten), Betriebsklima, Materielles (z. B. attraktive, ergonomisch gestaltete Arbeitsplätze)
Khilji/Wang	2007	• Fokus auf Einfluss der Zufriedenheit des Mitarbeiters mit den HR-Maßnahmen • Zufriedenheit mit Maßnahmen der Personalabteilung (negativer Einfluss auf Kündigungsverhalten) • Alter des Mitarbeiters und Unternehmens-Performance als weitere Determinanten
Weller	2007	• Fokus auf Erstellung eines Fluktuationsmodells auf Basis verschiedener Theorien (z. B. Wert-Erwartungstheorie) mit anschließender Ergebnisanalyse mit Daten des sozio-ökonomischen Panels • Determinanten der Kündigungsentscheidung: Betriebszugehörigkeitsdauer, Alter des Individuums, Einkommenshöhe, allgemeines Humankapital, Größe des regionalen Arbeitsmarktes, konjunkturelle Lage des regionalen Arbeitsmarktes sowie spezifischer Arbeitsmärkte, innerbetrieblicher Aufstieg, Organisationsgröße, familiäre Bindung bei männlichen/weiblichen Mitarbeitern, Arbeitszufriedenheit und persönliche Suchwege
Mure	2007	• Betriebs- und branchenspezifische Qualifikationsbündel/Weiterbildung (langfristig negativer Einfluss auf Berufs- und Branchenmobilität (und damit Fluktuation) der Ausgebildeten)
Senter/Martin	2007	• Fokus auf Fluktuation bei Teilzeitarbeitern • Organisationales Commitment, Arbeitszufriedenheit, wahrgenommene Arbeitsalternativen
Ma/Trigo	2008	• Fokus: Mitarbeiterbindung in China (unter Berücksichtigung der Folgen starken wirtschaftlichen Aufschwungs) • Methode: nicht näher spezifizierte Kombination aus quantitativen und qualitativen Erhebungstechniken • Direkte Determinanten der Kündigungsabsicht (Turnover Intention): Job Satisfaction, Zukunftsaussichten des Unternehmens (Corporate Prospects), Management System • Determinanten der Kündigungsabsicht (direkt und über Job Satisfaction): Career Development, Rewards, Intrinsic Satisfaction, Work Relationships, Corporate Culture und Work Environment

Autor(en)	Jahr	Determinanten der Fluktuation
Li	2008	• Fokus auf Fluktuation bei lokalen Senior Managern in international Joint Ventures in China • Determinanten der Kündigungsabsicht: Beteiligung am Entscheidungsprozess sowie soziale Integration • Negative Effekte bei hohem Niveau ausländischer Kontrolle
Brunner	2009	• Fokus auf die Auswirkung von Lohndisparität auf die Kündigungsabsicht • Determinanten der Kündigungsabsicht: Wahrgenommene Lohndisparität (wenn Unterschiede als groß wahrgenommen werden), personale Faktoren (Alter, Betriebszugehörigkeit), organisationale Faktoren (Branche, Partizipation), Arbeitsmarkt-Faktoren (eigenverantwortliche Karriereorientierung) und Zufriedenheitsfaktoren (Arbeitszufriedenheit, Commitment zum Unternehmen)
Collins	2010	• Fokus auf Effekt der psychologischen Vertragserfüllung auf Fluktuation bei Managern • Determinanten der Kündigungsabsicht: Arbeitszufriedenheit und psychologische Vertragserfüllung • Aufbau von Beziehungen zwischen oberster Führung und deren direkten Untergebenen basierend auf Respekt, Vertrauen und gegenseitiger Bindung mit dem Ergebnis eines psychologischen Kontrakts
Neuhaus	2010	• Einstellung zum Arbeitnehmerkündigungsverhalten (mit ihrer Determinante Verfügbarkeit vergangener Kündigungserfahrungen) • Subjektive Norm (mit ihrer Determinante Wichtigkeit von Bezugspersonen und -gruppen) • Alter
Costigan et al.	2011	• Fokus auf Beziehung und Vertrauen zum Vorgesetzten • Determinanten der Kündigungsabsicht: Vertrauen des CEOs und Top-Managements hat höhere Korrelation als Vertrauen des direkten Vorgesetzten
Walsh	2011	• Konstrukt „Perceived Customer Unfriendliness" mit direktem und indirekten Einfluss auf Arbeitszufriedenheit, die wiederum Einfluss auf Kündigungsabsicht hat

Eine detaillierte Auswertung der Fluktuationsdeterminanten findet sich bei *Krill*.[172] Die studienübergreifend wichtigsten Fluktuationsdeterminanten sind demnach die Arbeitszufriedenheit, demografische und persönliche Faktoren des

172 vgl. *Krill* (2012), 417-419.

Mitarbeiters sowie Betriebsklima, Integration und Verhältnis zum Vorgesetzten.[173]

Die Theorie der Fluktuation bildete in der Vergangenheit vielfach das theoretische Fundament für die Mitarbeiterbindung, da viele Forscher davon ausgingen, dass bei einer Umkehrung der theoretischen Erklärungsmodelle für Fluktuation Aussagen zur Bindung von Mitarbeitern gemacht werden können.[174] Die Erkenntnisse der Fluktuationsforschung liefern zwar eine gute Basis, „jedoch befasst sich die Mitarbeiterbindung eben gerade *nicht* mit der Erforschung der Gründe für organisationale Instabilitäten, sondern fokussiert auf die Beständigkeit der Mitarbeiter-Unternehmens-Beziehung“[175]. Fragestellung ist demnach nicht, warum ein Mitarbeiter wechselt, sondern warum er bleibt. Die Fluktuationsforschung kann damit nur einen eingeschränkten Erklärungsbeitrag für die Bindung von Mitarbeitern leisten.

2.1.2.2 Betriebswirtschaftliche Bindungsforschung

2.1.2.2.1 Kundenbindungsforschung

Nach *Homburg/Bruhn* umfasst Kundenbindung „sämtliche Maßnahmen eines Unternehmens, die darauf abzielen, sowohl die Verhaltensabsichten als auch das tatsächliche Verhalten eines Kunden gegenüber einem Anbieter oder dessen Leistungen positiv zu gestalten, um die Beziehung zu diesem Kunden für die Zukunft zu stabilisieren bzw. auszuweiten“.[176] Im Vergleich zur Kundenloyalität ist die Kundenbindung damit weiter gefasst. Während Kundenloyalität lediglich die nachfragerbezogene Perspektive einer Bindung beschreibt, umfasst Kundenbindung zusätzlich auch die Anbieterseite.[177]

Kundenbindung ist ein bereits umfangreich erforschtes Gebiet. Aufgrund der Vielzahl der Untersuchungen soll in Tabelle 2 lediglich ein Überblick über einige ausgewählte Studien gegeben werden. Die dargestellten Beiträge geben dabei einen Einblick in die verschiedenen Forschungsrichtungen, die sich aus dem Thema Kundenbindung ergeben. Die Studien von *Jones* und *Sasser* sowie von *Klee* und *Hennig* untersuchen beispielsweise insbesondere den Zusammenhang zwischen Kundenzufriedenheit und Kundenbindung.[178] Andere sehen

173 vgl. *Krill* (2012), 418.

174 vgl. *vom Hofe* (2005), 19.

175 *vom Hofe* (2005), 19.

176 *Homburg/Bruhn* (2010), 8; zu einer Übersicht über Definitionsansätze der Kundenbindung *Diller* (1996), 81-83.

177 vgl. *Homburg/Bruhn* (2010), 8.

178 vgl. *Jones/Sasser* (1995); *Klee/Hennig* (1996).

Kundenbindung als Teil eines Ganzen, zum Beispiel *Bruhn* im Rahmen des Customer Relationship Managements.[179] Insbesondere *Reichheld* legt dar, dass Kundenbindung in erheblichem Maße zur Steigerung der Profitabilität eines Unternehmens beitragen kann.[180] Andere Autoren fokussieren den Wirtschaftlichkeitsaspekt eines Kundenbindungsmanagements und zeigen Möglichkeiten einer Kosten-Nutzen-Analyse zur Verbesserung von Unternehmensentscheidungen im Rahmen des Kundenbindungsmanagements auf.[181] Eine Vielzahl weiterer Beiträge beschäftigt sich mit spezifischen Aspekten wie bestimmten Branchen und Industrien. Allen Studien gemein ist die grundsätzliche Erkenntnis, dass richtig eingesetzte Kundenbindung zu positiven Effekten auf Seiten des bindenden Unternehmens aber letztlich auch beim gebundenen Kunden führt.

Eine weitere umfassende Übersicht unter anderem zur Kundenbindungsforschung findet sich beispielsweise bei *Krafft*[182] oder *Homburg/Becker/Hentschel.*[183]

Tabelle 2: Überblick zur Kundenbindungsforschung

Autor(en)	Jahr	Forschungsergebnisse
Jones/Sasser	1995	• Fokus: Beziehung zwischen Kundenzufriedenheit und Kundenloyalität • Ziel: Analyse des „Satisfaction-Loyalty Link" in unterschiedlichen Industrien • Zusammenhang zwischen Kundenzufriedenheit und -loyalität ist abhängig von der Wettbewerbsintensität der jeweiligen Branche: • Wettbewerbsfreie/-arme Zone: höhere Loyalität als Zufriedenheit bis zu hohe (erzwungene) Loyalität bei allen Zufriedenheitseinstufungen (z. B. regulierte Märkte, dominierende Marken, hohe Wechselkosten, geschützte Technologien aber auch erfolgreiche Loyalitätsprogramme) • Hoch kompetitive Zone: höhere Zufriedenheit als Loyalität, Risiko eines Wechsels selbst zufriedener Kunden (z. B. Gebrauchsgüter ohne Differenzierungsmerkmale, hohe Verfügbarkeit von Ersatzprodukten, geringe Wechselkosten) • Einteilung der Kunden in vier Basisgruppen: • Loyalisten: hohe Zufriedenheit bei hoher Loyalität; häufig am einfachsten zu bedienen (Untergruppe Apostel: teilen ihre positiven Erfahrungen mit anderen)

179 vgl. *Bruhn* (2007).

180 vgl. *Reichheld* (1996).

181 vgl. *Gupta/Lehmann* (2001); *Bruhn/Georgi* (2010).

182 vgl. *Krafft* (2002), 42-44.

183 vgl. *Homburg/Becker/Hentschel* (2010), 123-126.

Autor(en)	Jahr	Forschungsergebnisse
		• Abwanderer: niedrige bis mittlere Zufriedenheit bei niedriger bis mittlerer Loyalität (Untergruppe „Terroristen“: wollen ihre negativen Erfahrungen anderen mitteilen) • Söldner: hohe Zufriedenheit bei niedriger bis mittlerer Loyalität; häufig hohe Kosten für Kundenakquisition erforderlich, „Schnäppchenjäger“ mit hoher Wechselbereitschaft • Geisel: niedrige bis mittlere Zufriedenheit bei hoher Loyalität; „gefangen“ und unfähig zu wechseln
Diller	1996	• Fokus: Kundenbindung als Marketingziel • Wirkungseffekte der Kundenbindung: - Mehr Sicherheit (z. B. über Stabilität der Geschäftsbeziehung, Feedback, Aktionsspielraum oder Vertrauen, jedoch Gefahr von Inflexibilität, Trägheit und Reaktanz) - Mehr Wachstum (z. B. durch Kundenpenetration und Kundenempfehlungen, jedoch Gefahr einseitiger Kundenstruktur und negativer Mund-zu-Mund-Werbung) - Mehr Gewinn/Rentabilität (z. B. geringere Kundenbearbeitungskosten, bessere Amortisation von Akquisitionskosten, geringere Preiselastizität), jedoch auch höhere Bindungskosten • Modell zur Kundenbindung und Beziehungsqualität zwischen Anbieter und Kunde bestehend aus drei Beziehungsebenen (Sach-, Organisations- und Emotionsebene) in Kombination mit drei prinzipiellen Gestaltungsmedien (Macht, Recht und Vertrauen): - Sachressourcen (Güter- oder Dienstleistungsqualität ohne Alternative aus Sicht des Kunden) - Leistungsverträge (Zweckbindung, hinreichender Kundenanreiz für Vertragsabschluss) - Sachkompetenz (unter Dominanz von Vertrauen, z. B. Arzt-Patient-Beziehung) - Organisationsressourcen (einzigartige organisatorische Abwicklung, z. B. schneller Zustellservice) - Organisationsrechte (Bindung durch Verträge über die Art der Geschäftsabwicklung, z. B. Belieferung über bestimmte Spedition) - Organisationskompetenz (basierend auf Vertrauen des Kunden in die Organisation des Anbieters) - Angst/Befürchtungen (basierend auf fachlicher Überlegenheit oder Wissen um Schwachpunkte beim Kunden) - Kumpanei (z. B. verdeckte Vereinbarungen über gegenseitige persönliche Beförderungen) - Sympathie (durch Emotionalisierung der Geschäftsbeziehung, z. B. über sympathisches Auftreten des Personals)
Reichheld	1996	• Fokus: Wirkung von Loyalität/Bindung der Stakeholder auf

Autor(en)	Jahr	Forschungsergebnisse
		die Ergebnisse des Unternehmens (Ausgangspunkt: Kunden) • Ziel: vollständige Ausrichtung des Unternehmens auf die Gewinnung und Bindung der profitabelsten Kunden durch exzellente Produkte und überdurchschnittlichen Service • Wirkungskette der Kundenbindung: - Steigerung der Profitabilität und Wachstumsrate des Unternehmens - Unternehmen wird dadurch für die besten (potenziellen) Mitarbeiter attraktiv - Mitarbeiter sind stolz und zufrieden mit der Zusammenarbeit mit langfristigen und profitablen Kunden und gehen daher selbst eine langfristige Beziehung mit dem Unternehmen ein - Weitere Steigerung von Produktivität und Profitabilität, was wiederum Interesse von (langfristigen) Investoren am Unternehmen weckt - Stabilisierung des Gesamtsystems und Ermöglichung der Fortführung dieser auf langfristigen Beziehungen aufgebauten Strategie • Empirische Bestätigung: - Analyse der Kundenbindung und Profitabilität von Unternehmen der Versicherungsindustrie in den USA (1983-1988) • Kritik: fundamentale Kundenfokussierung vernachlässigt alles was nicht im direkten Kundenkontakt steht oder direkten Kundennutzen bringt; für ein funktionierendes Gesamtsystem sind jedoch auch Unterstützungsfunktionen ohne direkt erkennbaren Bezug zum Kunden notwendig
Klee/Hennig	1996	• Fokus: Zusammenhang zwischen Kundenzufriedenheit und Kundenbindung • Ziel: Darstellung des Einflusses des Konstrukts Beziehungsqualität auf das Verhältnis zwischen Zufriedenheit und Bindung • Beziehungsqualität setzt sich zusammen aus drei Teilkonzepten: - Commitment (Langfristorientierung gegenüber einer Geschäftsbeziehung, die auf kognitiven und affektiven Prozessen beruht) - Relative Qualitätswahrnehmung (kurzfristige und stark emotional beeinflusste Bewertung einer Leistung, ausgedrückt in sechs Ausprägungen abhängig vom Ergebnis des Vergleichs mit einem internen Vergleichswert) - Vertrauen (Bereitschaft, sich auf einen Austauschpartner einzulassen, dem man vertraut) • Empirische Untersuchung im Bereich Systemgastronomie bestätigt den direkt signifikanten Einfluss des Commitments auf

Autor(en)	Jahr	Forschungsergebnisse
		die Kundenbindung, während relative Qualitätswahrnehmung und Vertrauen lediglich indirekt über das Commitment auf die Kundenbindung wirken
Bowen/ Shoemaker	1998	• Fokus: Kundenbindung in der Hotellerie • Ziel: Darstellung eines strategischen Ansatzes für Luxushotels für deren Beziehungsmarketing auf Basis von Loyalität • Beziehungs-Commitment mit seinen vier Einflussfaktoren als zentrale Determinanten der Kundenloyalität: - Benefits: Vorteile, die die Kunden aus der Beziehung ziehen können (z. B. spätere Check-out Zeiten) - Vertrauen: Verlässlichkeit und Einsatz für die Interessen des Partners - Wechselkosten - Werte: Grad der Übereinstimmung der Werte der Partner der Beziehung, der Intensität dieser Werte und der Werte der Beziehung selbst • Vorteile loyaler Kunden für die Luxushotels: - Möglichkeit des Cross Selling: je höher das Commitment des Kunden, desto höher ist sein Umsatz mit Essen und Getränken im Hotel - Weiterempfehlungen: loyale Kunden geben ihre positiven Erfahrungen an acht bis zehn potenzielle andere Hotelkunden weiter - Geringere Preissensitivität der Kunden: Kunden empfinden gegebene Preise des Hotels, gegenüber dem sie eine Loyalitätsbeziehung aufgebaut haben, als fair • Möglichkeiten der Entwicklung von Loyalität für die Luxushotels: - Vertrauen aufbauen (z. B. Versprechen einhalten, Sicherheit von Kundeneigentum gewährleisten) - Kundenprobleme ernst nehmen und sich integer verhalten - Mitarbeiter mit Respekt behandeln, so dass sich dieses Verhalten auf die Beziehung zum Kunden überträgt - Angenehmen Hotelaufenthalt ohne Unannehmlichkeiten sicherstellen
Peter	1999	• Fokus: Einflussfaktoren der Kundenbindung • Ziel: Konzeptualisierung und empirische Überprüfung eines Modells zur Erklärung der Kundenbindung, Generierung von Gestaltungshinweisen für die Unternehmenspraxis • Konstrukt Kundenbindung besteht hier aus den Teilkonstrukten Wiederkaufabsicht, „Wiederkaufabsicht bei Diebstahl heute", Cross-Buying-Potenzial sowie Wiederkaufwahrscheinlichkeit (als Dimension der Verhaltensabsicht) und Weiterempfehlungshäufigkeit (als Dimension des Verhaltens) • Determinanten der Kundenbindung (absteigende Relevanz):

Autor(en)	Jahr	Forschungsergebnisse
		- Psychische Wechselbarrieren (z. B. Vertrauen zum Anbieter, gewachsene Werte, Identifizierung mit dem Image des Anbieters) und indirekt soziale Wechselbarrieren (z. B. zwischenmenschliche Kontakte mit den Mitarbeitern des Anbieters, Integration in das Unternehmensgeschehen und Meinungen des sozialen Umfelds) - Variety Seeking (Neigung zum Anbieterwechsel aufgrund des Strebens nach Abwechslung) - Kundenzufriedenheit - Attraktivität des Konkurrenzangebots • Empirische Bestätigung im Rahmen einer Befragung von Neuwagenkunden eines Automobilherstellers (Privatkunden) sowie von Apothekern als Kunden eines Pharmagroßhändlers (gewerbliche Kunden)
Gupta/Lehmann	2001	• Fokus: Kunden als immaterieller Vermögenswert, Wirtschaftlichkeit von Kundenbindung • Ziel: Darstellung des Customer Lifetime Value und dessen Nutzung bei Unternehmensentscheidungen • Customer Lifetime Value stellt den gegenwärtigen Wert aller zukünftig mit diesem Kunden generierten Gewinne dar und besteht aus drei Komponenten: - Marge oder Profit der Käufe des Kunden - Kundenbindung - Diskontierungsfaktor (Kapitalkosten) • Nutzung des Customer Lifetime Value zur Präzisierung von Unternehmensentscheidungen: - Kundenakquise: Abstimmung der Ausgaben der Kundenakquise auf den Kundenwert - Kundenselektion: Segmentierung der Kunden anhand ihres Customer Lifetime Value und daraus resultierende spezifische Betreuung - Kundenbindung: Einsatz von Maßnahmen zur Bindung in Abhängigkeit des Customer Lifetime Value - Strategische Allianzen und Übernahmen: Bewertung des Potenzials eines Partners/Übernahmekandidaten
Wiedmann/Koot	2003	• Fokus: Kundenloyalität, Kundenbindung und Kundenbindungspotenzial • Ziel: Ermittlung und Prüfung geeigneter Einflussvariablen auf Kundenbindung (über Kundenloyalität) • Empirische Überprüfung unter Würdigung der Marktspezifität des Retail Banking, vgl. Koot (2005) • Moderatoren der Beziehung zwischen Einstellungen und Kundenloyalität: - Persönlichkeitsmerkmale (Convenience-Orientierung, Preissensibilität, Neigung zum Variety Seeking)

Autor(en)	Jahr	Forschungsergebnisse
		- Situative Einflüsse (Nutzung der Distributionswege, Bankengruppe der Hausbank) - Soziodemografische Merkmale (Geschlecht, Alter) • Untersuchte Einstellungskonstrukte mit starkem Erklärungsbeitrag zu Kundenloyalität: - Commitment - Identifikation mit dem Unternehmen - Image - Vertrauen • Untersuchte Einstellungskonstrukte mit schwach bis mäßigem Erklärungsbeitrag zu Kundenloyalität: - Involvement - Kumulative Kundenzufriedenheit - Subjektive Wechselbarrieren
Homburg/Jensen	2004	• Fokus: Kundenbindung im Industriegütergeschäft • Ziel: Analyse der Kundenbindung/-loyalität von Industriegüterkunden sowie der Aspekte, durch die eine entsprechende Bindung erzielt werden kann • Facetten des erweiterten Kundenloyalitätsmodells: - Zeitliches Commitment zum Anbieter - Mengenbezogenes Commitment zum Anbieter - Preisliches Commitment zum Anbieter (besondere Relevanz im Industriegütergeschäft) - Ressourcenbezogenes Commitment zum Anbieter (besondere Relevanz im Industriegütergeschäft) • Dimensionen von Kundenbindungsinstrumenten: - Individuelle versus organisationale Ebene - Bestärkender versus balancierter versus barrierebauender Anreizmechanismus - Emotionale versus ökonomische Anreizart • Zentraler Erfolgsfaktor im Kundenbindungsmanagement: - Beziehungsprofitabilitätsrechnung zur Vermeidung hoher Folgeauftragsquote bei geringer Kundenprofitabilität
Bauer/ Hammerschmidt	2004	• Fokus: Kundenzufriedenheit und Kundenbindung bei Internet-Portalen • Ziel: Analyse des Wirkungsgefüges zwischen Portalqualität und Kundenbindung • Identifizierte Wirkungspfade erhöhter Qualität der Portalleistungen: - Positive Wirkung auf die Kundenbindung über gesteigerte Zufriedenheit der Nutzer - Positive Wirkung auf die Kundenbindung über wahrgenommene Barrieren eines Portalwechsels (Risiko, dass vergleichbare Services und Inhalte auf Konkurrenzportalen nicht verfügbar sind)

Autor(en)	Jahr	Forschungsergebnisse
		• Empirische Überprüfung durch Online-Befragung von Portalnutzern
Bruhn	2007	• Fokus: Kundenbindung als Bestandteil eines Customer Relationship Managements • Ziel: Kundenbindung als zentrales Ziel und Mittelpunkt der Marketingaktivitäten • Konzeptualisierung des Konstruktes Kundenbindung in - Tatsächliches Verhalten (Wiederkauf, Cross Buying, Weiterempfehlung, Preiserhöhungsakzeptanz) und - Verhaltensabsicht (Wiederkaufsabsicht, Cross-Buying-Absicht, Weiterempfehlungsabsicht, Preiserhöhungstoleranz) • Zu berücksichtigende Dimensionen einer Kundenbindungsstrategie: - Was: Bezugsobjekt (z. B. Produkt, Hersteller) - Wer: Kundenbindungszielgruppe (Kundenportfolioanalyse anhand definierter Beurteilungskriterien, z. B. verfügbares Einkommen, Dauer der Kundenbeziehung) - Wie: Arten der Kundenbindung (technisch-funktionale, ökonomische, vertragliche oder emotionale Bindung) - Womit: Kundenbindungsinstrumente (z. B. preispolitische Instrumente) - Wie oft und wann: Intensität und Timing (z. B. Zeitpunkt von Mailings) - Mit wem: Kooperationsstrategien (z. B. im Rahmen der Payback-Kundenkarte)
Feistel	2008	• Fokus: Strategisches Kundenbindungsmanagement in der Mineralölindustrie • Ziel: Entwurf eines ganzheitlichen, generischen Kundenbindungsmodells sowie dessen empirische Untersuchung und Identifizierung von Erfolgsfaktoren • Determinanten der verhaltensbezogenen Bindung: - Verbundenheitsdimension: Zufriedenheit, Vertrauen und Image des Anbieters - Gebundenheitsdimension: ökonomische, soziale, psychologische und faktische Wechselbarrieren • Gebundenheit und Verbundenheit haben positive Wirkungen auf Höhe und Zeitpunkt des Cash-Flows sowie dessen Volatilität • Empirische Überprüfung im Rahmen der Mineralölindustrie
Bruhn/Georgi	2010	• Fokus: Wirtschaftlichkeit des Kundenbindungsmanagements • Ziel: Sensibilisierung der Unternehmen für Notwendigkeit einzelfallbezogener Kosten-Nutzen-Analyse des Kundenbindungsmanagements

Autor(en)	Jahr	Forschungsergebnisse
		• Phasenkonzept einer Wirtschaftlichkeitsanalyse des Kundenbindungsmanagements: - Definition der Kundenbindungsinvestition: Spezifizierung des Investitionsobjekts, Konkretisierung des Zeitraums - Analyse der Kundenbindungskosten: Festlegung der Kostenkategorien des Kundenbindungsmanagements (z. B. Kosten einer Beschwerdeabteilung, einer Kundenkreditkarte), Ermittlung der Kosten - Analyse des Kundenbindungsnutzens: Festlegung der Nutzenkategorien des Kundenbindungsmanagements (Beziehungserhaltungs-, Beziehungsintensivierungs- und Kommunikationsnutzen), Ermittlung des Nutzens - Kosten-Nutzen-Analyse des Kundenbindungsmanagements: Auswahl der Methode der Wirtschaftlichkeitsanalyse, Ermittlung und Interpretation von Wirtschaftlichkeitskennziffern, Ableitung von Maßnahmen zur Wirtschaftlichkeitssicherung und -verbesserung • Kundenbeziehungserhalt führt auch zu einer Beziehungsintensivierung (erhöhte Preisbereitschaft, Kauffrequenzsteigerung, Cross-Buying-Absicht, Mund-zu-Mund-Kommunikation) • Je höher die Kundenbindungsausprägungen, desto geringer die durch weitere Ausprägungsverbesserungen induzierten Erfolgserhöhungen • Gegenüberstellung der Kosten- und Nutzen-Funktionen ermöglicht die Ableitung der Gewinnfunktion des Kundenbindungsmanagements und die Bestimmung des optimalen Aktivitätsniveaus des Kundenbindungsmanagements (nicht jede Aktivitätsintensivierung erzielt zwingenderweise einen positiven finanziellen Beitrag)
Paul/ Hennig-Thurau	2010	• Fokus: Determinanten der Kundenbindung auf Basis der Means-End-Theorie • Ziel: Entwicklung eines theoretischen Bezugsrahmens der Determinanten der Kundenbindung mit Darstellung des Zusammenhangs sowie der Wichtigkeit der einzelnen Determinanten • Identifizierung von insgesamt zwölf primären und 50 sekundären Determinanten der Kundenbindung auf Basis von persönlichen Interviews von Endkunden im Dienstleistungsbereich • Einteilung in drei Ebenen mit zugehörigen primären (und sekundären) Determinanten: - Attributebene (Wissen eines Kunden über Produkt- oder Anbietereigenschaften, die ihn zur Treue motivieren): Dienstleistungsprodukt (z. B. Einmaligkeit, Individualisierung, Preisgünstigkeit), Dienstleistungserbringung (z. B.

Autor(en)	Jahr	Forschungsergebnisse
		Authentizität, Empathie, Expertise), Dienstleistungsumgebung (z. B. Publikum, Sauberkeit), Dienstleistungsstandort (Lage), Beziehungseigenschaften (z. B. Ähnlichkeit mit Verkäufer) und Unternehmenseigenschaften (z. B. Reputation) - Nutzenebene (Wissen eines Kunden über die aus einem Produkt oder von einem Anbieter erhaltenen Vorteile (über Kernnutzen hinausgehend), die ihn zur Treue motivieren): funktionaler Nutzen (z. B. Geld oder Zeit sparen), psychologischer Nutzen (z. B. Autonomie, Privilegiertheit) und sozialer Nutzen (z. B. Altruismus) - Werteebene (Wissen eines Kunden über erwünschte situationsübergreifende Zielzustände, die ihn zur Treue motivieren): individuelle Werte (z. B. Hedonismus, Macht), kollektive Werte (z. B. Tradition) und gemischte Werte (z. B. Sicherheit) • Bestimmung der relativen Wichtigkeit der Kundenbindungsdeterminanten auf Basis einer computergestützten Telefonbefragung • Wichtigste Determinanten: - Für Wiederkaufverhalten: Individuelle Werte, funktionaler Nutzen, psychologischer Nutzen, Dienstleistungsprodukt und Dienstleistungserbringung - Für Beziehungseinstellungen: 1. für Kundenzufriedenheit: Dienstleistungsprodukt, Dienstleistungserbringung und psychologischer Nutzen; 2. für Beziehungscommitment: Beziehungseigenschaften, sozialer Nutzen, psychologischer Nutzen und gemischte Werte; 3. für Bindungsabsicht: Dienstleistungsprodukt, Dienstleistungsumgebung, individuelle Werte und Verknüpfung zwischen Beziehungseigenschaften und psychologischem Nutzen
Tomczak/ Reinecke/Dittrich	2010	• Fokus: Kundenbindung durch Kundenkarten und -clubs • Ziel: Darstellung von Erfolgsfaktoren von Kundenkarten und -clubs und Diskussion von Gestaltungshinweisen im Hinblick auf Kundenbindung • Zentrale Funktion der Kundenkarte ist die Möglichkeit der Verknüpfung von soziodemografischen Kundendaten mit Informationen ihres jeweiligen Kaufverhaltens in anonymen Märkten • Ziele von Kundenkarten und -clubs: - Kundenselektion - Kundendatenbeschaffung (zu Kundeneigenschaften und -präferenzen) - Interaktion und Integration (intensive Kommunikation und verstärkter Einbezug des Kunden) - Identifikation mit dem Unternehmen (Verbesserung des

Autor(en)	Jahr	Forschungsergebnisse
		Unternehmensimages) • Zu beachtende Aspekte bei der Konzeption eines Kundenprogramms: - Unternehmensspezifisches (z. B. Peek & Cloppenburg Card) oder unternehmensübergreifendes Programm (z. B. Payback Card) - Definition der Leistungen des Kundenprogramms (grundleistungsnahe oder -ferne Angebote) - Einteilung der Kunden in Zielgruppen mit jeweils homogenen Kundenbindungsmaßnahmen

2.1.2.2.2 Mitarbeiterbindungsforschung

Die Forschungsergebnisse zur Kundenbindung bilden vielfach den Ausgangspunkt für Überlegungen zur Mitarbeiterbindung. So konnten *Bauer/Jensen* aufbauend auf den theoretischen Grundlagen der Kundenbindungsforschung feststellen, dass sich grundsätzliche Mechanismen der Bindung bei Kunden und Mitarbeitern ähnlich verhalten und daher übertragbar sind.[184] Sie untersuchten dazu theoretische Konzepte, die bereits zur Erklärung der Kundenbindung dienen, auf ihre Relevanz im Zusammenhang mit Mitarbeiterbindung. Aus den als relevant eingestuften Konzepten wurden Determinanten der Mitarbeiterbindung abgeleitet.

Nach der mikroökonomischen Theorie *Hirschmans* lässt sich Mitarbeiterbindung durch die Faktoren Arbeitszufriedenheit, mangelnde Attraktivität des Konkurrenzangebots, zu hohes Risiko eines Jobwechsels (zum Beispiel Probezeit in wirtschaftlich schwierigen Zeiten) und Wechselbarrieren (zum Beispiel Verlust eines Anspruchs auf Betriebsrente) erklären.[185] Bei der sozialpsychologischen Interaktionstheorie wird nach einer Balance zwischen Anreizen und Beiträgen gestrebt, wobei keiner der Interaktionspartner längerfristig bereit sein wird, hier ein Ungleichgewicht zu tolerieren.[186] Bezogen auf die Mitarbeiterbindung bedeutet das, dass Mitarbeiter die ihnen zur Verfügung stehenden Alternativen gegenüber der Zufriedenheit mit dem aktuellen Arbeitgeber abwägen und sich für die aus ihrer Sicht bessere Variante entscheiden.[187] Die Transaktionskostentheorie wiederum berücksichtigt die seitens des Mitarbeiters bereits getätigten Investitionen (zum Beispiel firmenspezifisches Know-How) in das beste-

184 vgl. *Bauer/Jensen* (2001), 23.
185 vgl. *Bauer/Jensen* (2001), 15-16.
186 vgl. *Bauer/Jensen* (2001), 17-18.
187 vgl. *Bauer/Jensen* (2001), 18.

hende Arbeitsverhältnis, die bei einem Jobwechsel verloren gingen.[188] Schließlich spiegelt das Konstrukt des Variety Seeking das Streben eines Individuums nach Abwechslung wider.[189] Dabei stellt der Wechsel selbst über die Möglichkeit des Zugewinns an Erfahrungen und neuen Herausforderungen einen Nutzen für den Mitarbeiter dar.[190] Die aus diesen Überlegungen resultierenden Determinanten der Mitarbeiterbindung sind in Abbildung 11 dargestellt.

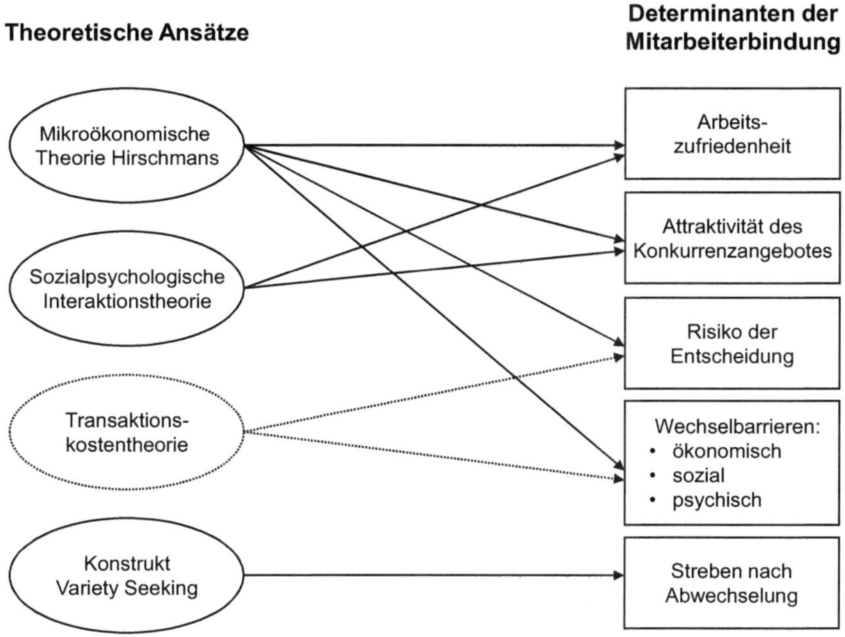

Abbildung 11: Theoretische Ansätze und Determinanten der Mitarbeiterbindung[191]

Bauer/Jensen verweisen zusätzlich auf das vorgelagerte Konstrukt des Organisationalen Commitments als weiteren wichtigen Einflussfaktor der Mitarbeiterbindung. Dieses sei jedoch aus dem Beziehungsmarketing nicht abzuleiten, da ein solches Commitment bei einer Kunden-Lieferanten-Beziehung in deutlich geringerem Maße vorliege als bei einer Arbeitgeber-Arbeitnehmer-Situation.[192]

188 vgl. *Bauer/Jensen* (2001), 16-18.
189 vgl. *Bauer/Jensen* (2001), 18.
190 vgl. *Bauer/Jensen* (2001), 19-21.
191 *Bauer/Jensen* (2001), 20.
192 vgl. *Bauer/Jensen* (2001), 21.

Andere Autoren fokussieren im Rahmen ihrer Forschung spezifische Aspekte oder Situationen der Mitarbeiterbindung. *Andrzejewski* beispielsweise analysiert Trennungs-Kultur und Mitarbeiterbindung.[193] Dabei geht er auch auf den speziellen Fall der Mitarbeiterbindung ein, die die nach der Entlassungen von Teilen des Personals noch verbliebenen Mitarbeiter betrifft. Diese Gruppe unterscheidet sich aufgrund der Vorkommnisse stark von Mitarbeitern unter „normalen" Bedingungen. Die Entlassung von Kollegen, zu denen ein gutes Verhältnis bestand und die möglicherweise auch eine Art Vorbildrolle hatten, kann Motivation und Bindungswillen der Verbleibenden negativ beeinflussen.[194]

Tabelle 3 gibt eine Übersicht über den Stand der konzeptionellen Mitarbeiterbindungsforschung.

Tabelle 3: Überblick zur Mitarbeiterbindungsforschung (konzeptionell)

Autor(en)	**Jahr**	**Forschungsergebnisse**
Poe	1998	• Fokus: Mitarbeiterbindung in der Übergangsphase durch Retention Boni • Retention Boni stellen ein wirksames Instrument zur (kurzfristigen) Mitarbeiterbindung dar • Verwendung als Anreiz zum Verbleib für eine definierte Zeitspanne, z. B. bis zum Abschluss eines Projekts (Mergers)
Williams/ Sunderland	1999	• Fokus: Mitarbeiterbindung durch Vergütungsprogramme • Vergütung stellt ein wichtiges, oft unterschätztes Instrument zur Mitarbeiterbindung dar • Bindungswirkung wird durch strategische Vergütungsprogramme erreicht, die sich an den Unternehmenszielen orientieren, den Mitarbeiter hinsichtlich seiner Beteiligung und des erwünschten Verhaltens fördern, flexibel ausgestaltet sind sowie die Erwartungen an die Leistungen der Mitarbeiter und den Erfolg offen kommunizieren
Nunn	2000	• Fokus: Einfluss der Karriereplanung auf die Mitarbeiterbindung • Regelmäßig durchgeführte und institutionalisierte Karriereplanungsgespräche zwischen Mitarbeiter und Vorgesetztem mit Betrachtung der bisherigen Leistungen, zukünftigen Ziele und Entwicklungsperspektiven im Unternehmen haben einen positiven Effekt auf die Mitarbeiterbindung
Nippa/Petzold	2000	• Fokus: Gestaltungsansätze zur Optimierung der Mitarbeiterbindung in der IT-Industrie • Identifizierte Mitarbeiterbindungsinstrumente:

193 vgl. *Andrzejewski* (2008), 250-277.

194 vgl. *Andrzejewski* (2008), 258-262.

Autor(en)	Jahr	Forschungsergebnisse
		- Monetäre Instrumente und Mechanismen: Leistungsorientierte Entlohnungsbestandteile, Beteiligungsmodelle und Aktienoptionspläne - Nichtmonetäre Instrumente und Mechanismen: Arbeits- und Zeitsouveränität, herausforderndes Arbeitsumfeld und Selbstverwirklichung sowie Gewährung von Wahlmöglichkeiten
Olesch	2000	• Fokus: Personalbindung von Ingenieuren • Maßnahmen zur Mitarbeiterbindung: - Aufstiegs- und Entwicklungsmöglichkeiten - Zielorientierte Vergütung - Unternehmenskultur/Betriebsklima - Mitarbeiterqualifizierung - Zusätzliche Leistungen für Mitarbeiter • Besonders wichtiger Aspekt: frühzeitige Kontakte und Bindungen zu potenziellen (späteren) Mitarbeitern durch Studenten mit Teilzeitverträgen, kooperative Ingenieurausbildung, Praktika und Diplomarbeiten, gemeinsame Forschungsprojekte, Dozenten an der Hochschule, Besuchergruppen im Unternehmen sowie Messekontakte
Bauer/Jensen	2001	• Fokus: Übertragung von Implikationen aus der Kundenbindungsforschung für die Bindung von Mitarbeitern • Identifizierte Determinanten der Mitarbeiterbindung: - Arbeitszufriedenheit - Attraktivität des Konkurrenzangebots - Risiko der Entscheidung - Wechselbarrieren (ökonomisch, sozial, psychisch) - Streben nach Abwechslung
Worrach	2001	• Fokus: Mitarbeiterbindung auf Basis einer sozial und emotional hoch entwickelten Unternehmenskultur • Instrumente des Personalmanagements zur Mitarbeiterbindung: - Bezahlung: attraktive, leistungsgerechte Entlohnung, Beteiligungsmodelle, Sozialleistungen - Arbeitsformen: Prozesse, Strukturen, Zeitsouveränität, Arbeitsmittel, Räume und Orte, Inhalt, Zusammenarbeit - Entwicklungsmöglichkeiten: Zugriff auf Informationen, bedarfsgerechte Weiterbildung in Form von Fortbildung und Training on- und off-job im individuellen Mix, regelmäßiges Feedback, interner Stellenmarkt, Arbeit in projektbezogenen Netzwerken - Basis dieser Instrumente ist Unternehmenskultur (Unternehmensidentität, Führungsgrundsätze, Informations- und Kommunikationspolitik, Vertrauenskultur)

Autor(en)	Jahr	Forschungsergebnisse
Knoblauch	2004	• Fokus: Motivation und Honorierung der Mitarbeiter als Bindungsstrategie • Faktoren der Mitarbeiterbindung: - Unternehmenskultur/-image: Vision, Mission, Leitbild, Ziele, Corporate Identity, Vertrauen, Anerkennung, Respekt, Image - Betriebsklima: Kommunikation, Sprache, Information, Teamarbeit, soziale Einrichtungen, betriebliche Events - Führung: Führungskompetenzen, Führungsstrukturen, Führungsverhalten, Entscheidungsstrukturen - Job: Aufgabenmitbestimmung, Entscheidungsspielräume, Verantwortung, Karrierepläne, Coaching, Weiterbildung, Work-Life-Balance - Honorierung und Vergütung: Prämiensystem, Leistungsentlohnung, Aktienoptionen, materielle Leistungen, Cafeteria-Konzept
Bertrand	2004	• Fokus: Personalbindungsstrategien in Großunternehmen • „Mechanische" Bindungsstrategien: Entgelt, Wettbewerbsklauseln, Länge der Kündigungsfristen • Identifikation fördernde Bindungsstrategien: Unternehmenskultur (Wertsystem), Wertschätzung, Unternehmenserfolg, Orientierung gebende Führung • Fähigkeiten fördernde Bindungsstrategien: Einarbeitungsprogramme, Kombination aus „Fordern und Fördern", Entwicklungsprogramme • Begleitende Maßnahmen: zum Unternehmen passende Personalauswahl, Fördern eines unternehmensinternen Beziehungsaufbaus, Mentoring/Coaching-Programme, transparente und konsistente Personalpolitik, Work-Life-Balance
Whitt	2006	• Fokus: Auswirkung einer erhöhten Mitarbeiterbindung auf die Leistung der Mitarbeiter eines Kundenkontakt-Centers (mathematisches Modell) • Mitarbeiterbindung beeinflusst die durchschnittliche Erfahrung der Mitarbeiter positiv, was wiederum einen positiven Effekt auf die langfristige, durchschnittliche Leistung der Mitarbeiter hat
Verlander/Evans	2007	• Fokus: Mitarbeiterbindung bereits direkt ab dem Zeitpunkt der Rekrutierung • „Retention on-boarding" erfordert einen frühzeitigen Dialog zwischen Mitarbeiter und Management bezogen auf die psychologischen, praktischen, kulturellen und politischen Dimensionen des Arbeitsplatzes (z. B. Födern von Beziehungen zu den neuen Kollegen, Erklären der politischen Kultur am neuen Arbeitsplatz)

Autor(en)	Jahr	Forschungsergebnisse
Reiche	2008	• Fokus: Mitarbeiterbindung in Tochtergesellschaften multinationaler Unternehmen • Adaption der (globalen) Bindungsstrategie auf lokale Anforderungen notwendig • Zusätzliche Herausforderungen für Bindungssysteme in Tochtergesellschaften durch große Gehaltsunterschiede (z. B. aufgrund Expatriates), sprachliche Differenzen sowie Unterschiede in der Unternehmenskultur zwischen Zentrale und Tochtergesellschaft • Implementierung eines lokalen Bindungssystems unter Berücksichtigung folgender Faktoren: - Struktur des multinationalen Unternehmens - Einzigartigkeit der nationalen Kultur im Land der Tochtergesellschaft - Verhältnis zwischen Zentrale und Tochtergesellschaft - Einfluss der Tochtergesellschaft
Andrzejewski	2008	• Fokus: Bindung verbleibender Mitarbeiter nach Personalabbauwellen • Ängste der Verbleibenden: - Leistungsängste: Angst vor Mehrarbeit, Überlastung, Überfor-derung, Versagen - Bestandsängste: Angst vor Positionsverlust, Statusverlust, weniger Einfluss - Existenzängste: Angst vor Arbeitslosigkeit, Zukunftsängste • Gedankliche Auseinandersetzung der verbleibenden Mitarbeiter mit Themen wie beispielsweise Überwindung des Verlusts „liebgewonnener“, angesehener Kollegen, auch Erleichterung über Weggang belastender Kollegen, Vertrauensverlust ins Management oder Identitätsverlust • Mögliche Angebote für verbleibende Mitarbeiter: - Weiterbildungs- und Qualifizierungsangebote - Mitarbeitergespräche - Einführung von Zielvereinbarungen - Maßnahmen zur Teamentwicklung - Workshops zur Bindung mit Erhöhung der Vergütung - Ausweitung der freiwilligen Sozialleistungen - Beschäftigungsgarantien - Externe Expertise (Beratung/Supervision)

Neben diesen konzeptionellen Arbeiten existieren auch einige empirische Forschungsstudien zum Thema Mitarbeiterbindung. Tabelle 4 gibt hierzu einen umfangreichen Überblick. Auf einige Forschungsstudien daraus soll detaillierter eingegangen werden.

Vom Hofe erstellt in ihrer Dissertation ein Gesamtmodell zur Beschreibung der Treiber der Mitarbeiterbindung.[195] Sie überträgt dabei wie *Bauer/Jensen* Ansätze der Kundenbindungsforschung auf die Mitarbeiterbindung. Dabei erweitert sie die untersuchten Basistheorien um die Equity Theorie von *Adams* und die Determinanten um die Faktoren Vertrauen und empfundene Gerechtigkeit.[196] Mitarbeiterbindung setzt sich in ihrem Modell aus den beiden Ausprägungsformen Gebundenheit (zwangsweise Dimension) und Verbundenheit (freiwillige Dimension) zusammen. Auf diese beiden Dimensionen wiederum wirkt eine Vielzahl von Faktoren (zum Beispiel Arbeitszufriedenheit, Vertrauen in das Unternehmen, Wechselbarrieren und Attraktivität von Alternativen).

Die empirische Überprüfung des Modells konzentrierte sich auf die Befragung schweizerischer Dienstleitungsunternehmen. Danach wirken sich sowohl Verbundenheit als auch Gebundenheit positiv auf die Mitarbeiterbindung aus, wobei Verbundenheit eine 6,5-mal größere Wirkung erzielt. Die Gebundenheit eines Mitarbeiters beeinflusst die Verbundenheit leicht negativ (siehe Abbildung 12).[197]

Die sich ergebenden strategischen Stoßrichtungen der Mitarbeiterbindung können demnach auf die Verbundenheit und Gebundenheit der Mitarbeiter abzielen.[198] Auf Basis der Erkenntnisse schlägt *vom Hofe* die Verbundenheitsstrategie als Soll-Strategie vor.[199] Dabei müssen diejenigen Faktoren mit dem größten Einfluss auf die Verbundenheit individuell für das jeweilige Unternehmen bestimmt werden. Bei den untersuchten Unternehmen zeigen die Faktoren soziale Wechselbarrieren und Arbeitszufriedenheit den größten Einfluss auf die Verbundenheit. In der Regel wird jedoch die Stärkung eines isolierten Faktors nicht ausreichen, um Verbundenheit und darüber Mitarbeiterbindung spürbar zu beeinflussen.[200]

---

195 vgl. *vom Hofe* (2005).
196 vgl. *vom Hofe* (2005), 64-68.
197 vgl. *vom Hofe* (2005), 161.
198 vgl. *vom Hofe* (2005), 189-192.
199 vgl. *vom Hofe* (2005), 193.
200 vgl. *vom Hofe* (2005), 193-194.

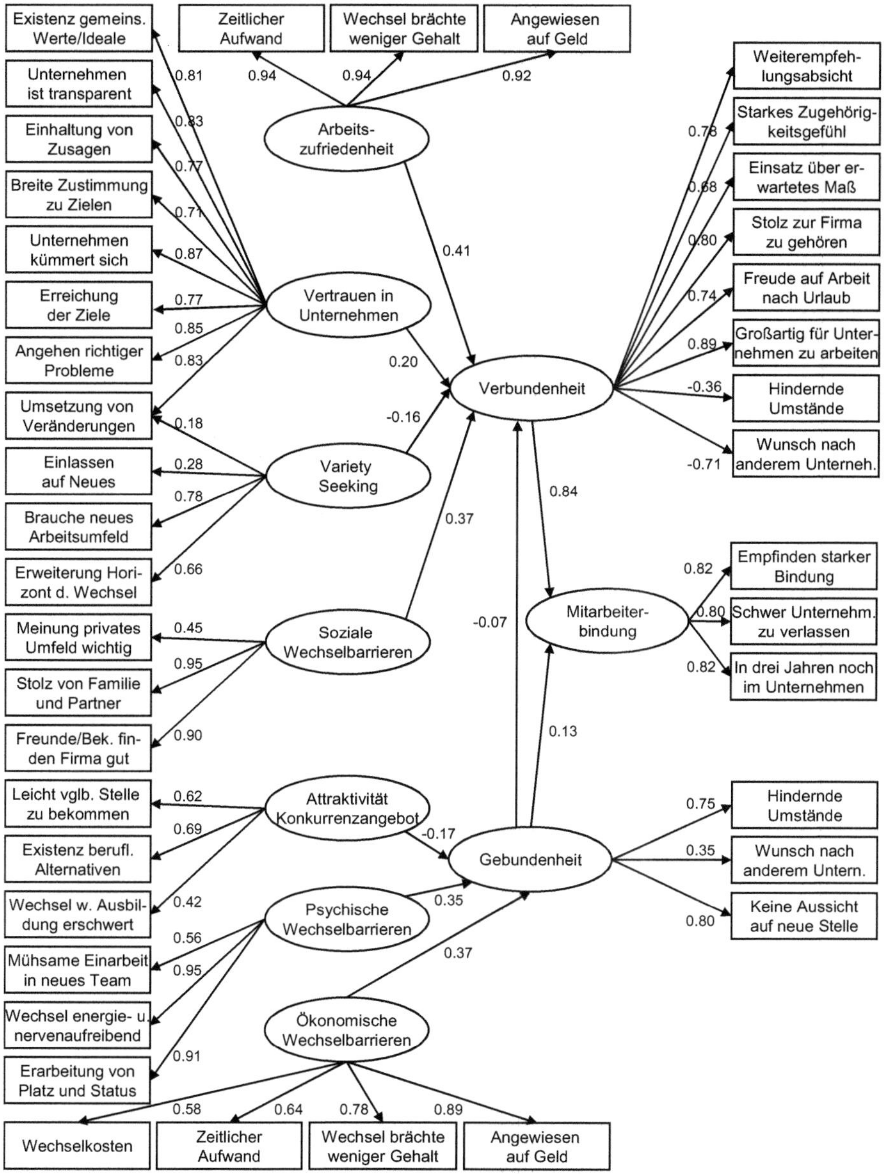

Abbildung 12: Ursache-Wirkungsgefüge der Mitarbeiterbindung nach vom Hofe[201]

201 *vom Hofe* (2005), 161.

Die Option der Gebundenheitsstrategie ist der Autorin zufolge nur bedingt ratsam.[202] Entsprechende Aktivitäten zielen darauf ab, Freiheiten der Mitarbeiter zu beschränken und Wechsel in andere Unternehmen zu erschweren. Für den Mitarbeiter selbst gibt es dementsprechend keinen Nutzen aus der Gebundenheit. Die Gebundenheitsstrategie sollte nur in Kombination mit der Verbundenheitsstrategie und zudem nur bei Existenz eines überdurchschnittlich hohen Verbundenheitsgrads angewendet werden. Wie in der Untersuchung dargelegt ist der Einfluss der Gebundenheit auf die Mitarbeiterbindung wesentlich geringer als der der Verbundenheit. Dennoch kann eine temporäre und in Ergänzung zur Verbundenheitsstrategie eingesetzte Gebundenheitsstrategie ein sinnvolles Steuerungsinstrument der Mitarbeiterbindung sein.[203]

Die Untersuchung von *Müller-Vorbrüggen* zu Personalbindungsstrategien in internationalen Unternehmen zeigt die bedeutsamen Grundsätze, Strategien und Instrumente der Mitarbeiterbindung auf.[204] Dabei werden die Ergebnisse der Analyse von vier ausgewählten Unternehmen der IT-, Software- und Elektronikbranche abschließend zu einem Entwurf eines Grundkonzepts zum Personalbindungsmanagement zusammengefasst. Allen befragten Unternehmen gemein sind die Bindungsinstrumente betriebliche Alterszusatzversorgung, Sozialleistungen, Versicherungen und Aktiensparpläne. Weiterhin ist bei den vier Unternehmen die Möglichkeit von Kompetenzlaufbahnen neben den Managementlaufbahnen auffallend. Image und nach außen sichtbare und tatsächlich gelebte Grundsätze des Unternehmens werden in ihrer Bedeutung für die Bindung von Mitarbeitern zukünftig weiter steigen. Der Autor stellt zudem heraus, dass Mitarbeiterbindung ein sensibles Thema darstellt.[205] Wenn Unternehmen die aufgestellten Grundsätze und Strategien lediglich zu Papier bringen, sie jedoch nicht konsequent umsetzen, wird dieser Versuch von den Mitarbeitern erkannt und entsprechend negativ bewertet. Dies wirkt sich kontraproduktiv auf die Bindung aus. Insgesamt zeigt die Untersuchung, dass keine grundsätzlichen Unterschiede im Mitarbeiterbindungsmanagement in internationalen gegenüber nationalen Unternehmen bestehen, sondern die Mitarbeiter in ihrer Grundstruktur alle gleich sind.[206] Wichtig ist jedoch, dass eine entsprechende Anpassung an die Kultur, Gegebenheiten und Sprache der jeweiligen Länder vorgenommen wird.[207]

---

202 vgl. *vom Hofe* (2005), 194.
203 vgl. *vom Hofe* (2005), 194-195.
204 vgl. *Müller-Vorbrüggen* (2004), 343-364.
205 vgl. *Müller-Vorbrüggen* (2004), 355-358
206 vgl. *Müller-Vorbrüggen* (2004), 359-362.
207 vgl. *Müller-Vorbrüggen* (2004), 355-360.

Die Untersuchung von *Chalupa* beschäftigt sich mit der Motivation und Bindung von Mitarbeitern in einer darwiportunistischen Arbeitswelt.[208] *„Darwiportunismus“*[209] stellt dabei das Zusammenwirken von Darwinismus auf der Unternehmensseite (widergespiegelt durch permanentes Benchmarking, Optimierung und Auslese von Mitarbeitern) und Opportunismus auf der Mitarbeiterseite (widergespiegelt durch das rücksichtlose Nutzen von Chancen zum eigenen Vorteil) dar.[210] Ziel ist es dabei, die Ausprägungsformen von Darwinismus und Opportunismus sowie der damit verbundenen Verhaltensweisen zu analysieren, ein Anreiz-Bündel zur Motivation und Beitragsleistung der Mitarbeiter zu gestalten und konkrete Motivationsstrategien zur langfristigen Bindung von Mitarbeitern an das Unternehmen zu entwickeln.[211] *Chalupa* analysiert dabei verschiedene internationale Standorte eines Unternehmens der Konsumgüterindustrie. Auf Basis dieser empirischen Analyse konnten verschiedene Auswirkungen darwiportunistischen Verhaltens vorläufig bestätigt werden. Demnach agieren Unternehmen im Konsumgüterbereich darwinistisch, ihre Mitarbeiter opportunistisch.[212] Die Hypothesen, dass sich unternehmerischer Darwinismus negativ auf die Mitarbeitermotivation oder -bindung auswirkt, konnten allerdings nicht bestätigt werden.[213] Umgekehrt konnte jedoch gezeigt werden, dass Opportunismus der Mitarbeiter ihre Motivation teilweise positiv und ihre Bindung teilweise negativ beeinflusst.[214] Wichtig für die Mit-arbeiterbindung ist ein ausgeglichenes Anreiz-Beitrags-Gleichgewicht. Wahrgenommene Anreize und geleistete Beiträge der Mitarbeiter tragen alleine ebenfalls zu Mitarbeiterbindung bei. Ferner führt eine höhere Mitarbeitermotivation zu einer höheren Mitarbeiterbindung und ebenso zu einem höheren Erfolg des Unternehmens, gemessen als Umsatz pro Mitarbeiter. Allerdings konnte nicht bestätigt werden, dass eine höhere Mitarbeiterbindung zu einem höheren Unternehmenserfolg führt.[215]

Tabelle 4: Überblick zur Mitarbeiterbindungsforschung (empirisch)

Autor(en)	Jahr	Forschungsergebnisse
Sheridan	1992	• Fokus: Mitarbeiterbindung durch Organisationskultur • Methode: Langzeitstudie mit Angestellten einer Wirtschafts-

208 vgl. *Chalupa* (2007).
209 *Scholz* (2003), 81-82.
210 vgl. *Stein* (2010), 219.
211 vgl. *Chalupa* (2007), 11-12.
212 vgl. *Chalupa* (2007), 135+140.
213 vgl. *Chalupa* (2007), 139.
214 vgl. *Chalupa* (2007), 143.
215 vgl. *Chalupa* (2007), 177-185.

Autor(en)	Jahr	Forschungsergebnisse
		prüfungsgesellschaft (n=904) • Organisationskulturelle Werte des Unternehmens beeinflussen die Mitarbeiterbindung • Signifikanter Zusammenhang zwischen Job Performance und Mitarbeiterbindung in Abhängigkeit der Organisationskultur
Haase	1997	• Fokus: Einfluss der Organisationsstruktur eines Unternehmens auf die Entwicklung von Mitarbeiterbindung • Methode: Schriftliche Befragung von Mitarbeitern aus drei Kreditinstituten (gesamte Stichprobe n=2.113) • Faktoren mit Einfluss auf die Mitarbeiterbindung: - Affektives und kalkulatives Commitment: Identifikation der vier Bindungstypen „Die Verwurzelten", „Die Kosten-Nutzen-Orientierten", „Die Kritischen" und „Die Gleichgültigen". Je nach untersuchtem Unternehmen ist hier jeweils ein Typ vorherrschend - Verhaltensintention, im Unternehmen zu verbleiben: Ein starkes affektives und kalkulatives Commitment ist der beste Prädiktor für den Wunsch, weiterhin im Unternehmen zu bleiben - Demografische Merkmale: Alter, Geschlecht, Position im Unternehmen und Dauer der Betriebszugehörigkeit - Leistungs- und Karrieremotivation: Wahrgenommene Möglichkeit zur Einflussnahme auf die eigene Karriere durch Leistung, transparente Kriterien zur Leistungsbemessung und für alle Mitarbeiter nachvollziehbare Beförderungspolitik - Extrinsische und intrinsische Aspekte der Arbeitszufriedenheit: Ansehen des Unternehmens in der Öffentlichkeit, Durchsetzungskraft gegenüber Konkurrenten, Übereinstimmung von Beruf und Interessen, eigenständiges und selbstverantwortliches Arbeiten, aber auch Sozialleistungen und Bezahlung - Unternehmensimage: Ausgedrückt durch Fortschrittlichkeit und Zukunftschance, Produktpolitik und Marktorientierung, Führung im Unternehmen, Kundenorientierung und regionale Bedeutung - Führungsverhalten im Unternehmen: Kommunikative Kompetenz des Vorgesetzten, Vorbildfunktion des Vorgesetzten, Informationsverhalten, Möglichkeiten zur Partizipation und klare Abgrenzung der Kompetenzen und Verantwortlichkeiten • Insgesamt wird den Führungskräften eine wesentliche Vermittlerrolle und Einflussfunktion auf das Verhalten der ihnen unterstellten Mitarbeiter zugesprochen
Gemini	1998	• Fokus: Mitarbeiterbindung allgemein

Autor(en)	Jahr	Forschungsergebnisse
(vgl. Olesch (2000) und Knoblauch (2000))		• Methode: Schriftliche Befragung von Mitarbeitern (n=1.007) • Kriterien, die zur Mitarbeiterbindung beitragen: - Zukunftssicherung des Arbeitsplatzes (61%) - Kollegialität (54%) - Freude an der Arbeit (53%) - Anerkennung durch den Vorgesetzten (46%) - Gute Bezahlung (40%) - Berufs- und Privatleben im Einklang (37%) - Vorgesetzter als Vorbild (35%) - Weiterbildungsmöglichkeiten(32%) - Aufstiegschancen (29%) - Flexible Wochenarbeitszeit (26%) - Kein Stress (14%) - Berufliches Ansehen (6%)
Schiedt	2000 (1999)	• Fokus: Mitarbeiterbindung bei mittelständischen IT-Unternehmen • Methode: Schriftliche Befragung von Fachkräften (n=120) • Angebote der Firmen mit der höchsten Mitarbeiterbindung: - Monetäre Maßnahmen: Individuelle leistungsabhängige Entlohnung, Mitarbeiterbeteiligung - Nicht monetäre Maßnahmen: Firmenurlaub/Sabbaticals - Immaterielle Maßnahmen: Vertrauensarbeitszeit/Home-Office, keine Zeiterfassung/Freizeitausgleich, freie Aufgabengestaltung, Teamstruktur/Gruppenarbeit, Workshops/Fachtagung, Sozial-/Fitnessräume, Treffpunkte für Mitarbeiter, informelle Kulturen • Mitarbeiter schätzen Bindungswirkung immaterieller Anreize höher ein als die befragten Führungskräfte, die tendenziell eher materielle Anreize bevorzugen und planen
Mitchell et al.	2001	• Fokus: Mitarbeiterbindung durch nicht-monetäre Anreize • Methode: Interviews (n=324) und schriftliche Befragung (n=1.247) im Gesundheitswesen • Unzufriedene Mitarbeiter können über finanzielle Anreize nicht gebunden werden • Gründe für Arbeitgeberwechsel liegen häufig außerhalb der Arbeit selbst (z. B. im Privatleben durch Wohnortwechsel des Lebenspartners) • Mitarbeiterbindung entsteht durch Bindungsgefühl an die Arbeit selbst und die Arbeitsgemeinschaft
Moser/Saxer (Thom/Friedli)	2002 (2008)	• Fokus: Bindungsmanagement für High-Potentials • Methode: Case Studies zweier Unternehmen • High-Potentials unterscheiden sich in ihren Bedürfnissen bezüglich der Anreize von den übrigen Mitarbeitern, indem sie mehr auf soziale und immaterielle als auf materielle Anreize

Autor(en)	Jahr	Forschungsergebnisse
		achten • Die Anreizgestaltung wirkt sich auf die Mitarbeiterbindung aus, das heißt je effektiver die Anreize auf High-Potentials ausgerichtet werden, desto stärker ist die Mitarbeiterbindung • Eine starke Mitarbeiterbindung beeinflusst einen möglichen Stellenwechsel negativ
Ramlall	2003	• Fokus: Mitarbeiterbindung allgemein • Methode: Schriftliche Befragung zufällig ausgewählter Mitarbeiter eines Unternehmens (n=78), zusätzliche Interviews und Observationen • Potenzielle Gründe für das Verlassen des Unternehmens: - Unzufriedenheit mit Gehalt - Fehlende Herausforderungen und Möglichkeiten - Fehlende Karrieremöglichkeiten - Fehlende Anerkennung - Ineffektive Führung - Inadäquate Betonung von Teamwork - Fehlende Flexibilität der Arbeitszeit - Lange Anfahrtswege - Fehlendes Vertrauen in das Senior Management - Inadäquate Möglichkeiten für Training und Entwicklung - Niedrige Zufriedenheit mit der Gesamtsituation im Job
Müller-Vorbrüggen	2004	• Fokus: Personalbindungsstrategien in internationalen Unternehmen • Methode: Case Studies von vier Unternehmen der IT-, Software- und Elektronikindustrie • Spezifische Thematik internationaler Unternehmen liegt primär in Distanz zwischen den Standorten (räumlich, kulturell, sprachlich, weiterhin bezüglich Gewohnheiten, Rechtssystem und Ausbildungsstand) • Bindungspolitische Gemeinsamkeiten der untersuchten Unternehmen: - Integration des Bindungsmanagements in vorhandene Grundsätze und Strategien - Identifikation der Leistungsträger - Betonung der Personalentwicklung als Bindungsstrategie - Nutzung von betrieblicher Alterszusatzversorgung, Sozialleistungen, Versicherungen und Aktiensparplänen sowie der Möglichkeit von Fachlaufbahnen (neben Managementlaufbahnen) als Bindungsinstrumente - Pflege eines international guten Images • Unternehmenskultur kommt im Umfeld internationaler Unternehmen erhöhte bindungspolitische Bedeutung zu
Speck/Ryba	2004	• Fokus: Personalbindungsstrategie eines industriellen Großun-

Autor(en)	Jahr	Forschungsergebnisse
		ternehmens • Methode: Case Study eines führenden Anbieters für Automatisierungstechnik • Instrumente der Personalbindung: - Personalmarketing: Bewerbermanagement, Berufsausbildung, Traineeprogramme, Öffentlichkeitsarbeit - Arbeitszeitmanagement: Gleitzeit, Vertrauensarbeitszeit, Teilzeit, Telearbeit - Vergütungsformen: Grundvergütung, Zielvereinbarung, Dienstwagen (Cafeteria-System), ergebnisorientierte Teamvergütung, betriebliche Altersvorsorge, private Altersvorsorge (Cafeteria-System), Erfolgsbeteiligung - Personalführung: Beratungs- und Fördergespräch, Zielvereinbarung, Mitarbeiterbeteiligung, Gesundheitsvorsorge - Personalentwicklung: Entwicklungsprogramme, weltweite Jobmöglichkeiten innerhalb der Unternehmensgruppe, Traineeprogramme, Qualifizierung der Mitarbeiter, Corporate Academy

Vom Hofe	2005	• Fokus: Identifikation der Determinanten der Mitarbeiterbindung
		• Methode: Schriftliche Befragung zweier schweizerischer Dienstleistungsunternehmen (n= 173)
		• Identifizierte Determinanten der Mitarbeiterbindung:
		- Freiwillige Dimension: Verbundenheit (Koeffizient 0,84)
		  - Arbeitszufriedenheit (0,41)
		  - Soziale Wechselbarrieren (0,37)
		  - Vertrauen in Unternehmen (0,20)
		  - Variety Seeking (-0,16)
		- Zwangsweise Dimension: Gebundenheit (0,13)
		  - Ökonomische Wechselbarrieren (0,37)
		  - Psychische Wechselbarrieren (0,35)
		  - Attraktivität des Konkurrenzangebots (-0,17)
		• Grundsätzliche Strategiemöglichkeiten für Unternehmen: Verbundenheitsstrategie oder Gebundenheitsstrategie, jeweils mit Betonung entsprechender Faktoren
		• Verhältnis zwischen Anteil von Verbundenheit und Anteil von Gebundenheit für die Bindung entscheidend, da Gebundenheit sich negativ (-0,07) auf Verbundenheit auswirkt

Meifert	2005	• Fokus: Mitarbeiterbindung interner betrieblicher Weiterbildnern • Methode: Schriftliche Befragung deutscher Großunternehmen (n=106) • Determinanten der Verbleibeabsicht: - Spezifisches affektives Organisationales Commitment: Arbeitszufriedenheit

Autor(en)	Jahr	Forschungsergebnisse
		- Unspezifisches affektives Organisationales Commitment: Stellenwert der Weiterbildung, Arbeitsplatzgefahr - Unspezifisches kalkulatives Organisationales Commitment: Dauer der Betriebszugehörigkeit, Arbeitszufriedenheit, Variety Seeking • Ansatzpunkte zur Bindung von Weiterbildungspersonal in den Bereichen Führung und Vergütung: - Adressierung des affektiven Commitments durch Aufbau von Emotionen (Bonusvergütung als Leistungsanerkennung, humanressourcenorientierte Unternehmensgrundsätze) - Adressierung des kalkulativen Commitments durch Darbietung von Vorteilen (Aktienoptionen, Coaching)
Cox	2005	• Fokus: Identifikation von Werkzeugen zur Mitarbeiterbindung • Methode: Analyse von Personaldaten der Mitarbeiter von zehn Supermärkten, Focus Groups, Befragung von Mitarbeitern (n=9.567) • Treiber der Bindung von Mitarbeiter auf Stundenlohnbasis: - Klare Anweisungen durch Vorgesetzte - Ausstattung und Versorgung - Beaufsichtigung • Treiber der Bindung von Mitarbeiter des Supermarktmanagements: - Organisatorische Führung - Training - Karrieremöglichkeiten
Russell	2005	• Fokus: Zusammenhang zwischen aufgeschobener Vergütung und Mitarbeiterbindung • Methode: Case Study eines großen High-Tech Unternehmens • Mitarbeiter mit ausstehenden Aktienoptionen kündigen seltener als Mitarbeiter, die einen generellen Leistungsbonus erhalten • Bei gleicher Bewertung der beiden Alternativen „höherer Leistungsbonus“ und „Aktienoptionen“ durch den Mitarbeiter, ist die Bindungswirkung bei zusätzlichen Aktienoptionen geringer • Je höher die Risikoaversion des Mitarbeiters, desto kostenintensiver ist der Einsatz von Stockoptionen für das Unternehmen relativ zur Bewertung durch den Mitarbeiter
Groenewald	2006	• Fokus: Bindung lokaler Führungskräfte in China • Methode: Schriftliche Befragung von Experten sowie Expatriates (n=63) • Auswahl der wichtigsten Ansätze zur Bindung lokaler (Nachwuchs-)Führungskräfte in China (Rangfolge):

Autor(en)	Jahr	Forschungsergebnisse
		- Schaffen eines guten Betriebsklimas - Längerfristige Karriereangebote im Unternehmen - Jährliche Gehaltssteigerung - Mitarbeitern nachhaltig Vertrauen entgegenbringen - Längerfristige Erfolgsaussichten des Unternehmens - Regelmäßige Weiterbildung/fortlaufende Qualifizierung - Aussicht auf eine mehrmonatige Tätigkeit im Ausland (z. B. Stammhaus) - Partizipativer Führungsstil des Vorgesetzten - Betriebliche Krankenversicherung (auch für Angehörige der Kernfamilie) - Vergabe von günstigen Werkswohnungen oder Mietzuschüssen
Ballou/Heitger	2006	• Fokus: Identifikation von Faktoren zur Bestimmung der Mitarbeiterbindungsfähigkeit bei ungelernten Arbeitskräften • Methode: Case Studies mehrerer Unternehmen • Identifizierte Faktoren: - Wechselhafter bisheriger Lebenslauf - Verhaltensprobleme (z. B. Depressionen oder Wutanfälle) - Schwache kommunikative Fähigkeiten • Gezielte Adressierung dieser Faktoren (z. B. im Rahmen von Workshops) verbessert die Mitarbeiterbindung • Verbesserte Mitarbeiterbindung reduziert die Kosten (Schätzung: Mitarbeiterwechsel kostet ca. das 1,5-fache seines Jahreslohns)
Chalupa	2007	• Fokus: Motivation und Bindung von Mitarbeitern in einer darwiportunistischen Arbeitswelt • Methode: Fallstudie eines Unternehmens der Konsumgüterbranche (n=241) • Identifizierte Determinanten der Mitarbeiterbindung: - Vom Mitarbeiter wahrgenommene Anreize - Geleistete Beiträge des Mitarbeiters - Anreiz-Beitrags-Gleichgewicht des Mitarbeiters - Mitarbeitermotivation - Opportunismus der Mitarbeiter (vorläufig teilweise bestätigt) • Darwinismus des Unternehmens wurde als Determinante der Mitarbeiterbindung nicht bestätigt
Carrell	2007	• Fokus: Analyse des Effekts unflexibler, landesweit gleicher Lohnsysteme auf die Mitarbeiterbindung • Methode: Analyse der Personaldaten des US Militärs bezüglich Mitarbeiterbindung an unterschiedlichen Standorten, Vergleich mit entsprechenden regionalen Daten privatwirtschaftlicher Unternehmen

Autor(en)	Jahr	Forschungsergebnisse
		• Vorteile landesweit gleicher Lohnsysteme im Bereich reduzierter administrativer Kosten • Fehlende Möglichkeit zur Anpassung der Löhne an regionale Erfordernisse (z. B. hohe Lebenshaltungskosten) führt zu erhöhter Mitarbeiterfluktuation und damit insgesamt zu erhöhten Kosten
Merk	2008	• Fokus: Strategisches Personalbindungsmanagement in Krankenhäusern • Methode: Schriftliche Befragung von Mitarbeitern von Krankenhäusern (n=4.535) • Identifizierte Determinanten der Personalbindung: - Dimensionen der Arbeitszufriedenheit: Zufriedenheit mit Arbeitsbedingungen (+0,13), Entgelt (+0,60), Sozialleistungen (+0,43), Arbeitszeit (+0,10), Tätigkeit (+0,64), Führung (+0,36), Karriere (+0,09), Personalentwicklung (+0,50), Informationsfluss (+0,64) - Dimensionen der Mitarbeiterzufriedenheit: Abwechslungsstreben (-0,13), Arbeitsatmosphäre (+0,69), Unternehmensimage (+0,02), Selbstkongruenz (+0,06), organisationales Vertrauen (+0,41) • Empfohlene Personalbindungsinstrumente: - Entscheidungsorientiertes Informationssystem (=> Informationsfluss) - Zielvereinbarungen (=> Tätigkeit) - Lebenszyklusorientierte Fort- und Weiterbildung (=> Personalentwicklung) - Fallspezifisches Konfliktmanagement (=> Arbeitsatmosphäre) - Cafeteria-System (=> Sozialleistungen)
Kemelgor/Meek	2008	• Fokus: Analyse der Faktoren der Mitarbeiterbindung im Umfeld von Unternehmen mit hohem intellektuellen Kapital • Methode: Web-basierte Befragung von kleinen und mittelständischen Unternehmen (Umsatz > 1 Mio. US$, Alter < 12 Jahre, Wachstumsrate > 15% p. a.; n=47) • Identifizierte Bindungsfaktoren: - Schaffung eines positiven Arbeitsumfelds - Sicherstellung von Entscheidungsfreiheit und Flexibilität für die Mitarbeiter - Angebot von Weiterbildungsmöglichkeiten - Implementierung eines klaren und transparenten Lohn- und Gehaltssystems - Kommunikation mit den Mitarbeitern (regelmäßiges und klares Feedback, klare Erwartungen an den Mitarbeiter)
Bruhn/Grund	2008	• Fokus: Analyse der Determinanten der Mitarbeiterbindung

Autor(en)	Jahr	Forschungsergebnisse
		• Methode: Schriftliche Befragung von Mitarbeitern in zwei Schweizer Banken (n=650) • Identifizierte Determinanten der Mitarbeiterbindung: - Arbeitsplatz und Arbeitsumfeld (Pfadkoeffizient 0,386) - Klima und Vertrauen (0,184) - Mitarbeiterzufriedenheit (0,128) - Führung und Organisation (0,128) • Vorläufig bestätigte mitarbeiterbindungsbezogene Hypothesen: - Wiederwahlabsicht, Bleibebereitschaft und Empfehlungsabsichten erlauben die umfassende Operationalisierung des Konstrukts Mitarbeiterbindung - Zufriedengestellte Beschwerdeführer weisen eine höhere Mitarbeiterbindung auf als Mitarbeitende, die sich noch nicht beschwert haben • Nicht bestätigte mitarbeiterbindungsbezogene Hypothese: - Die vergangenheitsbezogene Mitarbeiterbindung ist ein wichtiger Indikator der zukünftigen Mitarbeiterbindung
Crutchley/Yost	2008	• Fokus: Bindung von Schlüsselmitarbeitern im Insolvenzfall (Chapter 11) • Methode: Analyse von 315 Insolvenzfällen der Jahre 1997 bis 2002 in den USA • Etwa 25% der analysierten insolventen Unternehmen nutzen Retention-Boni zur Bindung wichtiger Mitarbeiter • Identifizierte Eigenschaften von Unternehmen, die Retention-Boni zur Bindung wichtiger Mitarbeiter im Insolvenzfall gewähren: - Tendenziell größere Unternehmen - Entstammen mitarbeitergetriebenen Branchen (z. B. Einzelhandel) - Verweilen länger in der Insolvenzphase als Unternehmen, die keine Retention-Boni im Insolvenzfall anbieten - Vergüten ihre Topmanager vor der Insolvenz insgesamt nicht überdurchschnittlich - Binden im Insolvenzfall eine Vielzahl von Mitarbeitern (Durchschnitt: 301; Median: 78)
Hausknecht/ Rodda/Howard	2008	• Fokus: Entwicklung eines Modells zur Mitarbeiterbindung • Methode: Standardisierte Befragung von Mitarbeitern des amerikanischen Freizeit- und Gaststättengewerbes (n=24.829) • Identifizierte Determinanten der Mitarbeiterbindung allgemein: - Arbeitszufriedenheit - Extrinsische Motivationsfaktoren (Bezahlung, Nebenleistungen) - Zusammenhalt am Arbeitsplatz (Wertschätzung, Freund-

Autor(en)	Jahr	Forschungsergebnisse
		schaften zwischen Kollegen) - Organisationales Commitment (Identifikation und Involvierung mit dem Unternehmen) - Organisationales Prestige (Firmenreputation) • Identifizierte Determinanten der Bindung von Top-Performern: - Karrieremöglichkeiten - Organisationales Prestige • Identifizierte Determinanten der Bindung von Low-Performern und Mitarbeitern auf Stundenlohnbasis: - Extrinsische Motivationsfaktoren
Tees	2009	• Fokus: Analyse der Gründe für Abwanderung und spätere Rückkehr von Mitarbeitern zur Verbesserung der Mitarbeiterbindung insgesamt • Methode: Case Study eines Unternehmens • Ehemalige Mitarbeiter, die wieder eingestellt werden, weisen einen erfolgreichen Karriereverlauf auf • Erfahrungen während der Abwesenheit determinieren, ob ein Mitarbeiter zurückkommt • Ehemalige Kollegen spielen eine entscheidende Rolle im Aufzeigen von Möglichkeiten für eine Rückkehr zum alten Arbeitgeber
Plassmeier	2010	• Fokus: Mitarbeiterbindung in Zeiten des demografischen Wandels, Identifizierung altersbedingter Veränderungen und Priorisierungen der Mitarbeiter • Methode: Befragung der Mitarbeiter eines Unternehmens: mittels strukturierten Kurzworkshops in Kleingruppen, zusätzliche Online-Umfrage (Teilnahmebedingung: Ausübung einer angestellten Tätigkeit) • Zur Förderung von Mitarbeiterbindung ist die individuelle Betrachtung von Mitarbeitern jeden Alters notwendig • Berücksichtigung des jeweiligen Unternehmenskontextes ist von entscheidender Bedeutung

Die bislang existierenden Studien zur Mitarbeiterbindung in Transformationsländern beziehen sich nahezu ausschließlich auf den asiatischen Raum. Regional näher gelegene Transformationsländer in Mittel- und Osteuropa sind bis heute weniger Fokus von Untersuchungen mit Bezug auf Mitarbeiterbindung. Grund hierfür ist einerseits das allgemeine Interesse an China aufgrund der wachsenden Bedeutung als Absatzmarkt. Andererseits liegt zwischen westlichen Ländern und China bereits auf den ersten Blick eine im Vergleich zur Region Mittel- und Osteuropa deutlichere kulturelle Differenz vor, aus der sich größere Unterschiede für den Bereich Personal ableiten lassen. Vermutlich ist das der

Grund, warum für China bereits einige Untersuchungen zum Thema Mitarbeiterbindung existieren.

So untersucht beispielsweise *Groenewald* mittels Expertenbefragung die Bindungswirkung selektiver personalwirtschaftlicher Instrumente bei lokalen Führungskräften in China. Die höchste Bindungswirkung haben danach Personalentwicklungsmöglichkeiten und längerfristige Karriereangebote, ein gutes Betriebsklima, eine (jährlich steigende) Vergütung und freiwillige Sozialleistungen sowie die Erfolgsaussichten des Unternehmens (Image).[216]

Entsprechende, detaillierte Untersuchungen zur Mitarbeiterbindung für die Region Mittel- und Osteuropa konnten nicht gefunden werden. Ein Grund für das Fehlen solcher Untersuchungen könnte die Vorstellung deutscher Manager sein, dass sich die Erwartungen und Vorstellungen der Mitarbeiter in Mittel- und Osteuropa nicht so sehr von denen der westeuropäischen Angestellten unterscheiden. Unbestreitbar sind die Unterschiede geringer als die zu China. Daraus sollte jedoch nicht automatisch abgeleitet werden, dass es keinerlei Unterschiede gibt.

2.1.2.3 Commitmentforschung

In Verbindung mit Mitarbeiterbindung wird teilweise auf das Konstrukt des Organisationalen Commitments verwiesen.[217] Dabei handelt es sich um ein der Mitarbeiterbindung vorgelagertes theoretisches Konstrukt, das eine „Einstellung gegenüber dem Unternehmen bzw. der Organisation dem bzw. der man angehört" beschreibt.[218] Für Organisationen ist es in zunehmendem Maße wichtig, dass sich Mitarbeiter auch in schwierigen und unklaren Zeiten für das Unternehmen einsetzen und sich dabei über das ausdrücklich Geforderte hinaus engagieren[219]. Dies ist umso wichtiger vor dem Hintergrund des organisationalen Wandels, der durch flexiblere Organisations- und Beschäftigungsformen oder häufige Restrukturierungen die Bindung an ein Unternehmen erschwert.[220]

Unter Commitment versteht man Verbundenheit, Verpflichtung, Identifikation und Loyalität gegenüber einer Organisation.[221] *Mathieu/Zajac* definieren Commitment als eine Art psychologisches Band, das zwischen den Mitarbeitern und der Organisation existiert.[222] Im Vergleich zu Loyalität ist Commitment eine

216 vgl. *Groenewald* (2006), 46-48, siehe dazu auch *Groenewald* (2009).
217 vgl. *Felfe* (2008), 20+25-36.
218 *Felfe* (2008), 26; vgl. allgemein *Allen/Meyer* (1990), 1-18.
219 vgl. *Felfe* (2008), 26.
220 vgl. *Cooper-Hakim/Viswesvaran* (2005), 242.
221 vgl. *Felfe* (2008), 26.
222 vgl. *Mathieu/Zajac* (1990), 174.

aktive Beziehung; verglichen mit Arbeitszufriedenheit zeichnet sich Commitment durch Stabilität und Langfristigkeit aus.[223] Organisationales Commitment bezeichnet daher allgemein die psychologische Bindung eines Individuums an sein Unternehmen oder seine Organisation.[224]

Für Unternehmen bietet Organisationales Commitment eine Möglichkeit, Abwanderungstendenzen der Mitarbeiter effektiv entgegenwirken zu können. Forschungsergebnisse haben zudem weitere positive Auswirkungen von Organisationalem Commitment aufgezeigt (zum Beispiel Leistungssteigerung, Eigeninitiative, Reduzierung von Fehlzeiten).[225]

Die existierenden Grundkonzepte Organisationalen Commitments lassen sich in ein- und mehrdimensionale Ansätze gliedern. Das in der Literatur vorherrschende eindimensionale Konzept assoziiert mit Commitment eine affektive (emotionale) Bindung an die Organisation. Charakteristisch sind dabei ein starker Glaube des Mitarbeiters an die Organisation (inklusive Akzeptanz der Ziele und Werte), die Bereitschaft zum Einsatz für die Organisation und das ausgeprägte Bedürfnis des Mitarbeiters, in der Organisation zu verbleiben.[226]

Ein anderer Ansatz führt die Stärke des Commitments eines Mitarbeiters auf den Vergleich seiner bisher getätigten Investitionen mit dem erwarteten Kosten beim Verlassen des Unternehmens zurück. *Becker* zieht hierfür den Side-Bets-Ansatz heran, wonach es neben den offensichtlichen Vergütungen noch zusätzliche Investitionen (sogenannte Seitenwetten) gibt, die direkt an das Unternehmen geknüpft sind und bei einem Wechsel verloren gingen (zum Beispiel Betriebsrenten).[227] In der Literatur wird diese Form als fortsetzungsbezogenes oder kalkulatorisches Commitment bezeichnet.[228]

Ein drittes Konzept stellt die normative Verpflichtung des Mitarbeiters, in der Organisation zu verbleiben, in den Vordergrund des Commitments. Ein bestimmtes Mitarbeiterverhalten trete nicht aufgrund der Verfolgung mitarbeitereigener Ziele und Vorteile auf, sondern aus Gründen von Moral und dem Glauben an das richtige Verhalten. Der Mitarbeiter handle aus dem Gefühl der Verpflichtung. Commitment ist in diesem Fall daher als Resultat der Sozialisation und der Internalisierung bestimmter Werte und Normen anzusehen.[229]

---

223 vgl. *Mowday/Steers/Porter* (1979), 228.
224 vgl. *Meyer/Allen* (1997), 21.
225 vgl. *Ofenloch/Madukanya* (2007), 1.
226 vgl. *Mowday/Steers/Porter* (1979), 237.
227 vgl. *Becker* (1960), 38-39.
228 vgl. *Becker* (1960), 38-39; *Rusbult* (1980), 178-184.
229 vgl. *Wiener/Vardi* (1980), 90.

Diese Dimensionen wurden von *Meyer/Allen* sukzessive zu einem dreidimensionalen Ansatz zusammengefasst.[230] Ihrer Ansicht nach ist Commitment ein psychischer Zustand, der mindestens drei unterschiedliche Komponenten besitzt, die ursächlich für die Bindung eines Mitarbeiters an ein Unternehmen sind. Dabei können die verschiedenen Komponenten nebeneinander bestehen und in unterschiedlichen Ausprägungen bei einer Person vorhanden sein. Personen mit stark ausgeprägtem affektiven Commitment *wollen* bei ihrer Organisation bleiben. Mitarbeitern mit hohem kalkulatorischen (fortsetzungsbezogenen) Commitment hingegen erscheint der Verbleib *vernünftig* (oder weil sie mangels Alternativen verbleiben *müssen)*, während sich beim normativen Commitment der Mitarbeiter zur Bindung *verpflichtet fühlt*.[231]

In den dargestellten Ansätzen wurde als Bezugsobjekt des Commitments allgemein die Organisation als Einheit herangezogen. Innerhalb eines Unternehmens gibt es jedoch verschiedene Gruppen – beispielsweise Top-Management, Kollegen, direkte Vorgesetzte oder Kunden –, zu denen unterschiedliche Commitments bestehen können. *Reichers* differenziert in seiner Arbeit als einer der ersten Autoren daher innerhalb der Organisation nach verschiedenen Foki.[232] Er betont, dass diese Gruppen über eigene Werte und Ziele verfügen können, die nicht notwendigerweise mit denen der Gesamtorganisation kongruent sein müssen. Zur adäquaten Klärung des Commitments eines Mitarbeiters ist es daher nicht ausreichend, nur das Commitment gegenüber der Organisation als Gesamtes zu erfassen: Es müssen stets relevante Teilgruppen betrachtet werden.[233]

2.1.2.4 Kommerzielle Untersuchungen zur Mitarbeiterbindung

Neben den in den vorherigen Abschnitten dargestellten wissenschaftlich geleiteten Untersuchungen gibt es zum Thema Mitarbeiterbindung eine Reihe von kommerziellen Untersuchungen. Diese wurden überwiegend von Beratungsunternehmen erstellt und geben einen Überblick über Erfahrungen und Auswirkungen der Mitarbeiterbindung in der Praxis.

Eine der größten Untersuchungen, die sich inhaltlich mit den Themen Mitarbeitergewinnung, -motivation und -bindung beschäftigt und bereits mehrmals international durchgeführt wurde, ist die Global Workforce Study der Personalberatung *Towers Watson* (ehemals *Towers Perrin*). In der dritten Befragung, die

230 vgl. *Meyer/Allen* (1991), 79-87.
231 vgl. *Meyer/Allen* (1991), 79-87.
232 vgl. *Reichers* (1985), 465-476.
233 vgl. *Reichers* (1985), 465-476.

ausführlicher auf die Thematik der Mitarbeiterbindung eingeht, haben weltweit etwa 86.000 Mitarbeiter in 18 Ländern teilgenommen, darunter etwa 3.000 in Deutschland.[234]

Sowohl weltweit als auch in Deutschland ist der Ruf des Unternehmens als guter Arbeitgeber der wichtigste Treiber der Mitarbeiterbindung.[235] Im Vergleich der unterschiedlichen Altersgruppen zeigt sich jedoch, dass dies insbesondere für den Mitarbeiterkreis ab 35 Jahren entscheidend ist.[236] Bei den Jüngeren stellen Aufstiegs- und Karrieremöglichkeiten die Top-Treiber der Mitarbeiterbindung dar.[237] Auf den weiteren Plätzen folgen weltweit die Zufriedenheit mit den Personalentscheidungen des Unternehmens, ein gutes Verhältnis mit dem direkten Vorgesetzten, die Kommunikation von Karrieremöglichkeiten sowie die Möglichkeit des Ausgleichs von Berufs- und Privatleben.[238] Beim Vergleich zwischen Deutschland und Europa lässt sich als interessanter Unterschied erkennen, dass in Deutschland Entscheidungsfreiheit und Einflussmöglichkeiten eine wichtigere Rolle spielen als im europäischen Durchschnitt.[239] Ebenso ist das Thema Innovationen im Unternehmen von größerer Bedeutung.[240]

Die Untersuchung zeigt ebenfalls jene Felder auf, bei denen der größte Handlungsbedarf für das Personalmanagement in Deutschland besteht.[241] Als Treiber mit besonders hohem Verbesserungspotenzial bei gleichzeitig hohem Einfluss auf die Mitarbeiterbindung erweist sich das Bedürfnis nach fairer Vergütung im Vergleich zu Arbeitskollegen.[242] Gerechtigkeit und Nachvollziehbarkeit bei Vergütungsthemen stellt offenbar ein zentrales Anliegen der Mitarbeiter dar. Ferner sind die Befragten mit den Trainingsangeboten im Vergleich zu anderen Unternehmen unzufrieden.[243] Bedenkt man die große Anzahl der bei der Befragung beteiligten Unternehmen kann man davon ausgehen, dass vielen Befragten der tatsächliche Vergleich mit anderen Unternehmen fehlt und Trainingsangebote somit nie in aus Mitarbeitersicht ausreichendem Maße zur Verfügung gestellt werden können.

---

234 vgl. *Towers Perrin* (2009a), 2; zur neuesten Studie mit Fokus auf Engagement siehe *Towers Watson* (2012).

235 vgl. *Towers Perrin* (2009a), 15; *Towers Perrin* (2009b), 17.

236 vgl. *Towers Perrin* (2009b), 17.

237 vgl. *Towers Perrin* (2009b), 17.

238 vgl. *Towers Perrin* (2009b), 17.

239 vgl. *Towers Perrin* (2009a), 14-16.

240 vgl. *Towers Perrin* (2009a), 16.

241 vgl. *Towers Perrin* (2009a), 16.

242 vgl. *Towers Perrin* (2009a), 16.

243 vgl. *Towers Perrin* (2009a), 16.

Das Personalberatungsunternehmen *Kienbaum Management Consultants* hat im Jahr 2001 zum Thema Mitarbeiterbindung ebenfalls eine Studie durchgeführt.[244] Die Befragung konzentrierte sich dabei auf die 200 umsatzstärksten Unternehmen Deutschlands sowie einige ausgewählte mittelständische Unternehmen.[245] Dem Bindungsmanagement wird danach für die zukünftige Entwicklung der Unternehmen eine große Bedeutung beigemessen.[246] Allerdings hatten zum Zeitpunkt der Untersuchung kaum Unternehmen entsprechende Budgets zur Verfügung; das Ziel der Mitarbeiterbindung war weder in Unternehmensstrategie noch -leitbild verankert. Den größten Einfluss auf die Bindung der Mitarbeiter haben die Bereiche Image und Kultur sowie Führungsverständnis und Karrierewege.[247] Zum ersten Bereich zählen Faktoren wie Identifikation mit dem Unternehmen, Betriebsklima oder Unternehmensimage. Im zweiten Bereich werden insbesondere Einflussfaktoren wie Mitarbeitergespräche, transparente Karrierewege oder auch das 360°-Feedback als bedeutend angesehen.[248]

Eine Untersuchung des Marktforschungsinstituts *International Survey Research* von 2002 erforschte die Fluktuationsursachen unter 75.000 Mitarbeitern US-amerikanischer Unternehmen.[249] Dabei wurde folgende Rangfolge der Fluktuationsgründe aufgestellt: Persönliche Entwicklungsmöglichkeiten, Karriereperspektiven, Anerkennung und materielle Anreize, Verantwortungsübertragung/ Entscheidungsfreiraum, Vorhandensein expliziter Bindungsmaßnahmen, Wertschätzung und Respekt gegenüber Mitarbeitern, Verhalten des direkten Vorgesetzten, Führungsverhalten der Unternehmensleitung.[250]

2.1.3 Ziele

Unternehmen, die Instrumente und Maßnahmen der Mitarbeiterbindung einsetzen, verfolgen damit die Ziele dieses Unternehmens. Die Ziele der Mitarbeiterbindung sind von denen des Unternehmens abgeleitet und sollen ihre Erreichung unterstützen. Unternehmensziele beziehen sich häufig – wenn auch nicht immer ausschließlich – auf finanzielle Kennzahlen wie Gewinn, Umsatzrentabilität oder Return on Investment (ROI). Mitarbeiterbindung verfolgt daher das Ziel, die Kosten des Unternehmens zu senken, dadurch einen positiven Beitrag zum Un-

244 vgl. *Kienbaum Management Consultants* (2001).
245 vgl. *Kienbaum Management Consultants* (2001), 7.
246 vgl. *Kienbaum Management Consultants* (2001), 3.
247 vgl. *Kienbaum Management Consultants* (2001), 15-19.
248 vgl. *Kienbaum Management Consultants* (2001), 3-27.
249 vgl. *International Survey Research* (2002).
250 vgl. *International Survey Research* (2002), 1-10.

ternehmensergebnis zu leisten und so den Unternehmenszielen zu dienen.[251] Dies soll über eine systematische Vermeidung oder Reduzierung der ungewollten Mitarbeiterfluktuation und den damit verbundenen Kosten erreicht werden.[252]

Den von den Unternehmenszielen abgeleiteten Zielen der Mitarbeiterbindung liegt häufig ein anderer Zeithorizont zu Grunde. Mitarbeiterbindungsziele tragen tendenziell eher längerfristig zu den Unternehmenszielen bei. Finanzielle Rückflüsse aufgrund von Mitarbeiterbindung lassen sich häufig nicht kurzfristig erkennen.[253] Dies liegt oft auch an der erschwerten oder nicht vorhandenen Messung der entsprechenden Größen.[254]

Dass die Bindung von Mitarbeitern zur Steigerung des Unternehmenswertes führt, zeigt eine umfassende Untersuchung von *Reichheld*.[255] Danach steigt der jährliche Beitrag eines Mitarbeiters zum Wert des Unternehmens in Abhängigkeit seiner Betriebszugehörigkeit.[256] Grundlage der Untersuchung bildete die Analyse von Unternehmen unterschiedlicher Branchen über einen Zeitraum von zehn Jahren (Abbildung 13).[257]

Nach den Anfangsinvestitionen in den Mitarbeiter und dem daraus resultierenden negativen Beitrag im ersten Jahr der Betriebzugehörigkeit steigert sich der jährliche Wertbeitrag deutlich.[258] Die Ausbildung des Mitarbeiters stellt dabei zunächst einen negativen Wertbeitrag dar, der sich mit zunehmender Betriebszugehörigkeit positiv entwickelt. Die positiven Effekte resultieren daraus, dass langjährige Mitarbeiter ihr Wissen an neue Mitarbeiter weitergeben und darüber zusätzliche Ausbildungskosten vermeiden oder reduzieren. Auch die Fortbildung langjähriger Mitarbeiter hat somit einen Nettonutzen.[259] Durch zunehmende Erfahrung des Mitarbeiters steigert sich auch dessen Effizienz bei der Arbeit. Zudem sinkt die Notwendigkeit der Kontrolle.[260]

---

251 vgl. *Zaugg/Blum/Thom* (2001), 8.
252 vgl. auch *Thoma* (2011), 166-169.
253 vgl. *Reichheld* (1997), 124-126.
254 vgl. *Hinkin/Tracey* (2000), 17.
255 vgl. *Reichheld* (1997).
256 vgl. *Reichheld* (1997), 125.
257 vgl. *Reichheld* (1997), 124-126.
258 vgl. *Reichheld* (1997), 125.
259 vgl. *Reichheld* (1997), 125.
260 vgl. *Reichheld* (1997), 126.

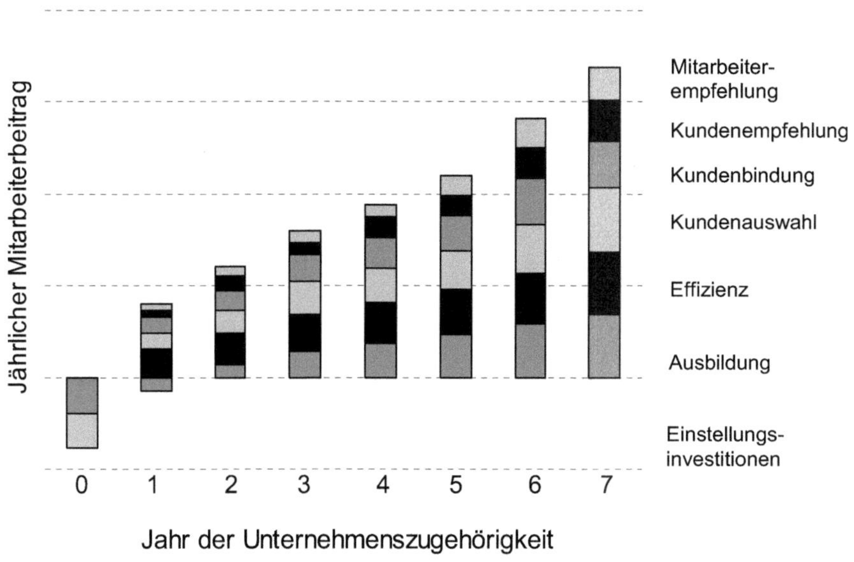

Abbildung 13: Jährlicher Wertbeitrag eines Mitarbeiters in Abhängigkeit der Unternehmenszugehörigkeit[261]

Erfahrene Verkäufer zeigen sich nach *Reichheld* auch erfolgreicher in der Suche und Auswahl lukrativer Kunden. Neuverträge, die beispielsweise von neuen Versicherungsagenten abgeschlossen werden, haben häufig eine kurze Lebensdauer und sind damit auch für die Versicherungsgesellschaft ein Verlustgeschäft.[262] Zudem erzielen langjährige Mitarbeiter bei den Kunden eine hohe Loyalität und damit Kundenbindung.[263] *Reichheld* zeigt ebenfalls am Beispiel von Kraftfahrzeugwerkstätten, dass loyale Mitarbeiter eine Hauptquelle für Weiterempfehlungen von Kunden sind.[264] Durch Mitarbeiterempfehlungen können Unternehmen auf einen Pool hochqualifizierter Bewerber zugreifen. Dies erhöht einerseits die durchschnittliche Qualität neu eingestellter Mitarbeiter und senkt andererseits auch die Rekrutierungskosten.[265] Langjährige Mitarbeiter schaffen danach Wert für das Unternehmen. Mitarbeiterbindung ist somit auch aus finan-

261 in Anlehnung an *Reichheld* (1997), 125.
262 vgl. *Reichheld* (1997), 126.
263 vgl. *Reichheld* (1997), 126.
264 vgl. *Reichheld* (1997), 126.
265 vgl. *Reichheld* (1997), 126.

zieller Sicht sinnvoll. *Reichheld* weist darauf hin, dass nicht in allen Branchen alle sieben Effekte auftreten und ihre relative Bedeutung differiert.[266]

Die konkreten (Zwischen-)Ziele der Mitarbeiterbindung zur Erreichung der übergeordneten Unternehmensziele sind in Abbildung 14 im Überblick dargestellt und werden in den folgenden Abschnitten erläutert.[267]

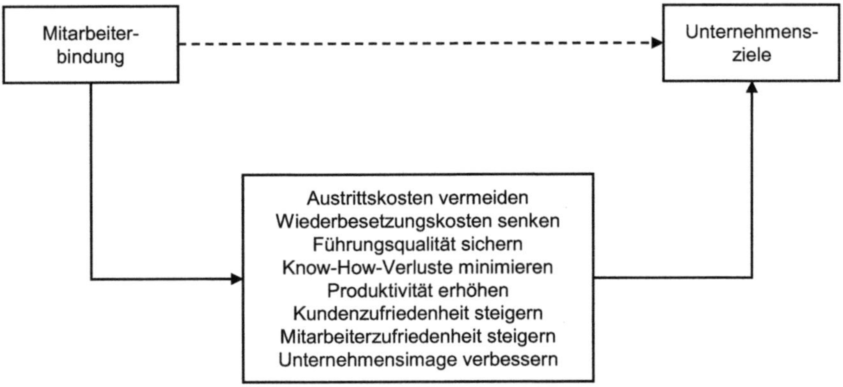

Abbildung 14: Ziele der Mitarbeiterbindung

2.1.3.1 Austrittskosten vermeiden

Mitarbeiterbindung soll bewirken, dass ein für das Unternehmen wichtiger Mitarbeiter diesem freiwillig und gerne längerfristig zur Verfügung steht. Wenn eine Stelle nicht neu besetzt werden muss, da der zugehörige kompetente Mitarbeiter das Unternehmen aufgrund seiner Verbundenheit nicht verlässt, fallen die in direktem Zusammenhang mit einem Austritt stehenden Kosten nicht an.

Darunter fallen Kosten, die durch Absentismus oder Minderleistung des ausscheidenden Mitarbeiters verursacht werden.[268] Weiterhin kann sich ein Unternehmen gezwungen sehen, einen Mitarbeiter freizustellen, insbesondere wenn er Zugang zu sensiblen Unternehmensdaten hat oder zu einem direkten Wettbewerber wechselt.[269] Die resultierenden Kosten der Gehaltsfortzahlung ohne konkrete Gegenleistung während der Freistellungsphase können bei entsprechend

266 vgl. *Reichheld* (1997), 124.

267 vgl. zu den Zielen der Mitarbeiterbindung auch *Szebel-Habig* (2004), 71-82.

268 vgl. *Thoma* (2011), 166.

269 vgl. *Szebel-Habig* (2004), 31.

langen Kündigungszeiten erheblich sein. Alternativ entstehen die Kosten einer einmaligen Zahlung bei Einigung mit dem ausscheidenden Mitarbeiter.[270]

Weiterhin können durch Mitarbeiterbindung die mit einem Austritt verbundenen administrativen Abwicklungskosten, beispielsweise für die Durchführung von Austrittsinterviews oder die Anfertigung eines Arbeitszeugnisses, eingespart werden.

2.1.3.2 Wiederbesetzungskosten senken

Für die Anwerbung eines neuen Mitarbeiters fallen Kosten für das Unternehmen an. Um den Bedarf des Unternehmens einem geeigneten Personenkreis mitzuteilen, müssen Annoncen in Zeitungen, Online-Stellenbörsen oder auf der firmeneigenen Webseite geschaltet werden. Die Teilnahme an Absolventenmessen sowie die Beauftragung eines Personalberaters zur Kontaktaufnahme mit potenziellen Kandidaten können weitere Kosten verursachen.[271]

Die Auswahl der Bewerber durch Einstellungsgespräche oder Assessment Center unter Beteiligung von Fachabteilungen, Personalabteilung, Betriebsrat oder Personalberatern führt ebenfalls zu finanziellen und zeitlichen Aufwendungen. Eventuell notwendige Einstellungsuntersuchungen sowie Spesen und Fahrtkosten der Bewerber müssen ebenfalls berücksichtigt werden.[272]

Zu berücksichtigen sind zusätzlich gegebenenfalls anfallende Kosten des Nicht-Erscheinens des Kandidaten beim neuen Arbeitgeber trotz vorheriger Unterzeichnung des Arbeitsvertrages. Dieses auch als „No-Show" bezeichnete Phänomen führt bei den Unternehmen zu erhöhtem Aufwand durch das Wiederholen von Stellenausschreibungen, Beschaffung von Ersatzpersonal oder sogar Absage von Projekten.[273] Die Ursachen für ein No-Show des Kandidaten können sowohl in sich kurzfristig ergebenden attraktiveren Beschäftigungsmöglichkeiten aber auch in Zweifeln seitens des Arbeitnehmers hinsichtlich der Richtigkeit seiner Entscheidung liegen.[274]

Ist der geeignete Kandidat gefunden, fallen Umzugs- und Maklerkosten des neuen Mitarbeiters an. Eventuelle Einführungsaktivitäten wie der Besuch unterschiedlicher Betriebsstandorte können erhebliche Kosten verursachen. Weiterhin entstehen administrative Kosten, zum Beispiel für Stammdatenerhebung.[275]

---

270 vgl. dazu *Bauer* (2007).

271 vgl. *Szebel-Habig* (2004), 31.

272 vgl. *Hinkin/Tracey* (2000), 17-18; auch *Bundesministerium für Familie, Senioren, Frauen und Jugend* (2005), 12-14.

273 vgl. *Stein* (2010), 788.

274 vgl. *Stein* (2010), 788.

275 vgl. *Szebel-Habig* (2004), 31.

Unternehmens-, branchen- oder produktspezifische Besonderheiten erfordern entsprechende Trainingsprogramme und Seminare, um insbesondere Quereinsteigern die notwendigen Kenntnisse zur Erfüllung ihrer neuen Aufgabe zu vermitteln. Zu den Kosten zählen auch die Betreuung und Kontrolle des neuen Mitarbeiters durch Vorgesetzte und Kollegen, die bei diesen zu vorübergehend reduzierten Arbeitsproduktivitäten führen, sowie weitere Training-on-the-Job-Maßnahmen.[276] Zudem wird der neue Mitarbeiter aufgrund des fehlenden Know-Hows zu Beginn keine Normalleistung erbringen können.[277] Auch das anfangs fehlende interne Netzwerk mit der Möglichkeit zu „kurzen Dienstwegen" wird die Leistung des neuen Mitarbeiters zunächst reduzieren.

Das *Bundesministerium für Familie, Senioren, Frauen und Jugend* hat in einer Untersuchung festgestellt, dass die Kosten der Wiederbesetzung einer Stelle primär durch das erforderliche Qualifikationsniveau und die Spezifität der Qualifikationsanforderungen bestimmt werden.[278] Die Untersuchung wurde auf Basis der Daten von zehn mittelgroßen Unternehmen aus unterschiedlichen Branchen und Regionen durchgeführt. In der unteren Einkommensklasse liegen die Wiederbesetzungskosten der Untersuchung zufolge zwischen 3.000 und 21.000 Euro, in der mittleren bei 8.300 bis 53.000 Euro, während in der oberen Einkommensklasse zwischen 14.900 und 108.500 Euro anfallen.[279] Ist die Stelle aufgrund der Verbundenheit des aktuellen Stelleninhabers nicht neu zu besetzen, können diese Kosten vermieden werden.

2.1.3.3 Führungsqualität sichern

Die Abwanderung guter Mitarbeiter bedeutet für das Unternehmen gleichzeitig den Verlust potenzieller Führungskräfte. Mitarbeiter, die über eine längere Betriebszugehörigkeit die Unternehmenswerte verinnerlicht haben, können diese auch authentischer vermitteln. Gerade das tatsächliche Vorleben der im Unternehmen als wichtig erachteten Werte gepaart mit entsprechenden Charaktereigenschaften der Person kann erheblich zur Führungsqualität beitragen.[280]

Bei einem Führungswechsel kommt es oftmals vor, dass neue Chefs sich profilieren und ihre eigenen Führungsvorstellungen durchsetzen wollen. Dies kann zu Verunsicherung oder Demotivation bei den Mitarbeitern führen.[281] Ist

276 vgl. *Loffing/Loffing* (2010), 8.
277 vgl. *Loffing/Loffing* (2010), 8.
278 vgl. *Bundesministerium für Familie, Senioren, Frauen und Jugend* (2005).
279 vgl. *Bundesministerium für Familie, Senioren, Frauen und Jugend* (2005), 14.
280 vgl. *Piller* (2010), 82.
281 vgl. *Loffing/Loffing* (2010), 8.

diese Veränderung grundsätzlich nicht notwendig, kommt es zu kostenintensiven Reibungsverlusten.

Wenn der Mitarbeiter zum Beispiel an Nachwuchsförderungsprogrammen zur Sicherung zukünftiger Führungskräfte teilgenommen hat, verliert das Unternehmen beim Weggang dieses Mitarbeiters neben seinem finanziellen Investment auch den entsprechenden Zeitvorteil. Bis zur Verfügbarkeit eines adäquaten, ebenfalls durch entsprechende Maßnahmen geschulten neuen Mitarbeiters wird wertvolle Zeit verstreichen, in der möglicherweise eine geeignete Führungskraft benötigt wird. Führungsqualität kann jedoch nicht durch ein Trainingsprogramm alleine reifen, sondern bedarf eines langsamen Hineinwachsens in kontinuierlich anspruchsvoller werdende Führungsaufgaben.[282] Mitarbeiter, die das Unternehmen aus eigenem Antrieb verlassen, stehen für solche Aufgaben nicht mehr zur Verfügung. Entsprechende Führungspotenziale können für dieses Unternehmen nicht mehr gehoben und müssen anderweitig erneut aufgebaut werden.

2.1.3.4 Know-How-Verluste minimieren

Materielle Produktionsfaktoren treten in ihrer Bedeutung in einer wissensorientierten Wirtschaft gegenüber immateriellen Komponenten zurück.[283] Komparative Vorteile von Unternehmen beruhen daher häufig auf dem spezifischen Know-How des Unternehmens oder seiner Mitarbeiter.[284] *Knaese/Probst* schlagen dazu einen Regelkreis zum wissensorientierten Fluktuationsmanagement vor.[285] Danach sind zunächst das relevante Wissen und die zentralen Wissensträger zu identifizieren. Anschließend muss das Risiko von Wissensverlusten durch Abgänge zentraler Wissensträger analysiert werden, um darauf aufbauend Maßnahmen und Instrumente zur langfristigen Bindung abzuleiten. Gerade die Identifikation der zentralen Wissensträger wird dabei in Unternehmen häufig vernachlässigt.[286]

Wissen kann zum Beispiel in expliziter Form in Dokumentationen, Zeichnungen oder Arbeitsanweisungen festgehalten werden.[287] Dieses Wissen kann man sich – wenn auch in theoretischer Form – durch Studium der genannten Unterlagen bis zu einem gewissen Grad aneignen.[288]

282 vgl. *Szebel-Habig* (2004), 73.
283 vgl. *Zaugg/Blum/Thom* (2001), 1.
284 vgl. *Nonaka/Takeuchi* (1997), 16-18.
285 vgl. *Knaese/Probst* (2001), 35.
286 vgl. *Knaese/Probst* (2001), 37; siehe auch *Süßmuth* (2009), 65-67.
287 vgl. dazu *Nonaka/Takeuchi* (1997), 71-74.
288 vgl. *Szebel-Habig* (2004), 71.

In impliziter Form ist Wissen jedoch personengebunden und damit nicht beliebig übertragbar.[289] Erfahrungen, die im Laufe der beruflichen Tätigkeit gemacht werden, verändern das Urteilsvermögen und damit die Vorgehensweise bei der Lösung anderer Aufgaben. Jeder Mitarbeiter hat zu Beginn seiner Tätigkeit einen individuellen Wissensstand. Dieser erweitert sich aufgrund der neuen Aufgaben und der Erfahrungen mit zunehmender Berufserfahrung. Neben den allgemeinen Erfahrungen erweitern sich mit zunehmender Betriebszugehörigkeit auch die unternehmensspezifischen Erfahrungen und das unternehmensrelevante Wissen. Diese Erfahrungen können beim ungeplanten Ausscheiden eines wissensrelevanten Mitarbeiters nicht kurzfristig übertragen werden. Adäquater Ersatz ist meist nur sehr kostenintensiv oder gar nicht verfügbar.[290]

Neben diesem Wissensverlust erleidet ein Unternehmen durch den Weggang eines relevanten Mitarbeiters zusätzlich einen zeitlichen Rückschlag. In forschungsintensiven Bereichen kann dieser Rückschlag entscheidende Auswirkungen auf den Erfolg am Markt haben.[291] Beispielsweise befindet sich die Automobilindustrie derzeit in einer Phase, in der die Grundsteine für neue Antriebstechnologien gelegt werden. Dabei ist nicht klar, welche Technologie sich letztlich durchsetzen wird. Neben dem konventionellen Verbrennungsmotor als Otto- oder Dieselvariante gibt es Hybridantriebe, reine Elektrofahrzeuge, Fahrzeuge mit Brennstoffzellen oder den Wasserstoffantrieb.[292] Die Hersteller müssen ihr Risiko minimieren, auf die falsche Technologie zu setzen. Andere Branchen stehen vor ähnlichen Herausforderungen. Der Weggang von Schlüsselpersonen kann nicht nur dazu führen, dass das Unternehmen konkretes Wissen verliert. Möglicherweise wird durch das Ausscheiden einzelner Wissensträger das Unternehmen insgesamt in seiner Einschätzung und Urteilsfähigkeit eingeschränkt. Dies erhöht wiederum die Gefahr von Fehlentscheidungen. Die verlorene Zeit, um den Vorsprung anderer Wettbewerber wieder aufzuholen, kann nicht nur übermäßig hohe Ressourcen erzwingen, sondern auch das gesamte Unternehmen gefährden.[293]

Wenn der ausscheidende Mitarbeiter zu einem Wettbewerber wechselt, so wiegt der Wissensverlust und Zeitnachteil noch wesentlich schwerer. Beim Konkurrenten können dadurch möglicherweise zeit- und kostenaufwendige Entwicklungsvorarbeiten entfallen, da der neue Mitarbeiter dieses Vorwissen – direkt oder indirekt – bereits einbringen kann. Weiterhin wird das neue Unter-

289 vgl. *Nonaka/Takeuchi* (1997), 72-73.
290 vgl. *Knaese/Probst* (2001), 35-36.
291 vgl. dazu *Liman* (1999), 130-133.
292 vgl. *Wallentowitz/Freialdenhoven/Olschewski*, 158-174.
293 vgl. *Liman* (1999), 32-36.

nehmen indirekt Einblick in die Forschungen und den Status der Entwicklungen des vorherigen Arbeitgebers des Mitarbeiters bekommen. In Anbetracht der erheblichen Kosten und Risiken von Entwicklungen in einigen Bereichen sind solche Informationen von sehr großer Bedeutung. Für das zurückbleibende Unternehmen kann das den Verlust oder die Reduzierung von Wettbewerbsvorteilen bedeuten.[294]

Die Wissensverluste werden noch verstärkt, wenn den zentralen Wissensträgern weitere wissensrelevante Mitarbeiter folgen. Aufgrund bestehender Beziehungen und Bindungen besteht die Gefahr, dass Abwanderer ihre Mitarbeiter oder Kollegen mit zum neuen Arbeitgeber ziehen. Der Schaden auf Seiten des ehemaligen Arbeitgebers und der Vorteil beim (konkurrierenden) neuen Unternehmen sind dabei umso größer.[295]

2.1.3.5 Produktivität erhöhen

Mitarbeiter verfügen mit zunehmender Berufserfahrung und Betriebszugehörigkeit über erhebliches Erfahrungs- beziehungsweise unternehmensspezifisches Wissen. Dieses Wissen befähigt die Inhaber wiederum, ihre Aufgaben produktiver zu erledigen als Mitarbeiter ohne diese Erfahrungen.

Branchenübergreifende Untersuchungen zeigen, dass Unternehmen mit niedriger Fluktuation eine erhöhte Produktivität aufweisen. Ebenfalls wird nachgewiesen, dass durch eine Zunahme von Erfahrungen der Mitarbeiter die Produktivität in den untersuchten Branchen wächst.[296] *Reichheld* untersuchte die Produktivität nach der Dauer der Beschäftigung bei Brokern, Versicherungsagenten und LKW-Fahrern (Abbildung 15).[297] Dabei wurde Produktivität verstanden als Umsatz pro Person und der Umsatz im ersten Jahr der Beschäftigung auf 1 gesetzt.

In allen untersuchten Betrieben ist mit zunehmender Beschäftigungsdauer ein deutliches Ansteigen der Produktivität erkennbar. So liegt sie beispielsweise bei den untersuchten Brokern nach fünf Jahren Beschäftigungsdauer bei etwa 2,7. Die Ursachen hierfür können neben dem Wegfall von Anfangsschwierigkeiten und -unsicherheiten beim Ausüben einer neuen Tätigkeit auch die Reduzierung von Fehlern und daraus resultierender, unproduktiver Nacharbeit sein. Die Bindung der richtigen Mitarbeiter trägt damit positiv zur Produktivität und damit

294 vgl. dazu *Liman* (1999), 23-27 und 174-185.

295 vgl. *Szebel-Habig* (2004), 31.

296 vgl. *Reichheld* (1997), 120-124, 152-153.

297 vgl. *Reichheld* (1997), 152-153.

Kostensenkung bei. Eine Verbesserung der Arbeitsqualität hat zusätzliche positive Effekte auf die Beziehungen zu den (internen und externen) Kunden.[298]

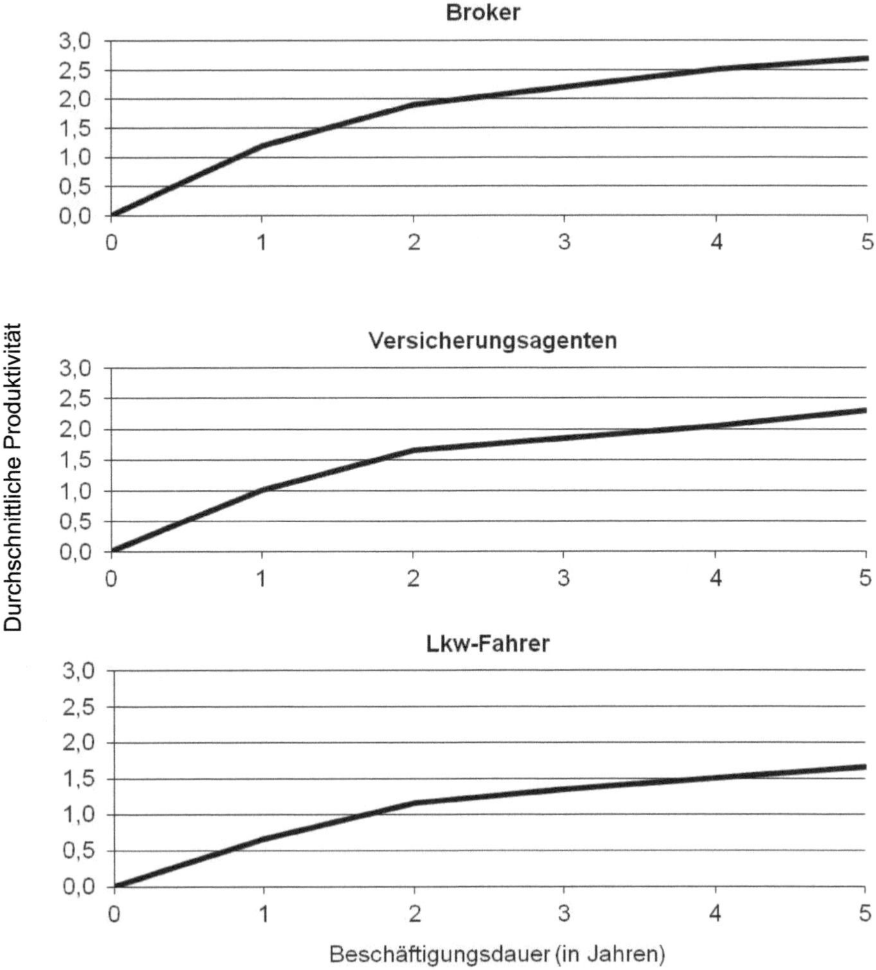

Abbildung 15: Produktivität nach Dauer der Beschäftigung[299]

---

298 vgl. *Loffing/Loffing* (2010), 8.

299 *Reichheld* (1997), 153.

2.1.3.6 Kundenzufriedenheit steigern

Untersuchungen zufolge ist es fünfmal teurer, einen neuen Kunden zu gewinnen, als einen bestehenden Kunden zu halten.[300] Unternehmen haben daher schon aus betriebswirtschaftlichen Gründen ein Interesse daran, ihre Bestandskunden zufriedenzustellen. Das Risiko eines Wechsels zu einem anderen Anbieter ist bei zufriedenen Kunden deutlich geringer.[301]

Kundenzufriedenheit entsteht aus dem Vergleich zwischen Erwartung und tatsächlicher Leistung.[302] Die Leistung selbst hat damit einen großen Effekt auf die Zufriedenheit des Kunden. Wenn sich diese Leistungen allerdings nicht relevant zwischen einzelnen Anbietern unterscheiden, kommen weitere Aspekte wie persönliche Beziehungen zwischen Käufer und Verkäufer zum Tragen. Persönliche Beziehungen können nur über einen entsprechend langen Zeitraum aufgebaut werden; häufige wechselnde Ansprechpartner lassen solche Beziehungen nicht entstehen. Weiterhin kennen langjährige Mitarbeiter auch die spezifischen Besonderheiten der Kunden und können sich darauf entsprechend vorbereiten. Dies schafft ein gegenseitiges Vertrauensverhältnis. Durch entsprechende Softwareunterstützung können zwar auch neue Mitarbeiter über die spezifischen Kundenbedürfnisse und -eigenarten informiert werden. Bei vielen Produkten wird dies alleine nicht ausreichen, um eine kaufentscheidende oder -beeinflussende Beziehung zum Kunden herzustellen.[303]

2.1.3.7 Mitarbeiterzufriedenheit steigern

Neben der Steigerung der Kundenzufriedenheit führt die Bindung erfolgskritischer Mitarbeiter auch zur Zufriedenheit und Motivation der eigenen Belegschaft. Die Personalberatung *Towers Perrin* (heute *Towers Watson*) hat in einer weltweiten Untersuchung unter anderem die Treiber der Mitarbeitermotivation analysiert.[304] Danach zählt die Bindung erfolgskritischer Mitarbeiter zu den zehn wichtigsten Einflussfaktoren.[305] Die Gründe dafür wurden in der Untersuchung nicht weiter dargestellt. Für Unternehmen zeigen die Ergebnisse jedoch, dass die Gesellschaft kompetenter Kollegen offenbar ein wichtiger Faktor für die Motivation der Mitarbeiter ist.

---

300 vgl. *Müller/Riesenbeck* (1991), 67.

301 vgl. *Reichheld/Sasser* (1990), 105.

302 vgl. *Schneider/Hennig* (2010), 55.

303 vgl. dazu *Bruhn/Grund* (2008), 863; auch *Koop* (2005).

304 vgl. *Towers Perrin* (2006).

305 vgl. *Towers Perrin* (2006), 12.

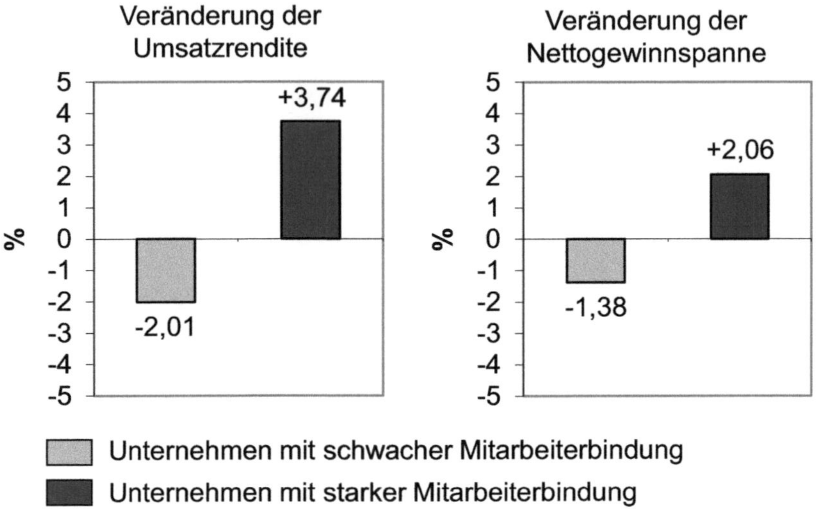

Abbildung 16: Auswirkung von Mitarbeiterengagement und -bindung auf Umsatzrendite und Nettogewinnspanne[306]

Engagierte Mitarbeiter wiederum führen laut einer Studie des Personalforschungsunternehmens *International Survey Research* zu einer signifikanten Steigerung der Umsatzrendite und der Nettogewinnspanne.[307] Das Unternehmen hat dazu im Rahmen eines großen Forschungsprojekts die Daten zur Leistungsbereitschaft der Mitarbeiter von 40 seiner Kunden mit den jeweiligen finanziellen Kennzahlen der Jahre 1999 bis 2001 verglichen.[308]

Demnach verbessern engagierte Mitarbeiter die finanziellen Ergebnisse eines Unternehmens deutlich (siehe Abbildung 16). Die Bindung erfolgskritischer Mitarbeiter führt somit auch über den „Umweg" der Mitarbeitermotivation zur Erreichung der Unternehmensziele.

2.1.3.8 Unternehmensimage verbessern

Unternehmen, die durch entsprechende Instrumente versuchen, ihre Mitarbeiter an das Unternehmen zu binden, drücken damit gleichzeitig auch eine Wertschätzung gegenüber den Mitarbeitern aus. Die Mitarbeiter erkennen dadurch, dass sich das Unternehmen tatsächlich um sie kümmert und die Aussagen der Ge-

306 nach *International Survey Research* (2002), 9.

307 vgl. *International Survey Research* (2002).

308 vgl. *International Survey Research* (2002), 9.

schäftsleitung zur Wichtigkeit der Mitarbeiter nicht lediglich Lippenbekenntnisse darstellen. Das Statement, dass Mitarbeiter das wichtigste Gut eines Unternehmens seien, findet sich häufig auf den Internetseiten von Unternehmen. Ein durchgängig konformes Handeln danach ist jedoch eher selten vorzufinden. Eine entsprechende Denkweise muss insbesondere in den Köpfen der Führungskräfte vorhanden sein und tatsächlich gelebt werden.[309]

Die aufgrund der ihnen entgegen gebrachten Wertschätzung zufriedenen Mitarbeiter werden ihr Unternehmen nach außen hin positiv darstellen. Damit tragen sie zur Verbesserung des Unternehmensimages und aktiv zum Aufbau eines Employer Branding bei.[310] Die daraus resultierenden Vorteile sind vielfältig und reichen von einfacherer Rekrutierung neuer und auch kompetenterer Mitarbeiter über bessere Beziehungen zu Behörden bis hin zur Möglichkeit, am Markt höhere Preise für seine Produkte durchzusetzen.[311]

2.1.4 Instrumente

Zur Erreichung von Mitarbeiterbindung kommt der Motivation und Zufriedenheit der Mitarbeiter eine entscheidende Rolle zu. Die Wechselabsicht bei zufriedenen Mitarbeitern ist deutlich geringer als bei den unzufriedenen.[312]

Um Motivation und Zufriedenheit der Mitarbeiter zu steigern und somit Mitarbeiterbindung zu erreichen, können Unternehmen verschiedene Instrumente einsetzen. Diese Instrumente können auf intrinsischen oder extrinsischen Anreizen beruhen. Bei intrinsischer Motivation liegen die Anreize in der Arbeit selbst. Die Arbeit wird „ihrer selbst willen“ erledigt und fungiert direkt als Belohnung.[313] Dies kann beispielsweise durch einen interessanten Arbeitsinhalt, durch die Möglichkeit des Einsatzes spezieller Fähigkeiten oder durch eine abwechslungsreiche Tätigkeit erreicht werden.[314] Extrinsischer Motivation wiederum liegt ein Verhalten zugrunde, dass sich auf die antizipierten Folgen einer Handlung bezieht. Diese angestrebten Folgen liegen außerhalb der Arbeit selbst und können materieller (zum Beispiel Einkommen, Zusatzleistungen) oder immaterieller Art (zum Beispiel Prestige, Lob) sein.[315]

---

309 vgl. *Schroff* (2010), 191; siehe. dazu auch *Stein* (2009), 300-308.

310 vgl. dazu *Trost* (2009), 13-77; *Burmann* (2009), 55-62; *Stritzke* (2009), 160-178.

311 vgl. dazu *Reichheld* (1997), 125-126; *Koop* (2005), 160-169.

312 vgl. *vom Hofe* (2005), 138-140, 161; *Zaugg* (2009), 327-329.

313 vgl. *Becker* (1990), 9.

314 vgl. *Becker* (1990), 9; *Zaugg* (2009), 327.

315 vgl. *Becker* (1990), 9.

In den folgenden Abschnitten werden die Instrumente der Mitarbeiterbindung in drei Gruppen unterteilt.[316] Die erste Gruppe stellen die monetären Bindungsinstrumente dar. Sie sind somit dem materiellen/monetären Bereich zuzurechnen. Die Fähigkeiten fördernden (zum Beispiel bezahlte Weiterbildungen) und die begleitenden Bindungsinstrumente (zum Beispiel physikalische Arbeitsbedingungen) haben einen Mischformcharakter, da sie sowohl monetäre als auch nicht-monetäre Elemente enthalten können. Sie zählen zu den gemischt monetär/nicht-monetären Bindungsinstrumenten. Identifikation fördernde Bindungsinstrumente hingegen haben einen ausschließlich immateriellen/nicht-monetären Hintergrund. Sie stellen die nicht-monetäre Gruppe der Bindungsinstrumente dar.

Weiterhin existieren grundsätzlich auch Gebundenheit fördernde Instrumente wie beispielsweise Wettbewerbsklauseln oder Kündigungsfristen.[317] Diese zielen nicht auf eine freiwillige Bindung und unterstützen somit nicht die tatsächliche Verbundenheit des Mitarbeiters mit dem Unternehmen. Wettbewerbsklauseln werden von betroffenen Mitarbeitern als einseitige Einschränkung der beruflichen Bewegungsfreiheit empfunden.[318] Ebenso wie Wettbewerbsverbote sind sie in ihrer bindenden Wirkung und Durchsetzbarkeit zweifelhaft. Verlängerte Kündigungsfristen stellen zwar eine mögliche Variante zur Verlängerung eines Arbeitsverhältnisses dar. Eine tatsächliche Bindung wird jedoch auch hiermit nicht erreicht.[319] Gebundenheitsfördernde Instrumente werden daher nicht weiter betrachtet. Abbildung 17 zeigt eine Übersicht über die Instrumente der Mitarbeiterbindung.

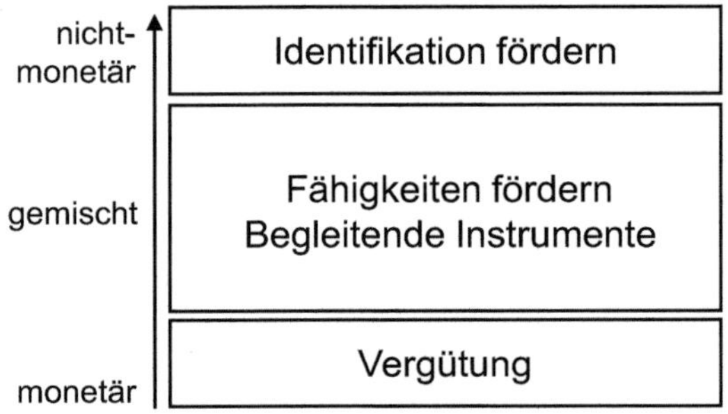

Abbildung 17: Instrumente der Mitarbeiterbindung

316 in Anlehnung an *Bertrand* (2004), 269-283.

317 vgl. *Bertrand* (2004), 269-270.

318 vgl. *Bertrand* (2004), 270.

319 vgl. *Bertrand* (2004), 270.

2.1.4.1 Monetäre Bindungsinstrumente

Monetäre Maßnahmen stellen das erste Instrument der Mitarbeiterbindung dar. Dabei können sich die Maßnahmen dieser Gruppe sowohl auf die reine Gehaltshöhe als auch auf allgemeine Aspekte des Vergütungssystems beziehen.

Eine Erhöhung des Gehalts trägt zur Zufriedenheit des jeweiligen Mitarbeiters bei. Allerdings haben diese rein monetären Maßnahmen lediglich einen kurzzeitigen Effekt. Zudem verursachen sie bei Bekanntwerden bei den Mitarbeitern, die nicht berücksichtigt wurden, Neid und Demotivation.[320]

Zur Befriedigung subjektiver Vorstellungen über die jeweilige Gehaltshöhe ist nicht der absolute Betrag, sondern vielmehr die Angemessenheit gegenüber einer Referenz ausschlaggebend. Diese Referenz kann beispielsweise in einer für die jeweilige Branche oder Tätigkeit üblichen Entlohnung liegen.[321]

Hilb spricht von einem „magischen Dreieck der Verteilungsgerechtigkeit" (siehe Abbildung 18).[322] Er unterscheidet dabei die interne Verteilungsgerechtigkeit, die Personalmarktpreisgerechtigkeit und die Unternehmenserfolgsgerechtigkeit.[323] Danach soll jeder Mitarbeiter anforderungs-, leistungs- und sozialgerecht entlohnt werden. Bei konsequenter Anwendung von interner Verteilungsgerechtigkeit, bei der die Mitarbeiter nach ihrem Wertbeitrag im Unternehmen und nicht nach dem Senioritätsprinzip entlohnt werden, kann es vorkommen, dass die Entlohnung von einzelnen Mitarbeitern höher als die ihrer Vorgesetzten ausfällt. Die Personalmarktpreisgerechtigkeit soll eine im Branchenvergleich angemessene Bezahlung gewährleisten.[324] Hingegen soll die unternehmenserfolgsgerechte Honorierung die Fairness bezüglich Beteiligung am Unternehmenserfolg sicherstellen.[325]

Diese drei Dimensionen können nicht immer miteinander in Einklang gebracht werden, so dass Zielkonflikte vorliegen können.[326] Beispielsweise entstehen Lohndifferenzen innerhalb eines Unternehmens bei gleicher Tätigkeit durch Einstellungen während unterschiedlicher Arbeitsmarktphasen. Während des „Internet-Hype" wurden beispielsweise Informatiker aufgrund der externen Personalmarktsituation zu sehr hohen Löhnen „eingekauft", die aus interner Perspektive hinsichtlich Anforderungs- und Leistungsgerechtigkeit in keinem Verhältnis

---

320 vgl. *Knoblauch* (2004), 111-112.
321 vgl. *Zaugg* (2009), 330-331.
322 vgl. *Hilb* (2009), 96.
323 vgl. *Hilb* (2009), 96.
324 vgl. *Hilb* (2009), 97.
325 vgl. *Hilb* (2009), 97.
326 vgl. *Zaugg* (2009), 330.

zur Entlohnung anderer Mitarbeiter standen.[327] Aufgrund der Zielkonflikte der einzelnen Dimensionen wird das Dreieck auch als „magisch" bezeichnet.[328]

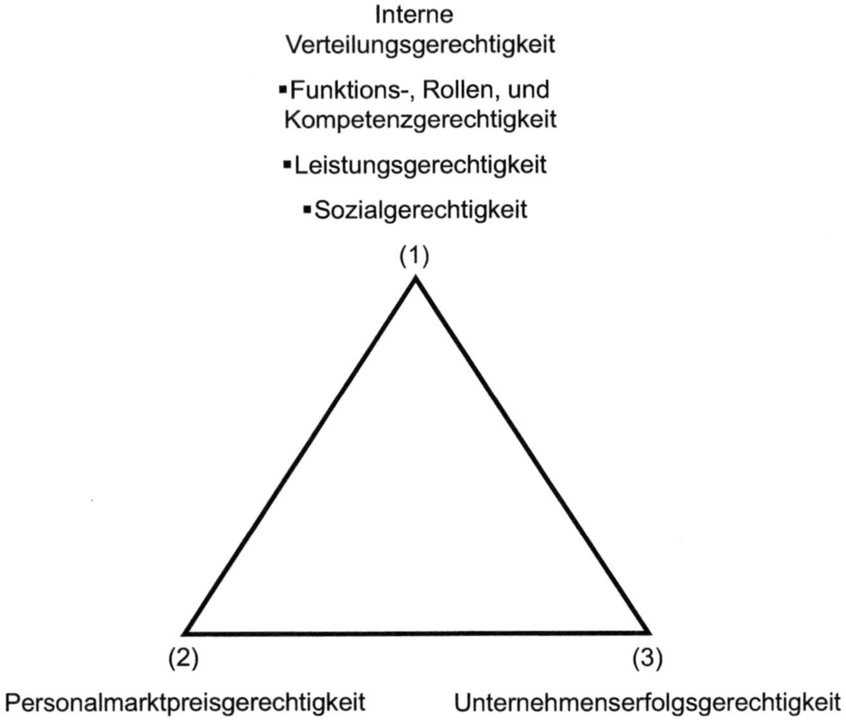

Abbildung 18: Das magische Dreieck der Verteilungsgerechtigkeit[329]

Ein einheitliches, konsistentes Vergütungssystem mit klaren und einheitlichen Faktoren zur Bestimmung des Gehalts stellt demnach eine Möglichkeit zur Verbesserung der internen Verteilungsgerechtigkeit dar. Wettbewerbsfähige Gehälter können Personalmarktpreisgerechtigkeit adressieren. Vergütungssysteme mit variablem Erfolgsanteil tragen zu einer unternehmenserfolgsgerechten Entlohnung bei. Dabei muss auch auf die Konsistenz des Vergütungssystems in sich geachtet werden.[330]

327 vgl. dazu *Friedli* (2006), 297.

328 vgl. *Hilb* (2009), 96.

329 *Hilb* (2009), 96 (mit grafischen Anpassungen).

330 vgl. *Brauweiler* (2010), 87.

Eine Berücksichtigung dieser Aspekte bei der Ausgestaltung der unternehmensspezifischen Vergütungssysteme führt zur Erhöhung der Mitarbeiterzufriedenheit und kann damit zur Mitarbeiterbindung beitragen.[331]

Neben den direkten Geldleistungen zählen die indirekten geldwerten Leistungen ebenfalls zum Bereich der finanziellen (materiellen) Anreize. Ein besonders wichtiges Element bei den Nebenleistungen bildet die Altersvorsorge. Diese kann durch unterschiedliche Durchführungswege bereitgestellt werden. Den häufigsten Weg bildet dabei die Direktversicherung.[332] Die direkte Beteiligung des Unternehmens kann ebenfalls variieren, indem Unternehmen lediglich die (gesetzlich vorgeschriebene und steuerbegünstigte) Möglichkeit einer Altersversorgung (Entgeltumwandlung zum Beispiel für Renten- oder Direktversicherung) bereitstellen, sich finanziell an den Kosten durch Zuschüsse beteiligen oder die Kosten vollständig tragen (Direktzusage).[333]

Neben der Alters- stellt die Gesundheitsvorsorge ein wichtiges Element der Nebenleistungen dar.[334] Dies kann auch durch das Bestehen eines betriebsärztlichen Dienstes erreicht werden, der beispielsweise Impfungen übernimmt und so für den Mitarbeiter nicht nur Kosten- sondern auch Zeitvorteile bietet. Weiterhin können Programme und Anreize zur Gesundheitsvorsorge beispielsweise die Übernahme oder Bezuschussung von Beiträgen für Fitnessstudios oder die Einrichtung firmeneigener Sporttrainingsmöglichkeiten darstellen.[335]

Grundsätzlich zählen beispielsweise Kantinen- oder Essenszuschüsse, Mitarbeiterdarlehen, Firmenhandy, Dienstwagen oder Fahrtkostenzuschüsse zu den weiteren möglichen Nebenleistungen. Eine Nebenleistung, die zukünftig stärker an Bedeutung gewinnen wird, ist die Unterstützung bei der Kinderbetreuung.[336] Dies kann durch Betriebskindergärten oder Zuschüsse für die Kinderbetreuung geschehen.

Es ist von entscheidender Bedeutung für die Wirkung der Nebenleistungen als Bindungsinstrument, dass sie von den Mitarbeitern auch wahrgenommen werden. Mangelndes Verständnis und unzureichende Bekanntheit führen zu geringer Wertschätzung und damit nicht zum Bindungsziel. Der Kommunikation durch das Unternehmen und der Information der Mitarbeiter kommt daher eine große Bedeutung zu.[337]

---

331 vgl. *Zaugg* (2009), 327-331.

332 siehe dazu *Braun* (2010), 30-35.

333 vgl. *Braun* (2010), 20-30.

334 vgl. *Speck/Ryba* (2004), 394.

335 vgl. *Fundinger* (2007), 40.

336 vgl. *Graat/Lethert* (2008), 11-15.

337 vgl. *Geighardt* (2008), 88.

Aufgrund der unterschiedlichen Bedürfnisse der einzelnen Mitarbeiter und damit auch der unterschiedlich wirkenden Anreize auf die Mitarbeiter, können Cafeteria-Modelle unterstützend wirken.[338] Diese Modelle sind dabei durch folgende Gestaltungselemente gekennzeichnet: Breites Leistungsangebot (materielle und geldwerte Leistungen), Verrechenbarkeit der Leistungen, Wahlfreiheit sowie Periodizität (das heißt der Mitarbeiter legt sich für eine bestimmte Zeit fest und kann sich dann entscheiden).[339] Dabei können die Mitarbeiter individuell aus den angebotenen Leistungen auswählen und sich ihr persönliches Maßnahmenbündel zusammenstellen. Die einzelnen Komponenten sind dabei bewertet, so dass sie aufaddiert werden können und darüber eine Vergleichbarkeit gegeben ist. Durch die Cafeteria-Modelle wird eine hohe Transparenz bezüglich der angebotenen Leistungen und entstehenden Kosten erzeugt.[340] Demgegenüber stehen größerer Verwaltungsaufwand sowie die Gefahr der Überforderung der Mitarbeiter aufgrund zu großer und unübersichtlicher Auswahl an möglichen Komponenten.[341] Aufgrund der notwendigen Quantifizierung der Komponenten sind Cafeteria-Modelle vorwiegend materiell ausgerichtet. Eine sinnvolle Erweiterung könnte daher durch die Einbeziehung immaterieller Anreizkomponenten erzielt werden.[342]

2.1.4.2 Gemischt monetär/nicht-monetäre Bindungsinstrumente

Die Instrumente dieser Gruppe setzen sich sowohl aus monetären als auch nicht-monetären Elementen zusammen. Diese beinhalten die Fähigkeiten fördernden Bindungsinstrumente sowie die begleitenden Bindungsinstrumente.

Zu den Instrumenten, die auf den Aufbau und die Entwicklung von Fähigkeiten abzielen, zählen neben Ausbildung und Einarbeitung unter anderem auch Entwicklungs- und Förderprogramme sowie gezielte Fortbildungen. Weiterhin können darunter auch Job Rotation, Job Enlargement und Job Enrichment gefasst werden.

Die Grundlagen für Bindung werden in der Regel schon in sehr frühen Phasen einer Beziehung gelegt. Ihre Stabilität entwickelt sich dann auf dieser Basis.[343] So kann eine vom Unternehmen angebotene Berufsausbildung langfristig – auch mit Unterbrechungen zum Beispiel zum Besuch einer Universität – die Mitarbeiterbindung und die Verfügbarkeit von qualifizierten, mit den unterneh-

338 vgl. *Knoblauch* (2004), 129.

339 vgl. *Dycke/Schulte* (1986), 579-585; *Wagner* (1991), 91-109.

340 vgl. *Zaugg* (2009), 336.

341 vgl. *Zaugg* (2009), 336.

342 vgl. *Zaugg* (2009), 336.

343 vgl. *Bertrand* (2004), 278.

mensspezifischen Abläufen bereits vertrauten Arbeitskräften im Unternehmen steigern.[344]

Einarbeitungsprogramme sowie Mentoren können ebenfalls dazu beitragen, dass sich die (unternehmensspezifischen) Fähigkeiten von Anfang an positiv entwickeln. Zudem hat die Ausführung von Einarbeitungsprogrammen ebenfalls eine große Wirkung auf die Einschätzung der Beziehung zwischen Mitarbeiter und Unternehmen. Hier zeigt sich für den Mitarbeiter erstmals die Glaubwürdigkeit des Unternehmens nach erfolgter Rekrutierung.[345] Ein positiver erster Eindruck muss den Mitarbeiter prägen.[346] Die erste Einstellung des Mitarbeiters gegenüber dem Unternehmen wird auch eine mögliche spätere Entscheidung bezüglich eines Unternehmenswechsels mit beeinflussen. Je besser die Einarbeitung auf den jeweiligen Mitarbeiter abgestimmt ist, desto mehr fühlt sich der Mitarbeiter wertgeschätzt und empfindet eine Start-Bindung.[347] Zur individuellen Abstimmung können die Einarbeitungsprogramme dann mit den passenden Maßnahmen aus den Bereichen Training on the Job und Training off the Job ergänzt werden.[348]

Auch der Einsatz von Mentoren oder Paten, die den neuen Mitarbeitern als Ansprechpartner und Coach zur Seite gestellt werden, drückt Wertschätzung gegenüber dem Mitarbeiter aus.[349] Insbesondere wenn es sich bei dem Paten um eine erfahrene Führungspersönlichkeit handelt, stellt das Mentoring für den Mitarbeiter eine weitere Möglichkeit dar, seine eigenen Fähigkeiten zu verbessern.[350]

Weitere Möglichkeiten, die Fähigkeiten der Mitarbeiter zu fördern und darüber einen positiven Effekt auf die Mitarbeiterbindung zu erhalten, bestehen für Unternehmen auch durch das Angebot von Corporate Universities oder berufsbegleitenden Studienabschlüssen sowie fachspezifischen externen Fortbildungskursen.[351]

Entwicklungs- und Förderungsprogramme sind auf einen längeren Zeitraum ausgelegt. Meist laufen sie zwischen sechs und 24 Monaten.[352] Zur Reduzierung negativer Begleitumstände eines solchen Programms ist es wichtig, dass die Teilnehmerauswahl transparent und fair abläuft und von den potenziellen Teil-

---

344 vgl. *Klotz* (2010), 143-144.

345 vgl. *Verfürth* (2010), 159+162.

346 vgl. *Marburger* (2004), 311.

347 vgl. *Bertrand* (2004), 278.

348 vgl. *Schier* (2010), 217-220; *Schellschmidt* (2010), 234-239.

349 vgl. dazu *Reichelt* (2010), 439-450.

350 vgl. *Marburger* (2004), 296-297; siehe auch *Niemeier* (2009), 5-10.

351 vgl. *Seufert* (2010), 305-307; *Mudra* (2010), 323-329.

352 vgl. *Becker* (2010), 341.

nehmern nachvollzogen werden kann. Dies kann die mögliche persönliche Frustration eines nicht ausgewählten Mitarbeiters zwar nicht vollständig eliminieren, jedoch die Diskussion versachlichen. Für die Teilnehmer wiederum bieten solche Programme neben den fachlichen Inhalten sehr gute Möglichkeiten zur Netzwerkbildung innerhalb des gesamten Unternehmens. Gleiches gilt – wenn auch in reduzierter Form – für gezielte, insbesondere fachliche Fortbildungen.[353]

Ferner stellt die Aufgabe selbst ein Fähigkeiten förderndes Bindungsinstrument dar. Die Bedeutung interessanter und abwechslungsreicher Tätigkeiten innerhalb des Jobs ist einer der Hauptgründe für Arbeitszufriedenheit und Mitarbeiterbindung.[354] Die Aufgabenpakete einer Stelle sollten daher so zusammengestellt sein, dass sie keine oder nicht überwiegend einseitige Tätigkeiten enthalten. Die Tätigkeiten müssen dabei möglichst vollständig, das heißt inklusive der zugehörigen Planungs-, Organisations- Nachbereitungs- und Kontrollschritte, ausgestaltet werden.[355] In Fällen, in denen sich eine entsprechende Abwechslung innerhalb der Stelle nicht verwirklichen lässt, könnte beispielsweise über einen regelmäßigen und systematischen internen Arbeitsplatzwechsel (Job Rotation) zu starker Monotonie vorgebeugt werden. Das Kennenlernen verschiedener Tätigkeiten und Bereiche innerhalb des Unternehmens trägt zudem zum besseren Verständnis der Abläufe insgesamt und somit auch zu einem besseren Arbeitsergebnis und Informationsaustausch bei.[356] Job Enrichment (vertikale Erweiterung der Arbeitsinhalte) und Job Enlargement (horizontale Erweiterung) haben das gleiche Ziel. Diese Elemente tragen über die Motivationssteigerung des Mitarbeiters auch zu dessen Bindung bei.[357]

Neben den Fähigkeiten fördernden Bindungsinstrumenten stellen die begleitenden Bindungsinstrumente die zweite Gruppe innerhalb dieser Mischforminstrumente dar. Eine erfolgreiche Mitarbeiterbindung beginnt bereits im Vorfeld des eigentlichen Beschäftigungsverhältnisses. Bereits bei der Personalauswahl muss unternehmensseitig darauf geachtet werden, dass die ausgewählten Kandidaten neben ihrer fachlichen Eignung auch die notwendige persönliche Befähigung mitbringen. Wichtig ist dabei insbesondere auch die Überprüfung, ob der Kandidat zum Unternehmen passt und die „Chemie“ stimmt.[358] Der potenzielle Mitarbeiter muss diese Überprüfung für sich selbst ebenfalls durchführen und so

353 vgl. *Marburger* (2004), 296-297.

354 vgl. *Zaugg* (2009), 327-329.

355 vgl. *Richter/Pohlandt* (2011), 139-140.

356 vgl. *Fricke* (2010), 535-537.

357 vgl. *Knoblauch* (2004), 121-122; *Wilms* (2010), 555-566.

358 vgl. *Bertrand* (2004), 281.

das Potenzial abschätzen, welches das Unternehmen ihm hinsichtlich seiner Identifikation mit diesem Unternehmen bietet.

Ein professioneller Auftritt des Unternehmens und seiner Vertreter in der Bewerbungsphase bildet gleichzeitig beim Mitarbeiter selbst eine solide Basis für eine langfristige Bindung, da gesetzte Erwartungen nicht enttäuscht werden.[359] Auch zur Reduzierung der No-Show-Quote neuer Mitarbeiter sind Investitionen in die Mitarbeiterbindung bereits vor Antritt der Stelle wichtig.[360] Diese können in der Aufnahme persönlicher Kontakte zum Bewerber oder seiner Integration in unternehmensinterne Informationsstrukturen bereits in dieser Phase liegen.[361] Die kontinuierliche und professionelle Betreuung der Mitarbeiter während des gesamten Arbeitsverhältnisses durch die Personalabteilung ist ein weiteres begleitendes Instrument, das die Zufriedenheit der Mitarbeiter steigert und somit grundsätzlich die Abwanderungsneigung reduziert.

Die Thematik von Vereinbarkeit von Beruf und Familie gewinnt bei den Beschäftigten zunehmend an Bedeutung.[362] Die verstärkte Nutzung von Angeboten zur Elternzeit auch durch die Väter spiegelt ebenfalls die geschlechterübergreifende Bedeutung wider.[363] Weiterhin ist die Aufwertung von Freizeit gegenüber dem Erwerbsleben ein wichtiges Thema aus Sicht vieler Mitarbeiter. Entsprechende Angebote der Unternehmen zu Work-Life-Balance – sei es zur persönlichen Regeneration oder aus familiären Gründen – können Mitarbeiter motivieren und eine Bindung zum Unternehmen erzeugen.[364] Flexible Arbeitszeitregelungen können als begleitende Bindungsinstrumente dienen.[365] Sabbaticals, Teilzeitarbeit oder Home Office stellen Elemente einer für den Mitarbeiter positiven Umfeldgestaltung dar.[366] Sie erhöhen die Mündigkeit der Mitarbeiter und drücken damit gleichzeitig auch eine hohe Wertschätzung ihnen gegenüber aus.[367] Insbesondere bei der Flexibilisierung des Arbeitsortes über Home-Office oder virtuelle Arbeitsstrukturen ist zu beachten, dass dies zu einer Reduktion der Identifikation mit dem Unternehmen führt.[368] Die Gründe hierfür liegen in dem nicht mehr vorhandenen direkten Austausch mit den anderen Gruppenteilnehmern, der geringeren sozialen Eingebundenheit, der Konfrontation mit Unsi-

---

359 vgl. *Schirmer* (2007), 51-52.
360 vgl. *Stein* (2010), 788.
361 vgl. *Stein* (2010), 788.
362 vgl. *Thiele* (2009), 71.
363 vgl. *Graat/Lethert* (2008), 14-15.
364 vgl. *Thiele* (2009), 119-122.
365 vgl. *Speck/Ryba* (2004), 389-390.
366 vgl. *Zaugg/Blum/Thom* (2001), 16-18.
367 vgl. *Marburger* (2004), 294-295.
368 vgl. *Vinke* (2005), 211.

cherheit aufgrund der Abwesenheit vom Büro sowie dem Fehlen des Ortes „Büro“ als räumlicher Referenzpunkt der organisationalen Identität.[369] Entsprechende Aspekte müssen beim Angebot solcher Möglichkeiten Berücksichtigung durch das Unternehmen finden.

Die Gestaltung der physikalischen Arbeitsbedingungen stellt ein weiteres begleitendes Bindungsinstrument dar. Beispielsweise haben die Gestaltung der Büroräume inklusive der klimatischen und akustischen Gegebenheiten sowie der Stand der technischen Ausstattung Einfluss auf die Zufriedenheit und Motivation der Mitarbeiter.[370] Auch hier sollten Unternehmen dafür sorgen, dass die Mitarbeiter mit der Situation insgesamt zufrieden sind und sich somit bei dem Unternehmen wohl fühlen.

2.1.4.3 Nicht-monetäre Bindungsinstrumente

Die Identifikation mit dem eigenen Unternehmen stellt einen wesentlichen Bindungsfaktor dar.[371] Insbesondere in Zeiten von häufigen Stellenwechseln, Abschied vom lebenslangen Arbeitsgeber und verstärkter Freizeitorientierung ist der Aufbau von Identifikation nicht einfach.[372] Fusionen und Akquisitionen erschweren die Identifikation mit einem Unternehmen zusätzlich.[373]

Identifikation ist dabei ein nur bedingt rational greifbares Phänomen.[374] Zum Aufbau von Identifikation mit dem Unternehmen sind insbesondere die Faktoren Unternehmenskultur und Betriebsklima, Werte und Vertrauen, Führung und Organisation sowie Unternehmensimage und -erfolg bedeutend.[375]

Unternehmenskultur „kennzeichnet das gesamte Erscheinungsbild eines Unternehmens, das durch Grundwerte, Spielregeln und Normen, Verhaltens- und Denkmuster bestimmt ist“.[376] Der Aufbau einer positiven Unternehmenskultur und eines guten Betriebsklimas ist nicht als kurzfristige Maßnahme umsetzbar, sondern stellt einen kontinuierlichen Prozess dar, in dem das Zusammenspiel aller Komponenten gewährleistet sein muss. Unternehmenskultur ist dabei von allen Unternehmensbeteiligten gelebter Anspruch und Pflicht, welche das Selbstverständnis des Unternehmens prägen.[377] Auch bei einem Wechsel einzel-

---

369 vgl. *Vinke* (2005), 211-215.
370 vgl. *Geighardt* (2008), 87.
371 vgl. *Bertrand* (2004), 271.
372 vgl. *Böhm* (2008), 15.
373 vgl. *Böhm* (2008), 15.
374 vgl. *Bertrand* (2004), 271.
375 vgl. *Bertrand* (2004), 271; *Böhm* (2008), 69-80.
376 *Becker* (2009), 144-145.
377 vgl. *Becker* (2009), 145.

ner Unternehmensakteure bleibt die Unternehmenskultur als kollektives Phänomen weiterhin erhalten.[378] Einmalige oder regelmäßige Aktionen wie jährliche Betriebsfeiern oder ein wöchentliches Abteilungsfrühstück lassen alleine kein gutes Betriebsklima entstehen. Wichtige Grundvoraussetzungen sind gegenseitige Wertschätzung und Vertrauen, auf deren Basis sich eine positive Unternehmenskultur entwickeln kann.[379] Die Unverwechselbarkeit und Einzigartigkeit eines Unternehmens wird auch über die gelebten Werte bestimmt. Dies definiert die „Persönlichkeit" des Unternehmens.[380] Eine Aufgabe der Unternehmensführung besteht somit auch darin, die als wichtig erachteten Werte auf den eigenen Unternehmenskontext zu übertragen und in unternehmensspezifische Rituale, Symbole und Ähnliches zu überführen.[381]

Dem Verhalten der Unternehmensführung kommt damit eine zentrale Rolle zu.[382] Manager müssen Vorbild im Sinne der Unternehmenswerte sein.[383] Das was sie von ihren Mitarbeitern fordern muss in Einklang mit ihrem eigenen Handeln stehen. Dazu zählen auch transparente Personalentscheidungen sowie eine klare Informationspolitik durch die Unternehmensleitung.[384] Unternehmen sollten beispielsweise ihre Mitarbeiter über finanzielle Zahlen sowie strategische und operative Vorhaben informieren, um darüber auch ein entsprechendes Wertgefühl gegenüber den Mitarbeitern zu signalisieren.[385]

Insbesondere in Krisenzeiten ist es wichtig, Übereinstimmung zwischen Reden und Handeln zu zeigen und dabei persönlich, klar und offen zu kommunizieren.[386] Information führt zu Mitdenken, was wiederum in Verantwortungsübernahme und Identifikation mit dem Unternehmen resultiert.[387] Je stärker die vom Individuum empfundene Übereinstimmung oder Affinität zwischen den Werten der Organisation und den eigenen Werten ausgeprägt ist, desto stärker ist auch die Identifikation mit dem Unternehmen.[388]

Die Unternehmensführung prägt ebenso den im Unternehmen tatsächlich vorherrschenden Führungsstil. Mangelnde Führungsqualität von Vorgesetzten ist Studien zufolge einer der Hauptgründe für ungewollte Unternehmensaustritte

378 vgl. *Becker* (2009), 145.
379 vgl. *Jäger* (2006), 40-41.
380 vgl. *Bertrand* (2004), 272.
381 vgl. *Becker* (2009), 132.
382 vgl. *Schirmer* (2007), 54.
383 vgl. *Katzengruber* (2010), 200-202.
384 vgl. *Schirmer* (2007), 54-55.
385 vgl. *Fundinger* (2007), 44.
386 vgl. *Katzengruber* (2010), 221-223.
387 vgl. *Knoblauch* (2004), 115-117.
388 vgl. *Böhm* (2008), 73.

hochqualifizierter Mitarbeiter.[389] Daher ist bereits bei der Auswahl der Führungskräfte auf entsprechende Fähigkeiten zu achten. Die Gewährung ausreichender Entscheidungsfreiheit der Mitarbeiter und ein gutes Vorgesetztenverhalten durch Motivation, Offenheit und Begeisterungsfähigkeit zählen zu den wichtigsten Einflussfaktoren der Mitarbeiterbindung.[390]

Richtig geführte und eingesetzte Mitarbeiter können ihre Potenziale entfalten und darüber bessere Arbeitsergebnisse erzielen. Letztlich trägt der richtige Führungsstil ebenfalls dazu bei, das Betriebsklima und damit die Unternehmenskultur zu verbessern. Dies führt zu einer stärkeren Verbundenheit der Mitarbeiter mit dem Unternehmen.[391]

Das Image eines Unternehmens steigert ebenfalls das Gefühl der Verbundenheit mit dem Unternehmen bei den Mitarbeitern.[392] Außerdem bietet es eine gute Möglichkeit, sich durch Aufbau eines Employer Branding von anderen Unternehmen zu differenzieren.[393] Voraussetzung dafür ist, dass die Unternehmensphilosophie und -kultur glaubwürdig nach außen kommuniziert wird.[394] Über eine darauf angelegte Corporate-Identity-Politik und öffentliches Engagement kann ein Unternehmen ein positives Markenimage aufbauen. Dabei können regionale und (je nach Unternehmen auch) überregionale Sponsorings von Kultur- oder Sportaktivitäten helfen. Beiträge in Zeitungen und Zeitschriften sowie die Teilnahme an Fach- und Recruiting-Messen bieten ebenfalls die Möglichkeit, das Unternehmen (glaubwürdig) positiv darzustellen.[395]

Weitere Imagefaktoren aus dem Bereich des Gesamtunternehmens mit Einfluss auf die Mitarbeiterbindung stellen beispielsweise die Branche, die Art der Produkte (interessant oder uninteressant) oder auch die Organisationsgröße dar. [396] Sie lassen sich vom Unternehmen in der Regel jedoch nicht zur Optimierung von Mitarbeiterbindung verändern. Auch der Erfolg des Unternehmens wirkt sich positiv auf die Sichtweise der Mitarbeiter auf ihr Unternehmen aus und steigert sowohl Identifikation als auch Zugehörigkeitsgefühl.[397]

Grundsätzlich kann die Aufgabe selbst auch zur Identifikation mit dem gesamten Unternehmen beitragen.[398] Gute Mitarbeiter streben nach anspruchsvol-

389 vgl. *Werle* (2008) und *Obermeier* (2008).

390 vgl. *Sonnenmoser* (2006), 44-45.

391 vgl. *Szebel-Habig* (2004), 93.

392 vgl. *Schirmer* (2007), 52.

393 vgl. *Burmann* (2009), 55-62; siehe dazu auch *Trost* (2009) und *Stritzke* (2010), 154-156.

394 vgl. *von der Oelsnitz/Stein/Hahmann* (2007), 239.

395 vgl. *Szebel-Habig* (2004), 93-94; *Jäger* (2006), 44-45.

396 vgl. *Knoblauch* (2004), 117-118.

397 vgl. *Bertrand* (2004), 274.

398 vgl. *Bertrand* (2004), 271.

len Aufgaben, mit denen sie sich identifizieren und sie dadurch zusätzlich intrinsisch motivieren. Eine interessante Aufgabenstellung ist daher ein sehr wichtiges Element zur Mitarbeiterbindung. Die Einschätzung, was interessant ist und die Identifikation steigert, wird dabei durchaus subjektiv unterschiedlich bewertet. Es ist daher Aufgabe der jeweiligen Führungskraft, die persönlichen Neigungen und Interessen ihrer Mitarbeiter richtig einzuschätzen und ihnen entsprechende Aufgaben zuzuweisen, um so die individuelle Identifikation zu maximieren.[399]

2.2 Mittel- und Osteuropa

Der Begriff Mittel- und Osteuropa wird nicht streng geografisch verwendet.[400] Er dient als Oberbegriff für alle mitteleuropäischen, südosteuropäischen und osteuropäischen Staaten, die dem ehemaligen „Ostblock" zuzurechnen waren. Dazu zählen auch einige Nachfolgestaaten der Sowjetunion (zum Beispiel Ukraine, Weißrussland und die baltischen Staaten). Kaukasische und zentralasiatische Staaten der ehemaligen Sowjetunion (zum Beispiel Georgien, Armenien, Aserbaidschan, Kasachstan, Usbekistan) werden zunehmend nicht mehr unter dem Begriff Osteuropa zusammengefasst.[401] Im Rahmen dieser Arbeit sollen unter Mittel- und Osteuropa die Länder Bulgarien, Polen, Rumänien, Slowakei, Slowenien, Tschechien und Ungarn verstanden werden (siehe Abbildung 19).

Auf die ebenfalls zur Region Mittel- und Osteuropa gehörenden baltischen Republiken Estland, Lettland und Litauen, die weiteren ehemaligen jugoslawischen Regionen Kroatien, Bosnien-Herzegowina, Serbien, Montenegro und Mazedonien sowie Albanien und die post-sowjetischen Republiken Russland, Weißrussland, Ukraine und Moldawien wird im Rahmen dieser Arbeit nicht oder nur vereinzelt am Rande eingegangen. Teilweise gelten hier spezielle Bedingungen (zum Beispiel in Russland und den ehemaligen Staaten der Sowjetunion), die eine Übertragbarkeit der in dieser Arbeit gemachten Aussagen limitieren.[402]

Inhalt dieses Kapitels ist die politische und wirtschaftliche Entwicklung der in dieser Arbeit betrachteten Region Mittel- und Osteuropa. Dies dient dazu, die spezifischen Gegebenheiten und Besonderheiten der Region sowie den weiteren Verlauf dieser Arbeit besser einordnen zu können. Zudem soll hier ein Fokus

---

399 vgl. *Szebel-Habig* (2004), 94-96.

400 vgl. *Rudi* (2008), 33; *Franken* (2005), 13-16; *Kaufmann/Panhans* (2006), 27.

401 vgl. *Rudi* (2008), 33; *Franken* (2005), 13-16; *Kaufmann/Panhans* (2006), 27.

402 vgl. hierzu *Franken* (2005), 67-68.

auf die Thematik der Produktionsverlagerungen von Deutschland nach Mittel- und Osteuropa gelegt werden.

Abbildung 19: Mittel- und Osteuropa[403]

2.2.1 Politische Entwicklung

Ausgehend von der Oktoberrevolution 1917 in Russland setzte in vielen Ländern ein Umwandlungsprozess zu einem sozialistischen System ein, der sich über das Ende des zweiten Weltkriegs bis etwa 1950 erstreckte. Die Veränderungen der jeweiligen Machthaber beinhalteten dabei eine Verstaatlichung des privaten Eigentums, die Einführung eines staatlichen Planungssystems sowie die Unterwerfung der gesamten Produktion unter eine zentrale Steuerung durch staatliche Institutionen. Zudem wurden vielfach staatlich festgesetzte Preise sowie Import- und Exportkontrollen eingeführt, ferner der freie Kapitalmarkt verhindert.[404]

403 *University of St Andrews* (2012).

404 vgl. *Kayser* (1999), 5-6.

Nach dem zweiten Weltkrieg führte die Sowjetunion gegenüber ihren Verbündeten des Warschauer Pakts eine Politik der eingeschränkten Souveränität. Die Staaten des ehemaligen Ostblocks unterwarfen sich der Dominanz der Sowjetunion. In den ersten Jahrzehnten hatte das sozialistische System aufgrund des kriegsbedingten Wiederaufbaus in weiten Teilen sowie des allgemeinen Industrialisierungs- und Urbanisierungsprozesses für breite Bevölkerungsteile eine kontinuierliche Verbesserung gewährleistet.[405]

Als die Ressourcen des Systems erschöpft waren, verfielen die Länder in eine chronische wirtschaftliche Krise und es setzte eine Verschlechterung des Lebensniveaus und der Lebensqualität ein.[406] Die Wettbewerbsunfähigkeit des Systems wurde immer offensichtlicher.[407] Die daraus resultierende Unzufriedenheit der Bevölkerung äußerte sich in einigen Ländern durch Volksaufstände, die seitens der jeweiligen Regierungen (und teilweise auch mit Unterstützung der Sowjetunion) niedergeschlagen wurden.[408] Diese fanden in den verschiedenen Ländern aufgrund ihrer jeweiligen Entwicklung zu unterschiedlichen Zeitpunkten statt, prägten jedoch die Erfahrungen der Bevölkerung. Der Volksaufstand in Ungarn beispielsweise fand bereits 1956 statt und wurde niedergeschlagen.[409] In der Tschechoslowakei wurde der Prager Frühling 1968 blutig durch Einmarsch der Truppen der Warschauer Pakt Staaten beendet.[410] Ende der 1970er bis Anfang der 1980er Jahre wurden in Polen nach Massendemonstrationen und fortgesetzten Streiks die dafür verantwortlich gemachten Gewerkschaften aufgelöst.[411]

Durch die Wahl Gorbatschows zum Generalsekretär der Kommunistischen Partei der Sowjetunion (KPdSU) und seine Abkehr von der Breschnew-Doktrin wurde es den Ländern des Warschauer Pakts ermöglicht, ihre Staatsform selbst zu bestimmen. Beeinflusst durch diesen neuen, gemäßigten Politikkurs und die dadurch verbesserten Erfolgsaussichten starteten in vielen Ländern des Ostblocks Massenproteste. Die Forderung nach Freiheit und Volkssouveränität war ein zentrales Anliegen dieser Protestbewegungen, mit einem marktwirtschaftlichen System verbundener wachsender Wohlstand das Oberziel.[412]

Die Transformationsprozesse in allen postsozialistischen Ländern zeigen zwar die gleiche Richtung auf, bestreiten dabei jedoch unterschiedliche Wege. Grundsätzlich kann man in einen graduellen und einen radikalen Transformati-

---

405 vgl. *Roth* (2005), 249.

406 vgl. *Gehler* (2009), 14.

407 vgl. *Gehler* (2009), 14.

408 vgl. *Dülfer/Jöstingmeier* (2008), 56.

409 vgl. *Dülfer/Jöstingmeier* (2008), 56.

410 vgl. *Dülfer/Jöstingmeier* (2008), 57.

411 vgl. *Gehler* (2009), 2.

412 vgl. *Gehler* (2009), 13; *Kayser* (1999), 6.

onsansatz unterscheiden.[413] Die für ein konkretes Land besser geeignete Strategie hängt von den historischen Gegebenheiten sowie den politischen und ökonomischen Bedingungen und Zielsetzungen ab. Neben Ländern, die einen der genannten Ansätze verfolgen, gibt es noch Länder, die zwischendurch ihre Reformdynamik eingebüßt haben und mit einer „Stop-and-go"-Politik einen inkonsequenten Transformationsansatz betreiben.[414]

2.2.1.1 Gradueller Transformationsansatz

In Ungarn und Slowenien beispielsweise wurden die Reformen langsam eingeführt. Sie zählen daher zu den Vertretern des graduellen Transformationsansatzes. Diese Länder hatten zur Zeit der Wende 1989 bereits eine veränderte Ausgangssituation. Nach dem Volksaufstand 1956 und den sich daran anschließenden Verfolgungen setzte in Ungarn schon in den 1960er Jahren ein liberalisierter Kurs ein.[415] Durch die Wirtschaftsreform 1968 und einer weiteren Liberalisierung zu Beginn der 1980er Jahre fand ein sukzessives Abrücken von der zentralstaatlichen Planung statt.[416] Dazu zählten die Anpassung der Preispolitik an das Weltmarktniveau (1980), die Aufnahme des Landes in den Internationalen Währungsfonds und Weltbank (1982) oder die Reform des Bankwesens (1987).[417] Politische Reformen konnten durch die frühzeitige Gründung demokratischer Parteien und die ihnen gewährten Einflussmöglichkeiten ebenso rasch starten.[418] Gleichzeitig kam es zu einer geistig-kulturellen Liberalisierung. Das spezielle ungarische System wurde auch als „Gulaschkommunismus" bezeichnet.[419]

Damit verschaffte sich Ungarn eine ausgezeichnete Ausgangsposition. Als der Zusammenbruch des Ostblocks immer deutlicher wurde, waren die grundlegenden Reformen hin zur Demokratie in Ungarn bereits abgeschlossen, während sie in den meisten anderen Reformstaaten noch nicht einmal begonnen hatten.

Als vorteilhaft für Ungarn erwiesen sich auch die vielfältigen Kontakte in den Westen auf wirtschaftlicher und politischer Ebene, begünstigt durch den Anstieg des Westtourismus im Land und auch großzügige Reisemöglichkeiten aus dem Land heraus.[420]

---

413 vgl. dazu *Staar* (1993), 43-46; *Apolte/Cassel* (1991), 43-55.
414 vgl. *Franken* (2005), 25-26.
415 vgl. *Bertelsmann Stiftung* (2009a), 3.
416 dazu *Gehler* (2009), 5-6.
417 vgl. *Gehler* (2009), 5-6.
418 vgl. *Gehler* (2009), 6.
419 vgl. *Gehler* (2009), 5; *Franken* (2005), 29.
420 vgl. *Franken* (2005), 29.

Auch Slowenien war als Teil von Jugoslawien ebenfalls bereits vor der Wende vergleichsweise offen gegenüber dem Westen. Reisefreiheiten, die es Slowenen erlaubten, in den Westen zu reisen, dort zu arbeiten und so auch die dortigen Management- und Produktionsmethoden zu lernen, trugen frühzeitig zu einem relativ hohen und modernen Ausbildungsstand bei. Während Slowenien in der Geschichte nie zuvor ein unabhängiger Staat war, konnte es aufgrund seiner ethnischen Homogenität und damit fehlender interner Konflikte nach seiner Gründung relativ schnell bereits begonnene Reformen weiterführen und den Grundstein für einen wirtschaftlichen Aufschwung legen.[421]

2.2.1.2 Radikaler Transformationsansatz

Polen und Tschechien können als Vertreter des radikalen Transformationsansatzes gesehen werden. In Polen gab es mit den Demonstrationen der Gewerkschaften (Solidarność) bereits zu Beginn der 1980er Jahre eine Oppositionsbewegung, die jedoch zwischenzeitlich von der herrschenden kommunistischen Führung verboten wurde.422 Nach weiteren Streiks und Demonstrationen kam es Ende des Jahrzehnts bei Verhandlungen am „Runden Tisch" zu Zugeständnissen der Kommunisten, die in ersten halbfreien Wahlen, daraus resultierenden ökonomischen Reformen und letztlich im Verlust der Macht der Kommunisten endeten..423 Die Reformregierung entschied sich für ein Programm der Schocktherapie, das zur Reduzierung der hohen Auslandsverschuldung und des Haushaltsdefizits beitrug und den wirtschaftlichen Aufschwung in Gang setzte.424

Trotz des raschen Systemwechsels in Polen kam es nach anfänglichen Erfolgen zu einem lang anhaltenden Systemwandel ohne durchgreifende Erfolge. Obwohl Polen zu den ersten Ländern des ehemaligen Ostblocks zählte, die sich gegen das kommunistische System gestellt hatten, fanden die ersten tatsächlich freien Parlamentswahlen erst im Oktober 1991 und damit später als in allen anderen ehemaligen sowjetischen Staaten Europas statt.[425] Der Grund hierfür lag insbesondere in einer Konkurrenz der bestehenden Institutionen, da Systemkomponenten mit ähnlichen Kompetenzen ausgestattet waren.[426] Folge davon waren häufig wechselnde Regierungen, denen jeweils entweder der Reformwil-

421 vgl. *Bertelsmann Stiftung* (2009d), 3-4.

422 vgl. *Gehler* (2009), 2.

423 Bei den halbfreien Wahlen reservierte die regierende kommunistische Polnische Vereinigte Arbeiterpartei 65% der Sitze des Parlaments für sich; *Bertelsmann Stiftung* (2009b), 3.

424 vgl. *Bertelsmann Stiftung* (2009b), 3.

425 vgl. hierzu *Mackow* (1992), 69.

426 vgl. *Kurczewski* (1992), 111-113.

len fehlte oder bis zur Ablösung nicht ausreichend Zeit zur Verfügung stand, um grundlegende Reformen zu initiieren.[427]

In Tschechien konnte sich das Parteiensystem nach der Wende schneller stabilisieren. Während politisch unerfahrene Reformer die erste Phase der Transformation leiteten, fand etwa Mitte der 1990er Jahre ein Wechsel hin zu professionellen Politikern statt, die die Reformen tatsächlich auch politisch voranbringen konnten.[428]

2.2.1.3 Inkonsequenter Transformationsansatz

Zur Gruppe der Staaten, die bislang überwiegend einen inkonsequenten Transformationskurs betrieben haben, gehören unter anderem Rumänien und Bulgarien. Weiterhin sind die ehemaligen Staaten der Sowjetunion dazu zu zählen.

Rumänien ist das einzige Land in Mittel- und Osteuropa, in dem der Kommunismus ein gewaltsames Ende fand. Der Grund dafür liegt in der kategorischen Ablehnung des Reformkurses Gorbatschows durch die damalige rumänische Regierung unter Ceausescu. Die miserable wirtschaftliche Lage, die neostalinistische Herrschaftspraxis und Menschenrechtsverletzungen steigerten den Unmut der Bevölkerung und führten zu Protesten, die anfänglich blutig unterdrückt wurden. Als sich Großteile der Armee bei späteren Aufständen auf die Seiten der Protestierenden stellten, wurde Ceausescu von einer parteiinternen Gegenelite gestürzt und letztlich hingerichtet.[429]

Der Umsturz stellte damit im Gegensatz zu anderen Ländern Mittel- und Osteuropas keinen tatsächlichen Wechsel des Systems dar. Die 1991 verabschiedete neue Verfassung bedeutete zwar die formelle Beseitigung der Diktatur, jedoch blieben Politik und Wirtschaft weiter in den Händen der exkommunistischen Eliten.[430] Aufgrund des Misstrauens der politischen Führung in die Marktwirtschaft und in eine pluralistische Demokratie wurden echte Reformen verschleppt; das Land fiel im Reformprozess zurück. Zwar konnte 1996 die demokratische Opposition die Präsidenten- und Parlamentswahlen gewinnen und in der Folge die Restrukturierung einiger Wirtschaftsbereiche, die Privatisierung großer Staatsbetriebe und die Liberalisierung weiterer Bereiche auf den Weg bringen.[431] Im Jahr 2000 verlor sie jedoch wieder die Wahl gegen ihre

427 vgl. *Litynski* (1992), 106; *Kurczewski* (1992), 109.

428 vgl. *Bertelsmann Stiftung* (2009c), 4.

429 vgl. *Gehler* (2009), 12.

430 vgl. *Wagner* (1991), 87-93.

431 vgl. *Bertelsmann Stiftung* (2009e), 3-4.

Vorgänger, die ex-kommunistischen Eliten, deren Pseudo-Reformen das Land nur mäßig nach vorne bringen konnten.[432]

Da schnelle und vor allem weiten Bevölkerungskreisen zugute kommende Erfolge ausblieben, entwickelte sich in Rumänien eine Reformmüdigkeit, die die Rückkehr zu alten Strukturen und damit auch Vetternwirtschaft und Korruption begünstigte.[433] Dennoch schaffte die politische Führung die notwendigen Anstrengungen, um sich für die Aufnahme in die EU zu qualifizieren.

Bulgarien hat sich nach dem Ende des Kommunismus 1989 ebenfalls schwergetan, ein demokratisches System aufzubauen.[434] Charakteristisch für Bulgarien war eine Treue und Ergebenheit gegenüber der Sowjetunion, die im Vergleich zu anderen mittel- und osteuropäischen Staaten wesentlich stärker ausgeprägt war.[435] Aufgrund der im Rahmen der Arbeitsteilung im Ostblock zugewiesenen Rolle als Obst- und Gemüseproduzent hatte Bulgarien nach der Wende eine vergleichsweise schlechte wirtschaftliche Ausgangsbasis. Notwendige Reformen wurden jedoch konsequent verschleppt, die frühere politische Führung kam in neu gegründeten Parteien immer wieder an die Macht und konnte die alten Privilegien sichern, während Großteile der Bevölkerung verarmten.[436]

Erst 1997 konnten grundlegende wirtschaftliche und strukturelle Reformen unter Führung der Union der Demokratischen Kräfte durchgesetzt werden. Aufgrund fehlender Transparenz insbesondere bei der Privatisierung staatseigener Betriebe wurde jedoch in der Bevölkerung viel Vertrauen in die Reformen eingebüßt.[437]

2.2.1.4 Bewertung des Erfolgs der Transformationsprozesse

Die Umsturzbewegungen in Mittel- und Osteuropa wurden auch als Kettenreaktion bezeichnet.[438] Die Gewerkschaftsbewegungen in Polen sowie die sozioökonomische Liberalisierung in Ungarn bildeten die Vorläufer der Umsturzbewegungen. Die Opposition in der DDR und der Tschechoslowakei profitierten davon, während Rumänien dieser Entwicklung hinterherhinkte und schließlich gewaltsam revolutioniert wurde. Das Fernsehen begleitete die Entwicklung in

432 vgl. *Roth* (2005), 250-253.
433 vgl. *Bertelsmann Stiftung* (2009e), 3-4; *Roth* (2005), 254.
434 vgl. *Franken* (2005), 48.
435 vgl. *Franken* (2005), 49.
436 vgl. *Franken* (2005), 48-50.
437 vgl. *Bertelsmann Stiftung* (2009f), 3-5.
438 vgl. *Fowkes* (1994), 204.

den einzelnen Ländern und trug als Produzent und Multiplikator auch zur Verbreitung in andere Länder bei.[439]

Die Begleiterscheinungen der Transformation – Arbeitslosigkeit, Armut großer Bevölkerungsteile, Staatsverschuldung, Inflation, gravierende Einkommensunterschiede zwischen Stadt und Land – wurden in allen Ländern Mittel- und Osteuropas nach der Wende erlebt. Abhängig von den spezifischen Gegebenheiten der Länder, dem tatsächlichen Willen der politischen Führung und der grundsätzlichen Einstellung der Bevölkerung konnten die Staaten diese Probleme früher oder später beseitigen oder eindämmen. Ungarn, Slowenien, Polen und Tschechien sowie weitere Länder wurden am 1. Mai 2004, Rumänien und Bulgarien am 1. Januar 2007 in die EU aufgenommen, nachdem alle im Vorfeld entsprechende Vorbereitungen und Anpassungen in ihren Ländern vollzogen hatten. Der Reformprozess ist derzeit noch nicht abgeschlossen und verläuft weiterhin in den Ländern mit unterschiedlichem Erfolg.

Zur Bewertung des Erfolgs des Transformationsprozesses gibt es unterschiedliche Indikatoren. Dazu zählen zum Beispiel die World Governance Indicators der *Weltbank*, Nations in Transit von *Freedom House* oder der *Bertelsmann* Transformation Index (BTI). Die World Governance Indicators basieren auf der Auswertung von relevanten Umfragen unter Wirtschaftsvertretern, Bevölkerung und Experten. Für 2007 wurden so 31 Erhebungen von 25 unterschiedlichen Organisationen benutzt.[440] Die Indikatoren werden in 6 Kategorien gruppiert: Bürgerbeteiligung und Kontrolle, politische Stabilität, Regierungseffizienz, Qualität der Regulierung, Rechtsstaatlichkeit, Korruptionskontrolle.[441] Bei Nations in Transit basiert die Bewertung auf dem Länderbericht eines Experten, der folgende sieben Bereiche analysiert: nationales Regierungssystem, Wahlen, Medien, lokale Selbstverwaltung, Zivilgesellschaft; Rechtsstaatlichkeit, Korruption.[442] Amerikanische sowie zentral- und osteuropäische wissenschaftliche Berater evaluieren und überprüfen die Berichte auf Genauigkeit, Objektivität und vollständige Informationen.[443] Die Länderbewertungen spiegeln den Konsens von *Freedom House*, Nations in Transit und den Autoren wider.[444] Auf den BTI soll aufgrund seiner umfassenden und für das vorliegende Thema passenden Betrachtungsweise nachfolgend detaillierter eingegangen werden.

439 vgl. *Gehler* (2009), 15.
440 vgl. hierzu *Kaufmann/Kraay/Mastruzzi* (2009).
441 vgl. hierzu *Kaufmann/Kraay/Mastruzzi* (2009).
442 vgl. *Freedom House* (2009).
443 vgl. *Freedom House* (2009).
444 vgl. *Freedom House* (2009).

Der BTI besteht aus dem Status-Index und dem Management-Index.[445] Dabei werden alle zwei Jahre im Rahmen des Status-Index die politische und wirtschaftliche Transformation, im Management-Index die Managementleistung unter Berücksichtigung des Schwierigkeitsgrades bewertet.[446] Der Status-Index beurteilt damit den Entwicklungsstand eines Landes auf dem Weg zu Demokratie und Marktwirtschaft, während der Management-Index die Qualität der Steuerungsleistungen der politischen Entscheidungsträger darstellt.[447] Anhand eines standardisierten Codebuchs prüfen Länderexperten 17 Kriterien für jedes Land ab. In mehreren Reviews werden die Ergebnisse abgestimmt und zu Teilindizes zusammengefasst, die letztlich im BTI resultieren. Zu den analysierten Ländern zählen aktuell 128 Entwicklungs- und Transformationsländern mit jeweils mehr als zwei Millionen Einwohnern.[448]

Tabelle 5: Ranking Bertelsmann Transformation Index 2012[449]

Status Index							**Management Index**
		Rang		**Rang**			
Stand der politischen und wirtschaftlichen Transformation	**Länder**	**2012**	**2010**	**2010**	**2012**	**Länder**	**Politische Gestaltung auf dem Weg zu Demokratie und Marktwirtschaft**
9,61	Tschechien	1	1	6	1	Taiwan	7,72
9,54	Taiwan	2	3	1	2	Uruguay	7,66
9,45	Slowenien	3	2	3	3	Estland	7,41
9,30	Uruguay	4	5	5	4	Brasilien	7,29
9,28	Estland	5	4	10	5	Litauen	7,15
9,05	Polen	6	10	2	6	Chile	7,15
9,03	Litauen	7	7	4	7	Südkorea	7,05
8,88	Slowakei	8	6	7	8	Botswana	7,02
8,87	Chile	9	9	15	9	Costa Rica	6,95
8,84	Costa Rica	10	10	10	10	Mauritius	6,90
8,73	Südkorea	11	12	13	11	Lettland	6,81
8,48	Ungarn	12	8	8	12	Slowakei	6,80
8,31	Lettland	13	13	19	13	Polen	6,79
8,29	Bulgarien	14	14	12	14	Ghana	6,79
8,25	Kroatien	15	15	24	15	El Salvador	6,79
8,17	Rumänien	16	16	17	16	Indien	6,67
8,11	Mauritius	17	18	23	17	Türkei	6,60
8,06	Brasilien	18	17	9	18	Tschechien	6,57
7,78	Botswana	19	19	18	19	Slowenien	6,57
7,54	Türkei	20	20	14	20	Bulgarien	6,56
7,51	Serbien	21	24	21	21	Mazedonien	6,45
7,39	Ghana	22	26	16	22	Kroatien	6,39
7,39	Panama	22	22	25	22	Rumänien	6,35
7,37	Indien	24	26	34	24	Paraguay	6,21
7,35	Mazedonien	25	21	27	25	Mali	6,19

Tabelle 5 zeigt die ersten 25 Plätze des BTI 2012 sowie zum Vergleich die Platzierung des vorherigen Ergebnisses von 2010. Beim Status-Index liegen mit

445 vgl. *Bertelsmann Stiftung* (2009g), 22.

446 vgl. *Bertelsmann Stiftung* (2009g), 22.

447 vgl. *Bertelsmann Stiftung* (2009g), 22.

448 vgl. *Bertelsmann Stiftung* (2009g), 22.

449 Datenbasis: *Bertelsmann Stiftung* (2012).

Tschechien, Slowenien, Polen und der Slowakei sowie den baltischen Republiken Estland und Litauen sechs Staaten des ehemaligen Ostblocks unter den Top 10. Auch auf den folgenden Plätzen finden sich mit Ungarn, Lettland, Bulgarien, Kroatien und Rumänien weitere Länder der Region. Daraus lässt sich schließen, dass die hier vor rund 20 Jahren begonnene Transformation im Vergleich zu anderen Regionen der Welt schon weit fortgeschritten ist. Dabei wird ein Status-Index von größer 8,5 nach BTI als weit fortgeschritten, zwischen 7 und 8,5 als fortgeschritten, zwischen 5,5 und 7 als eingeschränkt, zwischen 4 und 5,5 als stark eingeschränkt und unterhalb 4 als gescheitert oder blockiert eingestuft. Auch der Vergleich der Ergebnisse mit der Rangfolge von 2010 zeigt, dass die mittel- und osteuropäischen Länder sich bezüglich ihres Entwicklungsstandes hinsichtlich Demokratie und Marktwirtschaft auf den vorderen Plätzen stabilisieren. Lediglich Ungarn hat einen Absturz um vier Plätze im Ranking zu verbuchen; Polen konnte hingegen vier Plätze gut machen. Die ehemaligen Länder der Sowjetunion wie zum Beispiel die Ukraine, Russland und Weißrussland finden sich im Status-Index mit den Plätzen 55, 60 beziehungsweise 101 deutlich hinter den oben genannten mittel- und osteuropäischen Ländern.[450]

Beim Management-Index hingegen werden die Länder Mittel- und Osteuropas (MOE) von den vorderen Rängen verdrängt. Im Vergleich zum Status-Index befinden sich lediglich die beiden baltischen Republiken Estland und Litauen in den Top 10. Hier liegen Staaten anderer Regionen auf den Spitzenplätzen. Die MOE-Länder sind insbesondere in der Gruppe der Staaten „erfolgreich mit Schwächen" zu finden.

Insgesamt kann damit die politische Entwicklung innerhalb Mittel- und Osteuropas hin zu Demokratie und Marktwirtschaft als fortgeschritten bis weit fortgeschritten, die politische Gestaltung auf diesem Weg jedoch überwiegend nur als erfolgreich mit Schwächen bezeichnet werden.

2.2.2 Wirtschaftliche Entwicklung

Die Umsturzbewegungen hatten neben den politischen Veränderungen hin zu Demokratie auch wirtschaftliche Veränderungen Richtung Marktwirtschaft als Ziel. Der resultierende Systemwechsel in den ehemals sozialistischen Staaten erforderte vor allem eine Liberalisierung und Privatisierung. Je nach gewählter Transformationsstrategie (radikal, graduell oder inkonsequent) zählen dazu im ersten Schritt die Freigabe der Preise, Subventionsabbau, Privatisierung staatli-

450 vgl. *Bertelsmann Stiftung* (2012).

cher Unternehmen sowie eine stabile Währungspolitik mit möglichst festen Wechselkursen.[451]

Als negative Folgen der ökonomischen Reformen resultierten hohe Inflation, hohe Arbeitslosigkeit, teilweise enorme Staatsverschuldung sowie starke Unterschiede im Lebensstandard verschiedener Bevölkerungsschichten.

Die Tatsache, dass der Lebensstandard in den westlichen Ländern mit ihren marktwirtschaftlichen Systemen unvergleichlich hoch war, hat den postsozialistischen Ländern in der Übergangsphase ein Ziel vorgegeben, für das sich die Schwierigkeiten und Entbehrungen der Transformationszeit lohnen würden. Zudem war es die Bevölkerung unter sozialistischem Regime gewohnt, für eine bessere und glückliche Zukunft zu arbeiten.[452]

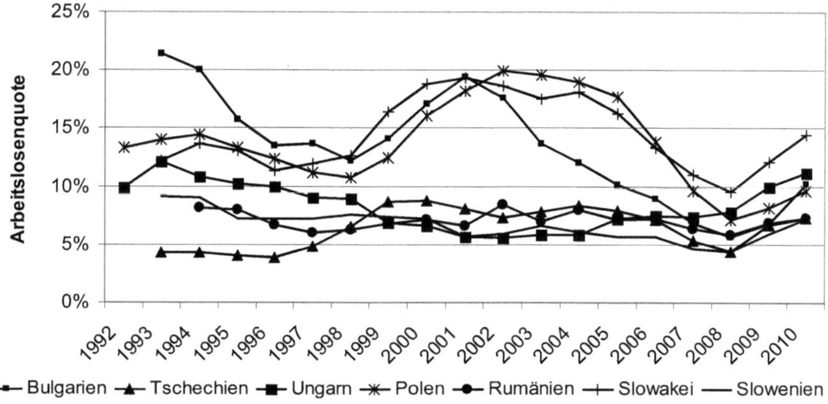

Abbildung 20: Arbeitslosenquote in ausgewählten MOE-Ländern 1992-2010[453]

Abbildung 20 zeigt den Verlauf der Arbeitslosenquote 1992 bis 2010.[454] Die Arbeitslosenquote bezieht sich dabei auf den Anteil der Arbeitskräfte, die ohne Arbeit aber dafür erhältlich und auf der Suche nach Arbeit sind. Zu beachten ist ebenfalls, dass sich die Definitionen von Arbeitskräften und Arbeitslosigkeit zwischen den Ländern unterscheiden. Grundsätzlich kann von einer Reduktion der Quote ausgehend von sehr hohen Werten nach der politischen Wende zu Beginn der 1990er Jahre gesprochen werden. Im weiteren Verlauf zeigt sich, dass sich die Arbeitslosenquote der Länder aufgrund ihrer verstärkten Integrati-

451 vgl. *Franken* (2005), 23-24.
452 vgl. *Franken* (2005), 35.
453 Datenbasis: *World Bank* (2012a).
454 Datenbasis: *World Bank* (2012a).

on in die Weltwirtschaft nach der Krise von 2000/2001 stark erhöhte. Gleiches gilt im Zuge der globalen Finanzkrise von 2009.

In Abbildung 21 ist die Veränderung des Bruttoinlandsprodukts (BIP) von 1990 bis 2010 in ausgewählten Ländern Mittel- und Osteuropas dargestellt.[455] Erkennbar ist dabei der grundsätzlich parallele Verlauf bei den Ländern. Während es in den ersten Jahren nach der Wende zu einem Einbruch von bis zu 15 Prozent kommt, findet in den darauffolgenden Jahren ein stabiles Wachstum des BIP statt. Daraus lässt sich schließen, dass die oben genannten, zu Beginn angestoßenen Wirtschaftsreformen zunächst zu starken Einschnitten, dann aber zu einer Verbesserung der wirtschaftlichen Gesamtsituation geführt haben.

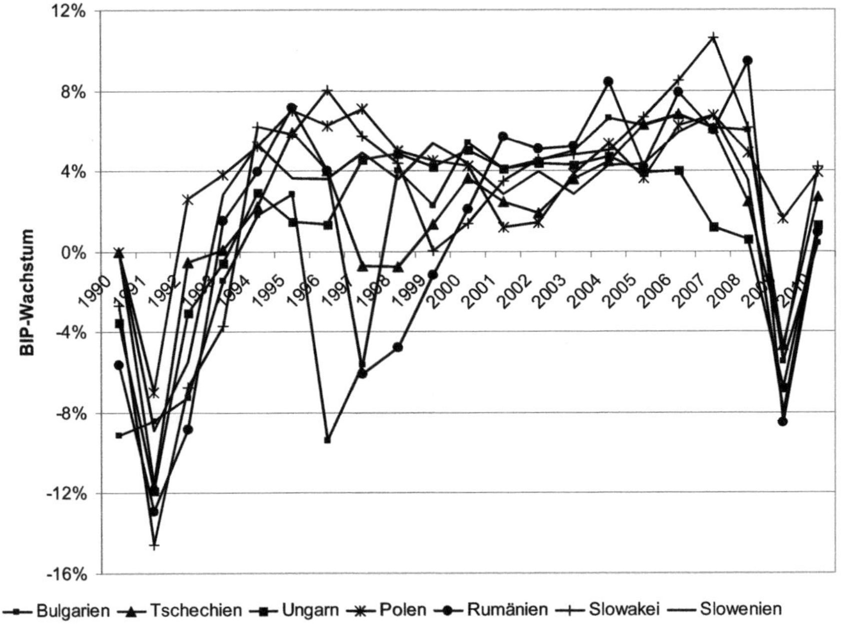

Abbildung 21: Jährliches BIP-Wachstum in ausgewählten MOE-Ländern 1990-2010[456]

Im Verlauf des BIP-Wachstums ist es ebenfalls erkennbar, dass es Mitte der 1990er Jahre in Bulgarien und Rumänien zu einem weiteren Einbruch des BIP gekommen ist. Wie im vorigen Abschnitt beschrieben, kam es in diesen Ländern aufgrund der politischen Konstellation zu einer „Stop-and-go"-Politik. Dieser

455 Datenbasis: *World Bank* (2012b).

456 Datenbasis: *World Bank* (2012b).

inkonsequente Reformansatz führte demnach zu einer erneuten Rezession und letztlich damit zu einer bis heute andauernden Rückständigkeit dieser beiden Länder im Vergleich zu den anderen dargestellten mittel- und osteuropäischen Staaten. Der im Vergleich zu den anderen Ländern Mittel- und Osteuropas verzögerte EU-Beitritt spiegelt diesen Rückstand wider. Aufgrund der globalen Finanzkrise verzeichnen alle dargestellten Staaten – analog zu den westeuropäischen Ländern – einen Einbruch in 2009. Lediglich Polen konnte auch in dieser Zeit Wachstum generieren.

Das BIP pro Kopf entwickelte sich in den MOE-Ländern ebenfalls positiv. Auch hier zeigt sich, dass die Länder, die eine konsequente Transformationsstrategie gewählt haben, eine frühere und deutlichere Steigerung des pro Kopf BIP erreichen konnten (siehe Abbildung 22). Ebenfalls zeigt sich der kurzzeitige Einbruch nach der globalen Finanzkrise.

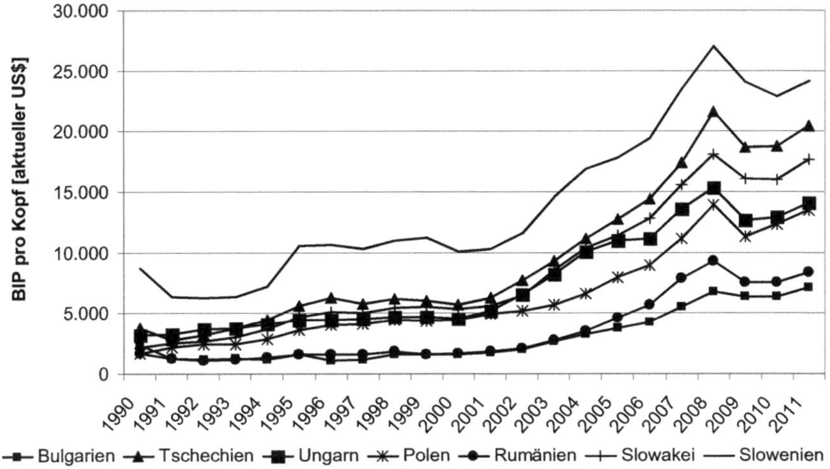

Abbildung 22: BIP pro Kopf in ausgewählten MOE-Ländern 1990-2011[457]

2.2.3 Fokus: Produktionsverlagerungen nach Mittel- und Osteuropa

Die wirtschaftliche Entwicklung in einigen Staaten Mittel- und Osteuropas stützt sich unter anderem auf die Investitionen ausländischer Unternehmen.[458] Ausländische Direktinvestitionen (ADI) haben eine Schlüsselrolle innerhalb des Trans-

457 Datenbasis: *World Bank* (2012c).

458 vgl. *Neuhaus*, (2005), 14-15; *Tholen et al.* (2006), 26-33; *Iacovoiu* (2007), 113.

formationsprozesses.[459] Diese ADI bringen zunächst benötigtes Kapital in die Länder, aus dem sich durch den gezielten Aufbau von Betrieben dann Beschäftigung und Wohlstand entwickeln kann. Für die investierenden Unternehmen stellen diese Anstrengungen Möglichkeiten der Umsatzsteigerung durch die Erschließung neuer Märkte oder der Kosteneinsparung durch die Nutzung der dort vorherrschenden günstigeren Faktorkosten dar.[460] Diese werden auch als horizontale beziehungsweise vertikale ADI bezeichnet.[461] Horizontale ADI zielen auf die Erschließung eines Marktes, während vertikale ADI primär das Ziel einer Kosteneinsparung verfolgen, beispielsweise durch Produktionsverlagerung aus einem Hochlohnland.[462] Bei der Art der Implementierung unterscheidet man dabei grundsätzlich in Brownfield und Greenfield Investments. Während beim Brownfield Investment bestehende Anlagen übernommen oder ausgebaut werden, beinhalten Greenfield Projekte den Bau neuer Anlagen „auf der grünen Wiese".[463]

Die Länder in Mittel- und Osteuropa werden als Handelspartner und Investitionsstandort für westeuropäische Unternehmen immer wichtiger. Die Region ist heute der dynamischste Wirtschaftsraum innerhalb Europas.[464] Aus diesem Grund ist die Region auch großer Empfänger von ADI aus Westeuropa. Die EU-15 Länder (Belgien, Dänemark, Deutschland, Finnland, Frankreich, Griechenland, Irland, Italien, Luxemburg, Niederlande, Österreich, Portugal, Schweden, Spanien und das Vereinigte Königreich) investieren jährlich etwa zwölf Prozent ihrer ADI in den zwölf neuen EU-Staaten.[465] Seit der Öffnung dieser MOE-Staaten hatte sich damit bis Ende 2006 ein Bestand von über 270 Mrd. Euro aufgebaut. Auch seit Beginn der Finanzkrise im Jahre 2008/2009 fließt weiterhin ein beträchtlicher Anteil der ADI der EU-15 Länder in die mittel- und osteuropäischen EU-Mitgliedsstaaten.[466]

Durch die relative Nähe zum Absatzmarkt Westeuropa gepaart mit Kostenvorteilen sowie der Möglichkeit der Markterweiterung wird die Region auch im weltweiten Vergleich als attraktiver Standort bewertet (Abbildung 23). Im Vergleich zu China werden Mittel- und Osteuropa insbesondere niedrigere Risiken („Technologieklau") attestiert.[467]

---

459 vgl. *Welge/Holtbrügge* (2006), 12.
460 vgl. *DIHK* (2008), 2; *DIHK* (2009), 5-6.
461 vgl. *Winter* (2006), 154.
462 vgl. *Winter* (2006), 154.
463 vgl. *Winter* (2006), 154-155.
464 vgl. *Deutsch-Ungarische Industrie- und Handelskammer* (2008), 4.
465 vgl. *Kärkkäinen* (2008), 1.
466 vgl. *European Commission* (2012), 1.
467 vgl. *Fuß/Kausch-Blecken von Schmeling* (2004), 24-27.

Basierend auf der Befragung von mehr als 1.300 Unternehmen mit größtenteils deutscher Beteiligung in 14 Ländern Mittel- und Osteuropas, stellt die Region ebenfalls einen sehr interessanten Standort für deutsche Unternehmen dar.[468] Abbildung 24 zeigt den Bestand der mittelbaren und unmittelbaren Investitionen Ende 2010. Die Grafik zeigt zum Vergleich auch die deutschen Direktinvestitionen in China. Diese liegen in China höher als in einem einzelnen MOE-Land. Um hier aufgrund der Größenunterschiede eine Vergleichbarkeit zu schaffen, muss die gesamte Region MOE zugrunde gelegt werden. Im Vergleich zu China liegt der Anteil am Gesamtbestand deutscher Investitionen im Ausland in Mittel- und Osteuropa (inklusive westlicher Balkan und Nachfolgestaaten der Sowjetunion) mehr als dreimal höher.[469]

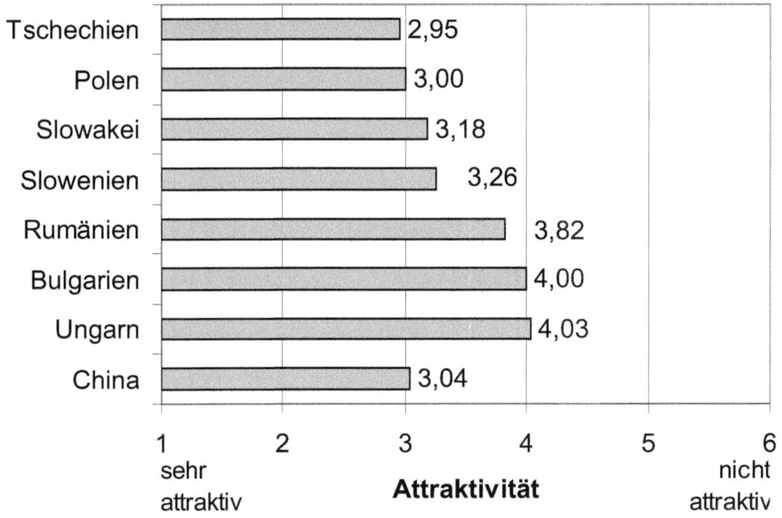

Abbildung 23: Attraktivität ausgewählter Investitionsstandorte[470]

Ein Großteil dieses Bestandes stammt aus der Verlagerung deutscher Produktionsbetriebe und dem Neuaufbau von Produktionsstätten deutscher Muttergesellschaften. Etwa 15 Prozent der deutschen Betriebe des Verarbeitenden Gewerbes haben im Zeitraum Mitte 2004 bis Mitte 2006 Teile ihrer Produktion ins Ausland verlagert. Für den Zweijahreszeitraum bis Mitte 2009 fiel dieser Wert

468 vgl. *Wölfer* (2012), 2; *Kärkkäinen* (2008), 2.

469 vgl. *Wölfer* (2012), 5.

470 vgl. *Wölfer* (2012), 15.

auch krisenbedingt auf 9 Prozent.[471] Dieser Abfall darf allerdings nicht darüber hinwegtäuschen, dass bei der von Mitte der 1990 Jahre im Zweijahresrhythmus bis 2009 durchgeführten Umfrage des *Fraunhofer Instituts* 17 bis 27 Prozent der Unternehmen zwischen 1995 und 2006 angegeben haben, in dem jeweils vergangenen Zweijahreszeitraum Teile ihrer Produktion verlagert zu haben.[472] Differenziert nach Unternehmensgrößen zeigt sich, dass Betriebe mit mehr als 1.000 Mitarbeitern und einem Verlagerungsanteil von 45 Prozent deutlich häufiger verlagert haben als kleinere Unternehmen (250-999 Mitarbeiter: 24%; 50-249 Mitarbeiter: 10%, bis 49 Mitarbeiter: 3%).[473] In absoluten Zahlen gemessen entfallen aktuell auf die Gruppe der Unternehmen bis 1.000 Mitarbeiter insgesamt jedoch wesentlich mehr Verlagerungen.[474] Dies spricht auch dafür, dass die großen Betriebe bereits in früheren Phasen verlagert haben und die kleinen und mittleren Betriebe jetzt nachziehen.

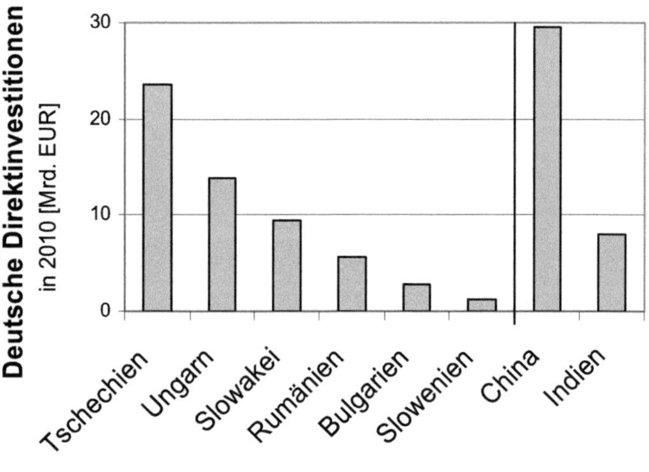

Abbildung 24: Deutsche Direktinvestitionen in ausgewählten Ländern Ende 2010[475]

Auf die neuen EU-Länder der Erweiterungen von 2004 und 2007 – also primär Länder aus Mittel- und Osteuropa – entfällt mit 40 Prozent der größte Anteil der deutschen Verlagerungen. Weitere 12 Prozent der Verlagerungen ha-

471 vgl. *Kinkel/Maloca* (2008a), 3.

472 vgl. *Kinkel/Maloca* (2009), 3.

473 vgl. *Kinkel/Maloca* (2009), 4.

474 vgl. *Kinkel/Maloca* (2009), 4.

475 Datenbasis: *Deutsche Bundesbank* (2012); vgl. *Wölfer* (2012), 6.

ben das Ziel Nicht-EU-Osteuropa.[476] Im Vergleich mit China ist die Region Mittel- und Osteuropa damit deutlich häufiger Ziel von Produktionsverlagerungen deutscher Unternehmen (Abbildung 25).

Grundsätzlich kann in zwei unterschiedliche Arten von Produktionsverlagerungen unterschieden werden: „captive offshoring" und „offshore outsourcing".[477] Beim „captive offshoring" werden Produktionskapazitäten an eigene ausländische Unternehmensstandorte verlagert. Grundsätzliche Formen sind hier Kooperation, Eigengründung, Joint Ventures, Mehrheitsbeteiligung, Akquisition sowie Minderheitsbeteiligung.[478] Beim „offshore outsourcing" findet hingegen ein Transfer an ausländische Zulieferer der jeweiligen Zielregion statt.[479]

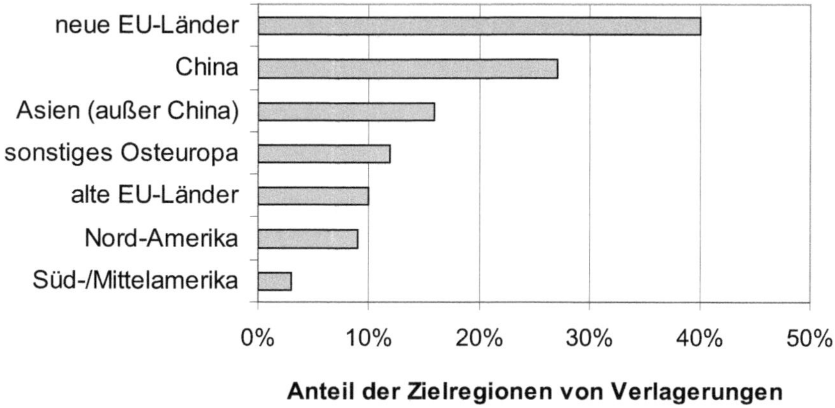

Abbildung 25: Anteil der Zielregionen von Verlagerungen aus Deutschland[480]

Bei den von den deutschen Unternehmen genannten Gründen der Produktionsverlagerungen dominieren kostengetriebene Faktoren.[481] Als weitere wichtige Punkte sind Nähe zu Schlüsselkunden und Markterschließung zu nennen (siehe Abbildung 26).[482] Während die Personalkosten von Unternehmen aller Größen als Grund genannt werden, zeigen sich die beiden anderen genannten

476 vgl. *Kinkel/Maloca* (2009), 9; siehe dazu auch *Kinkel/Lay* (2004a), 6-7.
477 vgl. *Kinkel/Maloca* (2009), 10.
478 vgl. hierzu *Schröder* (2005), 14; allgemein *Schramm-Klein* (2012), 26-28+33-42.
479 vgl. *Kinkel/Maloca* (2009), 10; siehe dazu auch *Zschiedrich* (2001), 126-134.
480 Datenbasis: *Kinkel/Maloca* (2009), 9.
481 vgl. *Kinkel/Maloca* (2009), 8.
482 vgl. *Kinkel/Maloca* (2009), 8; siehe dazu auch *European Foundation for the Improvement of Living and Working Conditions* (2009), 5-8.

Gründe mit steigender Tendenz von kleinen zu großen Unternehmen.[483] Gleichzeitig zeigen die Ergebnisse, dass Steuern und Subventionen sowie Fachkräftemangel in Deutschland nur selten ursächlich für Verlagerungen sind.[484] Die Auslandseinheiten der deutschen Unternehmen stellen überwiegend Produktionseinheiten dar.[485]

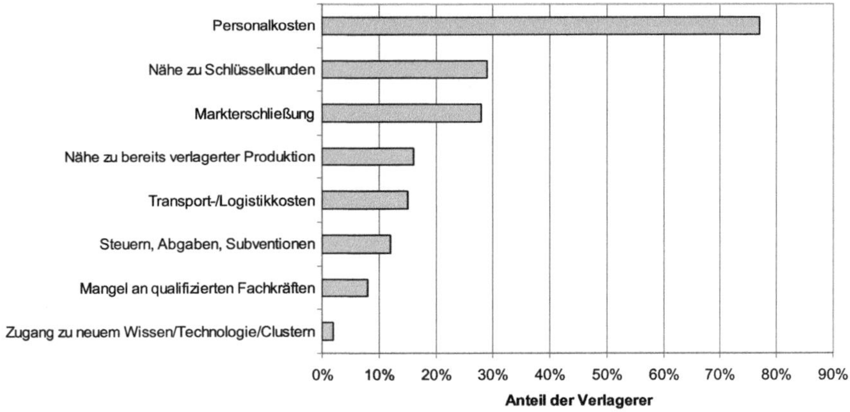

Abbildung 26: Gründe für Produktionsverlagerungen deutscher Unternehmen[486]

Trotz der genannten Gründe und Vorteile einer verlagerten Produktion treten sehr häufig Probleme auf, die teilweise zu Rückverlagerungen von Teilen oder dem gesamten Produktionsbereich führen (Abbildung 27).

Der hohe Anteil an Qualitätsgründen für Rückverlagerungen zeigt, dass die Dauer, bis zu der ein neu aufgebauter Betrieb im Ausland in der kalkulierten Produktqualität produziert, häufig unterschätzt wird. Anlaufprozesse dauern durchschnittlich in der Realität zweieinhalb Mal länger als in den Business-Plänen kalkuliert.[487]

Interessant ist dabei die Tatsache, dass Personalkosten sowohl als Verlagerungs- als auch als Rückverlagerungsmotiv genannt werden.[488] Zudem hat sich dieses Motiv bei Rückverlagerungen von 2006 bis 2009 mehr als verdoppelt.[489]

483 vgl. *Kinkel/Lay/Maloca* (2004), 15-21.

484 vgl. *Kinkel/Maloca* (2009), 8.

485 vgl. zu Rollen von Auslandseinheiten *Morschett/Schramm-Klein/Swoboda* (2011), 191-192.

486 Datenbasis: *Kinkel/Maloca* (2009), 7.

487 vgl. *Kinkel/Zanker* (2007), 27-28.

488 vgl. *Kinkel/Maloca* (2009), 8.

489 vgl. *Kinkel/Maloca* (2009), 8.

Offenbar waren auch hier die in den Business-Plänen kalkulierten Kosten in der Realität wesentlich höher. Neben nicht ausreichend berücksichtigter Lohnkostendynamik in den Verlagerungsländern spielt hier auch die zusätzlich separat als Rückverlagerungsgrund aufgeführte Verfügbarkeit und Fluktuation qualifizierter Fachkräfte eine wesentliche Rolle.[490] Die Bedeutung von Verfügbarkeit und Fluktuation der qualifizierten Fachkräfte als Rückverlagerungsgrund hat sich von 2006 auf 2009 ebenfalls verdoppelt.[491]

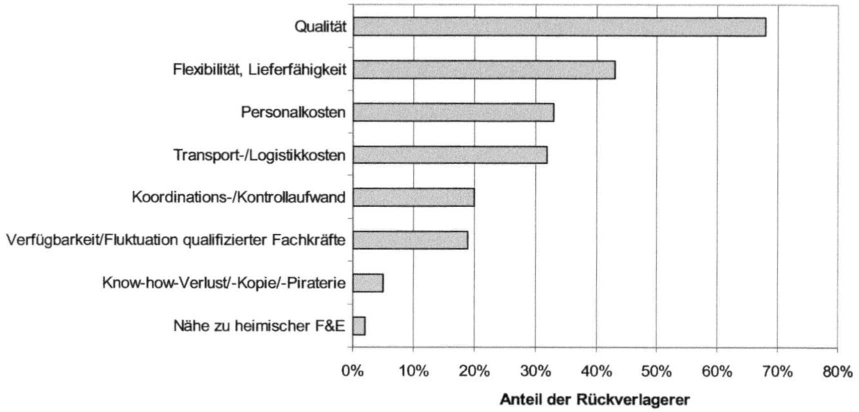

Abbildung 27: Gründe für Rückverlagerungen deutscher Unternehmen[492]

Rückverlagerungen werden von Unternehmen teilweise sehr zögerlich und im Stillen vorgenommen, da sie auch falsche Planungen und Entscheidungen des jeweiligen Managements offenbaren. Entsprechende Entscheidungen werden daher häufig erst bei einem Managementwechsel getroffen.[493] Öffentlich bekannt sind nur wenige Fälle wie beispielsweise die Rückverlagerung des Kuscheltierherstellers Steiff, der dies auch zu Marketingzwecken nutzte.[494] Weitere bekannte Firmen, die ihre Produktion aus dem Ausland zurückgeholt haben, sind der Batteriehersteller Varta, die Werft Neuenfelder Maschinenfabrik, der Süßwarenhersteller Katjes Fassin, der Warmwasser- und Heizgerätehersteller Stie-

490 vgl. *Kinkel/Maloca* (2009), 8.

491 vgl. *Kinkel/Maloca* (2009), 9.

492 Datenbasis: Kinkel/Maloca (2009), 8.

493 vgl. dazu *Schwengsbier* (2008), 4; siehe dazu insbesondere auch *Schulte* (2002), 101-102, 194-218 sowie *Schulz* (2007).

494 vgl. *Maatz* (2008).

bel Eltron, der Tresorhersteller Format, der Landmaschinenhersteller Lemken sowie der Gabelstaplerhersteller Jungheinrich.[495]

Angaben zum tatsächlichen Umfang von Produktionsrückverlagerungen liegen daher nur in begrenztem Umfang vor. Auf Basis der Untersuchung des *Fraunhofer Instituts* folgt auf jede vierte bis sechste Produktionsverlagerung innerhalb von vier bis fünf Jahren eine Rückverlagerung.[496] In der Branche der Fahrzeugbauer und Automobilzulieferer ist dieser Wert mit 3:1 noch höher.[497]

Aufgrund des hohen Preisdrucks spielen kostengetriebene Verlagerungen besonders in der Automobilzulieferindustrie eine große Rolle.[498] Da ein Großteil der Produktionsstätten der Automobilhersteller weiterhin in Westeuropa angesiedelt ist, sind in vielen Fällen Verlagerungen nach China für die Zulieferer aus logistischen Gründen nicht sinnvoll. Mittel- und Osteuropa bietet hier wesentlich bessere Voraussetzungen. Dies hat dazu geführt, dass gerade die Automobilzulieferindustrie viele Produktionsstätten nach Mittel- und Osteuropa verlagert oder dort neu aufgebaut hat.

Etwa 10-15 Prozent aller ausländischen Direktinvestitionen in Mittel- und Osteuropa entfallen auf die Branche der Automobilhersteller und -zulieferer.[499] Damit hat sich eine umfangreiche Automobilindustrie gebildet, die in 2007 inklusive Russland bereits für 27 Prozent der weltweiten Fahrzeugherstellung verantwortlich war.[500] Die Länder Tschechien, Slowakei, Polen und Ungarn werden von Experten als „Detroit des Ostens" bezeichnet.[501] Ein Großteil der weltweit führenden Automobilhersteller hat sich in der Region bereits angesiedelt. Dazu gehören unter anderem Volkswagen mit seinen Konzerntöchtern, Renault, Peugeot-Citroën (PSA), Fiat, General Motors, Ford, Toyota, Hyundai-KIA und Suzuki.[502] Die Ansiedelung der Automobilhersteller hat den Verlagerungsprozess der Zulieferer weiter unterstützt und getrieben.[503] In diesen Fällen fällt der Kostenvorteil für die gesamte Wertschöpfungskette noch höher aus, da neben den Personalkosten auch die Logistikaufwendungen der Zulieferkomponenten minimiert werden können. Insgesamt löst sich dadurch eine Art Kettenreaktion aus, bei der einerseits die Kleinen den Großen folgen und andererseits auch pro-

495 vgl. dazu *Etscheit* (2005); *Schwengsbier* (2008), 1; *Hage* (2007), 1; *Lixenfeld* (2005), 1; *Maatz* (2008); *Gillies* (2008).
496 vgl. *Kinkel/Maloca* (2008a), 5.
497 vgl. *Kinkel/Maloca* (2008a), 5-6.
498 vgl. *Kinkel/Maloca* (2009), 5.
499 vgl. *Winter* (2006), 155; siehe auch *Oelmann* (2009).
500 vgl. *Germany Trade and Invest GTAI* (2008), 1-2.
501 vgl. *Germany Trade and Invest GTAI* (2008), 1.
502 vgl. *Winter* (2006), 156; *Germany Trade and Invest GTAI* (2008), 1.
503 vgl. *Jürgens/Krzywdzinski* (2010), 33-42.

duktionsfernere Funktionen wie Forschung und Entwicklung schrittweise verlagert werden.[504] Mittel- und Osteuropa wird damit zukünftig weiterhin für Investments – gerade für Automobilzulieferer – interessant sein.

2.3 Gesellschaftliche Modernisierung

2.3.1 Definition

Unter gesellschaftlicher Modernisierung werden hier die Prozesse verstanden, die Menschen im Rahmen der Entwicklung eines Landes durchlaufen. Neben den direkten Auswirkungen ökonomischer Wohlstandssteigerungen (zum Beispiel BIP pro Kopf) zählen dazu insbesondere die Veränderungen von Einstellungen und Wertorientierungen der Menschen im Zuge der Wohlstandszunahme des Landes (zum Beispiel Individualisierung). Die Verbesserung der wirtschaftlichen Situation ist dabei ursächlich für die Modernisierung der Gesellschaften.[505] Dabei kommt es durchaus zu Spannungen zwischen den „alten" und „neuen" Positionen.[506]

Die Modernität einer Sozialstruktur lässt sich nach *Geißler* anhand folgender Merkmale ablesen: „Wohlstandssteigerung, Höherqualifizierung, Umschichtung nach oben, Verschiebungen innerhalb der drei Produktionssektoren, Lockerung des Schichtgefüges, Verringerung der Unterschiede zwischen den Geschlechtern, Lockerung der Familienbindungen und Differenzierung der privaten Lebensformen, Geburtenrückgang, höhere Lebenserwartung und Alterung".[507] Weiterhin sind auch vertikale soziale Ungleichheiten, die jedoch aufgrund des insgesamt gestiegenen Lebensniveaus an Brisanz verlieren, ein Merkmal moderner Sozialstrukturen.[508]

Die Modernisierung vollzieht sich damit in unterschiedlichen Bereichen mit Auswirkungen auf die Person, die Kultur und die Gemeinschaft insgesamt.

504 vgl. *Winter* (2006), 156-158; *Kinkel/Maloca* (2008b), 3-12; *DIHK* (2009), 5.
505 vgl. *Müller-Schneider* (2001), 103.
506 vgl. *Müller-Schneider* (2001), 103.
507 *Geißler* (2010), 363.
508 vgl. *Geißler* (2010), 362-363.

2.3.2 Modernisierung

2.3.2.1 Modernisierungsbegriff

Der Begriff der Modernisierung wird in den Sozialwissenschaften in einem dreifachen zeitlichen Bezug behandelt.[509] Erstens kann man unter Modernisierung den säkularen Prozess seit der industriellen Revolution verstehen. Im Rahmen der politischen Revolutionen des 18. Jahrhunderts bildete sich dabei eine kleine Gruppe von Gesellschaften heraus, die heute als modern bezeichnet werden.[510] In der Definition von Modernisierung von *Bendix* wird dieser Bezug deutlich: „Unter Modernisierung verstehe ich einen Typus des sozialen Wandels, der seinen Ursprung in der englischen industriellen Revolution von 1760-1830 und in der politischen Französischen Revolution von 1789-1794 hat (...) Modernisierung (...) besteht im wirtschaftlichen und politischen Fortschritt einiger Pioniergesellschaften und den darauf folgenden Wandlungsprozessen der Nachzügler."[511] Diese mehr als 40 Jahre alte Definition wird den Entwicklungen und Erkenntnissen insbesondere der letzten 25 Jahre nicht mehr gerecht, da sich innerhalb dieses Zeitraums zahlreiche politische sowie gesellschaftliche Veränderungen vollzogen haben. Dies ist sicher auch ein Grund für die Weiterentwicklung des Begriffsverständnisses zu Modernisierung, so dass als zweiter zeitlicher Bezug die mannigfaltigen Aufholprozesse unterentwickelter Gesellschaften verstanden werden.[512] Ferner kann als dritter Bezug die Modernisierung bereits als modern bezeichneter Gesellschaften unter dem Begriff behandelt werden.[513] Diese drei Bezüge bauen grundsätzlich zeitlich aufeinander auf, können aber auch getrennt voneinander betrachtet werden. *Zapf* versteht unter modernen Gesellschaften „solche, die erfolgreich die Basisinstitutionen der Konkurrenzdemokratie, der Marktwirtschaft und der Wohlstandgesellschaft (mit Wohlfahrtsstaat und Massenkonsum) ausgebildet haben"[514]. Dementsprechend stellt Modernisierung „die Entwicklung der genannten Basisinstitutionen und ihre fortgesetzte Innovation und Reform"[515] dar.

Konkurrenzdemokratien sind dabei politische Systeme, in denen um die Macht nach verfassungsmäßigen Regeln gekämpft und diese dann zeitlich be-

---

509 vgl. *Zapf* (2001a), 16.
510 vgl. *Zapf* (2001a), 16.
511 *Bendix* (1969), 506+510.
512 vgl. *Zapf* (2001a), 16.
513 vgl. *Zapf* (2001a), 16.
514 *Zapf* (2001a), 16.
515 *Zapf* (2001a), 16.

grenzt übertragen wird.[516] Weiterhin gehören dazu ein funktionierender Rechtsstaat, Auseinandersetzungen zwischen Interessengruppen sowie eine pluralistische öffentliche Meinung.[517] Marktwirtschaften wiederum sind ökonomische Systeme, in denen Unternehmen und Arbeitnehmer im Rahmen klarer rechtlicher Schranken freie Entscheidungen treffen können.[518] Der Wohlfahrtsstaat hat das Ziel Wohlstand für alle und garantiert dabei soziale Sicherheit. Er wird letztlich an der Wohlfahrt der einzelnen Bürger gemessen und nicht an militärischer Stärke.[519]

In einer neueren Definition von Modernisierung verzichtet *Zapf* auf die explizite Nennung dieser Basisinstitutionen und verweist stattdessen auf Modernisierung als eine „Entwicklung von einfachen und armen Agrargesellschaften zu komplexen, differenzierten und reichen Industriegesellschaften, die nach innen und außen ein bestimmtes Maß an Selbststeuerungsfähigkeit besitzen"[520]. Daraus wird ebenfalls deutlich, dass sich das Verständnis von Modernisierung immer an der jeweiligen Zeit orientiert und reale gesellschaftliche Änderungen dieses Verständnis im Zeitverlauf beeinflussen können. China kann beispielsweise unter westlichen Gesichtspunkten nicht als Demokratie bezeichnet werden. Demnach wären die Wohlstandsgewinne in China nach der ersten Definition von *Zapf* auch keine Modernisierung, nach der zweiten wiederum könnten sie durchaus als Modernisierung eingestuft werden.

Im Rahmen dieser Arbeit soll das Begriffsverständnis von Modernisierung weiter gefasst werden und nicht zwischen politischen, sozialen oder ökonomischen Basisinstitutionen oder Systemen unterscheiden. *Ritsert* beispielsweise sieht Modernisierung vereinfacht „als Sammelbegriff für verschiedene gesellschaftliche Großtendenzen seit der Ablösung der klassischen Agrargesellschaften durch die Industriegesellschaft"[521]. Wichtig ist in diesem Zusammenhang die jeweils zeitgebundene Bedeutung des Begriffs „modern". Modern ist relativ und bezieht sich auf die Bedeutung im Gegenwärtigen gegenüber dem Vorausgegangenen.[522]

Allgemein wird der Begriff der Modernisierung mit Gedanken an Neuerung und Verbesserung verknüpft und erscheint oftmals als zielgerichteter historischer Prozess. Dieser Fortschritt verläuft jedoch mitnichten geradlinig, sondern

516 vgl. *Zapf* (2008), 262.
517 vgl. *Zapf* (2008), 262.
518 vgl. *Zapf* (2008), 262.
519 vgl. *Zapf* (2008), 262.
520 *Zapf* (2008), 258.
521 *Ritsert* (2009), 279.
522 vgl. *Gumbrecht* (1979), 126.

kann von Rückschlägen oder Phasen der Stagnation durchzogen werden.[523] Entscheidend ist, dass (relative) Modernisierung und (relativer) Fortschritt in irgendeiner interessierenden Dimension zu erkennen ist.[524] Die Bewertung dessen kann oft erst mit entsprechendem zeitlichen Abstand erfolgen.

2.3.2.2 Modernisierungstheorie

Das im Zeitverlauf veränderte Begriffsverständnis von Modernisierung stützt sich auf die jeweilig vorherrschenden Theorieansätze. Dabei handelt es sich nicht um *eine* geschlossene Theorie mit gleichgerichteten theoretischen Ansätzen, sondern vielmehr um eine Sammlung unterschiedlicher und zum Teil sehr heterogener theoretischer Entwürfe. Insgesamt lassen sich vier sukzessive, in ihrer jeweiligen Zeit dominante Vorstellungen darstellen.[525]

Der erste modernisierungstheoretische Ansatz wird von *Alexander* einfach als *modernization theory*[526] bezeichnet. Er wurde primär durch US-amerikanische Wissenschaftler wie *Talcott Parsons*[527] geprägt und hatte seine Hochzeit von Ende des zweiten Weltkriegs bis etwa Mitte der 1960er Jahre. Anwendung fand die modernization theory insbesondere im Rahmen der Diskussion um die Entwicklung von sogenannten Dritte-Welt-Ländern.[528] Die Annahme war, dass ab einer gewissen Stufe der Industrialisierung eines Landes dieses die Fähigkeit zu einem selbsterhaltenden ökonomischen Wachstum entwickelt, was in einem sogenannten *takeoff* des Landes mündet. Mit diesem wirtschaftlichen Wachstum sollte dann auch eine am westlichen Vorbild ausgerichtete politische, soziale und kulturelle Ordnung entstehen. Modernisierung wurde gegenüber traditionellen Sozialordnungen abgegrenzt und als das erstrebenswerte Ziel angesehen, in das die traditionellen Gesellschaften evolutionär übergehen. Konkurrierende sozialistische Gesellschaftssysteme würden zwar vorübergehend eine Alternative bieten, diese sich jedoch letztlich aufgrund zu vieler innerer Unausgewogenheiten – beispielsweise unterschiedlicher Rechte zwischen Regierung und Bürgern – als Fehlschlag erweisen und auch diese Länder auf einen Modernisierungsweg nach westlicher Denkweise bringen.[529]

523 vgl. *Ritsert* (2009), 279.
524 vgl. *Ritsert* (2009), 279.
525 vgl. *Alexander* (1994a), 63-101; *Alexander* (1994b), 165-197.
526 vgl. *Alexander* (1994b), 168.
527 vgl. *Parsons*(1964); *Parsons* (1966).
528 vgl. *Langenohl* (2007), 26.
529 vgl. *Langenohl* (2007), 26-27.

Dieser erste modernisierungstheoretische Ansatz wurde ab etwa der zweiten Hälfte der 1960er Jahre heftig kritisiert.[530] Viele Entwicklungsprojekte, die basierend auf dieser Modernisierungstheorie westliche Vorbilder einfach übertrugen, scheiterten. Gründe hierfür waren neben mangelnder Akzeptanz und unerwarteter Nebenfolgen auch unzureichende Infrastruktur und ausbleibende Kettenreaktionen.[531] Zudem wurde die von der westlichen Welt entwickelte Theorie verstärkt als „Westernization“[532] oder Amerikanisierung[533] aufgefasst und zunehmend abgelehnt.[534] Im Rahmen der *Dependencia-Theorie*[535], die nicht ausschließlich nur in Südamerika Verbreitung fand, entfaltete das Ausbeutungsargument seine Wirkung.[536] Danach war die Unterentwicklung der sogenannten Peripherieländer durch die Ausbeutung durch die kapitalistischen Zentren produziert. Die wirtschaftliche Entwicklung der westlichen Länder ging systematisch zu Lasten der Entwicklung der Peripherieländer. Die herrschenden Eliten der Peripherieländer unterstützten dabei die Ausbeutung und profitierten selbst davon.[537] *Alexander* bezeichnet diesen von etwa 1965 bis Ende der 1970er Jahre andauernden Abschnitt als *anti-modernization theory*.[538]

Je deutlicher die Schwächen der Ansätze, die sich ausschließlich auf ökonomische Faktoren konzentrierten, zutage traten, desto mehr fokussierten neu entstehende modernisierungstheoretische Ansätze soziologische Aspekte. Dabei standen die Veränderung des Bewusstseins, die Etablierung rationaler Denkweisen und die Einführung neuer Werte und ökonomischer Verhaltensweisen im Zentrum der Argumentation.[539] Die Schwerpunktverlagerung hin zu postmodernem Denken war nach Ansicht *Alexanders* Folge einer Fragmentierung der Protestbewegung der Vertreter der vorherigen modernisierungstheoretischen Ansätze mit zunehmendem Fokus auf Veränderungen innerhalb der bestehenden Ordnung und damit einhergehenden verminderten Erfolgsaussichten auf die Durchsetzung eines gesamtwirtschaftlichen Wandels.[540] Wichtige Voraussetzungen für Modernisierung und Entwicklung waren diesem Ansatz zufolge neben einer verstärkten Säkularisierung auch die Steigerung räumlicher und sozialer Mobilität

530 vgl. *Alexander* (1994b), 175.
531 vgl. *Alexander* (1994b), 175-177.
532 vgl. *von Laue* (1988).
533 vgl. *Gassert* (1999).
534 vgl. *Alexander* (1994b), 175-177.
535 vgl. zu den Ursprüngen der Theorie *Wöhlcke* (1988).
536 vgl. *Wöhlcke* (1988), 20-25.
537 vgl. *Gabler* (2004), 671-672.
538 vgl. *Alexander* (1994b), 175+178.
539 vgl. *Zapf* (1994), 124.
540 vgl. *Alexander* (1994a), 80-84.

sowie die Erhöhung der Leistungsorientierung und Empathie.[541] Die eigentlichen Entwicklungshemmnisse wurden demnach nicht in ökonomischen Faktoren gesehen, wie dies bei den vorhergehenden modernisierungstheoretischen Ansätzen der Fall war. Stattdessen standen persönliche Einstellungen und Verhaltensweisen der einzelnen Menschen sowie deren Gesamtheit in gesellschaftlichen Sozialstrukturen und kollektiven Wertesystemen im Vordergrund. Die soziologisch argumentierenden modernisierungstheoretischen Ansätze prägten bis etwa Mitte der 1990er Jahre den Modernisierungsdiskurs.[542]

Vor dem Hintergrund des Untergangs der staatssozialistischen Regime in Osteuropa entwickelte sich ein erweiterter modernisierungstheoretischer Ansatz. Dieser stellt nach Einschätzung *Alexanders* eine Kombination der Vorgängermodelle dar.[543] *Alexander* bezeichnet ihn als *neo-modernization* oder *reconvergence theory*, an anderer Stelle auch als *neo-modernism*.[544] Während die Vorgängeransätze von einem linearen, uniformen und stets auf das Ziel der modernen Gesellschaft hin ausgerichteten Entwicklungsweg ausgingen, wurden im Rahmen neomodernisierungstheoretischer Ansätze die Lehren aus den tatsächlichen Entwicklungsverläufe der mittel- und osteuropäischen Transformationsländer gezogen. Diese Entwicklungswege verliefen nichtlinear, teilweise regressiv oder zyklisch. Der neomodernisierungstheoretische Ansatz erkannte die Möglichkeit verschiedener Modernisierungspfade an und bot darüber auch eine theoretische Grundlage für die in Mittel- und Osteuropa ablaufenden Modernisierungs- und Transformationsprozesse.[545]

Innerhalb dieser neomodernisierungstheoretischen Ansätze sind auch die unterschiedlichen Forschungen zu betrachten, die sich mit der Modernisierung bereits moderner Gesellschaften befassen.[546] Fortentwicklung findet hier nicht mehr über Aussonderung vormoderner Traditionen statt, sondern erfolgt durch Selektion von Beständen, die selbst bereits als modern bezeichnet werden. Die Modernisierung bezieht sich demnach auf die Anstrengungen der modernen Gesellschaften selbst, die Entwicklung durch Reformen und Innovationen aufrecht zu erhalten und neue Herausforderungen zu bewältigen.[547] Grundsätzlich gibt es zwei Positionen, wie die Modernisierung moderner Gesellschaften ablaufen kann: 1. als Fortführung der bisherigen Entwicklung im Rahmen der bestehen-

541 vgl. *Berger* (1996), 51.

542 vgl. *Alexander* (1994a), 67.

543 vgl. *Alexander* (1994a), 67.

544 vgl. *Alexander* (1994a), 67; *Alexander* (1994b), 184-185.

545 vgl. *Mense-Petermann* (2000), 30-33; *Zapf* (2001b), 493-494.

546 siehe hierzu insbesondere *Zapf* (1991a).

547 vgl. *Zapf* (2001a), 16.

den Basisinstitutionen als „weitergehende Modernisierung“[548] oder 2. als Epochenumbruch, der auf dem Versagen bisheriger Mechanismen und Institutionen zur Lösung neuentstehender Probleme basiert („reflexive Modernisierung“[549]). Die erste Position, unter anderem vertreten von *Zapf*, bezieht sich auf eine Richtungskonstanz und Strukturverbesserung. Modernisierung wird hier als evolutionärer Prozess von scheiternden und erfolgreichen Reformen und Innovationen gesehen.[550] Die gesellschaftliche Entwicklung vollzieht sich durch ein Abwechseln von Reform und Innovation mit Stagnation und Krise, wobei unter Innovationen nicht nur technische Neuerungen zu sehen sind, sondern auch neue Organisationsformen und Lebensstile.[551] Reformen wiederum sind die politisch geplanten Veränderungen. Beiden gemein ist, dass sie länger währende Veränderungen auslösen.[552] Die Basisinstitutionen (Konkurrenzdemokratie, Marktwirtschaft und Wohlstandgesellschaft mit Wohlfahrtsstaat und Massenkonsum) zeichnen nach Ansicht *Zapfs* moderne, anpassungsfähige und erfolgreiche Gesellschaften aus.[553] Innerhalb dieser Basisinstitutionen werden Innovationen und Reformen – auch unter Konflikten – durchgesetzt.[554] Als Beispiel nennt *Zapf* die Regelung der „sozialen Frage“, die durch Reformen und Innovationen des modernen Wohlfahrtsstaates bewältigt wurde.[555] Eine ähnliche Vorgehensweise sieht er beispielsweise auch bei der Lösung der anstehenden „ökologischen Frage“.[556]

Die zweite Position setzt bei diesen zunehmenden Risiken an, die die modernen Gesellschaften nach Ansicht *Becks* selbst produzieren und gegen die es aufgrund ihres Ausmaßes keine Versicherung gibt.[557] Fortschritt kann hier zur Selbstvernichtung führen, da sich die Modernisierung in wesentlichen Teilen gegen sich selbst richtet. Diese negativen Folgen der bisherigen, überwiegend rationalisierenden Modernisierung müssen abgewendet werden, was nach Ansicht *Becks* nur durch grundsätzliche Änderungen im System erreicht werden kann.[558] Dies beinhaltet neben Veränderungen der Sozialstruktur auch neue Lö-

548 *Zapf* (1991b), 23.
549 *Beck* (1996), 251.
550 vgl. *Zapf* (2008), 269.
551 vgl. *Zapf* (2008), 268.
552 vgl. *Zapf* (2008), 268.
553 vgl. *Zapf* (2008), 261-262.
554 vgl. *Zapf* (1991b), 36.
555 vgl. *Zapf* (2008), 268.
556 vgl. *Zapf* (2008), 268.
557 vgl. *Beck* (1996), 48-56.
558 vgl. *Beck* (1996), 357-374.

sungen in Politik und Wirtschaft. *Beck* bezeichnet diese Form der Modernisierung als *reflexive Modernisierung*[559].

Wenngleich die aktuell anstehenden Herausforderungen sicherlich als groß zu bezeichnen sind, stellen sie dennoch die grundsätzliche Funktion der bestehenden Institutionen nicht in Frage. Die Basisinstitutionen „haben als ‚evolutionäre Universalien' keine ewige Bestandsgarantie, aber es sind zur Zeit keine leistungsfähigeren Alternativen absehbar"[560]. Die Weltprobleme können daher wie bei der Bewältigung vergangener Aufgaben ebenfalls nur in ihre sachlichen, zeitlichen und sozialen Teile dividiert werden, um sie so handhabbar zu machen.[561]

Wie anhand der einzelnen modernisierungstheoretischen Ansätze erkennbar, hat sich die Modernisierungstheorie – nicht immer ohne Widersprüche – ständig auf veränderte Bedingungen und Entwicklungen eingestellt, auf die geäußerte Kritik an den jeweiligen theoretischen Ansätzen reagiert und sich dabei permanent selbst modernisiert.[562] Diese Entwicklung wird sich in der Zukunft sicherlich fortsetzen. Gemeinsamkeit aller modernisierungstheoretischen Ansätze bleibt dabei, dass sie versuchen zu erklären, wie aus traditionalen beziehungsweise vormodernen moderne Gesellschaften entstehen. Was wiederum als modern bezeichnet wird, muss im jeweiligen zeitlichen Kontext betrachtet werden.[563]

Im Rahmen dieser Arbeit werden mittel- und osteuropäische Gesellschaften betrachtet, die sich nach dem Niedergang des sozialistischen Regimes gebildet haben. Ungeachtet der vielfältigen theoretischen Begriffsunterscheidungen, auf die mangels Relevanz für diese Arbeit hier nicht eingegangen wurde, können diese Gesellschaften in Relation zu beispielsweise Deutschland zweifelsfrei als weniger entwickelt und damit weniger modern eingestuft werden. Unstrittig ist weiterhin, dass sie sich seit der politischen Wende zu Beginn der 1990er Jahre auf einem Kurs der Modernisierung befinden, der in den verschiedenen Ländern mit unterschiedlicher Geschwindigkeit und teilweise auch anderen Resultaten verläuft.[564] Dass diese Modernisierungspfade nicht linear sind, wird nicht bestritten und von den neomodernisierungstheoretischen Ansätzen ebenfalls akzeptiert und abgedeckt. Vor diesem Hintergrund bildet die Modernisierungstheorie grundsätzlich eine geeignete Basis für die im Rahmen dieser Arbeit zu untersuchenden Fragestellungen.

---

559 *Beck* (1996), 251; vgl. dazu auch *Beck/Giddens/Lash* (1996).

560 vgl. *Zapf* (1991b), 38.

561 vgl. *Zapf* (1991b), 39.

562 vgl. dazu auch *Beck/Bonß* (1984), 385.

563 vgl. *Gumbrecht* (1979), 126.

564 siehe Abschnitt 2.2

2.3.3 Kultur

2.3.3.1 Kulturbegriff

Das Phänomen Kultur ist vielschichtig und wird von einer Vielzahl unterschiedlicher Definitionen begleitet. So wurden bereits in den 1950er Jahren von *Kroeber* und *Kluckhohn* 154 inhaltlich verschiedene Auslegungen des Begriffs Kultur gefunden.[565] *Herbig* kam in seiner Analyse sogar auf 450 Definitionen.[566] Dies zeigt, dass von Einigkeit bei der Definition des Kulturbegriffs nicht gesprochen werden kann. Aufgrund der interdisziplinären Bedeutung des Phänomens Kultur – beispielsweise für die Wirtschaftswissenschaften, Soziologie, Psychologie oder Anthropologie – erschweren die resultierenden jeweiligen Interpretationen des Begriffs eine einheitliche Darstellung und Definition zusätzlich.[567]

Eine grundlegende Begriffsdefinition geht auf *Tylor* zurück, der den Begriff im weiten ethnologischen Sinn wie folgt versteht: „Culture (…) is that complex whole which includes knowledge, belief, art, morals, law, custom, and any other capabilities and habits acquired by a man as a member of society."[568]

Barmeyer definiert Kultur als „erlerntes Orientierungs- und Referenzsystem von Werten und Praktiken, das von Angehörigen einer bestimmten Gruppe oder Gesellschaft kollektiv gelebt und tradiert wird."[569]

Die Definition des Kulturbegriffs von *von Keller* basiert auf acht Merkmalen.[570] Kultur ist danach

- vom Menschen geschaffen und umfasst dabei sowohl sichtbare Kulturprodukte (Kunst- und Gebrauchsgegenstände), Verhaltensformen (Sitten und Gebräuche), soziale Organisationsformen als auch die nicht sichtbaren Überzeugungen, Motive, Werte und Einstellungen.
- überindividuell und ein soziales Phänomen, das von einer sozialen Gruppe überliefert wird und den Einzelnen überdauert.
- erlernt und kann als soziales Erbe einer Gesellschaft bezeichnet werden.
- durch Symbole übermittelt und schlägt sich wiederum in Symbolen nieder.
- über Regeln, Normen und Verhaltenskodizes verhaltenssteuernd.

565 vgl. *Kroeber/Kluckhohn* (1952), 43-53.
566 vgl. *Herbig* (1997), 11-15.
567 vgl. *Emrich* (2011), 23.
568 *Tylor* (1871), 1; zitiert nach *Rothlauf* (2009), 24.
569 *Barmeyer* (2010), 639.
570 vgl. *von Keller* (1982), 114-118.

- eine wohlstrukturierte Gesamtheit möglichst nicht-widersprüchlicher Überzeugungen, Normen und Verhaltensweisen und strebt somit nach innerer Konsistenz.
- ein Instrument, mit dem sich sowohl eine Gesellschaft an ihre Umwelt anpassen kann als auch ein Individuum Lösungen für die täglichen Probleme zur Befriedigung der Bedürfnisse bereitgestellt bekommt.
- adaptiv wandlungsfähig.

Neben den landeskulturellen Beschreibungen existieren zusätzlich Definitionen zur Organisationskultur. *Schein* zeichnet mit seinem 3-Ebenen-Modell einen umfassenden (Organisations-)Kulturbegriff (Abbildung 28).[571]

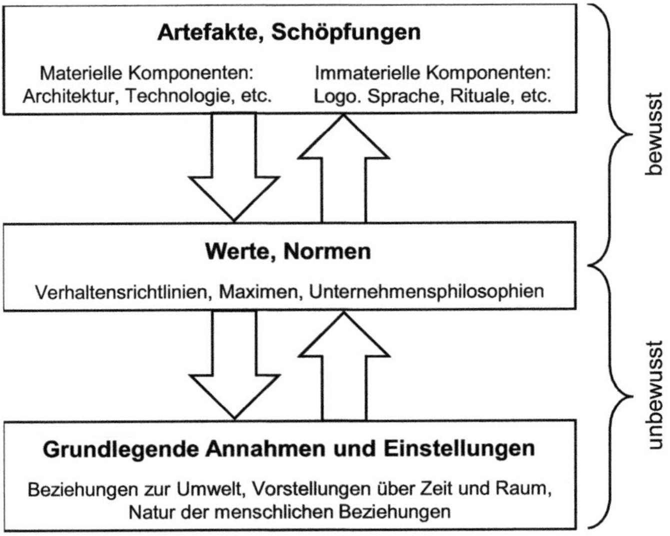

Abbildung 28: Kulturebenenmodell von Schein[572]

Basis einer Kultur bilden nach *Schein* auf der untersten Ebene die Orientierungs- und Vorstellungsmuster, die Wahrnehmung und Handeln leiten. Diese grundlegenden Annahmen über Natur, Menschen und deren soziale Beziehungen sind unsichtbar und meist unbewusst. Entsprechendes Handeln verläuft automatisch und ohne weiteres Nachdenken.[573] Die zweite Schicht des Modells bilden die Normen und Standards, die sich in Maximen, gemeinsamen Werten

571 vgl. *Schein* (1984), 4.

572 angelehnt an *Schein* (1985), 25.

573 vgl. *Schein* (2003), 34-36.

oder Verhaltensrichtlinien teils sichtbar und teilweise unbewusst äußern.[574] Schließlich folgen auf der dritten Ebene die Symbole oder Artefakte, die zwar sichtbar, aber interpretationsbedürftig und teilweise schwer zu entschlüsseln sind. [575] Dazu zählen die Schöpfungen der jeweiligen Kultur wie beispielsweise ihre Technologie, Verhaltensmuster, Kleidung, Sprache, Rituale oder Umgangsformen.[576]

Adler geht in ihrer Beschreibung von Kultur ebenfalls davon aus, dass die kulturelle Orientierung eine komplexe Interaktion von Werten, Einstellungen und Verhalten darstellt.[577] Ihr Konzept stellt diese Komponenten in einem Kreislauf dar, wodurch das Verhalten damit letztlich wieder auf die Kultur wirkt.

Aufgrund des Zusammenspiels von sichtbaren und nicht-sichtbaren Teilen der Kultur wird zur bildhaften Darstellung häufig das Eisbergmodell herangezogen.[578] Inhaltlich geht das bekannte Modell auf die Arbeit von *Schein* zurück, wobei in der Literatur unklar bleibt, wer dieses Modell zuerst in diesem Zusammenhang verwendet hat.[579] Hier symbolisiert die über dem Wasserspiegel liegende Spitze die sichtbaren, der im Wasser verborgene Teil des Eisberges die nicht-sichtbaren Teile der Kultur.

Eine weitere, häufige symbolische Darstellung von Kultur ist das „Zwiebelmodell".[580] Die einzelnen Häute einer Zwiebel zeigen dabei die Vielschichtigkeit der Kultur, bei der die äußeren Schichten den sichtbaren Kulturäußerungen entsprechen, während die immer weiter innen verborgenen Schichten den Normen und Standards bis hin zu den tief verborgenen Grundannahmen entsprechen.[581]

Insgesamt muss bei der Verwendung des Kulturbegriffs zwischen zwei unterschiedlichen Verwendungsweisen differenziert werden. Nach *Kluckhohn/Kelley* sind dies der deskriptive und der explikative Kulturbegriff.[582] Im ersten Fall bildet der Kulturbegriff eine Sammlung der wahrnehmbaren, empirisch beobachtbaren kulturellen Artefakte wie „Bücher, Gemälde, Gebäude, (...) menschliche und physikalische Umweltbedingungen; Sprache, Sitten, Systeme von Anstandsregeln, Ethik, Religion und Moral, all das, was (...) über die Jahr-

574 vgl. *Schein* (2003), 32-34.
575 vgl. *Schein* (2003), 32.
576 vgl. *Rothlauf* (2009), 29.
577 vgl. *Adler* (1997), 15-22.
578 vgl. beispielsweise *Rothlauf* (2009), 25.
579 vgl. dazu *Hoft* (1996), 41-48; *Rothlauf* (2009), 25.
580 vgl. beispielsweise *Blom/Meier* (2004), 40.
581 vgl. *Blom/Meier* (2004), 41-45.
582 vgl. *Kluckhohn/Kelley* (1972), 68-90.

hunderte aufgebaut“[583] wurde. Somit liegt der Fokus des deskriptiven Begriffsverständnisses auf den Verhaltensergebnissen. Das explikative Begriffsverständnis definiert Kultur hingegen als einen verhaltensdeterminierenden Faktor. Hier interessieren der geistige und normative Unterbau, die internalisierten Verhaltensnormen und damit die Verhaltensursache.[584]

2.3.3.2 Kulturmodelle

2.3.3.2.1 Modell von Hall

In seinen Studien stellt *Hall* vier (Landes-)Kulturdimensionen vor, die er als besonders wichtig identifiziert.[585] Diese sind Kontextorientierung, Raumorientierung, Zeitorientierung und Informationsgeschwindigkeit. Die erste Dimension der Kontextorientierung spiegelt die für das Verständnis des Empfängers notwendige Menge an Informationen in einer Kommunikationssituation wider. In unterschiedlichen Kulturen bestehen verschiedene Wege, diese Informationen zu übermitteln. Bei so genannten high-context-Kulturen werden viele Informationen implizit übermittelt.[586] Die Fähigkeit zur Entschlüsselung dieser Informationen ist daher von großer Bedeutung, um die Nachricht auch tatsächlich verstehen zu können. Beispiele hierfür sind insbesondere die asiatischen und arabischen Kulturen. Low-context-Kulturen wie in Nordamerika sowie Nord- und Mitteleuropa tendieren hingegen zu expliziten Erklärungen, wodurch weniger kulturelles Vorwissen bei der Entschlüsselung der Botschaften benötigt wird.[587]

Bei der Dimension Raumorientierung unterscheidet *Hall* in high territoriality und low territoriality. Damit wird die geforderte Privatsphäre des jeweiligen Individuums bestimmt, die keine andere Person ohne Erlaubnis betreten darf. In unterschiedlichen Kulturkreisen bestehen abweichende Vorstellungen, wie groß dieser Bereich sein muss. Beispielsweise finden Konversationen in südeuropäischen Ländern sehr nahe am Gesprächspartner statt, was in nördlichen Kulturregionen bereits als unangenehm angesehen wird.[588]

Im Rahmen der Zeitorientierung existieren gemäß *Hall* eine monochrone und polychrone Zeitauffassung in unterschiedlichen Kulturen. Während bei der monochronen Auffassung die Zeit linear betrachtet wird und damit Aktivitäten seriell angeordnet werden, führen Personen mit polychronem Zeitverständnis

583 *Kluckhohn/Kelley* (1972), 85.

584 vgl. *Kluckhohn/Kelley* (1972), 68-90.

585 vgl. *Hall* (1959); *Hall* (1966), *Hall* (1976); *Hall/Hall* (1992).

586 vgl *Hall/Hall* (1992), 9.

587 vgl. *Rothlauf* (2009), 32-33.

588 vgl. *Hall/Hall* (1992), 11.

tendenziell Aktivitäten parallel aus. Nach Ansicht *Halls* sind beispielsweise die USA, Deutschland oder Skandinavien als monochron, lateinamerikanische oder arabische Kulturen als polychron zu bezeichnen.[589]

Neben den Dimensionen Kontext, Raum und Zeit fügt *Hall* später die Informationsgeschwindigkeit als weitere Dimension dazu.[590] Damit spricht er die unterschiedlichen Geschwindigkeiten an, mit denen Teilnehmer verschiedener Kulturkreise Informationen kodieren, dekodieren und weitergeben.[591] Dies kann in der interkulturellen Kommunikation dazu führen, dass Nachrichten nicht oder nicht wie beabsichtigt beim Gesprächspartner ankommen.[592]

Hall selbst erhebt nicht den Anspruch, dass mit seinen vier Dimensionen alle kulturellen Unterschiede erklärt sind.[593] Stattdessen sind seine Kulturdimensionen daher als generelle Orientierungen anzusehen. Weiterhin verweist *Hall* darauf, dass individuelle Differenzen die kulturellen Differenzen überlagern oder anderweitig beeinflussen können. Ferner seien die einzelnen Dimensionen nicht voneinander unabhängig.[594]

2.3.3.2.2 Modell von Hofstede

Eine der international bekanntesten Studien zur Kulturforschung ist die von *Hofstede*.[595] Sie basiert auf den Daten von Mitarbeitern der Computerfirma IBM. Befragt wurden insgesamt etwa 116.000 Personen, wobei die ursprüngliche Untersuchung von 1967-1973 stattfand und später durch weitere Befragungen ergänzt wurde.[596] Im ersten Schritt wurden die Daten der 40 größten Tochtergesellschaften von IBM ausgewertet.[597] Die anschließende Ausdehnung erfolgte auf 50 Länder und drei weitere Regionen, bevor 2001 auf Basis der bestehenden Daten eine theoretische Erweiterung für 21 weitere Länder und Regionen vorgenommen wurde.[598]

Zunächst bezieht sich *Hofstede* auf die vier Dimensionen Machtdistanz, Unsicherheitsvermeidung, Individualismus/Kollektivismus sowie Maskulinität/Feminität.[599] In einer späteren Studie wird die fünfte Dimension Langfrist-/

589 vgl. *Hall/Hall* (1992), 15.
590 vgl. *Hall/Hall* (1992), 12.
591 vgl. *Rothlauf* (2009), 35.
592 vgl. *Emrich* (2011), 63.
593 vgl. *Rothlauf* (2009), 35.
594 vgl. *Rothlauf* (2009), 35.
595 vgl. *Hofstede* (1980); *Hofstede* (2001).
596 vgl. *Hofstede* (2001), 41-49.
597 vgl. *Hofstede* (2001), 51.
598 vgl. *Hofstede* (2001), 52+90+153+218+290.
599 vgl. *Hofstede* (1980), 65-209.

Kurzfristorientierung zugefügt.[600] Wiederum später wird eine sechste Dimension (Indulgence versus Restraint) ergänzt.[601] Für jede einzelne Dimension erstellt *Hofstede* auf Basis der Daten einen Index, mit dem sich einzelne Länder vergleichen lassen.

Die erste kulturelle Dimension des Modells, Machdistanz, definiert *Hofstede* selbst als das Ausmaß zu dem weniger mächtige Mitglieder einer Gemeinschaft die ungleiche Machtverteilung akzeptieren.[602] In Ländern mit hoher Machtdistanz wird demnach Anweisungen von Vorgesetzten tendenziell Folge geleistet, während in Gesellschaften mit niedrigerer Machtdistanz auch Widerspruchsmöglichkeiten bestehen und genutzt werden. Ein autokratischer Führungsstil mit tendenziell zentralen Organisationsstrukturen steht einem eher partnerschaftlichen Führungsstil und dezentralisierten Organisation gegenüber.[603] Zur ersten Gruppe zählen afrikanische, asiatische und lateinamerikanische sowie einige südeuropäische Länder wie Italien und Spanien. Repräsentanten der zweiten Gruppe sind neben den USA auch Großbritannien, Skandinavien oder Deutschland.

Die Dimension Unsicherheitsvermeidung bestimmt den Grad, bis zu dem sich die Mitglieder einer Kultur durch uneindeutige oder unbekannte Situationen bedroht fühlen.[604] In Gesellschaften mit starker Unsicherheitsvermeidungstendenz (zum Beispiel Griechenland, Portugal, Uruguay und Japan) wird versucht, die Zukunft über festgelegte Regeln und Gesetze zu beeinflussen und so die Unsicherheit zu reduzieren. In Ländern mit geringerer Unsicherheitsvermeidung, wie beispielsweise Schweden, Singapur oder Jamaika, gibt es weniger Gesetze und Kontrollen und es besteht ein geringerer Widerstand gegen Veränderung.

Auch wenn eine starke Ausprägung der Unsicherheitsvermeidung tendenziell mit risikoscheuen Managern einhergeht, stellt *Hofstede* den Unterschied zwischen Unsicherheitsvermeidung und Risikovermeidung heraus. Danach ist Risiko objektbezogen, während Unsicherheit und resultierende Angst unbestimmte, diffuse Gefühle sind.[605]

Individualismus versus Kollektivismus stellt eine weitere Kulturdimension *Hofstedes* dar.[606] In individualistisch geprägten Kulturen kümmern sich die Menschen vor allem um sich selbst sowie ihr unmittelbares Umfeld. Dominierend ist das Streben nach Verwirklichung eigener Ziele. Starke individualisti-

600 vgl. *Hofstede* (2001), 69-70.

601 vgl. *Hofstede/Hofstede/Minkov* (2010), 44-45.

602 vgl. *Hofstede* (2001), 83.

603 vgl. *Hofstede* (2001), 80-84.

604 vgl. *Hofstede* (2001), 145-146.

605 vgl. *Hofstede* (2001), 148.

606 vgl. *Hofstede* (2001), 209-272.

sche Ausprägungen finden sich in den USA, der Schweiz, Australien oder auch Italien. Im Kollektivismus hingegen fühlen sich die Menschen einer Gruppe zugehörig und orientieren sich an den Interessen der Gruppenmitglieder. Hierzu zählen insbesondere mittel- und südamerikanische Länder, aber auch asiatische und arabische Kulturen.[607]

In Gesellschaften, in denen die Dimension Maskulinität dominiert, sind Werte wie Erfolg und Geld wichtig. Der Gegenpol Feminität steht hingegen für soziale und emotionale Werte einer Gesellschaft wie Lebensqualität.[608] Leistungsbezogene und selbstbewusst auftretenden Individuen sind daher tendenziell eher in maskulinen Kulturen wie Japan, Österreich oder Venezuela zu finden. Im Rahmen einer femininen Kultur wie der in den skandinavischen Ländern oder den Niederlanden wird mehr auf zwischenmenschliche Beziehungen geachtet und die Kompromissbereitschaft ist höher.

Die etwas später zugefügte fünfte Dimension des Modells ist die Langfrist-/ Kurzfristorientierung.[609] Sie stützt sich primär auf ein Untersuchungsinstrument, das zusammen mit chinesischen Managern entwickelt und getestet wurde. Dies erklärt auch die Nähe dieser Dimension zu den Lehren des *Konfuzius*.[610] Langfristig orientierte Gesellschaften pflegen Tugenden, die ihnen zukünftige Erfolge ermöglichen. Dazu zählen Beharrlichkeit und sparsamer Umgang mit Ressourcen. Kurzzeitorientierung fokussiert demgegenüber eher die mit Vergangenheit und Gegenwart in Verbindung stehenden Tugenden wie Respekt vor bestehenden Traditionen oder Erfüllung sozialer Pflichten. Es werden schnelle Ergebnisse erwartet. Dieser Index besteht lediglich für 23 Länder der Untersuchung, wobei insbesondere die asiatischen Kulturen hier als Vertreter der Langzeitorientierung aufgeführt werden. Zu den kurzzeitorientierten Ländern zählen unter anderem Pakistan, die Philippinen und Norwegen.[611]

Die sechste Dimension wurde in Zusammenarbeit mit *Hofstedes* Sohn und *Michael Minkov* erstellt. Sie wird von *Hofstede* als Indulgence versus Restraint bezeichnet.[612] Dies bedeutet übersetzt in etwa Genuss versus Zurückhaltung. Genuss (Indulgence) steht dabei für eine Gesellschaft, in der grundlegende menschliche und natürliche Bedürfnisse in Bezug auf Lebensgenuss und Spaß relativ einfach zu befriedigen sind. Gesellschaften, in denen Zurückhaltung (Restraint) vorherrschen, unterdrücken die Erfüllung dieses Verlangens durch

607 vgl. *Hofstede* (2001), 209-212.
608 vgl. *Hofstede* (2001), 279-282.
609 vgl. *Hofstede* (2001), 353-354.
610 vgl. *Hofstede* (2001), 354-355.
611 vgl. *Hofstede* (2001), 355-359.
612 vgl. *Hofstede/Hofstede/Minkov* (2010), 280-288.

strikte soziale Normen.[613] Werte für diese Dimension sind nicht für alle Länder verfügbar.

Die Studie von *Hofstede* blieb in der Literatur nicht ohne Kritik. Die von Kritikern aufgezeigten Schwachstellen kann man in die beiden Bereiche Erhebungsmethodik und Studienergebnisse einteilen.

Im Bereich der Erhebungsmethodik werden folgende Kritikpunkte erhoben:

- Fehlen eines theoretischen Konzepts als Basis der Studie: Die Dimensionen basieren auf der nachträglichen Analyse der Daten und beinhalten damit mögliche Verzerrungen aufgrund subjektiver Interpretationen der Daten nach westlichem Kulturverständnis durch *Hofstede*.[614]
- Landesgrenzen stimmen nicht notwendigerweise mit Kulturgrenzen überein: Einerseits gehen Kulturgruppen nicht selten über Landesgrenzen hinaus, andererseits besteht ebenso die Möglichkeit, dass sich innerhalb einer Landesgrenze unterschiedliche Kulturen befinden (z. B. Schweiz, Jugoslawien oder Kanada).[615]
- Unternehmenskulturelle Einflüsse überlagern gemessene landeskulturelle Ergebnisse: Die Auswertung basiert auf den Daten der Mitarbeiter eines Unternehmens, das sich zudem durch eine starke eigene Unternehmenskultur auszeichnet. Von dieser spezifischen Gruppe, die bereits im Rekrutierungsprozess nach einem weltweit ähnlichen Anforderungsprofil ausgewählt wird, auf die Gesamtheit des jeweiligen Landes schließen zu können, beinhaltet ein großes Risiko der Verzerrung der Ergebnisse.[616]
- Standardisierte, schriftliche Befragungen sind zur Messung von Kulturmerkmalen ungeeignet: Aufgrund der Limitationen durch standardisierte Fragen wird dem Befragten eine größerer Spielraum bei der Auslegung gegeben, was sich insbesondere bei einem komplexen Phänomen wie der Kultur als Verzerrung erweisen kann.[617]
- Schätzung der Werte der Dimensionen für die 21 Länder und Regionen der Erweiterung ungenau und ohne empirische Fundierung: In der ursprünglichen Untersuchung nicht enthaltene Länder, insbesondere aus der Region Mittel- und Osteuropa, wurden später als Schätzwerte ergänzt. Diese Schätzung birgt Risiken aufgrund von subjektiven Bewertungsmöglichkeiten.[618]

---

613 vgl. *Hofstede* (2012).

614 vgl. *Baumüller* (2007), 118-119.

615 vgl. *Blom/Meier* (2004), 56.

616 vgl. *Rothlauf* (2009), 41.

617 vgl. *Blom/Meier* (2004), 55-56.

618 vgl. *Behrens* (2007), 195-215.

Zur Kritik an den Ergebnissen der Studie von *Hofstede* zählen folgende Punkte:

- Verwendung einer mittlerweile veralteten Datenbasis: Seit Erhebung der Daten hat sich der kulturelle Wandel in den einzelnen Ländern auch aufgrund landesspezifischer Veränderungsprozesse (z. B. Öffnung des Ostens, Wertewandel im Westen) kontinuierlich fortgesetzt. Daher besteht die Möglichkeit, dass die Dimensionen des Modells von *Hofstede* diese veränderten Umstände nicht erfassen.[619]
- Mangelnde Trennschärfe der identifizierten Dimensionen: Die Dimensionen sind nicht eindeutig formuliert. Es bestehen Wechselbeziehungen.[620]
- Identifizierte Dimensionen erfassen nicht das gesamte Konzept „Kultur“: Kultur ist ein komplexes Konstrukt, das sich nicht in fünf Dimensionen darstellen lässt. Die Dimensionen können lediglich eine oberflächliche Vergleichsgrundlage darstellen. Die spätere Ergänzung um eine fünfte Dimension wirft zudem die Frage auf, ob weitere Dimensionen fehlen, die im ursprünglichen, von IBM in Auftrag gegebenen Beratungsprojekt nicht von Interesse waren.[621]

Trotz der teils massiven Kritik kann insgesamt der weitreichende Einfluss der Studie von *Hofstede* auf die interkulturelle Managementforschung in keiner Weise geleugnet werden. Die Untersuchung ist Grundlage und wesentlicher Bestandteil dieser Forschungsdisziplin. Basierend auf den umfassenden Daten können nicht nur einzelne Länder anhand der verschiedenen Kriterien eingestuft werden, sondern es sind erstmals auch Vergleiche zwischen Ländern möglich. Die Ergebnisse der Untersuchung ermöglichen Aussagen über potenzielle Unterschiede zwischen einzelnen Kulturen und können insbesondere zur ersten Orientierung bei der Erklärung von interkulturell unterschiedlichem Verhalten herangezogen werden. Damit ging die Untersuchung über andere kulturelle Arbeiten hinaus, die zur Zeit der Erstveröffentlichung von *Hofstede* zur Verfügung standen.[622]

2.3.3.2.3 Modell von Trompenaars

Das Kulturkonzept von *Trompenaars* basiert auf einer schriftlichen Befragung von überwiegend Managern in einer Vielzahl von Unternehmen wie beispielsweise AT&T, Eastman Kodak, Philips, Royal Dutch/Shell oder Volvo.[623] Wäh-

619 vgl. *Blom/Meier* (2004), 56.
620 vgl. *Rothlauf* (2009), 41.
621 vgl. *Javidan* (2006), 898.
622 vgl. *Weber et al.* (2011), 93-95.
623 vgl. *Trompenaars* (1993).

rend die ursprüngliche Analyse auf knapp 15.000 Personen aus 47 nationalen Kulturen beruht, wurde die verwendete Datenbasis später auf 30.000 Personen aus 55 Ländern erweitert.[624] Insgesamt konnte *Trompenaars* auf noch weit mehr Daten zurückgreifen, setzte jedoch aus Gründen statistischer Genauigkeit eine Untergrenze von 50 Befragten pro Nation.[625]

Auf Basis dieser Daten leitet *Trompenaars* zur Beschreibung und Differenzierung insgesamt sieben Dimensionen, eingeteilt in drei Gruppen, ab. Die erste Gruppe bezeichnet er als Interpersonelle Beziehungen. Sie umfasst fünf Dimensionen. Universalismus versus Partikularismus stellt die erste Dimension dar, die den Vorrang des Generellen gegenüber dem Spezifischen widerspiegelt. Das Universalis-muskonzept erachtet beispielsweise die Einhaltung von Regeln als wichtig, während Partikularisten tendenziell die spezifischen Umstände oder persönlichen Gegebenheiten höher bewerten.[626] Die USA, Deutschland oder die Niederlande finden sich in diesem Kontinuum auf der Seite der Universalisten, China und Russland beispielsweise auf der Seite der Partikularisten.[627]

Die zweite Dimension Individualismus versus Kollektivismus zielt auf die Frage der Beziehung zwischen Personen untereinander ab. Individuen können sich hierbei primär als Individuum oder als Gruppenteilnehmer definieren.[628] Während Individualisten größtmögliche Freiheiten zur selbstverantwortlichen Gestaltung ihres Lebens mit der Absicht der Verbesserung der eigenen Lebensqualität fordern, fühlen sich Kollektivisten den übergeordneten Gruppenzielen gegenüber verpflichtet. Sie sind davon überzeugt, dass trotz der individuellen Einschränkungen die kollektive Lebensqualität verbessert wird.[629] Individualistischen Nationen wie den USA oder auch Thailand stehen seiner Analyse zu Folge eher kollektivistische Kulturen wie beispielsweise Japan, Frankreich oder auch Deutschland gegenüber.[630] Zwischen der ersten und zweiten Dimension besteht die Verbindung, dass kollektivistische Gesellschaften eher zu Partikularismus neigen, während sich individualistische Kulturen tendenziell dem Universalismus verpflichtet fühlen.[631]

Die Bedeutung von Gefühlen und Beziehungen wird von *Trompenaars* in der Dimension Neutral versus Emotional adressiert.[632] In Kulturen, die sich

---

624 vgl. *Trompenaars/Hampden-Turner* (1997).
625 vgl. *Rothlauf* (2009), 45.
626 vgl. *Trompenaars/Hampden-Turner* (1997), 31-37.
627 vgl. *Hodgetts/Luthans* (2003), 126.
628 vgl. *Trompenaars/Hampden-Tur*ner (1997), 52-53.
629 vgl. *Trompenaars/Hampden-Turner* (1997), 52-53.
630 vgl. *Hodgetts/Luthans* (2003), 126.
631 vgl. *Trompenaars/Hampden-Turner* (1997), 53-55.
632 vgl. *Trompenaars/Hampden-Turner* (1997), 70-72.

neutral verhalten, steht Rationalität von Handlungen im Vordergrund. Gefühle werden weniger nach außen hin gezeigt und Diskussionen finden vorwiegend auf der Sachebene statt. Emotionale Kulturen hingegen verbergen ihre Gefühle auch nach außen hin nicht, was sich in ausgeprägter Körpersprache und angeregten, teils lautstarken Diskussionen äußern kann. Basierend auf der Analyse *Trompenaars'* stehen sich hier als Extrempositionen Japan als neutrale Kultur und Mexiko als emotionale Kultur gegenüber.[633]

Das Maß an Betroffenheit und Involvierung einer Person durch eine bestimmte Situation oder Handlung wird durch die vierte Dimension Spezifisch versus Diffus ausgedrückt.[634] Während sich in diffusen Kulturen die einzelnen Lebensbereiche des Individuums kaum voneinander trennen lassen, grenzen Teilnehmer spezifischer Kulturen Lebensbereiche wie Arbeit und Familie stark voneinander ab. Der Zugang zur Privatsphäre einer Person ist in spezifischen Kulturen dadurch wesentlich schwerer möglich. Als spezifische Länder gelten beispielsweise Großbritannien oder die Schweiz, als diffus tendenziell lateinamerikanische.[635]

Die Dimension Erwerb versus Zuschreibung beschreibt die unterschiedlichen Gründe für Ansehen und Status in verschiedenen Kulturen. Im Vordergrund steht die Frage, ob der Status einer Person durch eigene Leistung und Engagement erworben wird oder ob er durch soziale Herkunft oder Alter zugeschrieben ist.[636] Hinsichtlich Status leistungsorientierte Gesellschaften sind neben den USA auch Großbritannien oder Schweden. Zugeschriebener Status findet sich häufig in asiatischen Ländern und auch Russland.[637]

Wie andere Kulturwissenschaftler auch, identifiziert *Trompenaars* das jeweilige Zeitverständnis als weitere Kulturdimension.[638] Zum einen fokussiert er innerhalb dieser Dimension die Zeitorientierung.[639] In Abhängigkeit der jeweils als bedeutend angesehen Zeit wird in vergangenheits-, gegenwarts- oder zukunftsorientiert unterschieden. Vergangenheitsbezogene Kulturen versuchen die Vergangenheit zu bewahren und Traditionen zu achten. Gegenwartsorientierte Gesellschaften leben im Hier und Jetzt und legen weniger Wert auf Erfahrungen. Die Konzentration auf zukünftige Projekte ist hingegen für zukunftsorientierte Gesellschaften das wichtigste. Zweiter Aspekt innerhalb des Zeitverständnisses ist die Ordnung der Zeit. Ähnlich wie bei *Hall* unterscheidet *Trompenaars* in

633 vgl. *Trompenaars/Hampden-Turner* (1997), 73.
634 vgl. *Trompenaars/Hampden-Turner* (1997), 83-88.
635 vgl. *Hodgetts/Luthans* (2003), 126.
636 vgl. *Trompenaars/Hampden-Turner* (1997), 105-110.
637 vgl. *Hodgetts/Luthans* (2003), 126.
638 vgl. *Trompenaars/Hampden-Turner* (1997), 123-141.
639 vgl. *Trompenaars/Hampden-Turner* (1997), 125-126.

sequenzielle (monochrone) Zeit, die als ein geradliniger Verlauf von aufeinander folgenden Ereignissen empfunden wird, und in synchrone (polychrone) Zeit, bei der unterschiedliche Ereignisse gleichzeitig stattfinden können.[640]

Die siebte Dimension umfasst die Beziehungen der Menschen zu Umwelt und Natur.[641] *Trompenaars* unterscheidet hier in Eigen- und Fremdkontrolle. Bei der Eigenkontrolle sind die Menschen davon überzeugt, dass sie die Natur kontrollieren und beherrschen können, indem sie ihr ihren Willen aufzwingen. Demzufolge liegen auch Erfolge und Misserfolge in anderen Bereichen überwiegend im Individuum selbst und weniger in externen Rahmenbedingungen begründet. Fremdkontrollierte Kulturen sehen sich als Teil der Natur, gegen deren Kräfte das Individuum nichts auswirken kann. Menschen in diesen Kulturen glauben eher an Schicksal und sehen Gründe für Erfolge oder Misserfolge tendenziell in gegebenen äußeren Umständen.[642]

Die Dimensionen von *Trompenaars* basieren auf Befragungen von Teilnehmern von Managementtrainings. Ähnlich wie bei anderen Kulturmodellen könnte diese Auswahl Einfluss auf die Ergebnisse gehabt haben. Im Gegensatz zur Studie von *Hofstede* berücksichtigt *Trompenaars* eine größere Anzahl von Ländern aus der Region Mittel- und Osteuropa.[643]

2.3.3.2.4 Modell von House (GLOBE)

Das als globaler Forschungsverbund angelegte Projekt GLOBE (Global Leadership and Organizational Behavior Effectiveness) wurde 1991 von *House* initiiert. Weltweit sind etwa 170 Forscher aus 61 verschiedenen Ländern beteiligt. Ziel des Projekts ist es, die Beziehungen zwischen gesellschaftlicher und organisationaler Kultur zu untersuchen.[644]

Die GLOBE-Studie stützt sich auf die Befragung von über 17.000 Managern in mittleren Führungspositionen aus 951 Unternehmen der Lebensmittelindustrie, der Telekommunikations- und der Finanzbranche.[645] Die Auswahl der Branchen orientierte sich dabei daran, dass sie in den meisten Ländern vorhanden sind und sich zudem systematisch unterscheiden lassen.[646] Um bei der Befragung größtenteils Angehörige der jeweils nationalen Kultur zu erreichen, konzentrierte sich die Untersuchung auf lokale Unternehmen.[647] Die Datenerhebung

---

640 vgl. *Trompenaars/Hampden-Turner* (1997), 126-128.
641 vgl. *Trompenaars/Hampden-Turner* (1997), 145-158.
642 vgl. *Trompenaars/Hampden-Turner* (1997), 145-150.
643 vgl. *Rothlauf* (2009), 51-52.
644 vgl. *Thunderbird School of Global Management* (2011).
645 vgl. *House/Hanges/Javidan* (2004), 96.
646 vgl. *House/Hanges/Javidan* (2004), 97.
647 vgl. *House/Hanges/Javidan* (2004), 96.

wurde zwischen 1994 bis 1997 durch ungefähr 150 Forscher im Bereich der Sozialwissenschaften, sogenannte Country-Co-Investigators, durchgeführt. Sie sind zumeist Angehörige des Kulturkreises der jeweiligen Befragung.[648] Insgesamt berücksichtigt die GLOBE-Studie 62 Kulturen in 59 Ländern (Trennung in Ost- und Westdeutschland, deutsch- und französischsprachige Schweiz sowie schwarze und weiße Bevölkerung in Südafrika).[649] Die einzelnen Kulturen werden zu zehn Kulturclustern gruppiert. Diese sind der angelsächsische Raum, das romanische Europa, Nordeuropa, das germanische Europa, Osteuropa, Lateinamerika, Schwarzafrika, Naher Osten, Südasien und konfuzianisches Asien.[650]

Der Fragenkatalog für die Untersuchung wurde unter Mitwirkung und Prüfung der jeweiligen Country-Co-Investigators erstellt. Der finale Katalog gliedert sich in vier Teile. Der erste Teil enthält Fragen zur Organisationskultur, der zweite zur Landes- und Gesellschaftskultur und der dritte zur Führung. Der vierte Teil enthält die demografischen Fragen. Innerhalb der ersten beiden Teile werden zum einen Praktiken („as is") und zum anderen Werte („should be") unterschieden.[651] Während die eine Hälfte der Befragten den sogenannten Alpha-Fragebogen[652] mit den Teilen eins, drei und vier beantwortete, wurde der Beta-Fragebogen[653] mit den Teilen zwei und vier der anderen Hälfte zur Beantwortung präsentiert.[654] Die Ergebnisse der GLOBE-Untersuchung wurden zudem mit anderen interkulturellen Studien korreliert (zum Beispiel World Values Survey).[655]

Die GLOBE-Studie identifiziert sowohl für die Praktiken als auch die Werte neun unterschiedliche Dimensionen. Dabei ergeben sich große Übereinstimmungen mit den Dimensionen von *Hofstede*. Die erste Dimension ist Unsicherheitsvermeidung und beschreibt das Ausmaß, zu dem Mitglieder einer Kultur oder Organisation versuchen, Unsicherheit durch das Vertrauen auf soziale Normen, Rituale und bürokratische Praktiken zu vermeiden.[656]

---

648 vgl. *House et al.* (2002), 4.

649 vgl. *House/Hanges/Javidan* (2004), 189-190.

650 vgl. *House/Hanges/Javidan* (2004), 178-188.

651 vgl. *Kutschker/Schmid* (2011), 745; zur Unterscheidung Praktiken und Werte insbesondere *Javidan et al.* (2006), 899-900.

652 vgl. *Thunderbird School of Global Management* (2006a).

653 vgl. *Thunderbird School of Global Management* (2006b).

654 vgl. *Thunderbird School of Global Management* (2006c).

655 vgl. *House/Hanges/Javidan* (2004), 102-121.

656 vgl. *House et al.* (2002), 5.

Machtdistanz, definiert als Ausmaß, zu dem Mitglieder einer Gesellschaft oder Organisation erwarten und akzeptieren, dass Macht ungleich verteilt ist, stellt die zweite Kulturdimension im GLOBE-Modell dar.[657]

Die nächste Dimension ist der Institutionelle Kollektivismus. Damit wird beschrieben, inwieweit institutionelle Praktiken die kollektive Verteilung von Ressourcen und ein kollektives Handeln fördern.[658]

Eng damit verbunden ist die vierte Dimension, Gruppen-/Familienbasierter Kollektivismus. Die Aufteilung in zwei unterschiedliche Dimensionen wurde erst nach der Pilotstudie vorgenommen.[659] Diese Dimension gibt den Grad an, zu dem Individuen Stolz, Loyalität und Zusammenhalt in ihrer Gruppe oder Familie zeigen.[660]

Die fünfte Dimension analysiert, inwieweit Unterschiede und Diskriminierung aufgrund des Geschlechts innerhalb einer Organisation oder Gesellschaft minimiert werden.[661] Sie wird als Geschlechtergleichberechtigung bezeichnet.

Bestimmtheit ist eine weitere Dimension. Sie bestimmt den Grad, mit dem sich Individuen in Organisationen oder Gesellschaften durchsetzungsfähig, konfrontativ und aggressiv in sozialen Beziehungen verhalten.[662]

Diese ersten sechs Dimensionen beruhen – mit geringen Abwandlungen und Detaillierungen – auf den ursprünglichen Dimensionen von *Hofstede*. Die GLOBE-Studie fügt diesen noch drei weitere Dimensionen hinzu.

Die insgesamt siebte GLOBE-Dimension ist die Zukunftsorientierung. Sie untersucht das Ausmaß, zu dem Individuen in Organisation oder Gesellschaften zukunftsbezogen handeln, indem sie sich beispielsweise mit Planung, Investitionen in die Zukunft und aufgeschobenen Belohnungen beschäftigen.[663]

Die Dimension der Leistungsorientierung bezieht sich darauf, wie stark eine Organisation oder Gesellschaft Gruppenmitglieder anspornt und belohnt, Leistungssteigerungen und hervorragende Leistungen zu erbringen.[664]

Die neunte Dimension des GLOBE-Modells ist die Humanorientierung. Sie stellt dar, inwieweit Organisationen oder Gesellschaften Individuen dafür belohnen, sich gegenüber anderen fair, großzügig, mitfühlend und uneigennützig zu verhalten.[665]

---

657 vgl. *House et al.* (2002), 5.
658 vgl. *House et al.* (2002), 5.
659 vgl. *House/Hanges/Javidan* (2004), 131.
660 vgl. *House et al.* (2002), 5.
661 vgl. *House et al.* (2002), 5.
662 vgl. *House et al.* (2002), 6.
663 vgl. *House et al.* (2002), 6.
664 vgl. *House et al.* (2002), 6.
665 vgl. *House et al.* (2002), 6.

Neben diesen neun Dimensionen zur Kultur analysiert die GLOBE-Studie auf Basis der Antworten auf die Fragen des dritten Teils noch Dimensionen des Führungsverhaltens. Ziel ist die Definition global erfolgreicher Führungseigenschaften.[666]

Wie jede andere kulturelle Untersuchung bleibt auch die GLOBE-Studie nicht ohne Kritik. Einerseits wurden Einschränkungen auch von den Autoren selbst dargestellt. Zum anderen fand insbesondere zwischen *Hofstede* und den GLOBE-Autoren eine ungewöhnlich harte Auseinandersetzung statt.[667] Folgende Kritikpunkte werden bezüglich der GLOBE-Studie geäußert[668]:

- Interkorrelierte Dimensionen: Zwischen einigen der neun Dimensionen bestehen Abhängigkeiten, wodurch die Anzahl an Dimensionen auf eine geringere Zahl reduziert werden könnte.[669] Zudem lassen sich die Interkorrelationen der Dimensionen darauf zurückführen, dass die Dimensionen positive Zusammenhänge mit dem nationalen Wohlstand aufweisen. Eine kulturelle Erklärung dieser Dimensionen sei dadurch nicht mehr notwendig.[670]
- Befragung von Managern: Manager stellen innerhalb einer Kultur keine repräsentative Gruppe dar, was zu Ergebnisverzerrungen führen kann. Beispielsweise kann Leistungsorientierung eher berufsbedingt als kulturbedingt vorhanden sein.[671]
- Gleichsetzung von Ländern und Kulturen: Diese Gleichsetzung spiegelt nicht die in der Realität möglichen kulturellen Gegebenheiten eines Landes wider. Auch wenn einige Länder wie Südafrika in der Untersuchung kulturell aufgespalten werden, werden beispielsweise Länder wie Indien oder China, in denen es eine Vielzahl an Subkulturen gibt, als eine Kultur behandelt.[672]
- Maximierung der Anzahl teilnehmender Länder: Aufgrund der großen Anzahl teilnehmender Länder finden einige Analysen eher oberflächlich statt. Insbesondere kulturwissenschaftlich orientierte Forscher wünschen sich eine tiefere Analyse, falls erforderlich bei Reduktion der einbezogenen Kulturen.[673]

Insgesamt haben die Autoren grundsätzlich versucht, einen Großteil der am Modell *Hofstedes* geäußerten Kritikpunkte bereits bei der Konzeption des Pro-

---

666 vgl. *House/Hanges/Javidan* (2004), 669-712.
667 vgl. dazu beispielsweise *Javidan et al.* (2006); *Hofstede* (2006).
668 vgl. *Kutschker/Schmid* (2011), 761-763.
669 vgl. *Hofstede* (2006), 889-890.
670 vgl. *Hofstede* (2006), 885.
671 vgl. *Kutschker/Schmid* (2011), 762.
672 vgl. *Kutschker/Schmid* (2011), 762.
673 vgl. *Kutschker/Schmid* (2011), 762.

jekts GLOBE zu berücksichtigen und zu reduzieren.[674] Dies zeigt die Untersuchung einer großen Anzahl von Unternehmen zur Reduktion der Abhängigkeiten von eventuell vorhandenen unternehmenskulturellen Einflussgrößen bei Untersuchungen einzelner Unternehmen wie IBM. Zudem handelte es sich im Rahmen der GLOBE-Studie nicht um multinationale Konzerne, sondern um lokale Unternehmen mit dadurch möglichst großem Bezug zur jeweiligen Kultur. Weiterhin gewährleistet die durchgängige Befragung der Gruppe der Manager der mittleren Führungsebene – trotz der genannten möglichen Einschränkungen – eine gewisse Vergleichbarkeit der Ergebnisse zwischen den verschiedenen Kulturen.[675] Aufgrund der Konzeption des GLOBE-Projekts als weltweitem Forschungsverbund kann auch das insbesondere gegenüber *Hofstede* vorgebrachte Argument der Konzentration auf die Sichtweise eines Forschers entkräftet werden. Die GLOBE-Studie kann somit zusammenfassend einige neue Erkenntnisse zur interkulturellen Managementforschung beitragen. Zudem sind aus der Analyse der umfassenden Datenbasis weitere Erkenntnisse in den nächsten Jahren zu erwarten.[676]

2.3.3.2.5 Modell von Inglehart (World Values Survey)

Das World Values Survey (WVS) zählt ebenfalls zu den umfassenden und prominenten interkulturellen Forschungsprojekten.[677] *Oesterdiekhoff* bezeichnet sie als „wohl bedeutendste Theorie des Wertewandels".[678] Im Gegensatz zu den meisten anderen Studien besteht sie aus Untersuchungen zu mehreren Zeitpunkten (mit jeweils unterschiedlichen Befragten) und versucht darüber Erklärungen des Wertewandels zu geben. Die Untersuchung stammt vom US-amerikanischen Soziologen *Inglehart* und beruht auf seinem Modell zur Erklärung des Wertewandels in westlichen Industriegesellschaften.[679] *Inglehart* versucht den Wertewandel auf recht einfache Weise zu erklären und formulierte dazu zwei Hypothesen. Die Mangelhypothese besagt, dass sich die Prioritäten eines Menschen in dessen sozioökonomischer Lage widerspiegeln.[680] Subjektiv wird denjenigen Dingen der höchste Wert zugeschrieben, die relativ knapp sind.[681] Die Sozialisierungshypothese geht davon aus, dass die Beziehung zwischen sozioökonomischer Lage und Wertprioritäten nicht unmittelbar ist, sondern sich erst mit einer

674 vgl. *Kutschker/Schmid* (2011), 763.
675 vgl. *Kutschker/Schmid* (2011), 763.
676 vgl. *Kutschker/Schmid* (2011), 763-764.
677 vgl. *Hofstede* (2006), 882.
678 *Oesterdiekhoff* (2001), 42.
679 vgl. *Inglehart* (1977).
680 vgl. *Inglehart* (1980), 145.
681 vgl. *Inglehart* (1980), 145.

beträchtlichen Zeitverschiebung äußert. Diese ist darin begründet, dass die in der Kindheit und Jugend erlebten Umstände einen lebenslangen Einfluss auf die persönlichen Wertprioritäten haben.[682]

Ursprünglich basierend auf dem European Values Survey, wurden im Rahmen des WVS bislang insgesamt fünf Befragungswellen seit 1981 durchgeführt.[683] Über alle fünf Wellen wurden 97 verschiedene Länder untersucht, wobei nicht alle an jeder Welle teilgenommen haben. Während in der ersten Welle von 1981 bis 1984 in 20 Ländern insgesamt etwa 25.000 Personen befragt wurden, verdoppelte sich in der zweiten Welle (1989-1993) sowohl Anzahl der Länder als auch der Teilnehmer (42 Länder, 61.000 Personen).[684] An der dritten Befragungswelle nahmen von 1994 bis 1998 insgesamt 75.000 Personen in 52 Ländern teil.[685] In der vierten Welle von 1999 bis 2004 vergrößerte sich der Teilnehmerkreis nochmals (67 Länder, 96.000 Personen).[686] Die fünfte und bislang letzte abgeschlossene Welle fand von 2005 bis 2008 statt. An ihr beteiligten sich 77.000 Personen aus 54 unterschiedlichen Ländern.[687] Im Jahre 2010 wurde mit der sechsten Welle begonnen und ist aktuell (2012) noch nicht abgeschlossen.[688] Mit dieser Welle soll eine Datenbasis geschaffen werden, die dann insgesamt sechs Messpunkte über einen Zeitraum von mehr als drei Jahrzehnten umfasst und so Veränderungen im Längsschnitt aufzeigen kann.[689]

Im Rahmen der Befragungen werden ca. 350 Items unter anderem aus den Bereichen Ökologie, Ökonomie, Familie, Beruf, Emotionen, Politik und Religion abgefragt.[690] Die Analyse dieser Daten zeigt nach *Inglehart*, dass einige grundlegende Werte stark miteinander korreliert sind und sich die interkulturellen Unterschiede anhand von zwei Dimensionen darstellen lassen.[691] Die Dimension Traditional versus Secular-Rational (traditionale Autorität versus rational-legitime Autorität) reflektiert dabei den Kontrast zwischen Gesellschaften, in denen Religion sehr bedeutsam ist und denen, wo das nicht der Fall ist.[692] Gesellschaften, die sich nahe am traditionellen Pol befinden, betonen die Bedeutung von Eltern-Kind-Beziehungen, Autorität und Familienwerten. Hingegen

682 vgl. *Inglehart* (1980), 145.
683 vgl. *World Values Survey* (2008), 2.
684 vgl. *World Values Survey* (2008), 5.
685 vgl. *World Values Survey* (2008), 5.
686 vgl. *World Values Survey* (2008), 5.
687 vgl. *World Values Survey* (2008), 5.
688 vgl. *World Values Survey* (2012).
689 vgl. *World Values Survey* (2012).
690 vgl. *Inglehart* (1998), 158-188; *World Values Survey* (2011).
691 vgl. *Inglehart* (1998), 121-128; *Inglehart/Welzel* (2005), 25-31.
692 vgl. *Inglehart* (1998), 122-123.

werden liberale Einstellungen wie etwa die Akzeptanz von Scheidung oder Abtreibung abgelehnt.[693] Gesellschaften mit stark ausgeprägten Secular-Rational-Werten haben entsprechend konträre Einstellungen.[694] Laut *Inglehart* findet in nahezu allen Industriegesellschaften eine Verschiebung in Richtung Secular-Rational statt.[695]

Die andere Dimension ist Survival versus Self-Expression (Überleben versus Lebenszufriedenheit). Im Zeitalter der zunehmenden Wissensgesellschaften vollzieht sich hier laut *Inglehart* eine Veränderung hin zu Self-Expression-Werten.[696] Die Bevölkerung der heutigen Wissensgesellschaften ist ohne materielle Not aufgewachsen. Überleben wird als selbstverständlich angesehen, wodurch sich der Fokus weg von materieller und physischer Sicherheit hin zu einer stärkeren Betonung subjektiven Wohlbefindens und Lebensqualität bewegt.[697] Damit verbunden sind Werte wie Umweltschutz, Toleranz gegenüber anderen (Ausländer, Homosexuelle), Gleichberechtigung und Teilhabe an politischen Entscheidungen sowie individuelle Freiheit.[698] Die beiden Dimensionen erklären laut *Inglehart* mehr als 70 Prozent der Varianz zwischen den Ländern.[699]

Inglehart teilt die Ergebnisse anhand der beiden Dimensionen in verschiedene Kulturcluster ein (siehe Abbildung 29).[700] Demnach sind die Länder des protestantischen Europas sowohl in der Dimension Secular-Rational als auch in Self-Expression-Werten am weitesten fortgeschritten. Das englischsprachige Kulturcluster ist in der zweiten Dimension ähnlich weit fortgeschritten, weist jedoch niedrigere Ausprägungen von Secular-Rational-Werten auf. Die weiteren Cluster sind katholisches Europa, Lateinamerika, Afrika, Südasien sowie konfuzianisches, orthodoxes und islamisches Cluster.[701]

Inglehart bildet nicht immer identische Cluster. Teilweise untergliedert er auch in eine größere Zahl von Clustern (z. B. auch in Osteuropa, Nordeuropa)[702] oder macht zusätzliche Einteilungen (z. B. in Ex-kommunistisch).[703]

---

693 vgl. *Inglehart* (1998), 124-125.
694 vgl. *Inglehart/Welzel* (2005), 26-27; *World Values Survey* (2008), 6.
695 vgl. *World Values Survey* (2008), 6.
696 vgl. *Inglehart* (1998), 128-136; *Inglehart/Welzel* (2005), 27-30.
697 vgl. *Inglehart* (1998), 128-132.
698 vgl. *World Values Survey* (2008), 6-7.
699 vgl. *World Values Survey* (2008), 6.
700 vgl. *Inglehart/Welzel* (2010), 551-567.
701 vgl. *Inglehart/Welzel* (2010), 551-567.
702 vgl. beispielsweise *Inglehart* (1998), 135.
703 vgl. beispielsweise *Inglehart/Welzel* (2005), 63.

Konzeptionell lehnt sich *Inglehart* stark an die Modernisierungstheorie an. Dabei geht er – ähnlich wie im Rahmen der neomodernisierungstheoretischen Ansätze – von einem nicht-linearen Wandel aus, setzt Modernisierung nicht mit Verwestlichung gleich und sieht Demokratie nicht als notwendigen oder zwangsläufigen Bestandteil der Modernisierungsphase an.[704] Zudem findet er einen Kompromiss zwischen den beiden extremen Positionen, ob ökonomische Veränderungen Ursache oder Folge kultureller Veränderungen sind.[705]

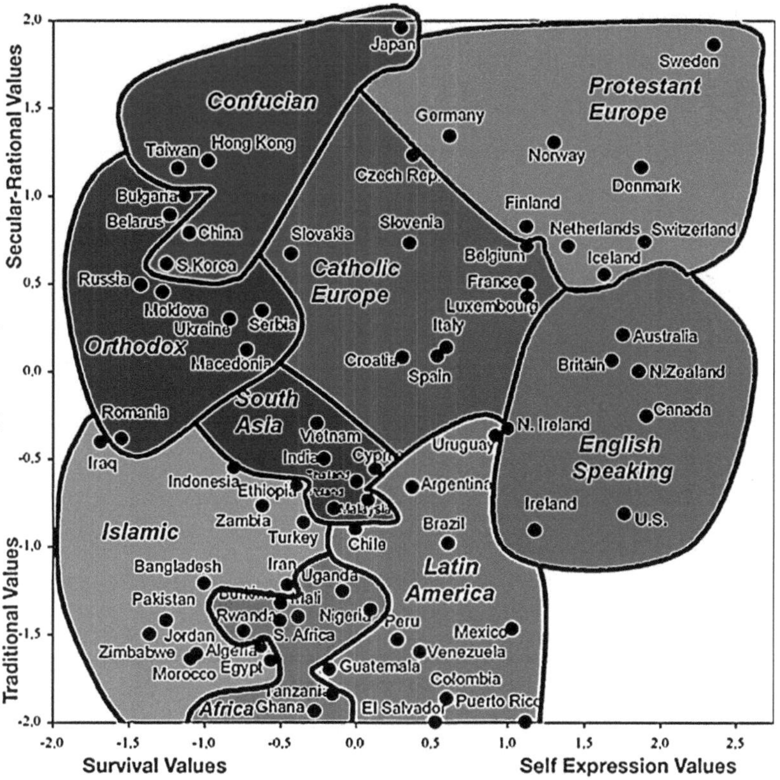

Abbildung 29: World Values Survey Cultural Map 2005-2008[706]

Der Wandel von einem unterentwickelten Land zu einem modernen Land geht nach *Inglehart* einher mit dem Anstieg des subjektiven Wohlbefindens. Er

704 vgl. *Inglehart* (1998), 22-23.

705 vgl. *Rebenstorf* (2009), 119.

706 *Inglehart/Welzel* (2010), 554.

stellt dazu die Hypothese auf, dass die wirtschaftliche Entwicklung eine Veränderung der Überlebensstrategie zur Folge hat.[707] Bei niedrigem Entwicklungsstand führen bereits kleine Zuwächse zu großen ökonomischen Gewinnen (economic gains). Ab einem gewissen Punkt zieht ein weiteres wirtschaftliches Wachstum laut *Inglehart* nur noch geringe Steigerungen zum Beispiel der Lebenserwartung oder des subjektiven Wohlbefindens nach sich. Nichtökonomische Aspekte haben hier bedeutenderen Einfluss auf das Leben und bestimmen, wie sich jemand fühlt.[708] Lebensqualität, welche *Inglehart* mit Lifestyle bezeichnet, wird jetzt zum entscheidenden Gut.[709] Abbildung 30 stellt den Entwicklungsverlauf von Survival hin zu Well-being in Abhängigkeit der Pro-Kopf-Wirtschaftskraft grafisch dar.

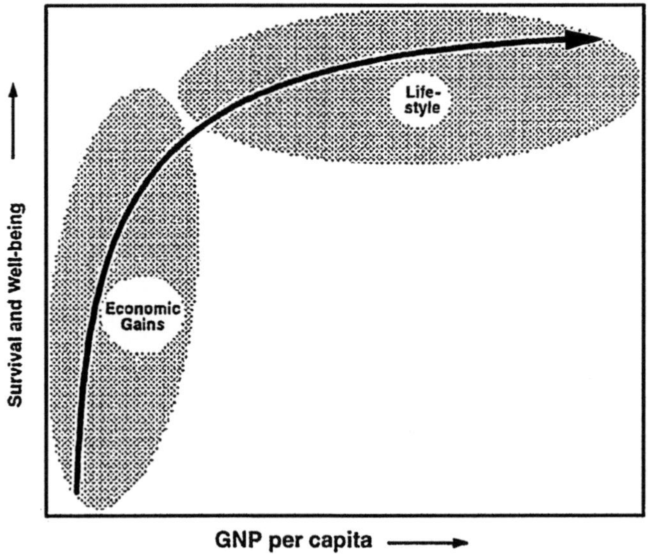

Abbildung 30: Auswirkung ökonomischer Entwicklung auf Werte[710]

Insgesamt zeigt *Inglehart*, dass Werteveränderungen über den Untersuchungszeitraum stattgefunden haben. Dieser Wertewandel vollzieht sich gemäß der Sozialisierungshypothese primär von Generation zu Generation in Abhän-

707 vgl. *Inglehart* (1998), 97.

708 vgl. *Inglehart* (1998), 97-99.

709 vgl. *Inglehart et al.* (2008), 266.

710 *Inglehart* (1998), 98.

gigkeit des steigenden Grades an materieller Sicherheit.[711] Dabei sind auch Reduzierungen der Ausprägung einer Dimension nicht ausgeschlossen, beispielsweise in Fällen wirtschaftlichen Zusammenbruchs mit entsprechender Verringerung wirtschaftlicher Stabilität und Sicherheit.[712] Trotz der Veränderungen der Werte verweist *Inglehart* auch auf die relativ stabilen traditionellen Werte und ihren langfristigen Einfluss auf eine Kultur.[713]

Kritik wird an *Ingleharts* Modell und Untersuchung ebenfalls geäußert. Im Vergleich zum Modell von *Hofstede* sind in der Literatur jedoch weit weniger kritische Stimmen veröffentlicht. In erster Linie wird die Reduktion des Werteraums auf die geringe Zahl an Dimensionen bemängelt, mit der sich das komplexe Themengebiet nicht umfassend darstellen lasse.[714] Weiterhin wird Kritik an seiner Erklärung des Wertewandels sowie den Indikatoren zu dessen Messung geübt.[715] Die Tatsache, dass *Inglehart* anhand von Querschnittsdaten einen Wandel im Laufe der Zeit feststellen will, ist ebenfalls ein geäußerter Kritikpunkt. Damit sei implizit die Annahme verbunden, dass die Gesellschaften, die heute ein niedriges wirtschaftliches Entwicklungsniveau aufweisen, den heute entwickelten Gesellschaften zum Zeitpunkt vor ihrer Modernisierung gleichen.[716]

Die mittel- und osteuropäischen Staaten und Gesellschaften befinden sich nach dem Zerfall der dortigen politischen und wirtschaftlichen Systeme in einer Situation, die der von Ländern vor ihrer Modernisierung sehr ähnlich ist. Der Ansatz von *Inglehart* eignet sich daher besonders für die Betrachtung kultureller Aspekte in Mittel- und Osteuropa.

2.3.3.2.6 Modell von Schwartz

Im Gegensatz zu *Hofstede*, der mit einer empirischen Studie startet, um Daten zu sammeln, erstellt *Schwartz* zunächst ein theoretisches Modell für den Vergleich von Kulturen.[717] Ausgangspunkt hierfür sind die drei grundlegenden Herausforderungen, mit denen alle Gesellschaften konfrontiert werden: 1. Beziehung zwischen Einzelnen und Gruppe; 2. Sicherstellung sozialverantwortlichen Verhaltens; 3. Rolle der Menschen in der natürlichen und sozialen Umwelt. Die resultierenden bipolaren Dimensionen der Kultur nennt *Schwartz* Embeddedness ver-

711 vgl. *Inglehart* (2008), 130.

712 vgl. *Inglehart/Welzel* (2005), 21.

713 vgl. *Inglehart/Welzel* (2005), 4.

714 vgl. *Rössel* (2007), 551; *Oesterdiekhoff* (2001), 48; *Klages/Hippler/Herbert* (1992), 23-26.

715 vgl. *Rössel* (2007), 552.

716 vgl. *Rössel* (2007), 552.

717 vgl. *Schwartz* (1994), 85-119.

sus Autonomy, Hierarchy versus Egalitarianism beziehungsweise Harmony versus Mastery. Aufgrund der weiteren Teilung von Autonomy in intellektuelle und affektive Autonomie ergeben sich somit insgesamt sieben verschiedene Werttypen.

In Kulturen mit einer Tendenz zu Embeddedness werden Individuen in bestehende Gruppenbeziehungen integriert. Hingegen sind Individuen in autonomen Kulturen eher selbstbestimmt und werden bei der Verfolgung eigener Ideen unterstützt.[718] Resultierende Werte sind Neugier und Kreativität. Kulturen mit hoher Embeddedness schätzen eher Sicherheit, soziale Rangordnung, Gehorsam und Weisheit. Ihr Lebenssinn ist tendenziell die Integration in die Gruppe und die Identifikation mit der Gemeinschaft.[719]

Die zweite Dimension zeigt das Ausmaß, zu dem verantwortliches Verhalten sichergestellt ist und wie die ungleiche Verteilung von Ressourcen legitimiert wird.[720] Egalitarianism basiert dabei auf Werten wie Gleichheit, soziale Gerechtigkeit oder Ehrlichkeit, wobei Individuen tendenziell ihre persönlichen Interessen entsprechend den Interessen der Gesellschaft unterordnen.[721] In Kulturen mit stark hierarchisch ausgeprägtem Denken hingegen sind Werte wie Autorität, Bescheidenheit und Gesundheit wichtig.[722]

Die Dimension Harmony versus Mastery schließlich beschreibt die Beziehung des Individuums zur natürlichen und sozialen Umwelt.[723] Diese stellt auf der einen Seite eine harmonische Einbindung des Einzelnen in die Welt wie sie ist dar, auf der anderen Seite des Kontinuums eine aktive und ambitionierte Bewältigung von Herausforderungen. Mastery betont damit Werte wie Erfolg, Kühnheit und Wagemut, während Harmony tendenziell auf Einheit mit der Natur sowie Sicherung von Frieden und Umwelt zielt.[724]

Die Dimensionen von *Schwartz* stimmen partiell mit denen von *Hofstede* überein. Schwartz selbst sieht sein Modell daher auch als Überprüfung der Replizierbarkeit von *Hofstedes* Kulturdimensionen.[725]

Empirisch hat *Schwartz* sein Modell anhand von Befragungen von Lehrern und College-Studenten überprüft. Trotz der aufgrund der Homogenität dieser Gruppen limitierten Repräsentativität[726] kann das Modell von *Schwartz* im Ver-

---

718 vgl. *Schwartz* (2004), 43-50.
719 vgl. *Schwartz* (1994), 102.
720 vgl. *Schwartz* (2004), 52-55.
721 vgl. *Schwartz* (2004), 57-58.
722 vgl. *Schwartz* (2004), 59-60.
723 vgl. *Schwartz* (2004), 62-73.
724 vgl. *Schwartz* (1994), 102-103.
725 vgl. *Schwartz* (1994), 87.
726 vgl. *Rothlauf* (2009), 56.

gleich zu dem von *Hofstede* als das theoretisch wie empirisch verlässlicher konstruierte Modell angesehen werden.[727]

2.3.3.2.7 Kulturkonvergenz, -divergenz und -korridor

Scholz zielt in seinem Konzept des Kulturkorridors[728] nicht auf die Analyse von Kulturdimensionen ab, sondern stellt Überlegungen zum Zusammenspiel von Kulturen an. Ausgangspunkt hierbei ist die Frage nach der Konvergenz oder Divergenz von Kulturen. Kulturkonvergenz basiert auf der These, dass sich „aufgrund technischer und wirtschaftlicher Sachzwänge eine Angleichung der verschiedenen Wirtschaftsordnungen vollzieht und damit eine zunehmende Homogenisierung von Verhaltensweisen und Werten zu erwarten ist".[729] Verbesserte weltweite Kommunikation durch internationale Medien sowie länderübergreifendes Reiseverhalten begünstigen ebenso eine Vereinheitlichung der Kulturen.[730] Kulturelle Eigenheiten und Unterschiede nehmen demnach ab, was einen kulturübergreifenden Einsatz von Managementkonzepten und -methoden ermöglicht. Die These der Kulturdivergenz geht indes vom Gegenteil aus. Danach nehmen kulturelle Unterschiede langfristig zu oder bestehen zumindest weiter fort.[731]

In die gleiche Richtung zielt die Debatte um Universalismus und Kulturismus. Universalisten sind dabei der Ansicht, dass Managementmethoden kulturunabhängig gültig sind und folglich unverändert weltweit eingesetzt werden können.[732] Kulturisten hingegen sehen die Kulturabhängigkeit von Managementtechniken und -konzepten. Im Gegensatz zu Kulturkonvergenz und -divergenz wird hier jedoch eine statische Perspektive eingenommen.[733]

Diese Positionen stellen jeweils Extreme dar. Als möglicher Lösungsansatz bezüglich des Dilemmas zwischen Universalismus und Kulturismus innerhalb der Betriebswirtschaftslehre bietet sich eine weitere Einteilung der Elemente der Betriebswirtschaftslehre in „harte" und „weiche" an.[734] Für die harten Elemente wie den Methoden und Instrumenten der Planung, Investition, Finanzierung oder Produktionssteuerung gilt tendenziell die Universalismusthese.[735] Für weiche

727 vgl. *Six/Felfe* (2004), 650.
728 vgl. *Scholz* (2000).
729 *Barmeyer* (2010a), 647.
730 vgl. *Morschett/Schramm-Klein/Zentes* (2010), 144.
731 vgl. *Barmeyer* (2010b), 643.
732 vgl. *Kühlmann* (2008), 41.
733 vgl. *Kutschker/Schmid* (2011), 807-808.
734 vgl. *von Keller* (1982), 543.
735 vgl. *von Keller* (1982), 543-544.

Elemente wie Motivation, Führungsstil oder Konfliktverhalten hingegen eher der Kulturismus.[736]

Scholz hingegen differenziert im Rahmen seines Konzeptes des Kulturkorridors hinsichtlich Kulturebenen. Der Kulturkorridor basiert dabei auf dem Modell von *Schein* mit den drei Ebenen Grundannahmen, Werte und Artefakte.[737] Im Kulturkorridor müssen die einzelnen Ebenen nicht zwingend alle gleichzeitig in eine Richtung (Konvergenz oder Divergenz) tendieren. Dies ermöglicht einen differenzierteren Vergleich zweier Kulturen und ihres Zusammenspiels anhand der drei Kulturebenen.[738]

Laut *Scholz* gibt es zwei grundlegende Varianten des Kulturkorridors.[739] Die eine zeigt eine schmale Basis in der Ebene der Grundannahmen bei gleichzeitiger großer Übereinstimmung der sichtbaren kulturellen Merkmale. Aufgrund der scheinbaren kulturellen Übereinstimmung kann es in diesem Fall zu Fehleinschätzungen kommen, da die Kulturen tatsächlich eine sehr wohl unterschiedliche Grundlage haben und damit nicht gleich behandelt werden können.[740] Die zweite Variante weist starke Übereinstimmungen auf der Ebene der Grundannahmen auf. Diese äußern sich jedoch auf der Ebene der Werte und Artefakte kulturspezifisch unterschiedlich.[741]

Insgesamt ermöglicht der Kulturkorridor damit die Darstellung eines Rahmens für die (unterschiedliche) Konvergenz der Grundannahmen, Werte und Artefakte.[742] International agierende Unternehmen können auf Basis des Modells im Rahmen ihres Kulturmanagements einen Minimalkorridor festlegen mit dem Ziel, sich entweder von einer Einheits(unternehmens)kultur abzuwenden und kulturspezifische Bedürfnisse lokal aufzunehmen, oder die lokalen Standorte ebenfalls an der Einheits(unternehmens)kultur auszurichten und die lokal andersartige Kultur ohne weitere Adaptierung lediglich zu akzeptieren.[743]

In einer Art Weiterentwicklung des Kulturkorridors zeigen *Scholz* und *Stein*, dass eine Anpassung an regionale Gegebenheiten lediglich in den Bereichen, in denen regional bereits erfolgreiche Unternehmen Anpassungen vorgenommen haben, sinnvoll erscheint.[744] Zur Generierung eines Wettbewerbsvorteils ist gerade eine Differenzierung zur regionalen Kultur erfolgversprechend, wenn sie

736 vgl. *von Keller* (1982), 543-544; *Kühlmann* (2008), 42.
737 vgl. *Scholz* (2000), 827.
738 vgl. *Barmeyer* (2010c), 648.
739 vgl. *Scholz* (2000), 828.
740 vgl. *Scholz* (2000), 828.
741 vgl. *Scholz* (2000), 828.
742 vgl. *Scholz* (2000), 828.
743 vgl. *Scholz* (2000), 829; siehe dazu auch *Blazejewski* (2007), 78-89.
744 vgl. *Scholz/Stein* (2012a).

bei denjenigen Faktoren vollzogen wird, die die Kultur des Herkunftslandes des Unternehmens auszeichnet.[745] Die Kombination aus Anpassung und gezielter Differenzierung bezeichnen die Autoren als „Competitive Acceptance“[746]. Später erweitern *Scholz* und *Stein* das Konzept um eine Competitive Acceptance-Matrix.[747] Abbildung 31 zeigt die Competitive Acceptance-Matrix.

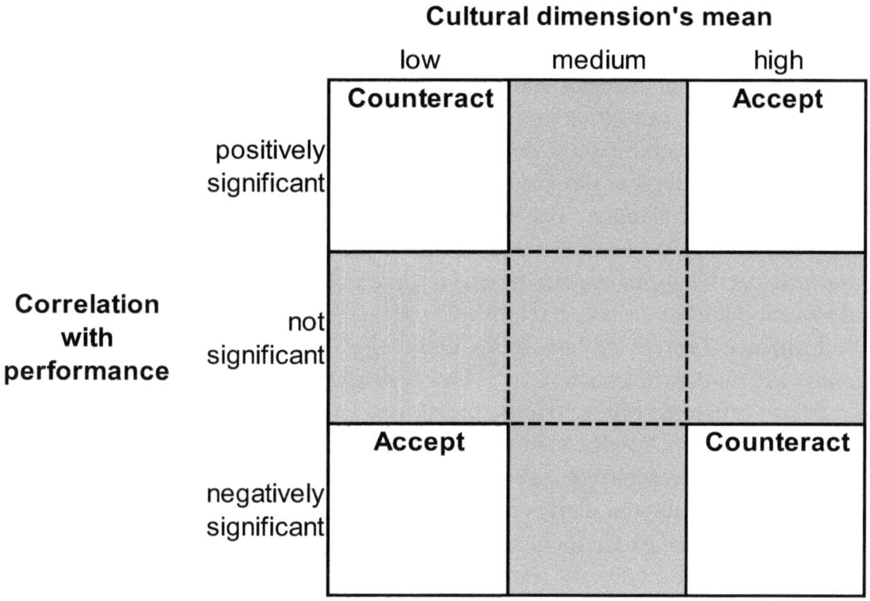

Abbildung 31: Competitive Acceptance-Matrix[748]

Die erste Dimension der Matrix spiegelt die kulturelle Dimension wider. Dargestellt wird hier die Ausprägung jeder untersuchten kulturellen Dimension in Relation zu einem anderen Land oder einer Referenzgruppe.[749] Die zweite Dimension der Competitive Acceptance-Matrix stellt die Verbindung der kulturellen Dimension zu den Auswirkungen auf die Performance des Unternehmens her.[750] Dabei wird unterschieden, ob die Korrelation zwischen kultureller Di-

745 vgl. *Scholz/Stein* (2012a), 11-12+19-21.

746 *Scholz/Stein* (2000), 193; siehe auch *Scholz/Stein* (2002), 283-304.

747 vgl. *Scholz/Stein* (2012a); *Scholz/Stein* (2012b).

748 vgl. *Scholz/Stein* (2012a), 46.

749 vgl. *Scholz/Stein* (2012a), 19.

750 vgl. *Scholz/Stein* (2012a), 19.

mension und Performance des Unternehmens signifikant positiv, signifikant negativ oder nicht signifikant ist.[751]

Die Competitive Acceptance-Matrix kann – wie die Autoren vorschlagen[752] – auf die vier relevanten „Eckzellen“ komprimiert werden. Die dadurch entstehende 2x2-Matrix beinhaltet diejenigen kulturellen Dimensionen, die in ihrer Ausprägung im Zielland stark von der des Referenzlandes oder der Vergleichsgruppe abweichen und gleichzeitig einen relevanten positiven oder negativen Effekt auf die Performance des Unternehmens im Zielland aufweisen. Anders ausgedrückt stellen die hier enthaltenen kulturellen Dimensionen Empfehlungen für Unternehmen bezüglich möglicher Handlungsalternativen dar.

Durch die Kombination der Dimensionen der Matrix ergeben sich unterschiedliche Strategien für Unternehmen, sich auf die Kultur des Ziellandes bestmöglich einzustellen. Für Kombinationen aus niedriger relativer Ausprägung der kulturellen Dimension im Zielland mit gleichzeitiger positiver Korrelation mit der Performance der dortigen Unternehmen (obere linke Zelle) sowie die Kombination von hoher relativer Ausprägung mit negativer Korrelation mit Performance (untere rechte Zelle) zieht eine Empfehlung des „Zuwiderhandelns“ („Counteract“) nach sich:[753] Das bedeutet, dass Unternehmen sich gerade nicht so verhalten sollten, wie es die aktuell im Zielland etablierten Unternehmen tun. Darüber können sich die Unternehmen differenzieren und ein Alleinstellungsmerkmal schaffen. Ist die kulturelle Dimension hingegen bei den Unternehmen im Zielland stark verbreitet und führt gleichzeitig zu Erfolg (obere rechte Zelle) oder ist sie nicht verbreitet und würde auch nicht zum Erfolg führen (untere linke Zelle), so wird eine Strategie des „Akzeptierens“ („Accept“) empfohlen:[754] Unternehmen sollen genau das tun, was die bereits etablierten Unternehmen am Markt ebenfalls tun.

2.3.4 Aspekte der gesellschaftlichen Modernisierung

2.3.4.1 Wohlstands- und Lohnentwicklung

Als Indikator für den Wohlstand einer Gesellschaft wird meist das Bruttoinlandsprodukt als absolute Größe oder bezogen auf die Anzahl der Personen innerhalb eines Landes herangezogen.[755] Die Höhe des Pro-Kopf-BIP gibt dabei

751 vgl. *Scholz/Stein* (2012a), 19.
752 vgl. *Scholz/Stein* (2012a), 28.
753 vgl. *Scholz/Stein* (2012a), 20-21.
754 vgl. *Scholz/Stein* (2012a), 20.
755 vgl. *Piekenbrock* (2009), 769.

Auskunft über den durchschnittlichen Beitrag eines Inländers zur Wertschöpfung eines Landes.[756] Neben der absoluten Höhe des Pro-Kopf-BIP verdeutlicht insbesondere das Wachstum die Dynamik eines Landes. In Ländern wie denen der Region Mittel- und Osteuropa, die sich in einer wirtschaftlichen Modernisierung befinden, führt gerade ein starkes Wachstum des BIP bei den Bürgern zu einem gestärkten Selbstbewusstsein.[757]

Vergleicht man das BIP pro Kopf einiger ausgewählter EU-Länder, so zeigt sich, dass sich die Werte zwischen Deutschland und mittel- und osteuropäischen Ländern absolut noch deutlich voneinander unterscheiden.[758] In Abbildung 32 sind die Werte des Pro-Kopf-BIP von 1995 bis 2011 dargestellt. Zur besseren Vergleichbarkeit sind sie in sogenannten Kaufkraftstandards angegeben. Kaufkraftstandards stellen eine einheitliche Währung dar, die Preisniveauunterschiede zwischen Ländern ausgleicht und damit aussagekräftige BIP-Volumenvergleiche erlaubt.[759] Der Durchschnitt der 27 EU-Länder wurde dabei für jedes Jahr auf 100 normiert und dient als Referenz.

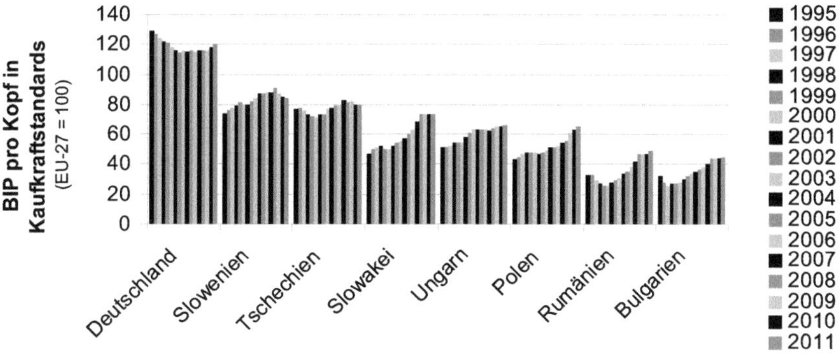

Abbildung 32: BIP pro Kopf in Kaufkraftstandards[760]

Deutschland liegt dabei deutlich über dem EU-Schnitt. Vergleicht man den Wert des Jahres 1995 mit dem von 2011, so hat sich über diesen Zeitraum eine Reduktion von 129 auf 120 vollzogen. Das zwischenzeitliche Minimum betrug 114 im Jahr 2002. In den anderen dargestellten Ländern hat es dagegen eine – wenn auch auf deutlich niedrigerem Niveau – starke Steigerung gegeben. Im

756 vgl. *Piekenbrock* (2009), 120; *Hohlstein* (2009), 406-407.
757 vgl. dazu auch *Kaufmann/Panhans* (2006), 33-35.
758 vgl. *Eurostat* (2012d).
759 vgl. *Eurostat* (2012d).
760 Datenquelle: *Eurostat* (2012d).

gleichen Zeitraum ergab sich hier eine positive Veränderung in der Slowakei von 55 Prozent, in Rumänien von 48 Prozent.[761] Entsprechend hatte beispielsweise Rumänien in den Jahren 2004 bis zur Finanzkrise 2008 ein reales Wachstum des BIP zwischen 4,2 Prozent und 8,5 Prozent.[762]

Ein ähnliches Bild zeigt sich bei der Lohnentwicklung. Abbildung 33 zeigt die Entwicklung der Reallöhne in ausgewählten Ländern der EU von 2000 bis 2008.

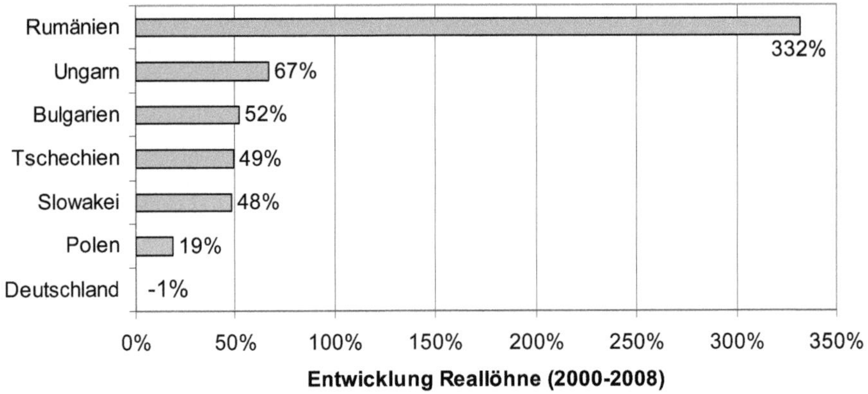

Abbildung 33: Entwicklung der Reallöhne in ausgewählten Ländern der EU von 2000 bis 2008[763]

Während sich in Deutschland die Löhne analog des Pro-Kopf-BIP auf hohem Niveau seitwärts bewegen, steigen sie in den mittel- und osteuropäischen Ländern teilweise stark an. Deutlicher Spitzenreiter beim Lohnanstieg der Länder ist dabei Rumänien, wo im dargestellten Zeitraum die Löhne um über 330 Prozent zugenommen haben.[764]

Aufgrund dieser positiven Entwicklung in den Ländern der Region Mittel- und Osteuropa ergeben sich für die Bewohner dort neue Möglichkeiten. Die ökonomischen Wohlstandssteigerungen führen zu weiteren Veränderungen innerhalb der Gesellschaften.

761 Datenquelle: *Eurostat* (2012d).

762 Datenquelle: *Eurostat* (2011a).

763 Datenquelle: *European Foundation for the Improvement of Living and Working Conditions* (2011).

764 Datenquelle: *European Foundation for the Improvement of Living and Working Conditions* (2011); vgl. *Euro-Informationen* (2011).

2.3.4.2 Verfügbarkeit von Fachkräften

2.3.4.2.1 Geburtenrate

Ein Einflussfaktor mit langfristigen Auswirkungen auf die Verfügbarkeit von Fachkräften ist die Geburtenrate eines Landes. Geht man davon aus, dass Fachkräfte normalverteilt sind, so reduziert sich deren Anzahl langfristig direkt mit Verringerung der Geburtenrate. Die Bevölkerungszahl einer modernen Gesellschaft bleibt langfristig konstant, wenn jede Frau durchschnittlich 2,1 Kinder zur Welt bringt.[765] In Deutschland wie auch in einigen anderen europäischen Ländern gehen die Geburtenraten jedoch zurück. Deutschland hatte im Jahr 2009 eine Geburtenrate von 1,36 Kindern pro Frau. Der Großteil der EU-Länder in Mittel- und Osteuropa weist ebenfalls Geburtenraten auf, die deutlich unter der Reproduktionsmarke liegen.[766] Frankreich und die skandinavischen Länder liegen mit Geburtenraten von fast 2 beziehungsweise etwa 1,9 Geburten pro Frau im Jahr 2009 deutlich über dem Wert von Deutschland. Die mittel- und osteuropäischen Länder Slowakei, Rumänien, Polen und Ungarn liegen mit Werten zwischen 1,32 und 1,41 Geburten pro Frau in 2009 in etwa auf dem Niveau von Deutschland.[767]

Insgesamt verläuft die Entwicklung der Geburtenrate in den dargestellten mittel- und osteuropäischen Ländern relativ homogen. Abbildung 34 zeigt, dass es in den dargestellten Ländern insbesondere nach der politischen Wende zu Beginn der 1990er Jahre zu einer erheblichen Reduktion der Geburtenrate kam. Während im Zeitraum vor der politischen Wende die Geburtenraten in den Ländern noch in etwa auf dem Niveau der Reproduktionsrate lagen, liegen sie jetzt etwa ein Drittel darunter. In Rumänien war der Rückgang etwas steiler und im Vergleich zur Slowakei und Polen zeitlich etwas früher. Daher werden sich insbesondere hier die Auswirkungen des Geburtenrückgangs zuerst bemerkbar machen. Die Jahrgänge, die direkt nach der politischen Wende geboren wurden, treten jetzt und in den kommenden Jahren in das Berufsleben ein. Die Auswirkungen der Reduktion der Geburtenzahlen kommen daher erst jetzt auf dem Arbeitsmarkt an und führen zur entsprechenden Verschlechterung der Verfügbarkeit von Fachkräften für die Unternehmen. Abbildung 34 zeigt, dass es in Deutschland zu einem ähnlichen Rückgang der Geburtenraten etwa gegen Ende der 1960er Jahre gekommen ist und sich die vorherigen Raten seitdem nicht wieder eingestellt haben.

765 vgl. *Kolb* (2004), 44.
766 vgl. *Eurostat* (2011b).
767 vgl. *Eurostat* (2011b).

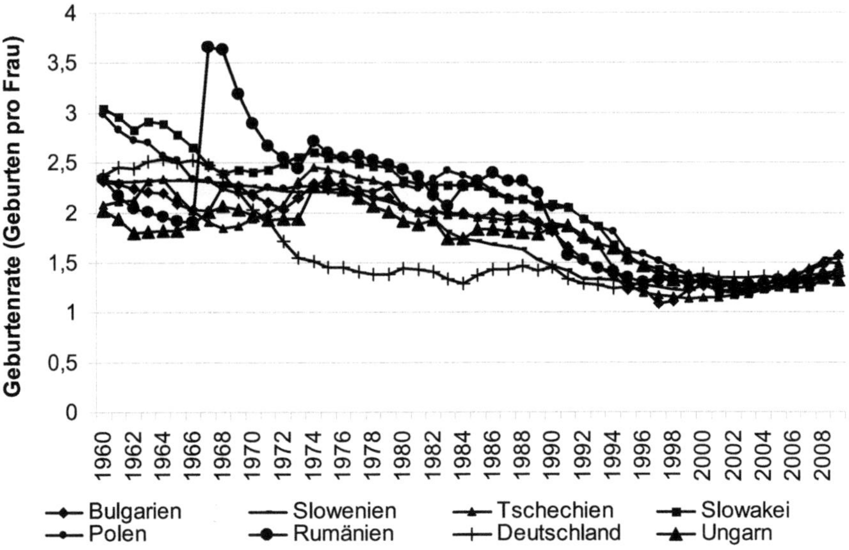

Abbildung 34: Geburtenrate 1960 bis 2009 in ausgewählten Ländern[768]

Durch die reduzierten Geburtenraten kommt es ebenfalls zu einer veränderten Altersstruktur. In Ländern wie Deutschland, in denen die Reduktionen bereits gegen Ende der 1960er Jahre starteten und damit relativ niedrige Geburtenraten über einen langen Zeitraum vorlagen, wirken sich die Folgen nicht nur auf eine Generation aus. Geburtenschwache Jahrgänge wiederum haben ebenfalls niedrige Geburtenraten, was die Problematik bekannterweise zusätzlich verschärft.[769] Aufgrund des zeitlich erst später einsetzenden Rückgangs der Geburtenraten in den Ländern Mittel- und Osteuropas ist dort derzeit die erste Generation betroffen. Generell verschiebt sich aufgrund des Hineinwachsens der geburtenschwachen Jahrgänge in das Erwachsenenalter bei weiterhin bestehenden niedrigen Geburtenraten die Altersstruktur eines Landes nach oben. Langfristig führt dies neben einem Rückgang der Bevölkerung im erwerbsfähigen Alter zu einem Anstieg des Durchschnittsalters der Erwerbstätigen. Dies geschieht bei gleichzeitiger Zunahme der Rentenbevölkerung verbunden mit den daraus resultierenden Problemen – zumindest in Deutschland – innerhalb der sozialen Sicherungssysteme.[770]

768 Datenbasis: *World Bank* (2012).

769 vgl. *von der Oelsnitz/Stein/Hahmann* (2007), 59-63; *Hradil* (2001), 645.

770 vgl. *Hradil* (2001), 645.

2.3.4.2.2 Migration

Zu den kurzfristigen Einflussfaktoren auf die Verfügbarkeit von Fachkräften zählt Migration. Durch Zuwanderung kann ein Teil der aus dem nationalen Geburtenrückgang resultierenden Problematik kompensiert werden. Während sich Deutschland und andere westliche Staaten um Zuwanderung bemühen, zählen Länder der Region Mittel- und Osteuropa zu den Herkunftsgebieten solcher Zuwanderer. In 2009 beispielsweise kamen 17 Prozent der Zuwanderer nach Deutschland aus Polen, weitere 8 Prozent kamen aus Rumänien.[771] Diese beiden waren damit die Hauptherkunftsländer der Migranten nach Deutschland.

Für die Heimatländer ist die Auswanderung dieser überwiegend gut ausgebildeten und jungen Menschen äußerst kritisch zu betrachten. Beispielsweise arbeiten nahezu vier Millionen Rumänen mittlerweile im Ausland. Gemessen an der Gesamteinwohnerzahl von etwa 22 Millionen entspricht das fast einem Fünftel der Bevölkerung.[772] Hauptzielgebiete der rumänischen Auswanderer sind dabei Italien, Spanien und England.[773] Die Rumänen können dabei von der Verwandtschaft ihrer zu den romanischen Sprachen zählenden Muttersprache sowie von den besonders bei jungen Menschen vorhandenen, guten Englischkenntnissen profitieren.

Für die Länder der Region Mittel- und Osteuropa trägt Migration daher aktuell nicht zur Verbesserung der Verfügbarkeit von Fachkräften bei. Hier ist auch auf absehbare Zeit keine Änderung zu erwarten. Während in der Vergangenheit das Gros der Migranten aus Mittel- und Osteuropa nicht dauerhaft in den Facharbeitskräftemarkt im Zielland integriert werden konnten[774], werden mittlerweile durchaus auch qualifizierte Positionen besetzt. Dies geschieht häufig über Stellenausschreibungen, die unternehmensintern standortübergreifend auch in den jeweiligen Gesellschaften in Mittel- und Osteuropa (teilweise erst nach längerer erfolgloser Suche im eigenen Land, beispielsweise Deutschland) ausgeschrieben werden. Darüber hinaus kommt es zu organisierten Aktionen von offiziellen Stellen oder Regionen beispielsweise in Deutschland, die gezielt im Ausland um junge, gut ausgebildete Menschen werben (zum Beispiel Make-it-in-Germany.com oder Fachkraefte-Offensive.de).[775]

---

771 vgl. *Bundesministerium des Inneren* (2011), 21.

772 vgl. *manager-magazin.de* (2008), 1-2.

773 vgl. *IHK Ulm* (2009), 2.

774 vgl. *Bundesministerium des Inneren* (2011), 86-89, 96-98.

775 vgl. *Bundesministerium für Wirtschaft und Technologie* (2012); *Bundesministerium für Arbeit und Soziales* (2012).

2.3.4.3 Wertewandel

Das Phänomen des Wertewandels, das im Vergleich zu früheren Epochen in relativ kurzer Zeit tiefgreifende und auf verschiedene gesellschaftliche Bereiche ausgedehnte Veränderungen hervorgebracht hat, wurde erstmals Mitte der 1960er Jahre beobachtet.[776] Ein Wandel der Werte findet in nahezu allen Gesellschaften statt.[777] Verstärkt werden dabei auch beschleunigte Werteveränderungen diagnostiziert.[778] Insbesondere in Ländern, die sich in einer wirtschaftlichen und politischen Transformation befinden, ist ein Wertewandel für das Gelingen der Transformation grundlegend wichtig. Dies gilt gerade für den Fall der ehemaligen sozialistischen Planwirtschaften der Region Mittel- und Osteuropa. Diese mentale Komponente der Transformation nimmt dabei wesentlich mehr Zeit in Anspruch, als für die Auswechslung alter oder Einführung neuer Institutionen erforderlich ist.[779]

Gemäß *Ingleharts* Sozialisationshypothese finden die Werteveränderungen besonders intergenerationell statt, wobei insbesondere die Erfahrungen während der Jugendzeit die Werte prägen.[780] Innerhalb von Gesellschaften mit zahlreichen Kontakten zu anderen Kulturen – beispielsweise über internationale Unternehmen vor Ort oder auch die Verbreitung des Internets – trägt die Sozialisation besonders zum Wertewandel bei.[781]

2.3.4.3.1 Rationalisierung und technischer Fortschritt

Der erste große Schritt bei der Entwicklung moderner Gesellschaften ist der Übergang von vorindustrieller zu industrieller Gesellschaft.[782] Dieser wird begleitet von der Durchsetzung einer naturwissenschaftlich-technisch geprägten Rationalität. Diese Rationalisierung – in *Ingleharts* Modell als Säkularisierung bezeichnet – erlaubt eine Nachvollziehbarkeit und Berechenbarkeit der Dinge. Dies geht einher mit der Stärkung des Sicherheitsgefühls der Menschen. Gleichzeitig reduzieren sich religiöse Wertorientierungen, da Trost spendende, religiöse Jenseitsorientierungen aufgrund der verbesserten materiellen Lebensumstände weniger dringlich erscheinen.[783] Die Möglichkeit und Herausforderung über Le-

776 vgl. *Kuhn* (2010), 1198.
777 vgl. *Hillmann* (2003), 1.
778 vgl. *Hillmann* (2003), 16.
779 vgl. *Hillmann* (2003), 15.
780 vgl. *Inglehart* (1980), 145; siehe dazu auch *Maag* (1991), 118; *Bürklin/Klein/Ruß* (1994), 603.
781 vgl. *Hillmann* (2003), 152.
782 vgl. *Inglehart/Welzel* (2005), 26-27+30.
783 vgl. *Inglehart* (1998), 391.

benssinn und Lebensgestaltung nachdenken zu können, stellt eine reichhaltige Quelle für den Wertewandel dar.[784]

Die naturwissenschaftlich-technische Denkweise verbunden mit der täglichen Auseinandersetzung mit der natürlichen Umwelt führt zur Produktion unterschiedlicher Formen und Inhalte von Wissen durch den Menschen. Dieses Wissen wiederum hat ebenfalls Einfluss auf die Werte und Bedürfnisse der Menschen. Die Kreativität der Menschen selbst ist damit eine entscheidende Ursache für den Wertewandel einer Gesellschaft, da darüber sowohl neue Erkenntnisse und Einsichten gewonnen als auch bestehende Anschauungen als unbrauchbar und falsch herausgestellt werden können.[785]

Grundlage dieser Wissensausweitung ist ein hohes Bildungsniveau und die damit einhergehende selbständige Denkweise. Wertewandel vollzieht sich gerade dort besonders ausgeprägt, wo das Bildungsniveau hoch ist.[786] Ursache hierfür ist die grundsätzlich veränderte Einstellung gegenüber Werten, die nicht mehr als unumstößliche Selbstverständlichkeiten oder absolute Ideale angesehen, sondern kritisch unter rationalen Gesichtspunkten analysiert werden.[787]

Der technische Fortschritt wirkt ebenfalls über die ständige Weiterentwicklung beispielsweise der Massenmedien auf die Werte.[788] Informationen breiten sich immer schneller und über einen immer größer werdenden Raum aus. Lebensverhältnisse, -stile und alternative Wertorientierung werden global immer transparenter.[789] Insbesondere das Internet beeinflusst über den globalen Austausch die Veränderung von Werten.

2.3.4.3.2 Postmaterialismus

Als wichtigste Ursache des Wertewandels gilt der Übergang der Mangelgesellschaft in die stabile Wohlstandsgesellschaft, die sich aufgrund der Entwicklung der westlichen Länder nach dem Zweiten Weltkrieg dort etabliert hat.[790] *Inglehart* postuliert dazu die Abnahme materialistischer Werte (z. B. körperliche und wirtschaftliche Bedürfnisse oder Sicherheit) bei gleichzeitiger Zunahme postmaterialistischer Werte (z. B. nicht-materielle oder soziale Bedürfnisse, Mitspracherechte, Freiheit und Umweltschutz).[791] *Klages* hingegen sieht keine Verdrängung der materialistischen durch die postmaterialistischen Werte, son-

---

784 vgl. *Hillmann* (2003), 118.
785 vgl. *Hillmann* (2003), 116.
786 vgl. *Klages* (1984), 135-137.
787 vgl. *Hillmann* (2003), 119.
788 vgl. *Hillmann* (2003), 126.
789 vgl. *Hillmann* (2003), 126.
790 vgl. *Kuhn* (2010), 1198.
791 vgl. *Inglehart/Welzel* (2005), 88-92.

dern diagnostiziert eine Wertesynthese, bei der sich lediglich Verschiebungen in der Priorisierung ergeben.[792] Dieser Wandel findet von Pflicht- und Akzeptanzwerten hin zu Selbstentfaltungswerten statt. Die Aufwertung dieser postmaterialistischen Werte muss dabei keineswegs mit der automatischen Abwertung von auf den ersten Blick entgegengesetzten Werten einhergehen. Materialistische Werte sind vielmehr im Lebenszusammenhang hochentwickelter Gesellschaften tief verwurzelt.[793]

Unabhängig vom genauen Ablauf ist insgesamt eine langfristige Bedeutungszunahme postmaterialistischer Werte zu verzeichnen.[794] Dabei kann es durchaus aufgrund von beispielsweise politischen und wirtschaftlichen Transformationen oder auch Instabilitäten auf dem Arbeitsmarkt zu einer vorübergehend stärkeren Fokussierung materialistischer Werte kommen.[795] Dem grundsätzlichen Trend hin zum Postmaterialismus bei zunehmender gesellschaftlicher und wirtschaftlicher Entwicklung steht dies nicht entgegen.

Die ursprüngliche Zielrichtung „Maximierung des Wirtschaftswachstums" geht jetzt auf „Maximierung der Lebensqualität" über.[796] In den Vordergrund rücken neben der Lebensqualität auch Themen wie Umweltschutz, Toleranz und individuelle Freiheit. Gerade die ökologischen Wertorientierungen stellen dabei den seltenen Fall tatsächlich neu geschaffener Werte dar.[797] Sie sind aus der zunehmenden Belastung und Gefährdung der Natur entstanden, die so in materialistischen Gesellschaften nicht bewusst wahrgenommen werden und keine Bedeutung haben. Die Gesamtsituation für Mensch, Gesellschaft und Kultur in einer postmaterialistisch ausgerichteten Umgebung ermöglicht hingegen das Entstehen dieser neuen Werte.[798]

Die wirtschaftliche Entwicklung einer postmaterialistisch geprägten Gesellschaft kommt jedoch keinesfalls zum Stillstand. Es vollziehen sich Verlagerungen hin zu einem höheren Anteil von Dienstleistungstätigkeiten und Wissensarbeit, woraus sich wieder neue Impulse und Potenziale für ein wirtschaftliches Wachstum als auch für den Wertewandel selbst ergeben. Ferner beeinflusst die Ausdehnung der Freizeit den Wertewandel und seine Geschwindigkeit.[799]

---

792 vgl. *Klages* (1984), 18-19.
793 vgl. *Hillmann* (2003), 220.
794 vgl. *Klages* (2001), 728.
795 vgl. *Kuhn* (2010), 1199.
796 vgl. *Inglehart* (1977), 100.
797 vgl. *Hillmann* (2003), 273.
798 vgl. *Hillmann* (2003), 273.
799 vgl. *Hillmann* (2003), 124.

2.3.4.3.3 *Individualisierung*

Neben der Aufwertung postmaterialistischer Werte kommt es ebenfalls zu einer verstärkten Individualisierung in allen Lebensbereichen.[800] Unter Individualisierung wird ein besonders breites Spektrum von Werten und wertgeladenen Persönlichkeitseigenschaften subsumiert. Neben naheliegenden Werten wie Individualismus fallen beispielsweise auch Autonomie, Eigeninitiative, Selbstverwirklichung, Klugheit, Humor, gesellschaftliche Anerkennung oder Prestige darunter.[801] Eine strikte Trennung zu postmaterialistischen Werten ist kaum möglich und letztlich auch nicht zielführend. Die Kategorien gehen eher fließend ineinander über und überlappen sich.[802]

Charakterisierend für die Individualisierung sind die Auflösung traditioneller Lebensformen, die freiwillige und eigenständige Erweiterung der sozialen Netzwerke über die eigentliche Familie hinaus, die zunehmende Pluralisierung von Lebensstilen und Formen sowie das Gewinnen neuer Freiheiten.[803] Individualisierung entsteht dabei durch Differenzierung einzelner Elemente einer bis dahin homogenen Gruppe.[804] Ein Beispiel hierfür ist das stark steigende Angebot an unterschiedlichen Varianten eines Fahrzeugs. Während es früher in der Regel nur eine Karosserievariante eines Modells gab, so werden heute auf der gleichen Basis die unterschiedlichsten Aufbauten angeboten. Der Volkswagen Golf beispielsweise ist neben der „normalen" Version auch als Variant (Kombi), als Golf Plus mit höherer Sitzposition und insgesamt höherem Aufbau und als Cross-Golf mit Geländewagenoptik erhältlich. Als weitere Derivate können auch die Modelle auf gleicher Basis der Schwestergesellschaften angesehen werden, so dass insgesamt eine Vielzahl an Möglichkeiten besteht, sich beim Kauf eines „Golf" zu differenzieren.

Individualisierung kommt auch durch den gesteigerten Drang nach persönlicher Selbstentfaltung durch Erlangen einer höheren Bildung sowie der Bereitschaft zu ständiger Weiterbildung zum Ausdruck.[805] Dazu zählt ebenfalls die steigende Bedeutung interessanter und sinnvoller Berufsarbeit aus Sicht des Arbeitnehmers. Der Arbeit kommt im Rahmen der Individualisierung eine Schlüsselstellung zu, da sich darüber vielfältige individualistische Wertorientierung ansprechen lassen.[806] Neben der Möglichkeit, seine Fähigkeiten einsetzen zu

---

800 vgl. *Hornberger* (2010), 488-489.

801 vgl. *Hillmann* (2003), 228.

802 vgl. *Hillmann* (2003), 229.

803 vgl. *Degele/Dries* (2005), 73; siehe auch *Kampits* (2007), 23-24.

804 vgl. *Degele/Dries* (2005), 78.

805 vgl. *Hillmann* (2003), 337.

806 vgl. *Hillmann* (2003), 316.

können und Verantwortung zu übernehmen, kann aktiv an der Schaffung und Gestaltung zum Beispiel eines Produkts mitgewirkt werden. Damit werden sowohl die Werte gesellschaftliche Anerkennung als auch Selbstverwirklichung angesprochen. Unternehmen stellen sich auf die veränderten Anforderungen beispielsweise durch den Einsatz flexibler und individueller Arbeitszeiten als auch durch individualisierte Entlohnung und Sozialleistungen (zum Beispiel in Cafeteria-Modellen) ein.[807] Dadurch sollen Arbeitsbedingungen und Anreizsysteme an individuelle Bedürfnisse anpassbar gemacht werden. Die gesteigerten Ansprüche an die Arbeit selbst, ihren Inhalt und ihr Umfeld treten insbesondere bei der Gruppe der Personen mit hoher Bildung und hohem Einkommen als Motivatoren in den Vordergrund.[808]

Die Werteveränderungen hin zu individualistischen Orientierungen sind dabei global ausgeprägt.[809] In den ehemals sozialistischen Ländern in Mittel- und Osteuropa waren diese Tendenzen bereits vor der politischen Wende latent vorhanden, konnten sich jedoch erst nach dem Zerfall des Ostblocks tatsächlich äußern.[810] Dabei kam es aufgrund des Nachholeffektes eher zu einem Wertesprung als zu einer allmählichen Änderung.[811] Dies wird zudem unterstützt durch den zunehmenden internationalen Austausch, zum Beispiel über studentische Auslandsaufenthalte. *Hillmann* rechnet daher mit einer weiteren Aufwertung und globaler Ausbreitung individualistischer Wertorientierungen.[812]

Insgesamt wird der Fokus der Individualisierung auf die Verbindung von Spaß und Sinn gelegt[813] und führt zu einer zunehmenden, freiwilligen Beteiligung an gemeinnützigen Projekten als auch zur Teilnahme an sehr ambitionierten sportlichen Betätigungen. Bei der Arbeit selbst stehen ebenfalls individualistische Wertorientierungen wie die eigene Persönlichkeitsentfaltung im Vordergrund.[814] Zudem haben hedonistische Tendenzen in den letzten Jahren massiv an Bedeutung gewonnen.[815]

---

807 vgl. *Hornberger* (2010), 488-489.
808 vgl. *Müller-Schneider* (2001), 104; *Hillmann* (2003), 316.
809 vgl. *Haller* (2007), 41.
810 vgl. *Hillmann* (2003), 234-235.
811 vgl. *Hillmann* (2003), 235.
812 vgl. *Hillmann* (2003), 235; auch *Hornberger* (2010), 488-490.
813 vgl. beispielsweise *Scholz* (2011), 441-443.
814 vgl. *Hillmann* (2003), 218-219.
815 vgl. *Hillmann* (2003), 224-226.

3 Untersuchungsrahmen

3.1 Modell

3.1.1 Überblick

Mitarbeiterbindung findet grundsätzlich in einem dynamischen Umfeld statt. Gesellschaftliche Modernisierung hat auf das Personalmanagement einen großen Einfluss.[816] Wie die Ausführungen in Kapitel 2 zeigen, ist das Umfeld in Mittel- und Osteuropa aufgrund der politischen, wirtschaftlichen und gesellschaftlichen Veränderungen der letzten Jahre als äußerst dynamisch zu bezeichnen.[817] Dies kann nicht ohne Auswirkungen auf die Mitarbeiterbindung in der Region bleiben.

Basierend auf den Analysen des vorherigen Kapitels soll ein theoretisches Modell entwickelt werden, welches die einzelnen Themenfelder gesellschaftliche Modernisierung, Mitarbeiterbindung und Mittel- und Osteuropa miteinander verbindet. Im Zentrum des Modells stehen dabei die Instrumente der Mitarbeiterbindung sowie die von den Unternehmen diesbezüglich eingesetzten Strategien. Gesellschaftliche Modernisierung stellt die Eingangsgröße dar, die sowohl Einfluss auf die (unternehmensunabhängige) Entwicklung der Mitarbeiterbindungsinstrumente als auch auf die übergeordneten Bindungsstrategien der Unternehmen hat. Der Bindungs- und der Unternehmenserfolg stellen die Zielgrößen dar.

Auch wenn dieses Modell grundsätzlich für die gesamte Region Mittel- und Osteuropa angewendet werden könnte, wird – der Zielstellung der Arbeit folgend – der Fokus auf das Land Rumänien gelegt. Abbildung 35 zeigt das grundsätzliche theoretische Modell für Rumänien.

Die gesellschaftliche Modernisierung in Rumänien wirkt auf die Entwicklung der dortigen Mitarbeiterbindungsinstrumente. Dies geschieht unabhängig von den Unternehmen, wenngleich Wechselwirkungen zwischen Unternehmen und Gesellschaft, die Einfluss auf gesellschaftliche Modernisierung haben, grundsätzlich nicht ausgeschlossen werden können. Mitarbeiter eines Unternehmens werden auch durch das unternehmerische Umfeld ihres Arbeitgebers geprägt. [818] Dies gilt umso mehr, wenn es sich um ein ausländisches Unternehmen handelt, so dass Unterschiede zum Beispiel in den Managementmethoden

816 vgl. *Gmür* (2010), 866. *Kuhn* (2010), 1198-1199; *Hornberger* (2010), 487-490.

817 vgl. *Dülfer/Jöstingmeier* (2008), 31+55-65; *Welge/Holtbrügge* (2006), 11-12; *Kaufmann/Panhans* (2006), 27-41.

818 vgl. *Kaufmann/Panhans* (2006), 322-324

stärker sichtbar werden.[819] Hier wird jedoch grundsätzlich davon ausgegangen, dass gesellschaftliche Modernisierung eine von den einzelnen Unternehmen unabhängige Komponente ist. Diese gesellschaftliche Modernisierung beeinflusst die Entwicklung der Mitarbeiterbindungsinstrumente, die in Rumänien eingesetzt werden. Der Verlauf kann sich dabei dem Verlauf in gegenüber Rumänien weiter entwickelten Ländern annähern oder davon abweichen und sich in eine andere Richtung entwickeln.

Diese unternehmensextern vorgegebenen Faktoren wirken auf die Unternehmen in Rumänien. Diese müssen ihre Instrumente der Mitarbeiterbindung auf die gesellschaftlich und arbeitsmarktseitig vorgegebenen Anforderungen abstimmen. Die Entwicklung der Faktoren beeinflusst daher die im Unternehmen eingesetzten Mitarbeiterbindungsinstrumente.

Die Unternehmen wiederum haben standortbezogen unterschiedliche strategische Optionen, auf die gesellschaftlichen Randbedingungen hinsichtlich der Bindung von Mitarbeitern zu reagieren. Gleichzeitig beeinflussen diese übergeordneten Bindungsstrategien auch die am Standort vom Unternehmen eingesetzten Mitarbeiterbindungsinstrumente. Die Meta-Bindungsstrategien sowie die Mitarbeiterbindungsinstrumente der Unternehmen wiederum wirken auf den Bindungserfolg. Der Unternehmenserfolg wird im Modell einerseits über den Bindungserfolg, andererseits auch direkt über die Meta-Bindungsstrategien beeinflusst. Gleichzeitig bestehen Rückkopplungen vom Unternehmenserfolg auf Meta-Bindungsstrategien, auf Bindungserfolg sowie innerhalb des Unternehmenserfolgs selbst.

Ziel ist es, mit Hilfe des Modells die erfolgskritischen Instrumente und Strategien der Mitarbeiterbindung für Rumänien zu identifizieren, die sich aus dem dynamischen gesellschaftlichen Umfeld ergeben. Das Modell spiegelt dabei die Arbeitgeberperspektive wider.

Insgesamt lässt sich das Modell allgemein in einen modernisierungstheoretischen Kontext einordnen.[820] Auch das von *Inglehart* erstellte Modell zum Zusammenhang zwischen ökonomischer Entwicklung und Werten fließt in seinen Grundaussagen indirekt mit ein. *Ingleharts* Ausführungen beeinflussen die Thematik der gesellschaftlichen Modernisierung sowie den Verlauf der Entwicklung der Mitarbeiterbindungsinstrumente im vorliegenden theoretischen Modell.[821]

---

819 vgl. *Welge/Holtbrügge* (2006), 211-220.

820 vgl. allgemein *Alexander* (1994a).

821 vgl. *Inglehart* (1998).

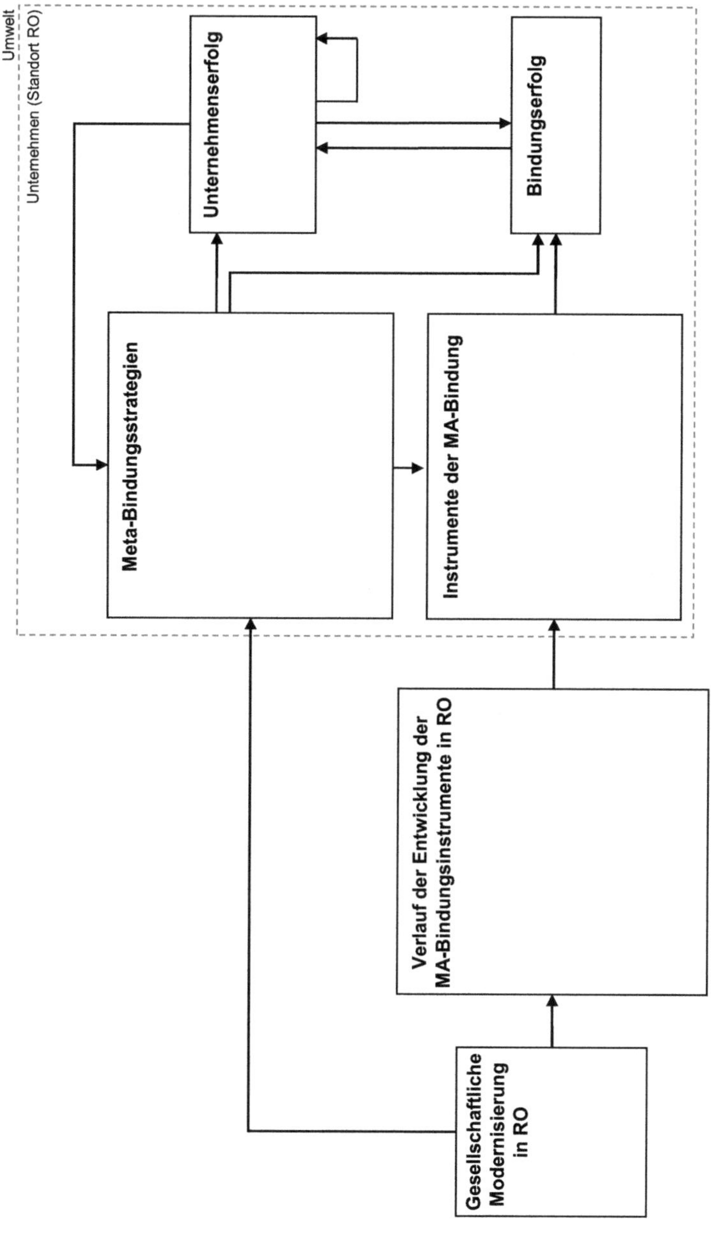

Abbildung 35: Theoretisches Modell für Rumänien

3.1.2 Detailliertes theoretisches Modell

Wie im Rahmen der theoretischen Grundlagen dargelegt, stellen die Wohlstands- und Lohnentwicklung, die Verfügbarkeit von Fachkräften sowie der Wertewandel die hier betrachteten Aspekte der gesellschaftlichen Modernisierung in Rumänien dar.[822] Abbildung 36 zeigt das detaillierte theoretische Modell.

Die Entwicklung der Mitarbeiterbindungsinstrumente in Rumänien kann grundsätzlich zwei Richtungen aufweisen. Entweder entwickeln sich die Mitarbeiterbindungsinstrumente in Rumänien in die Richtung der weiter entwickelten Länder wie beispielsweise Deutschland. Dies würde insbesondere mit einer steigenden Bedeutung nicht-monetärer Anreize einhergehen.[823] Oder die Mitarbeiterbindungsinstrumente in Rumänien entwickeln sich in eine eigene, unabhängige Richtung. Dies würde dann auch zur Entwicklung und zum Einsatz von Mitarbeiterbindungsinstrumenten in Rumänien führen, die in den weiter entwickelten westlichen Ländern nicht oder nur sehr vereinzelt eingesetzt werden.

Neben der grundsätzlichen Entwicklungsrichtung der Mitarbeiterbindungsinstrumente in Rumänien ist zum anderen die Geschwindigkeit dieser Entwicklung von Bedeutung. Diese kann einerseits immer schneller werden, sich also entweder immer schneller an weiter entwickelte Länder annähern oder sich immer schneller von ihnen entfernen. Andererseits kann diese Annäherung beziehungsweise Entfernung immer langsamer vonstattengehen.

Gesellschaftliche Modernisierung als auch die Entwicklung der Mitarbeiterbindungsinstrumente in Rumänien liegen außerhalb des vom Unternehmen direkt beeinflussbaren Bereichs.

Im unternehmensinternen Einflussbereich liegen die Instrumente der Mitarbeiterbindung. Sie werden durch die drei Blöcke Vergütung, Mischformen und Identifikation fördern dargestellt. Die einzelnen Blöcke ordnen sich dabei auf der Achse von monetär zu nicht-monetär. Während vergütungsbezogene Bindungsinstrumente überwiegend oder gar ausschließlich monetären Bezug haben, stellen die Fähigkeiten fördernden und die begleitenden Instrumente Mischformen mit monetärem als auch nicht-monetären Bezug dar. Die Identifikation fördernde Bindungsinstrumente zeichnen sich durch einen überwiegend bis ausschließlich nicht-monetären Bezug aus.

---

822 vgl. *Piekenbrock* (2009), 769; *Bienzeisler/Bernecker* (2009), 8-14; *Kuhn* (2010), 1198-1199.

823 vgl. *Knoblauch* (2004).

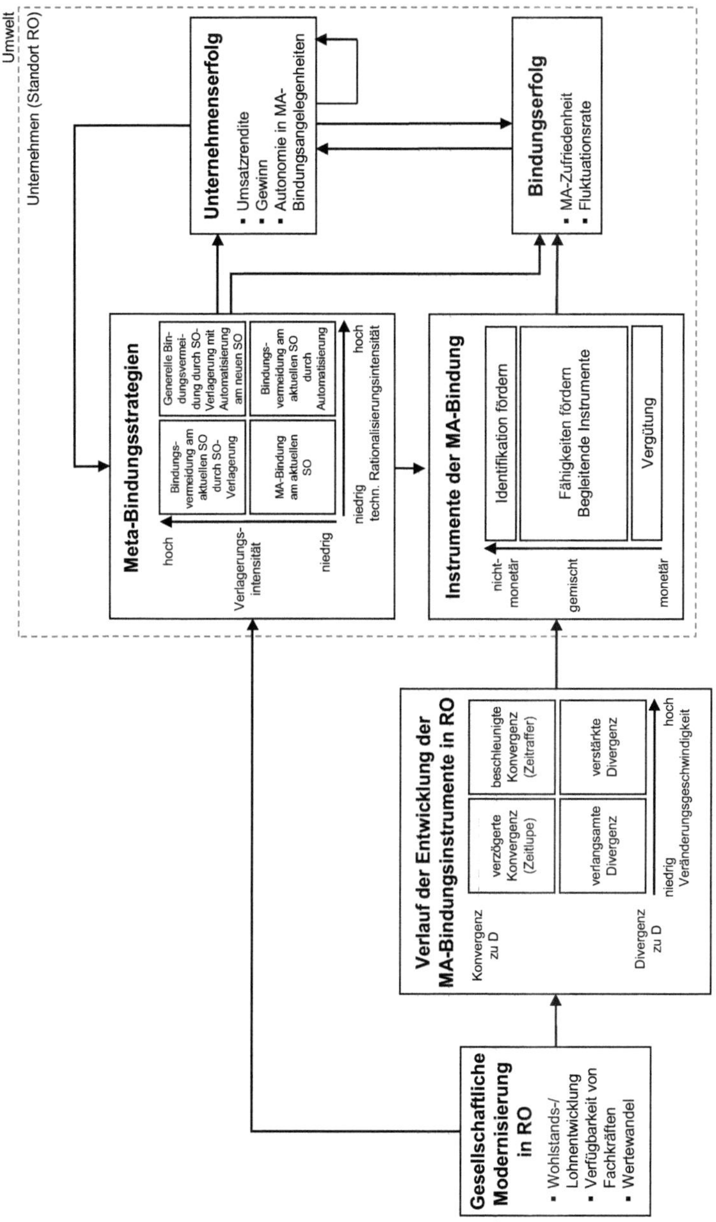

Abbildung 36: Detailliertes theoretisches Modell

Die im Unternehmen eingesetzten Instrumente der Mitarbeiterbindung wiederum werden von der hinsichtlich Mitarbeiterbindung gewählten Strategie des Unternehmens beeinflusst. Die strategischen Optionen werden hier anhand der beiden Achsen Verlagerungsintensität und technische Rationalisierungsintensität gegliedert. Die erste Achse drückt aus, wie stark bei einem Unternehmen die Nutzung von Verlagerung von Unternehmensteilen oder eines ganzen Standorts ausgeprägt ist. Die zweite Achse hingegen zeigt, welches Bestreben oder welche Möglichkeiten innerhalb eines Unternehmens bestehen, manuelle Arbeit durch technische Mittel über Automatisierung zu ersetzen. Aus der Kombination resultieren für Unternehmen grundsätzlich vier unterschiedliche Bindungsstrategien. Die Strategietypen werden dabei mit Typ I bis Typ IV bezeichnet, wobei sich die Nummerierung an die Bezeichnung der Quadranten im Koordinatensystem aus technischer Rationalisierungsintensität und Verlagerungsintensität anlehnt.

Bei Vorliegen einer hohen Verlagerungsintensität bei gleichzeitig niedriger technischer Rationalisierungsintensität (Typ II) entscheiden sich Unternehmen für eine Strategie der Bindungsvermeidung. Das Mittel dieser Vermeidung ist die Verlagerung des Standortes oder arbeitsintensiver Teile. Diese Strategie könnte bei Unternehmen eingesetzt werden, deren Produkte sehr lohnintensiv sind und die nur geringe Anlaufkosten beim Aufbau eines neuen Standortes zu tragen haben. Sie gehen dorthin, wo Mitarbeiter günstig zu rekrutieren sind, und beschäftigen sich wenig mit der Bindung der Mitarbeiter am aktuellen Standort.

Liegen umgekehrt hohe technische Rationalisierungsintensität und niedrige Verlagerungsintensität vor (Typ IV), so zielt das Unternehmen auf Vermeidung von Mitarbeiterbindung durch den verstärkten Einsatz von Maschinen. Unternehmen, die hohe Investitionen in einen bestehenden Standort geleistet haben und diesen nicht ohne größere Probleme verlassen können – beispielsweise auch, weil ein potenzieller neuer Standort aufgrund größerer Entfernung zu Kunden logistische Kostennachteile ausweisen würde –, könnten sich gezwungen sehen, den Faktor Arbeit und die damit einhergehende Notwendigkeit zur Bindung von Mitarbeitern zu minimieren und Mitarbeiter wo möglich durch Maschinen zu ersetzen.

Die Kombination aus hoher Verlagerungs- als auch hoher technischer Rationalisierungsintensität stellt eine weitere strategische Option dar (Typ I). Hier zielt das Unternehmen auf eine generelle Bindungsvermeidung seiner Mitarbeiter ab. Als Mittel werden sowohl die Standortverlagerung als auch die Automatisierung am neuen Standort gleichzeitig eingesetzt. Diese Strategieoption stößt in vielen Bereichen an Grenzen, zum Beispiel können Standorte nicht in beliebig kurzen Zeitabständen ökonomisch sinnvoll verlagert werden. Zudem wird die Bedeutung der Thematik der Mitarbeiterbindung bei zunehmender Automatisierung immer geringer. Die (mitarbeiterbindungsgetriebene) Verlagerungsintensität muss damit nicht weiter erhöht werden. Diese Strategie geht damit über in die Option der Bindungsvermeidung am aktuellen Standort durch weitere Automatisierung.

Die vierte strategische Option entsteht aus der Kombination von niedriger Verlagerungsintensität bei gleichzeitig niedriger technischer Rationalisierungsintensität (Typ III). Unternehmen wollen oder müssen am Standort verbleiben. Gleichzeitig sind die Möglichkeiten, die Arbeitsprozesse zu automatisieren, beschränkt oder nicht vorhanden. Die Unternehmen sind daher auf ihre guten und eingearbeiteten Mitarbeiter angewiesen. Um sie nicht zu verlieren, setzen die Unternehmen auf Mitarbeiterbindung am aktuellen Standort.

Die vier beschriebenen Strategien stellen Extremformen dar. Unternehmen, die automatisieren oder Teile verlagern, können – und werden – sehr wohl auch Mitarbeiter aktiv binden. Mischformen der einzelnen Strategien sind daher möglich und wahrscheinlich. Die Meta-Bindungsstrategien werden neben unternehmenspolitischen und grundlegenden strategischen Unternehmensentscheidungen direkt von der gesellschaftlichen Modernisierung in Rumänien beeinflusst.

Sowohl die Instrumente der Mitarbeiterbindung als auch die Meta-Bindungsstrategien wirken auf den Bindungserfolg. Dieser wird durch die Mitarbeiterzufriedenheit und die Fluktuationsrate beschrieben. Die Fluktuationsrate stellt ein Maß für den aktuellen Bindungserfolg dar, während die Mitarbeiterzufriedenheit zusätzlich den zu erwartenden zukünftigen Bindungserfolg beschreiben kann.[824]

Der Bindungserfolg wirkt auf den Unternehmenserfolg, hier ausgedrückt durch Umsatzrendite und Gewinn.[825] Die Meta-Bindungsstrategien wirken ebenfalls direkt auf den Unternehmenserfolg. Zusätzlich wird hier als Erfolg des Unternehmens die Autonomie in Mitarbeiterbindungsangelegenheiten angesehen. Dies bedeutet, dass der jeweilige Unternehmensstandort hinsichtlich der Entscheidungen im Bereich der Mitarbeiterbindung frei agieren kann und keine oder nur geringe Vorgaben seitens der Unternehmenszentrale diesbezüglich erhält.

Die Autonomie in Mitarbeiterbindungsangelegenheiten als Element des Unternehmenserfolgs wiederum wirkt zurück auf die Meta-Bindungsstrategien und den Bindungserfolg. Weiterhin wirkt sie auf andere Elemente des Unternehmenserfolges wie beispielsweise die Umsatzrendite.

824 vgl. zum Beispiel Fluktuationsmodelle von *Gehlen* (2004), 130; *Neuhaus* (2010), 118.
825 vgl. *Reichheld* (1997), 124-126.

3.2 Hypothesen

3.2.1 Hypothesen zu Entwicklung und Art der Mitarbeiterbindungsinstrumente

Basierend auf dem theoretischen Modell, das die bereits in den theoretischen Grundlagen begründeten Zusammenhänge integriert, werden zunächst Hypothesen für die Entwicklung der Mitarbeiterbindungsinstrumente sowie für die Art der Instrumente der Mitarbeiterbindung formuliert. Diese Hypothesen beziehen sich auf den Zusammenhang zwischen den Elementen der gesellschaftlichen Modernisierung in Rumänien und der Entwicklung der Mitarbeiterbindungsinstrumente in Rumänien. Hierbei wird die Entwicklung in Relation zu Deutschland (als Repräsentant eines weiter entwickelten Landes) gesetzt.

Hypothese 1a: Je höher die Löhne in Rumänien steigen, desto mehr nähern sich die dort eingesetzten Mitarbeiterbindungsinstrumente denen in Deutschland an.

Hypothese 1b: Je niedriger die Verfügbarkeit von Fachkräften in Rumänien ist, desto mehr nähern sich die dort eingesetzten Mitarbeiterbindungsinstrumente denen in Deutschland an.

Hypothese 1c: Je weiter der Wertewandel in Rumänien fortgeschritten ist, desto mehr nähern sich die dort eingesetzten Mitarbeiterbindungsinstrumente denen in Deutschland an.

Die Beziehung zwischen der Entwicklung der Mitarbeiterbindungsinstrumente in Rumänien und den (unternehmensinternen) Instrumenten der Mitarbeiterbindung (am Standort in Rumänien) wird ebenfalls in Relation zu Deutschland gesetzt.

Hypothese 2a: Die Entwicklung der Mitarbeiterbindungsinstrumente in Rumänien entspricht der zeitversetzten und zeitgerafften Entwicklung der Mitarbeiterbindungsinstrumente in Deutschland.

Hypothese 2b: Je weiter sich die Entwicklung der Mitarbeiterbindungsinstrumente in Rumänien der in Deutschland annähert, desto größer ist der Anteil der von Unternehmen in Rumänien eingesetzten nicht-monetären Mitarbeiterbindungsinstrumente.

3.2.2 Hypothesen zu den Meta-Bindungsstrategien

Die zweite Hypothesengruppe bezieht sich zunächst auf die Meta-Bindungsstrategien und die Beziehung zu den (extern vorgegebenen) Elementen der gesellschaftlichen Modernisierung in Rumänien.

Hypothese 3a: Je höher die Löhne in Rumänien steigen, desto stärker setzen Unternehmen dort eine standortbezogene Mitarbeiterbindungsstrategie ein.

Hypothese 3b: Je niedriger die Verfügbarkeit von Fachkräften in Rumänien ist, desto stärker setzen Unternehmen dort eine standortbezogene Mitarbeiterbindungsstrategie ein.

Hypothese 3c: Je weiter der Wertewandel in Rumänien fortgeschritten ist, desto stärker setzen Unternehmen dort eine standortbezogene Mitarbeiterbindungsstrategie ein.

Weiterhin wirken die Meta-Bindungsstrategien auf die am Unternehmensstandort in Rumänien eingesetzten Instrumente der Mitarbeiterbindung.

Hypothese 4: Je niedriger die Verlagerungsintensität und die technische Rationalisierungsintensität sind, desto stärker ist der Einsatz nicht-monetärer Mitarbeiterbindungsinstrumente in Unternehmen in Rumänien.

3.2.3 Hypothesen zu den Erfolgsgrößen

Die Hypothesen zu den Erfolgsgrößen beziehen sich auf die erwartete Relation zwischen den Instrumenten der Mitarbeiterbindung und dem Bindungserfolg.

Hypothese 5a: Je häufiger Unternehmen in Rumänien nicht-monetäre Mitarbeiterbindungsinstrumente einsetzen, desto größer ist dort die Mitarbeiterzufriedenheit.

Hypothese 5b: Je häufiger Unternehmen in Rumänien nicht-monetäre Mitarbeiterbindungsinstrumente einsetzen, desto niedriger ist dort die Fluktuationsrate.

Ferner werden die Hypothesen für den Zusammenhang zwischen Meta-Bindungsstrategien und Bindungserfolg formuliert.

Hypothese 6a: Je stärker der Einsatz von standortbezogenen Mitarbeiterbindungsstrategien in Unternehmen in Rumänien ist, desto größer ist dort die Mitarbeiterzufriedenheit.

Hypothese 6b: Je stärker der Einsatz von standortbezogenen Mitarbeiterbindungsstrategien in Unternehmen in Rumänien ist, desto niedriger ist dort die Fluktuationsrate.

Die Meta-Bindungsstrategien weisen im theoretischen Modell zusätzlich eine direkte Beziehung zum Unternehmenserfolg auf.

Hypothese 7a: Je stärker der Einsatz von standortbezogenen Mitarbeiterbindungsstrategien in Unternehmen in Rumänien ist, desto höher ist dort die Unternehmensrendite.

Hypothese 7b: Je stärker der Einsatz von standortbezogenen Mitarbeiterbindungsstrategien in Unternehmen in Rumänien ist, desto größer ist dort der Gewinn.

Hypothese 7c: Je stärker der Einsatz von standortbezogenen Mitarbeiterbindungsstrategien in Unternehmen in Rumänien ist, desto größer ist die Autonomie des Standortes in Mitarbeiterbindungsangelegenheiten.

Zwischen den beiden Erfolgsgrößen Bindungserfolg und Unternehmenserfolg besteht ebenfalls eine direkte Verbindung.

Hypothese 8a: Je höher die Mitarbeiterzufriedenheit in Unternehmen in Rumänien ist, desto höher ist dort die Unternehmensrendite.

Hypothese 8b: Je höher die Mitarbeiterzufriedenheit in Unternehmen in Rumänien ist, desto größer ist dort der Gewinn.

Hypothese 8c: Je höher die Mitarbeiterzufriedenheit in Unternehmen in Rumänien ist, desto größer ist die Autonomie des Standortes in Mitarbeiterbindungsangelegenheiten.

Hypothese 8d: Je niedriger die Fluktuationsrate in Unternehmen in Rumänien ist, desto höher ist dort die Unternehmensrendite.

Hypothese 8e: Je niedriger die Fluktuationsrate in Unternehmen in Rumänien ist, desto größer ist dort der Gewinn.

Hypothese 8f: Je niedriger die Fluktuationsrate in Unternehmen in Rumänien ist, desto größer ist die Autonomie des Standortes in Mitarbeiterbindungsangelegenheiten.

3.2.4 Hypothesen zur Rückkopplung

Im Rahmen des theoretischen Modells stellt Autonomie in Mitarbeiterbindungsangelegenheiten ebenfalls eine Erfolgsgröße des Unternehmensstandortes dar. Der Unternehmensstandort vergrößert dadurch seinen Entscheidungsbereich und seine Einflussmöglichkeiten vor Ort. Dieser Einflussgewinn wirkt wiederum als Rückkopplung auf die Meta-Bindungsstrategien.

Hypothese 9: Je größer die Autonomie des Standortes in Rumänien in Mitarbeiterbindungsangelegenheiten ist, desto stärker ist dort der Einsatz von standortbezogenen Mitarbeiterbindungsstrategien.

Weiterhin besteht eine Rückkopplungswirkung der Autonomie in Mitarbeiterbindungsangelegenheiten auf den Bindungserfolg mit seinen Elementen Mitarbeiterzufriedenheit und Fluktuationsrate.

Hypothese 10a: Je größer die Autonomie des Standortes in Rumänien in Mitarbeiterbindungsangelegenheiten ist, desto größer ist dort die MA-Zufriedenheit.

Hypothese 10b: Je größer die Autonomie des Standortes in Rumänien in Mitarbeiterbindungsangelegenheiten ist, desto niedriger ist dort die Fluktuationsrate.

Innerhalb des Unternehmenserfolgs wirken Rückkopplungseffekte zwischen Autonomie in Mitarbeiterbindungsangelegenheiten und Unternehmensrendite.

Hypothese 11: Je größer die Autonomie des Standortes in Rumänien in Mitarbeiterbindungsangelegenheiten ist, desto größer ist dort die Unternehmensrendite.

Abbildung 37 zeigt das detaillierte theoretische Modell mit Hypothesen.

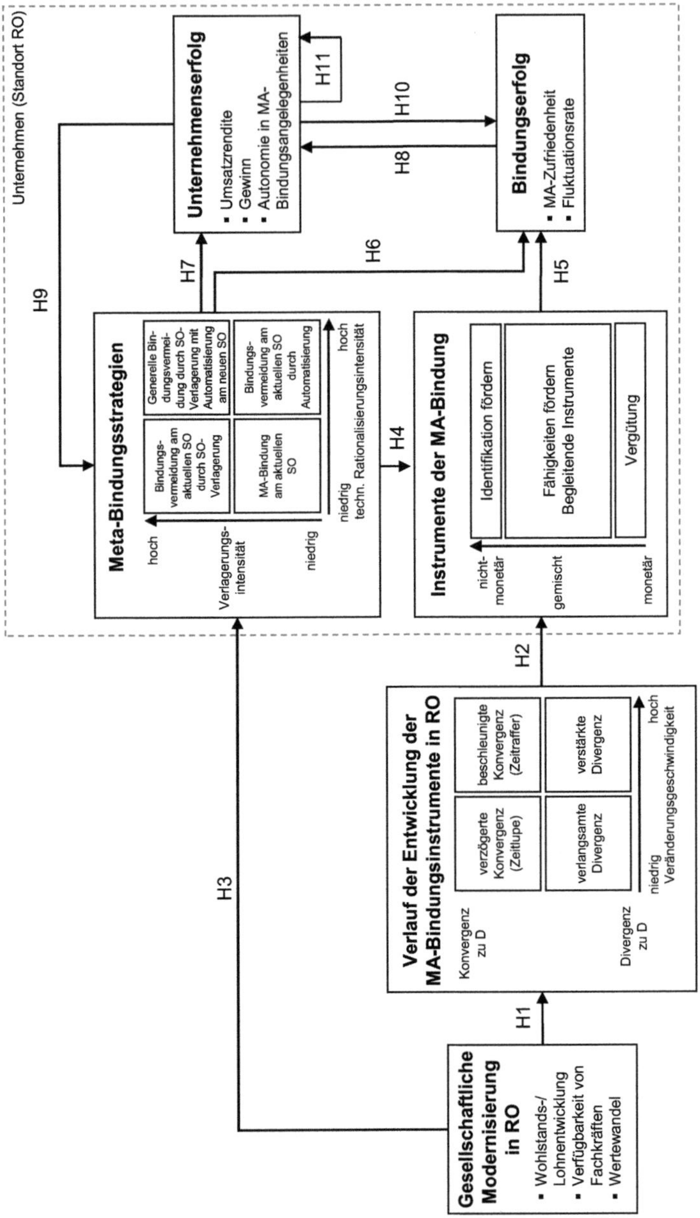

Abbildung 37: Detailliertes theoretisches Modell mit Hypothesen

3.3 Methodik

3.3.1 Forschungsdesign

Bei der Auswahl der Forschungsmethode stellt sich grundsätzlich die Frage, ob ein qualitativer oder ein quantitativer Ansatz verfolgt werden soll. Ziel der qualitativen Forschung ist es insbesondere, einen Themenbereich in seiner gesamten Komplexität zu erfassen.[826] Sie beruht in der Regel auf einem induktiven Ansatz und wird primär zur Hypothesengenerierung und Exploration eingesetzt.[827] Hingegen werden bei quantitativen Methoden bereits erstellte Hypothesen in einem deduktiven Vorgehen überprüft.[828] Die Auswertung erfolgt hier mittels statistischer Methoden. Die im Rahmen qualitativer Forschung erhobenen Daten sind aufgrund ihres Umfangs und der Tatsache, dass es sich dabei weniger um standardisierte Angaben handelt, für eine statistische Auswertung weniger geeignet. Sie können stattdessen zum Beispiel durch eine Inhaltsanalyse ausgewertet werden.[829]

Die Frage der zu wählenden Erhebungsform der Daten ist eng mit der Entscheidung zur grundsätzlichen Forschungsmethode verbunden. Wesentliche Verfahren sind Befragung, Experiment und Beobachtung. Zur Beantwortung der vorliegenden Forschungsfragen eignet sich die Befragung am besten. Eine zur Beantwortung der Forschungsfragen erkenntnisreiche Situation ist schwierig zu beobachten oder in einem abgeschlossenen Experiment darzustellen. In einer Befragung hingegen kann direkt oder auch indirekt auf das Forschungsgebiet eingegangen werden. Die Befragung kann grundsätzlich mündlich oder schriftlich erfolgen. Aufgrund der räumlichen Distanz zu den Teilnehmern in Rumänien sowie ihrer Verteilung über das gesamte Land kommt hier eine persönliche Befragung unter ökonomischen Gesichtspunkten nicht in Frage.[830] Die räumliche Entfernung zu den Teilnehmern in Rumänien führt bei einer Befragung mittels Fragebogen ebenfalls zu weiteren Herausforderungen. Die Notwendigkeit der Rücksendung eines Fragebogens per Post von Rumänien nach Deutschland hätte negative Einflüsse auf die Teilnahmebereitschaft. Die Bereitstellung eines rückfrankierten Umschlags wäre kostenintensiv, die Erfolgsaussichten zudem ungewiss. Weiterhin könnte dies negative Auswirkungen auf die Glaubhaftigkeit der Anonymität der Umfrage haben. Zur Lösung dieser Herausforderungen bie-

826 vgl. *Yin* (2008), 6-8.
827 vgl. *Mayring* (2010), 19+22.
828 vgl. *Mayring* (2010), 19+22.
829 vgl. *Mayring* (2010), 59-62.
830 vgl. *Kornmeier* (2007), 167.

tet sich die Online-Befragung an. Sie stellt zusätzlich eine relativ neue Befragungsmöglichkeit dar, die in Rumänien noch weniger verbreitet ist, und darüber zusätzliches Interesse bei den Teilnehmern wecken und somit die Wahrscheinlichkeit zur Teilnahme erhöhen könnte.

Die Online-Befragung mittels standardisiertem Fragebogen stellt daher die gewählte primäre Erhebungsform dar. Sie bietet neben einfachen Teilnahmemöglichkeiten für Unternehmensvertreter in Rumänien zudem eine glaubhafte Gewährleistung der Anonymität, was in Anbetracht der abgefragten vertraulichen Unternehmensinformationen von großer Bedeutung ist.

Dennoch bestehen auch hier potenzielle Fehlerquellen durch Verzerrungen wie soziale Erwünschtheit oder Selbstdarstellung.[831] Zudem können missverständlich formulierte Fragen die Ergebnisse verfälschen. Diesem Umstand kann jedoch durch einen Pretest entgegengewirkt werden.[832]

Um auch an den Vorzügen der qualitativen Forschungsmethoden im Explorationsstadium einer Studie partizipieren zu können (Mixed Methods-Ansatz)[833], wurden vorab zusätzlich Interviews mit fünf Vertretern von Unternehmen geführt. Davon hatten vier Interviewpartner ihren ständigen Arbeitsplatz in Rumänien. Zwei Unternehmensvertreter waren nicht rumänische Staatsbürger.

Basierend auf den ersten drei qualitativen Vorgesprächen mit Vertretern aus verschiedenen Unternehmen in Rumänien sowie persönlichen Erfahrungen des Autors wurde der Fragebogen zunächst in Papierform erstellt. Die finale Version umfasst insgesamt 58 Fragen zu den unterschiedlichen Themenkomplexen. Der Fragebogen wurde in Gesprächen mit zwei Vertretern rumänischer Unternehmen vorab getestet. Die Gespräche waren dabei anhand der Fragen des Fragebogens strukturiert. Unklarheiten und eventuelle Rückfragen wurden aufgenommen oder direkt durch optimierte Formulierungen ersetzt.[834] Dieser optimierte Fragebogen wurde dann zunächst vom Verfasser ins Englische übersetzt und zusätzlich von einer Muttersprachlerin überprüft und angepasst. Anschließend erfolgte die Programmierung der Online-Version anhand des erstellten Papier-Fragebogens. Die Online-Version ermöglichte eine Verzweigung nach Sprache. In der ersten Frage wurde daher nach der vom jeweiligen Teilnehmer gewünschten Sprache gefragt und alle darauf folgenden Fragen entsprechend in dieser Sprache gestellt. Für die Programmierung wurden daher beide Sprachversionen des Papier-Fragebogens verwendet.

---

831 vgl. *Schnell/Hill/Esser* (2011), 346-355; *Hauff* (2010), 229.

832 vgl. *Herzberg* (2011), 137-143.

833 vgl. *Creswell* (2003); *Schreyögg* (2011), 38.

834 siehe Fragebogen im Anhang.

3.3.2 Operationalisierung der Variablen

3.3.2.1 Indikatoren für gesellschaftliche Modernisierung in Rumänien

Basierend auf der Analyse im Rahmen der theoretischen Grundlagen und dem daraus resultierenden theoretischen Modell wird gesellschaftliche Modernisierung in dieser Arbeit durch die Faktoren Wohlstands-/Lohnentwicklung, Verfügbarkeit von Fachkräften und Wertewandel dargestellt. Für diese Faktoren werden entsprechende Indikatoren im Fragebogen erhoben. Die Wohlstands-/Lohnentwicklung wird dabei über Indikatoren zur Lohnentwicklung in der Vergangenheit sowie der Einschätzung der Lohnentwicklung in der Zukunft erfasst. Zur Bewertung der Verfügbarkeit von Fachkräften dienen Indikatoren zu Verzögerungen bei der Neubesetzung offener Stellen sowie der allgemeinen Einschätzung der aktuellen Situation am Arbeitsmarkt hinsichtlich der Rekrutierung neuer Mitarbeiter für das jeweilige Unternehmen. Diese werden sowohl bezogen auf die aktuelle Situation erhoben als auch als Einschätzung für die Zukunft. Als Indikatoren des Wertewandels werden schließlich die Bewertungen der Bedeutung unterschiedlicher Werte für die Mitarbeiter herangezogen. Diese werden ebenfalls erhoben für den aktuellen Status sowie als Einschätzung für die Zukunft aus Sicht der jeweiligen Unternehmen. Ferner dienen die Einschätzungen zu der Entwicklung der Bedeutung unterschiedlicher vorgegebener Werte in der Vergangenheit als Indikatoren des Wertewandels.

3.3.2.2 Indikatoren für die Entwicklung der Mitarbeiterbindungsinstrumente in Rumänien

Bezogen auf den Fokus dieser Arbeit kann die Entwicklung der Mitarbeiterbindungsinstrumente in Rumänien grundsätzlich zwei unterschiedliche Ausprägungen aufweisen: Konvergenz zu der Entwicklung in weiterentwickelten Ländern oder Divergenz zur Entwicklung dieser Länder. Als Indikatoren dienen hier die Einschätzungen der Unternehmen zu gegensätzlich formulierten Aussagenpaaren, aus denen jeweils die aus Sicht des Unternehmens zutreffende Aussage zu bestimmen ist. Zusätzlich dienen die Angaben zu Mitarbeiterbindungsinstrumenten an anderen Standorten als Indikatoren der Entwicklung der Mitarbeiterbindungsinstrumente in Rumänien.

Neben Konvergenz-Divergenz werden Indikatoren zur Veränderungsgeschwindigkeit erfasst. Dies erfolgt ebenfalls durch die Abfrage gegensätzlich formulierter Aussagenpaare, die entweder eine hohe oder niedrige Veränderungsgeschwindigkeit repräsentieren.

3.3.2.3 Indikatoren für die Instrumente der Mitarbeiterbindung

Die Instrumente der Mitarbeiterbindung werden direkt abgefragt. Die aufgeführten Instrumente sind dabei den drei Gruppen monetäre Instrumente, Mischform-Instrumente und nicht-monetäre Instrumente zugeordnet. Darüber kann ermittelt werden, wie groß jeweils der Anteil der Instrumente aus den drei Gruppen im Unternehmen ist.

3.3.2.4 Indikatoren für die Meta-Bindungsstrategien

Um die von den Unternehmen (möglicherweise unbewusst) verfolgten Meta-Bindungsstrategien messbar zu machen, werden analog des theoretischen Modells Messvariablen bestimmt. Im Rahmen des theoretischen Modells sind vier grundsätzliche Meta-Bindungsstrategien dargestellt, die sich bezüglich der Verlagerungsintensität sowie der technischen Rationalisierungsintensität des jeweiligen Unternehmens unterscheiden. Dabei wird jeweils in niedrige und hohe Ausprägung differenziert. Als Indikatoren der jeweiligen Strategien werden zunächst für die technische Rationalisierungsintensität der grundsätzliche Einsatz von Automation und für die Verlagerungsintensität der grundsätzliche Einsatz von Outsourcing erfasst. Zudem wird für beide Maßnahmen die jeweils betroffene Anzahl an Arbeitsplätzen aufgenommen. Aus Gründen der Vergleichbarkeit erfolgt dies nicht als absoluter Wert, sondern als relativer Wert bezogen auf die aktuelle Mitarbeiterzahl. Zur besseren Einschätzung werden zusätzlich die Gründe der Rationalisierungen und Verlagerungen aufgenommen. Ferner dienen Abschreibungsrate, direkte und indirekte Lohnquote (jeweils als Anteil vom Umsatz) sowie deren Veränderungen über die letzten drei Jahre als Indikatoren. Dazu werden außerdem die Gründe der Veränderungen erfasst.

3.3.2.5 Indikatoren für den Bindungserfolg

Der Bindungserfolg wird im Modell über die Faktoren Mitarbeiterzufriedenheit und Fluktuationsrate definiert. Diese Faktoren werden direkt erfasst, wobei zusätzlich ein Vergleich der Werte mit der Mutter-/Schwestergesellschaft, die bei allen potenziellen Teilnehmern in einem weiterentwickelten Land liegt, aufgenommen wird. Dies soll dazu dienen, die absoluten Werte unternehmensspezifisch besser einschätzen zu können. Die Fluktuationsrate wird zudem noch bereichsspezifisch für die Produktion, Administration sowie Entwicklung (falls jeweils vorhanden) aufgenommen.

3.3.2.6 Indikatoren für den Unternehmenserfolg

Als Indikatoren des Unternehmenserfolges dienen ebenfalls die direkt erfassten Faktoren Umsatzrendite und Gewinn. Bei der Umsatzrendite wird zusätzlich ein Vergleich mit der Mutter-/Schwestergesellschaft abgefragt. Für die Erfassung des im Rahmen dieser Arbeit als Unternehmenserfolg eingestuften Faktors Autonomie in Mitarbeiterbindungsangelegenheiten dienen Indikatoren zum Einfluss der Muttergesellschaft auf die Auswahl einzusetzender Mitarbeiterbindungsinstrumente der Gesellschaften in Rumänien sowie der Bewertung des Abstimmprozesses zwischen Muttergesellschaft und rumänischer Gesellschaft. Hierbei werden zusätzlich die Ideengeber zum Einsatz eines bestimmten Mitarbeiterbindungsinstruments sowie die bei der Auswahl Beteiligten erhoben und bei der Bewertung der Autonomie in Mitarbeiterbindungsangelegenheiten berücksichtigt.

Im Folgenden wird keine weitere begriffliche Unterscheidung in Variable und Indikatoren vorgenommen. Die aus dem Fragebogen extrahierten Messgrößen werden übergreifend als Variablen bezeichnet.

3.3.3 Beschreibung und Analyse der potenziellen Untersuchungsteilnehmer

Für die Beantwortung der im Rahmen dieser Arbeit gestellten Forschungsfragen müssen Informationen von Unternehmen analysiert werden, die den Teilnahmekriterien entsprechen. Neben einem Standort in Rumänien ist dies insbesondere die Internationalität des Unternehmens. Konkret bedeutet das, dass das rumänische Unternehmen eine Muttergesellschaft in einem westlich geprägten (und damit – wie im Rahmen dieser Arbeit unterstellt – weiter entwickelten) Land besitzt oder Teil eines westlich geprägten, multinationalen Konzerns ist. Ferner fokussiert die Untersuchung auf die sowohl in vielen westlichen Ländern (insbesondere in Deutschland) als auch in Rumänien wichtige Branche der Automobilzulieferindustrie.

Die Analyse der potenziellen Untersuchungsteilnehmer gliedert sich in mehrere Schritte. Ausgangspunkt der Analyse war eine Liste der 100 umsatzstärksten Automobilzulieferer weltweit der Branchenzeitschrift *Automobilwoche* für das Jahr 2009.[835] Die großen Unternehmen der Branche stellen grundsätzlich die international aktivsten Unternehmen dar und verfügen über das größte Netzwerk

835 vgl. *Flörecke* (2009), 14.

an Standorten.[836] Diese 100 umsatzstärksten Unternehmen wurden hinsichtlich ihrer Aktivitäten in Rumänien analysiert. Für 40 Prozent der Unternehmen konnte mindestens ein Standort in Rumänien ausfindig gemacht werden. Insgesamt konnten 67 rumänische Standorte der 100 umsatzstärksten Automobilzulieferer identifiziert werden.

Eventuelle Auswirkungen, die sich durch Veränderungen in der Branche der Automobilzulieferer nach der Finanz- und Wirtschaftskrise der Jahre 2008/2009 ergaben, sollten bei der Auswahl der Untersuchungsteilnehmer nicht unberücksichtigt bleiben. In einem zweiten Schritt wurde daher die Analyse der potenziellen Teilnehmerunternehmen kurz vor Beginn der eigentlichen Untersuchung nochmals aktualisiert. Grundlage hierfür war das zu diesem Zeitpunkt neu erschienene Ranking Top 100 Automotive Suppliers des Branchenmagazins *Automobil Produktion* vom Juli 2011.[837] Neben der Bestätigung von 64 der 67 bereits bekannten Standorte konnten sieben weitere Standorte in Rumänien identifiziert werden. Die drei Unternehmen, die in der neuen Liste nicht mehr zu den Top 100 der umsatzstärksten Unternehmen der Branche zählten, wurden weiterhin als potenzielle Teilnehmer berücksichtigt.

Der dritte Schritt zielte darauf ab, die Basis der potenziellen Untersuchungsteilnehmer auch auf Unternehmen auszuweiten, die die Kriterien erfüllen, jedoch nicht zu den 100 größten Automobilzulieferern gehören. Hierzu wurden die Mitglieder der Deutsch-Rumänischen Außenhandelskammer sowie von Deutsch-Rumänischen Wirtschaftsklubs hinsichtlich der Teilnahmekriterien analysiert.[838] Ferner wurde das Mitgliederverzeichnis des rumänischen Branchenverbandes der Automobil- und Automobilzulieferindustrie ACAROM überprüft und weitere relevante Unternehmen identifiziert.[839] Die Analyse verschiedener öffentlich zugänglicher Datenbanken wie beispielsweise der des National Trade Register Office bildete den Abschluss der Recherche zur Identifikation von Unternehmen, die den Kriterien entsprechen.[840] Über diese Analysen konnten weitere 32 relevante Standorte identifiziert werden. Die Gesamtanzahl der Unternehmensstandorte, die in die Untersuchung mit eingeschlossen werden konnten, lag damit bei 106.

---

836 vgl. *Kinkel/Lay/Maloca* (2004), 10-11.

837 vgl. *Automobil Produktion* (2011), 4.

838 vgl. *Deutsch-Rumänische Industrie- und Handelskammer* (2011); *Deutscher Wirtschaftsclub Siebenbürgen* (2011); *Deutscher Wirtschaftsklub Kronstadt* (2011); *Deutsch-Rumänischer Wirtschaftsklub für die Region Sathmar* (2011); *Deutsch-Rumänischer Wirtschaftsverein Arad* (2011); *Deutschsprachiger Wirtschaftsclub Banat* (2011).

839 vgl. *ACAROM* (2011).

840 vgl. *Rumänisches Justizministerium* (2011); *Listafirme* (2011); *Doingbusiness.ro* (2011).

Insbesondere das für diese Untersuchung wichtige Kriterium der Internationalität der teilnehmenden Unternehmen limitiert den möglichen Teilnehmerkreis auf tendenziell eher große Unternehmen. Kleinere Unternehmen sind durchaus auch international aktiv, stellen jedoch bei Verlagerungen oder Ansiedelungen in Rumänien nicht die „Early Movers“ dar, so dass sie aktuell höchstens über sehr kurze eigene Erfahrungen in der Region verfügen.[841] Aufgrund der umfassenden Datenanalyse unter Einbeziehung mehrerer unterschiedlicher Quellen kann unter Berücksichtigung der zu Grunde liegenden Teilnahmekriterien durchaus von einer nahezu vollständigen Erfassung der geeigneten Unternehmen gesprochen werden.

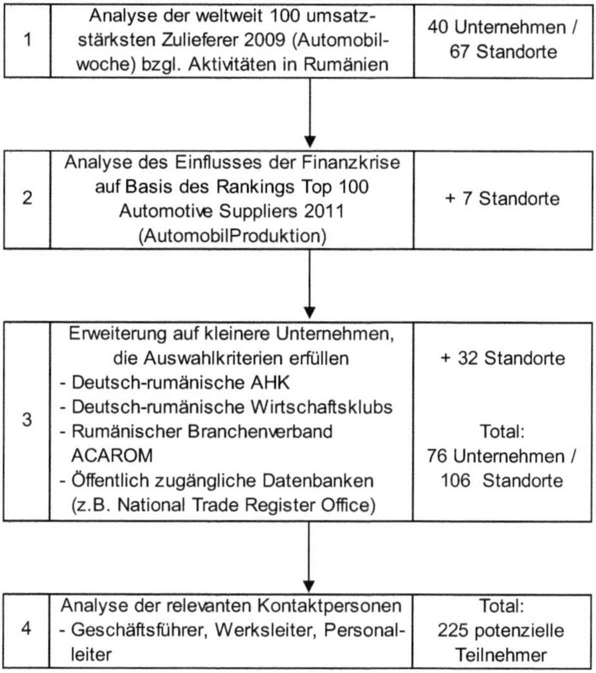

Abbildung 38: Vorgehen zur Analyse der potenziellen Untersuchungsteilnehmer

Nachdem die relevanten Unternehmensstandorte bekannt waren, mussten nun die zu kontaktierenden Personen identifiziert werden. Ziel war es, in den jeweiligen Standorten die Managementebene zu kontaktieren. Primärer Fokus

841 vgl. *Kinkel/Lay/Maloca* (2004), 10-11+22-24; *Kinkel/Zanker* (2007), 25-27; *Kinkel/Maloca/Jäger* (2009), 18-21.

lag dabei jeweils auf Geschäftsführer oder Werksleiter sowie der Personalleitung des Standortes. In einer äußerst umfangreichen und aufwendigen Recherche konnten hierzu insgesamt 225 potenzielle Teilnehmer namentlich identifiziert werden. Abbildung 38 fasst das Vorgehen zur Analyse der potenziellen Untersuchungsteilnehmer zusammen.

3.3.4 Beschreibung der Untersuchungsteilnehmer

Die identifizierten potenziellen Teilnehmer wurden Anfang Oktober 2011 mit einer personalisierten E-Mail mit gleichlautendem Text kontaktiert. In der E-Mail befand sich ein Hyperlink zu dem programmierten Online-Fragebogen. Zur Sicherstellung der Anonymität war der Hyperlink für alle Teilnehmer gleich. Rückschlüsse von einem ausgefüllten Fragebogen auf den Teilnehmer über den Hyperlink waren somit nicht möglich. Eine Erinnerungs-E-Mail wurde zwei Wochen später gesendet. Weitere zwei Wochen später wurden die potenziellen Teilnehmer erneut per E-Mail kontaktiert und zur Teilnahme motiviert.

Von den insgesamt 225 kontaktierten Personen nutzten 131 den Hyperlink und gelangten zur Startseite des Online-Fragebogens. Ein Großteil der Besucher der Webseite beteiligte sich letztlich jedoch nicht an der Umfrage. Von den 131 Besuchern der Startseite schlossen 56 den Fragebogen ab. Die Teilnahmequote liegt damit bei knapp 25 Prozent. Unter Berücksichtigung der räumlichen Distanz der Teilnehmer sowie der Tatsache, dass keinerlei Incentives eingesetzt wurden, kann dieser Wert sicherlich als sehr gut bezeichnet werden. Insgesamt zwölf Teilnehmer haben sich persönlich gemeldet und um Zusendung der Ergebnisse gebeten.

Die durchschnittliche Betriebszugehörigkeit der Personen, die den Fragebogen ausfüllten, lag bei vier Jahren. Die Spanne der Betriebszugehörigkeit lag bei ein bis elf Jahren.

Die Teilnehmer repräsentierten dabei Unternehmen, die im Durchschnitt seit acht Jahren bestanden (Spanne: eins bis 18 Jahre). Die Verteilung der teilnehmenden Unternehmen nach Regionen in Rumänien zeigt Abbildung 39. Die teilnehmenden Unternehmen wiesen eine durchschnittliche Mitarbeiterzahl von 1.222 auf (Median: 570 Mitarbeiter, Spanne: 10 bis 7.000 Mitarbeiter). Das Durchschnittsalter aller Mitarbeiter der teilnehmenden Unternehmen lag bei 33 Jahren.

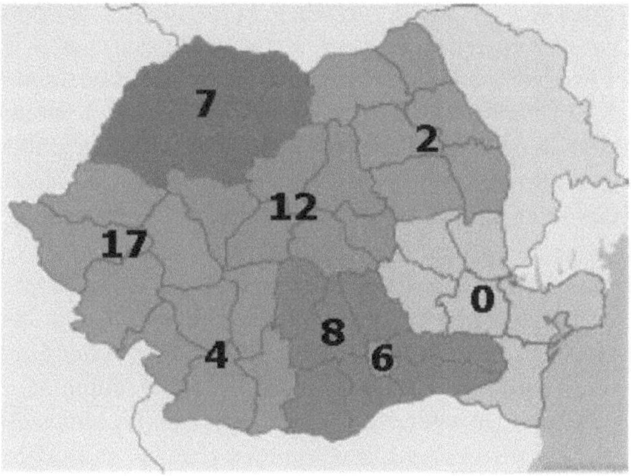

Abbildung 39: Teilnehmende Unternehmen nach Regionen Rumäniens

3.3.5 Statistische Auswertung

3.3.5.1 Auswertungssoftware und -verfahren

Das im Rahmen dieser Arbeit für die statistische Auswertung verwendete Programm ist die frei verfügbare, Open Source Software *R* (Version 2.14.1). *R* ist eine objektorientierte Programmiersprache und Softwareumgebung zur statistischen Analyse und grafischen Darstellung von Daten.[842] Sie wurde 1992 von *Ross Ihaka* und *Ross Gentleman* an der Universität von Auckland (Neuseeland) entwickelt und erstmals 1993 öffentlich vorgestellt.[843] Die Software *R* ist in Anlehnung an die Programmiersprache *S* entstanden, die als kommerzielles Paket von *Bell Laboratories* (ehemals *AT&T*, jetzt *Lucent Technologies*) entwickelt wurde.[844] Die Initiative eines Open Source Systems wurde in der wissenschaftlichen Gemeinschaft begeistert aufgenommen, so dass rasch ein weitverzweigtes Team aus führenden Vertretern der modernen, rechenorientierten Statistik entstand.[845] *R* hat an Bedeutung stetig zugenommen und ist „zum de facto Standard der statistischen Forschung an Universitäten geworden".[846]

842 vgl. *Ihaka/Gentleman* (1996), 299-312.

843 vgl. *Ihaka* (1998), 4.

844 vgl. *R Project for Statistical Computing* (2012a).

845 vgl. *Hatzinger/Hornik/Nagel* (2011), 18.

846 *Hatzinger/Hornik/Nagel* (2011), 18.

Getragen wird das *R* Projekt von der *R Foundation*, einer Non-Profit Organization, die von den Mitgliedern des *R* Entwicklungskernteams gegründet wurde.[847] Ziel der Foundation ist es, die kontinuierliche Entwicklung von *R* sowie den Austausch mit und innerhalb der wissenschaftlichen Community sicherzustellen.[848] Zusätzlich ist die *R Foundation* die zentrale Anlaufstelle für potenzielle Unterstützer des Projekts.

Mit *R* lassen sich alle gängigen statistischen Analysen wie zum Beispiel Korrelationen, lineare und nicht-lineare Regressionen, klassische parametrische und nicht-parametrische Tests, multivariate Analysen, Faktoranalysen oder Clusteranalysen durchführen.[849] Der große Vorteil von *R* liegt im Open Source Code. Neben den Analyseverfahren, die standardmäßig in der Grundversion von *R* enthalten sind, wird der Funktionsumfang ständig durch ein zunehmendes Angebot von Paketen zu spezifischen statistischen Problemstellungen erweitert.[850] Das *Comprehensive R Archive Network (CRAN)* stellt dabei das zentrale Archiv für diese Erweiterungspakete dar.[851] Aktuell (Stand Juni 2012) stehen auf *CRAN* mehr als 3.900 Pakete zum kostenlosen Download bereit.[852] Aufgrund der Vielzahl der Pakete befindet sich unter der Rubrik *Task Views* eine Liste mit derzeit 29 Themengebieten, für die die jeweils relevanten Pakete aufgeführt und kurz beschrieben sind.[853]

In *R* werden alle Befehle für die Datenanalyse zeilengesteuert eingegeben. Eine grafische Benutzeroberfläche ist vorhanden, jedoch im Vergleich zu kommerziellen Programmen wie beispielsweise *SPSS* weniger dominant. Die Syntax der Befehle ist einfach und kann in ihrer Basisfunktionalität relativ schnell erlernt werden.[854] Zudem verfügt *R* über ein sehr umfangreiches Hilfesystem. Dieses ist bereits im Programm integriert. Zusätzlich bieten vielfältige Hilfen auf der Webseite des *R* Projekts sowie zahlreicher Universitäten frei zugänglichen Support. Nach einer Eingewöhnungsphase ist die zeilengesteuerte Eingabe mindestens genauso effizient wie eine grafische Benutzeroberfläche.[855]

In den Auswertungen dieser Arbeit wurden neben Korrelations- und Regressionsanalysen auch Analysen von Kontingenztafeln eingesetzt. Weitere einge-

---

847 vgl. *R Project for Statistical Computing* (2012e).
848 vgl. *R Project for Statistical Computing* (2012e).
849 vgl. *Corsini* (2012).
850 siehe dazu *Groß* (2010), 11-14.
851 vgl. *R Project for Statistical Computing* (2012b). Siehe auch *Faes* (2007), 9.
852 vgl. *R Project for Statistical Computing* (2012c).
853 vgl. *R Project for Statistical Computing* (2012d).
854 vgl. *Bigler/Wunder* (2003), 2.
855 vgl. *Hellbrück* (2011), 4.

setzte Tests werden explizit an der jeweiligen Stelle in der Auswertung aufgeführt.

Bei den Korrelationsanalysen wird als Maß für die Stärke des Zusammenhangs der Korrelationskoeffizient *r* angegeben, der definitionsgemäß zwischen 0 und 1 liegt. Werte zwischen r=0,00 und r=0,20 weisen dabei auf einen geringen, Werte zwischen r=0,21 und r=0,40 auf einen mittleren und Werte über r=0,40 auf einen starken Zusammenhang zwischen den beiden Variablen hin.[856]

Das Gütemaß bei Regressionsanalysen ist das Bestimmtheitsmaß R^2.[857] Es gibt den Anteil der durch die Regressionsgleichung erklärten Varianz an.[858] Dies bedeutet, dass R^2 den Anteil der Varianz der abhängigen Variablen darstellt, die auf die erklärenden Variablen zurückzuführen sind. Das Bestimmtheitsmaß liegt definitionsgemäß immer zwischen 0 und 1.[859] Es wird umso größer, je mehr erklärende Variablen in die Regressionsgleichung mit aufgenommen werden. Wird nur eine erklärende Variable in der Regressionsgleichung herangezogen entspricht das Bestimmtheitsmaß R^2 dem Quadrat des Korrelationskoeffizienten r.[860]

Für die Verwendung des linearen Regressionsmodells zur Bestimmung des Zusammenhangs zwischen den erklärenden und abhängigen Variablen müssen Annahmen getroffen werden. Diese Annahmen sind:[861]

- Mindestens Intervallskalenniveau der Variablen
- Linearität in der Beziehung zwischen den Variablen
- Keine lineare Abhängigkeit zwischen erklärenden Variablen (keine Multikollinearität)
- Erwartungswert der Störgröße gleich Null
- Konstante Varianz der Störgrößen (Homoskedastizität)
- Unkorreliertheit der Störgrößen (keine Autokorrelation)
- Normalverteilung der Störgrößen.

Bei der Regressionsanalyse handelt es sich trotz der Vielzahl der Annahmen um ein sehr weitverbreitetes und vielseitig einsetzbares Instrument.[862] Es ist dabei „recht unempfindlich gegenüber kleineren Verletzungen der obigen Annah-

856 vgl. *Cohen* (1988), 77-83.

857 vgl. *Hartung/Elpelt/Klösener* (2009), 578-580; *Bortz/Schuster* (2010), 191-192: siehe aber auch *Urban/Mayerl/Sackmann* (2011), 59-65 und 109-111.

858 vgl. *Hartung/Elpelt/Klösener* (2009), 578-580; *Bortz/Schuster* (2010), 191-192.

859 vgl. *Bortz/Schuster* (2010), 192.

860 vgl. *Hatzinger/Hornik/Nagel* (2011), 286+294.

861 vgl. *Backhaus et al* (2008), 80-91; *Fahrmeir/Kneib/Lang* (2009), 64-70; *Albers/Skiera* (1999), 216-218; *Fromm* (2003), 8.

862 vgl. *Backhaus et al* (2008), 90.

men“[863], was vermutlich einen Grund für den verbreiteten Einsatz des Analyseverfahrens darstellt.

Ein Großteil der Annahmen wird von der Software *R* im Rahmen der Berechnungen automatisch überprüft.[864] Berechnungen mit Variablen, die nicht mindestens dem Intervallskalenniveau genügen, können nicht durchgeführt werden. Bei den Regressionen handelt es sich um einfache lineare Varianten. Abhängigkeiten zwischen erklärenden Variablen innerhalb einer Regression können daher nicht bestehen. Weiterhin wurden im Rahmen der Analyse die Streudiagramme betrachtet, um grobe Verletzungen einer Reihe der obigen Annahmen zu identifizieren. Auffälligkeiten, die eine Ungültigkeit der Annahmen implizieren, konnten dabei nicht festgestellt werden. Die Annahmen zu den Störgrößen sollen für die folgenden einfachen, linearen Regressionsanalysen gelten.

3.3.5.2 Kodierung der Variablen

Aus dem Fragebogen wurden insgesamt 103 Variablen extrahiert. Darin enthalten sind die neu gebildeten, gruppierten und umgepolten Variablen. Während ein Großteil der Variablen des Fragebogens direkt als Variable auch in die Software übernommen wurde, führten die Antwortmöglichkeiten (Anzahl, Mehrfachnennungen innerhalb einer Antwort) bei anderen Variablen des Fragebogens aufgrund der Anforderungen der Software zu einer weiteren Aufsplittung für die statistische Auswertung in *R*. Insgesamt sind in der Software *R* 325 Variablen für die Auswertung hinterlegt.

Bei den neu erstellten, gruppierten Variablen wurden zunächst die Antworten der jeweiligen Frage analysiert und anschließend entsprechende Gruppengrenzen festgesetzt. Beispielsweise zeigte sich bei der Frage nach den durchschnittlichen Lohnerhöhungen der vergangenen drei Jahre (Frage 7)[865], dass einige der Antwortmöglichkeiten keine oder lediglich eine sehr untergeordnete Rolle spielten. In diesem Fall erfolgte die Einteilung in die drei Gruppen „≤+10%“, „>+10% bis +20%“ und „>+20%“. Neben dieser Variablen *WageGroupPast* wurde die zukunftsorientierte Variable *WageGroupFuture* basierend auf den Einschätzungen der Unternehmen zur zukünftigen Lohnentwicklung (Frage 8) aufgenommen.

Zur Bestimmung der Variablen *InstrumentGroup* (Frage 14) eines jeden Unternehmens wurden die Antwortmöglichkeiten den Gruppen „Monetär“, „Mischform“ und „Nicht-monetär“ zugewiesen. Die einzelnen Mitarbeiterbindungsin-

863 *Backhaus et al* (2008), 91.

864 vgl. *Hatzinger/Hornik/Nagel* (2011), 300.

865 siehe Fragebogen im Anhang.

strumente wurden dazu zunächst mit Punkten bewertet, so dass sich aus den Antworten bezüglich der tatsächlich eingesetzten Instrumente für jedes Unternehmen eine Punktzahl ergab. Diese Punktzahl wurde in der Variable *InstrumentIndex* hinterlegt. Abschließend wurden die Ergebnisse aller Unternehmen auf Basis von *InstrumentIndex* in die drei Gruppen „Monetär", „Mischform" und „Nicht-monetär" eingeteilt. Die Gruppengrenzen wurden dabei so festgesetzt, dass ausgehend von der maximal erreichbaren Punktzahl für *InstrumentIndex* (49 Punkte) drei in etwa gleich große Bereiche entstanden (Gruppengrenzen bei 15 und 30 Punkten).

Für die Einteilung der Werte der Mitarbeiter jedes Unternehmens in die drei Gruppen „Monetär", „Mischform" und „Nicht-monetär" wurde analog vorgegangen. Zusätzlich wurde hier eine Unterscheidung in Vergangenheit (*ValueGroupPast*, basierend auf Frage 10) und Zukunft (*ValueGroupFuture*, basierend auf Frage 11) getroffen.

Die Verfügbarkeit der Fachkräfte wurde als Variable *RecruitGroup* über die Fragen 2, 3, 5 und 6 aufgenommen. Dazu wurde über diese vier Fragen ein Durchschnittswert ermittelt, der wiederum einer der drei Gruppen „Problematisch", „Normal" und „Problemlos" zugeteilt wurde. Um das Ergebnis nicht zu verzerren, wurden die (nicht auftretenden) Extreme der Durchschnittswerte (nahe 1 und nahe 7) bei der Einteilung der Gruppengrenzen vernachlässigt, das heißt dass die mittlere Gruppe theoretisch eine geringere Spanne der Durchschnittswerte abdeckt (1,5 Einheiten) als die beiden äußeren Gruppen (2 Einheiten und 2,5 Einheiten). Ebenso wie bei der Variablen *ValueGroup* wurde bei *RecruitGroup* zusätzlich in Vergangenheit (*RecruitGroupPast*, basierend auf Fragen 2 und 3) und Zukunft (*RecruitGroupFuture*, basierend auf Fragen 5 und 6) unterschieden.

Die Veränderungsgeschwindigkeit der Instrumente der Mitarbeiterbindung wurde als Variable *SpeedGroup* basierend auf den Antworten zu den Fragen 18 und 19 in die beiden Gruppen „Niedrig" und „Hoch eingeteilt. Die Aussagen zu Konvergenz und Divergenz der Instrumente der Mitarbeiterbindung basieren auf den Fragen 16 und 17. Hier wurden die Antworten den beiden Gruppen „Konvergenz" und „Divergenz" zugewiesen.

Die Zuordnung der Unternehmen zu einem Typ der Meta-Bindungsstrategien erfolgte mittels eines umfangreichen Entscheidungsbaumes unter Berücksichtigung des Verhaltens der jeweiligen Unternehmen zu Automatisierung und Outsourcing sowie der Entwicklung des Umsatzanteils von Abschreibungen und Arbeitskosten. Grundlegend ist dabei die Annahme, dass Automatisierung den Anteil der Abschreibungen am Umsatz erhöht, während Outsourcing diesen tendenziell senkt.[866] Während beide Maßnahmen tendenziell den Umsatzanteil der direkten Arbeitskosten senken, erhöht Automation zum Beispiel über eine umfangreichere Instandhaltung die indirekten Arbeitskosten.[867] Outsourcing wirkt auf die indirekten Arbeitskosten tendenziell indifferent, da sich lediglich die Anteile direkter Arbeit aufgrund des Zukaufs externer Leistungen in die Materialkosten verschieben. Aufgrund steigender Komplexität und erhöhtem Koordinationsaufwand, zum Beispiel zusätzlicher Aufwand für Wareneingangskontrollen, können indirekte Arbeitskosten beim Outsourcing nicht analog der reduzierten direkten Arbeitskosten angepasst werden.[868] Diese Effekte können durch andere Umstände überlagert werden. Daher wurden weiterhin die Gründe für die Entwicklung der Umsatzanteile von Abschreibungen sowie direkten und indirekten Arbeitskosten in die Entscheidung mit aufgenommen.

Auf Basis der Antworten zu den entsprechenden Fragen 24, 25, 30, 31, 33, 34, 35, 36, 38, 40 und 41 wurden die Unternehmen einem der vier Typen aus dem theoretischen Modell zugewiesen. Abbildung 40 zeigt den Entscheidungsbaum und die Kriterien der Einteilung für die Variable *TypMeta*. Die Zahlen in Klammern entsprechen der Nummer der jeweiligen Frage im Fragebogen.

Die Einteilung der Variablen technische Rationalisierungsintensität und Verlagerungsintensität erfolgte ebenfalls anhand dieses Entscheidungsbaumes analog zum theoretischen Modell jeweils in die beiden Gruppen „Niedrig“ und „Hoch“. Bei der technischen Rationalisierungsintensität weisen Unternehmen vom Meta-Bindungsstrategietyp I und IV eine hohe, vom Typ II und III eine niedrige Ausprägung auf. Eine hohe Verlagerungsintensität zeigt sich bei den Typen I und II. Die Typen III und IV weisen eine niedrige Verlagerungsintensität auf.

Die Variable *AutonomyGroup* basiert auf den Antworten zu Frage 22, deren Ergebnisse in die drei Gruppen „Hoch“, „Mittel“ und „Niedrig“ eingeteilt wurden. Die Gruppengrenzen wurden so gezogen, dass die jeweils abgedeckten Spannen in etwa gleich groß sind (Gruppengrenzen bei 2,5 und 4,5 Einheiten).

866 vgl. *Fandel/Fistek/Stütz* (2011), 32+96; *Kremic/Tukel/Rom* (2006), 467-482.

867 vgl. *Fandel/Fistek/Stütz* (2011), 33; *Pointner* (2004), 37+150.

868 vgl. hierzu auch *Irle* (2011), 34-35; *Eschlbeck* (2009), 27-29; *Pointner* (2004), 147-148.

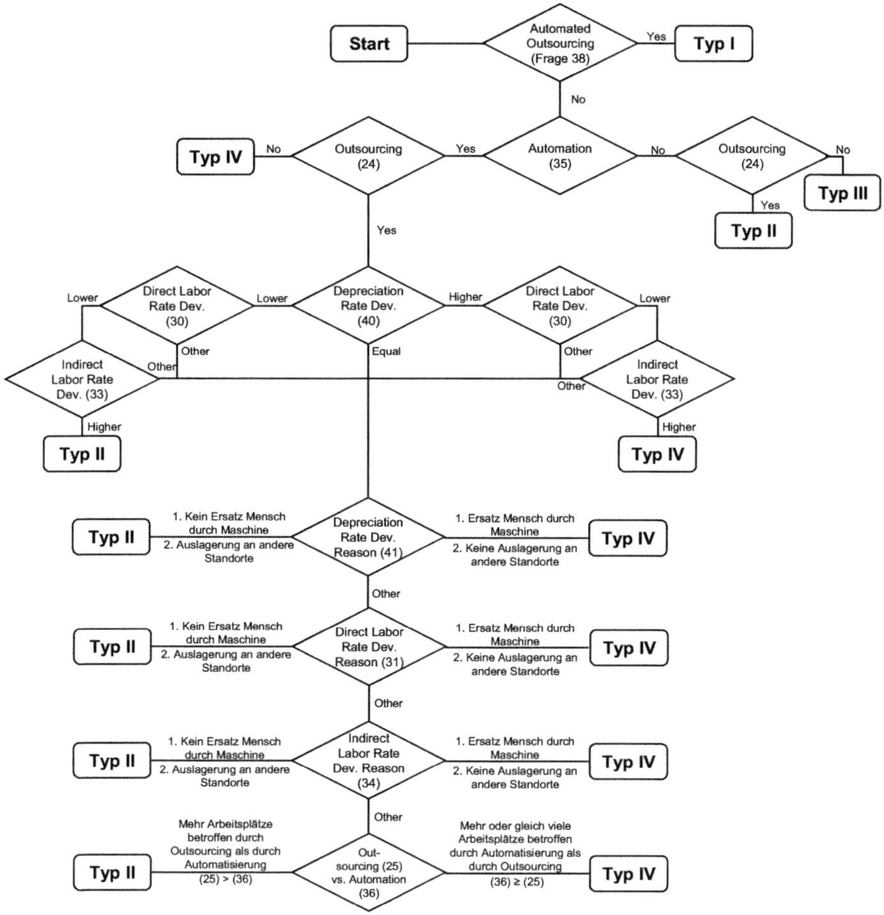

Abbildung 40: Entscheidungsbaum zur Zuordnung der Unternehmen zu Typen der Meta-Bindungsstrategien (Variable TypMeta)

4 Auswertung

4.1 Gesellschaftliche Modernisierung und Mitarbeiterbindungsinstrumente

4.1.1 Eingesetzte Mitarbeiterbindungsinstrumente

Über die Variable *InstrumentIndex* wurden die Unternehmen in Rumänien jeweils den Kategorien „Monetär“, „Mischform“ und „Nicht-monetär“ zugewiesen. Die Kategorie repräsentiert dabei den Stand der in dem jeweiligen Unternehmen eingesetzten Mitarbeiterbindungsinstrumente. Ein Unternehmen aus der Gruppe „Nicht-monetär“ kann neben nicht-monetären Instrumenten auch Mischform- und monetäre Instrumente einsetzen. Hingegen setzen Unternehmen der Gruppe „Monetär“ überwiegend bis ausschließlich auf monetäre Mitarbeiterbindungsinstrumente. Unternehmen, die der Gruppe „Mischform“ angehören, setzen überwiegend bis ausschließlich monetäre und Mischforminstrumente ein. Der vereinzelte Einsatz von nicht-monetären Instrumenten ist nicht ausgeschlossen. Abbildung 41 zeigt den Anteil der Unternehmen in Rumänien nach den überwiegend eingesetzten Mitarbeiterbindungsinstrumenten.

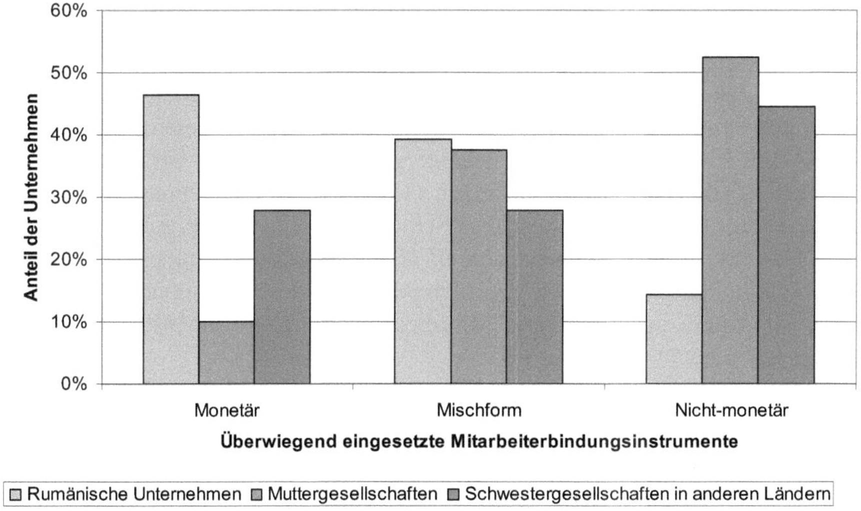

Abbildung 41: Anteil der Unternehmen nach Standort und eingesetzten Mitarbeiterbindungsinstrumenten

Der Großteil der Unternehmen in Rumänien setzt vorwiegend monetäre Instrumente zur Bindung ihrer Mitarbeiter ein (46 Prozent). Der Anteil der Unternehmen, die primär auf nicht-monetäre Mitarbeiterbindungsinstrumente bauen, ist mit 14 Prozent relativ gering.

Die Einschätzung der befragten Unternehmen hinsichtlich der vorwiegend eingesetzten Mitarbeiterbindungsinstrumente in den jeweiligen Muttergesellschaften zeigt, dass sich die Verhältnisse hier umdrehen. Demnach setzen mehr als die Hälfte der Muttergesellschaften überwiegend nicht-monetäre Mitarbeiterbindungsinstrumente ein (53 Prozent). Der Anteil der Unternehmen, die primär auf monetäre Maßnahmen setzen, ist mit zehn Prozent sehr gering. Die Kategorie „Mischform" ist sowohl bei rumänischen Unternehmen als auch bei deren Muttergesellschaften in etwa gleich stark vertreten (39 bzw. 38 Prozent).

Der Vergleich mit Schwestergesellschaften in anderen Ländern zeigt, dass der Einsatz nicht-monetärer Mitarbeiterbindungsinstrumente gegenüber Rumänien in den anderen Ländern tendenziell größer ist. In Relation zu den Muttergesellschaften setzen die Schwestergesellschaften in anderen Ländern mehr monetäre Mitarbeiterbindungsinstrumente ein. Insgesamt ergibt sich daraus eine Reihenfolge der Unternehmen hinsichtlich ihres Fokus auf nicht-monetäre Mitarbeiterbindungsinstrumente von den Muttergesellschaften mit der stärksten Ausprägung über die Schwestergesellschaften in anderen Ländern hin zu den Unternehmen in Rumänien, wo der Fokus am geringsten vorhanden ist. Der Einsatz nicht-monetärer Mitarbeiterbindungsinstrumente ist damit in Rumänien nicht so weit verbreitet wie in anderen, weiter entwickelten Ländern.

Die in den rumänischen Unternehmen eingesetzten Mitarbeiterbindungsinstrumente stammen primär vom Management des lokalen Unternehmens (Abbildung 42). 93 Prozent der Unternehmen geben dies als eine der Quellen ihrer Mitarbeiterbindungsinstrumente an. Ein Großteil der Unternehmen greift auch auf die Erfahrungen der Mutter- und Schwestergesellschaften zurück (57 Prozent). Da dort zu einem höheren Anteil nicht-monetäre Instrumente eingesetzt werden als in den rumänischen Unternehmen, ist es wahrscheinlich, dass mittelfristig der Anteil nicht-monetärer Mitarbeiterbindungsinstrumente auch in Rumänien zunehmen wird.

Die Beteiligten bei der Auswahl der einzusetzenden Mitarbeiterbindungsinstrumente stammen überwiegend vom lokalen Standort in Rumänien selbst. Die Personalabteilung des rumänischen Standortes ist bei nahezu allen Unternehmen bei der Auswahl der Instrumente beteiligt (95 Prozent). Bei fast der Hälfte der Unternehmen ist zusätzlich die Personalabteilung der Mutter- oder einer Schwestergesellschaft beteiligt (Abbildung 43). Dies spricht ebenfalls dafür, dass dort bereits eingesetzte Instrumente Auswirkungen auf die Entwicklung der Instrumente in Rumänien haben werden.

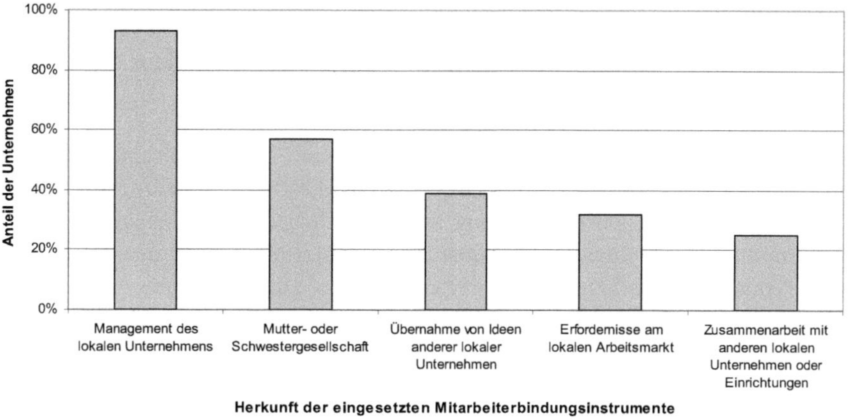

Abbildung 42: Herkunft der eingesetzten Mitarbeiterbindungsinstrumente in Rumänien

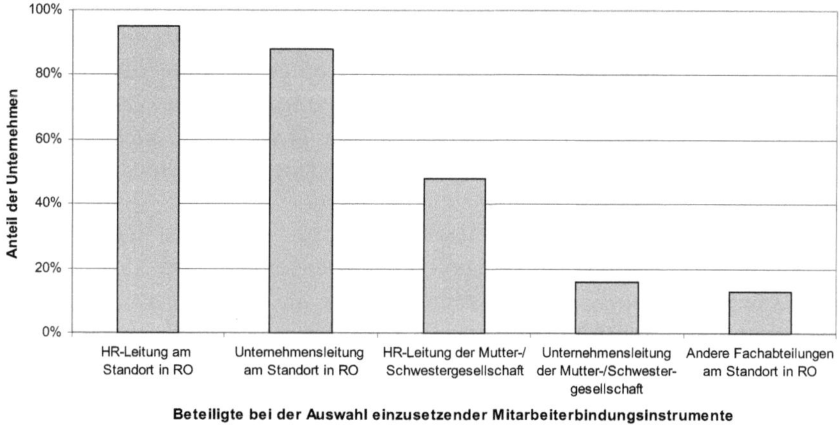

Abbildung 43: Beteiligte bei der Auswahl der in Rumänien einzusetzenden Mitarbeiterbindungsinstrumente

4.1.2 Zusammenhang zwischen den Aspekten der gesellschaftlichen Modernisierung und den Mitarbeiterbindungsinstrumenten

Die im Rahmen dieser Arbeit untersuchten Aspekte der gesellschaftlichen Modernisierung sind Lohn, Verfügbarkeit von Fachkräften und Wertewandel. Analysiert wird hier der Zusammenhang zwischen diesen Aspekten und den Mitarbeiterbindungsinstrumenten der rumänischen Unternehmen. In den entsprechenden Hypothesen wird davon ausgegangen, dass eine Erhöhung der Löhne in Rumänien zu einem verstärkten Einsatz nicht-monetärer Mitarbeiterbindungsinstrumente dort führt. Gleiches gilt bei einer Verschlechterung der Verfügbarkeit von Fachkräften und einem Fortschreiten des Wertewandels in Rumänien.

4.1.2.1 Lohn

Die Analyse der Entwicklung des Lohnes in Rumänien zeigt, dass dieser in den vergangenen drei Jahren stark gestiegen ist. Ferner wird für die kommenden drei Jahre eine ebenfalls starke Erhöhung erwartet. Während der Median bezogen auf die Vergangenheit bei einer Lohnerhöhung von zehn bis 15 Prozent innerhalb der letzten drei Jahre liegt, liegt er bei den Angaben für die nächsten drei Jahre bei 15 bis 20 Prozent. Damit wird unabhängig von den absoluten Werten erwartet, dass die Löhne – ausgehend von einer noch größeren Basis – zukünftig stärker steigen als in der Vergangenheit. Abbildung 44 zeigt die Anteile der Unternehmen, eingeteilt in drei Gruppen, zur Einschätzung der Lohnerhöhung bezogen auf die letzten und die kommenden drei Jahre.

Das heißt auch, dass sich die absoluten Beträge der Löhne deutlicher erhöhen werden und die Gesellschaft damit wohlhabender wird. Der Median zukünftiger Lohnerhöhungen liegt signifikant über der für die nächsten Jahre für Rumänien prognostizierten Inflationsrate.[869]

Die steigenden Löhne in den letzten drei Jahren haben auf Basis der Daten der Umfrage bislang nicht zu einer Annäherung der Mitarbeiterbindungsinstrumente in Rumänien an die in Deutschland eingesetzten, zunehmend nicht-monetären Instrumente geführt. Der Anteil der Unternehmen mit überwiegend nicht-monetären Instrumenten ist in der Gruppe mit den größten Lohnsteigerungen in Rumänien 25 Prozent groß. Unternehmen, die primär auf andere Instrumente setzen, überwiegen innerhalb dieser Gruppe (Abbildung 45). Hypothese H1a muss daher verworfen werden.

869 vgl. *Wirtschaftskammer Österreich* (2012a).

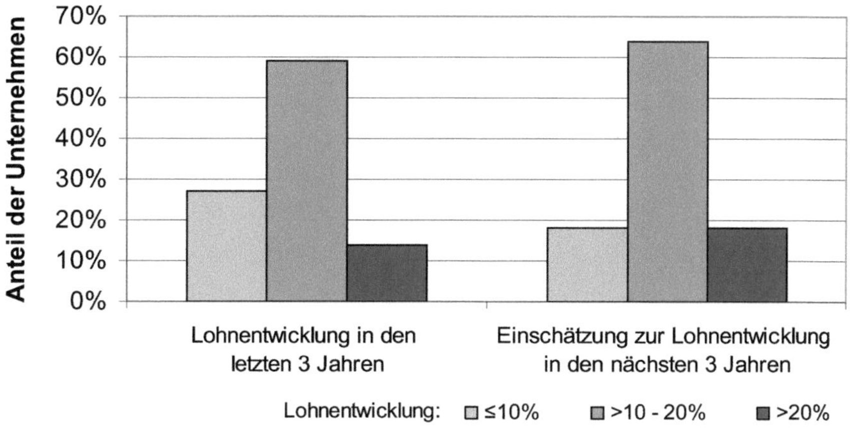

Abbildung 44: Vergangene und Einschätzung zu zukünftiger Lohnentwicklung in Rumänien

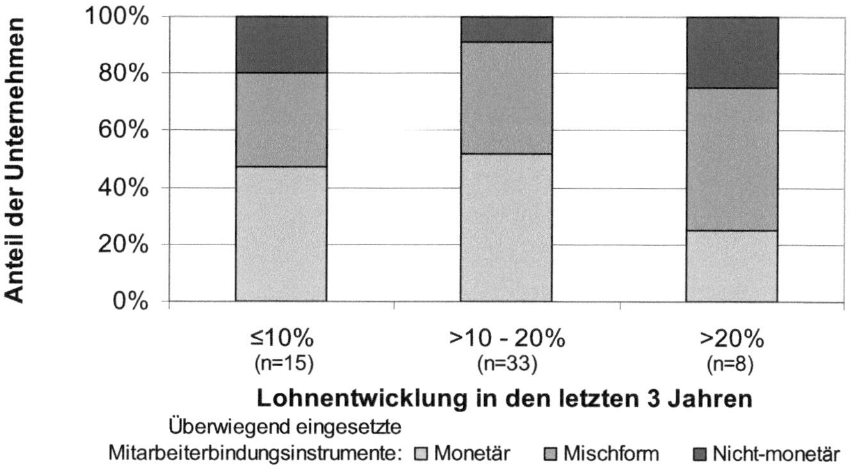

Abbildung 45: Eingesetzte Mitarbeiterbindungsinstrumente innerhalb der Gruppen zur Lohnsteigerung

Die Übersicht der Erwartungen zu den zukünftigen Lohnsteigerungen der jeweiligen Unternehmen nach deren überwiegend eingesetzten Mitarbeiterbindungsinstrumenten zeigt Abbildung 46.

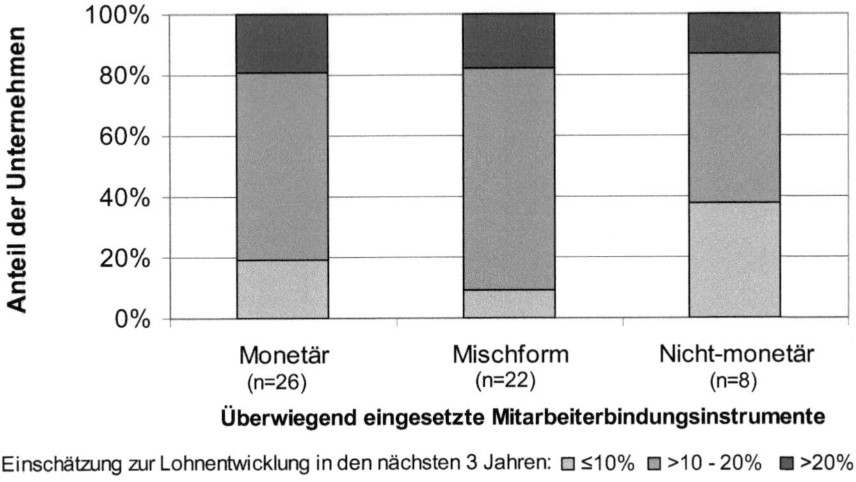

Abbildung 46: Erwartete, zukünftige Lohnsteigerungen innerhalb der Gruppen zu den primär eingesetzten Mitarbeiterbindungsinstrumenten der Unternehmen

Die Unternehmen, die überwiegend nicht-monetäre Mitarbeiterbindungsinstrumente einsetzen, erwarten für die Zukunft geringere Lohnsteigerungen als die Unternehmen der anderen Gruppen. Ob die aus Unternehmenssicht günstigere Perspektive der Unternehmen mit nicht-monetären Mitarbeiterbindungsinstrumenten auf den Einsatz dieser Instrumente zurückzuführen ist, kann auf Basis der vorliegenden Daten nicht beantwortet werden.

4.1.2.2 Verfügbarkeit von Fachkräften

Hinsichtlich der Verfügbarkeit von Fachkräften kann aus Unternehmenssicht von einer Verschlechterung der Situation in der Zukunft gesprochen werden. Verzögerungen bei der Besetzung offener Positionen aufgrund nicht vorhandener geeigneter Kandidaten werden gegenüber der aktuellen Situation für die Zukunft auf einer 7-Punkte-Skala um 0,66 Punkte schlechter bewertet. Bezogen auf die allgemeine Einschätzung im Hinblick auf die Rekrutierung neuer Mitarbeiter fällt die Bewertung der zukünftigen Situation um 0,84 Punkte schlechter aus. Insgesamt schätzt fast die Hälfte der befragten Unternehmen die Situation auf dem rumänischen Arbeitsmarkt als problematisch ein (Abbildung 47). Die Verfügbarkeit von Fachkräften in Rumänien stellt damit insgesamt aus Sicht der Unternehmen einen nicht zu vernachlässigenden Aspekt dar.

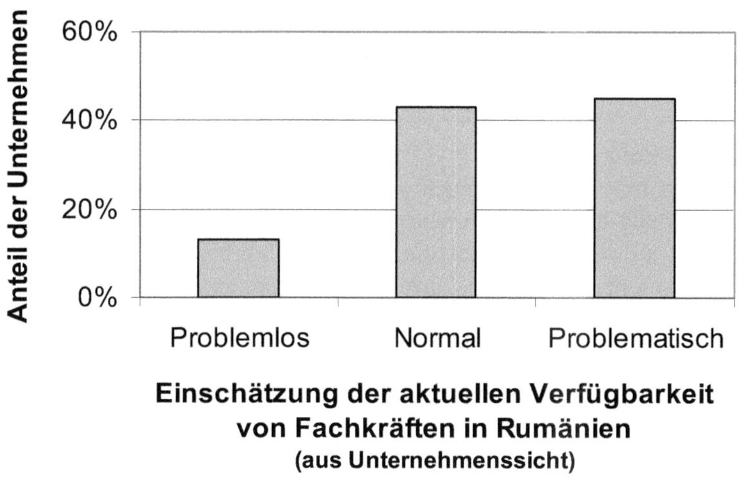

Abbildung 47: Einschätzung der Unternehmen zur Situation am Arbeitsmarkt

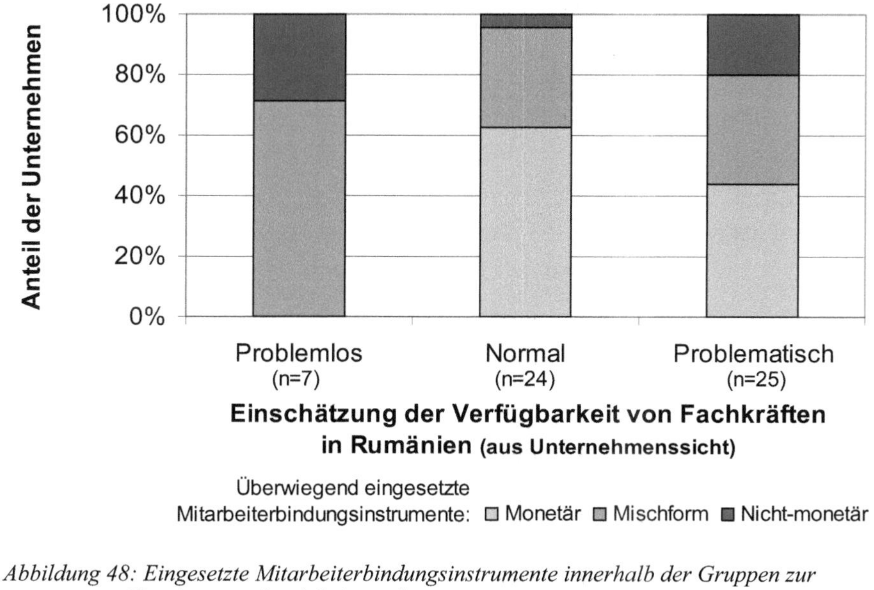

Abbildung 48: Eingesetzte Mitarbeiterbindungsinstrumente innerhalb der Gruppen zur Einschätzung des Arbeitsmarktes

Basierend auf den Daten der Untersuchung hat die Verfügbarkeit von Fachkräften in Rumänien bislang nicht zu einer Annäherung der Mitarbeiterbindungsinstrumente an die in Deutschland eingesetzten geführt (Hypothese H1b). Der Anteil der Unternehmen, die überwiegend nicht-monetäre Instrumente einsetzen, liegt in der Gruppe mit problematischer Einschätzung zum Arbeitsmarkt bei 20 Prozent. Wiederum überwiegen andere Instrumente innerhalb dieser Gruppe (Abbildung 48).

Analysiert man wiederum nach der Einschätzung des zukünftigen Arbeitsmarktes innerhalb der Unternehmensgruppen zu primären Mitarbeiterbindungsinstrumenten, so zeigt sich, dass die absolute Mehrheit der Unternehmen, die primär nicht-monetäre Mitarbeiterbindungsinstrumente einsetzen, von einer problematischen Situation am Arbeitsmarkt ausgeht. Ob die Einschätzung kausal für den Einsatz nicht-monetärer Mitarbeiterbindungsinstrumente ist, kann auf Basis der vorliegenden Daten nicht geklärt werden. Aufgrund der geringen Zahl der Unternehmen in der Gruppe der nicht-monetären Instrumente (n=8) muss zumindest die Deutlichkeit des Ergebnisses von 75 Prozent relativiert werden (Abbildung 49).

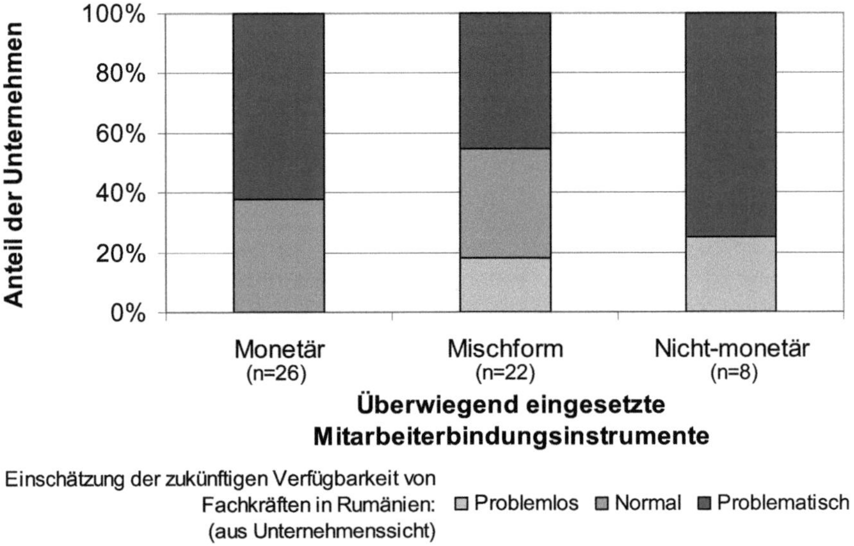

Abbildung 49: Einschätzung der zukünftigen Situation am Arbeitsmarkt innerhalb der Gruppen zu den primär eingesetzten Mitarbeiterbindungsinstrumenten der Unternehmen

4.1.2.3 Wertewandel

Hinsichtlich der Veränderung der Werte in der Gesellschaft in Rumänien zeigen die Ergebnisse der Untersuchung eine Zunahme der Bedeutung nicht-monetärer Werte. Basierend auf den Einschätzungen was aktuell (*ValueGroupPast*) und zukünftig (*ValueGroupFut*) für die Mitarbeiter von Bedeutung ist, zeigt sich eine Verschiebung hin zur Gruppe „Nicht-monetär" (Abbildung 50).

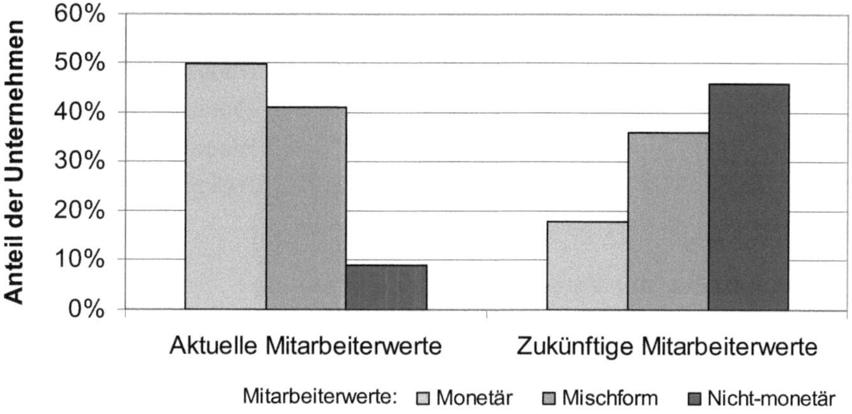

Abbildung 50: Aktuelle und zukünftige Mitarbeiterwerte

Die Auswertung der Bedeutung einiger Werte zeigt ebenfalls, dass überwiegend nicht-monetäre Werte an Bedeutung zunehmen werden. Der Aspekt mit der größten Bedeutungszunahme ist jedoch „Geld" (Abbildung 51). Ungeachtet des Wertewandels hin zu mehr nicht-monetären Werten, hat dieser Wandel auf Basis der Umfragedaten bisher nicht zu einer signifikanten Annäherung der Mitarbeiterbindungsinstrumente in rumänischen Unternehmen an die in Unternehmen in Deutschland eingesetzten Instrumente und einem damit einhergehenden verstärkten Einsatz nicht-monetärer Instrumente geführt. Der in Hypothese H1c postulierte Zusammenhang gilt auf Basis der Untersuchungsdaten nicht.

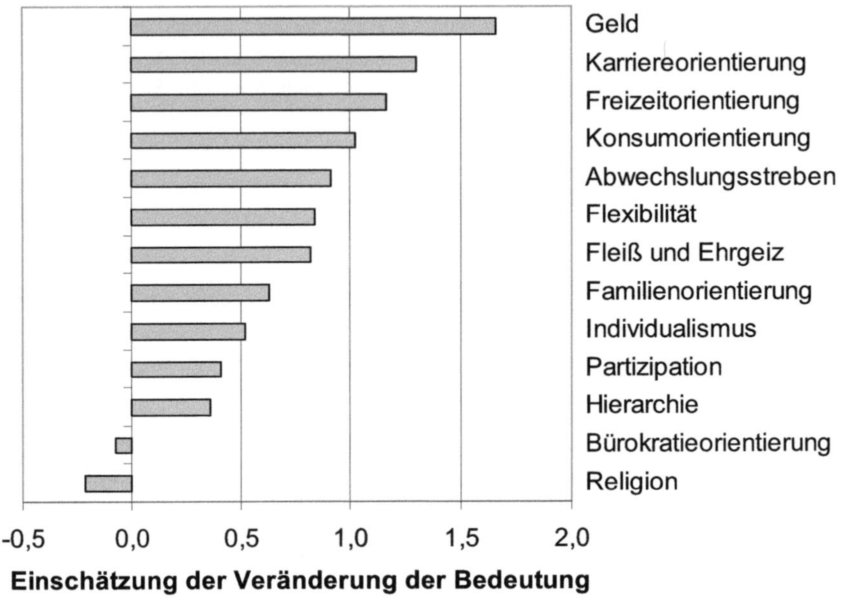

Abbildung 51: Veränderung der Bedeutung ausgewählter Wertorientierungen für die Mitarbeiter rumänischer Unternehmen

4.1.3 Ausprägung der Entwicklung der Mitarbeiterbindungsinstrumente und Einflussfaktoren

Der Anteil der Unternehmen, die die Entwicklung der Mitarbeiterbindungsinstrumente in Rumänien als konvergent gegenüber westlichen, weiter entwickelten Ländern ansehen, ist 79 Prozent groß (Variable *ConDivGroup*). Bezieht man weiterhin die Angaben zur Annäherungsgeschwindigkeit (*SpeedGroup*) mit ein, so zeigt sich, dass insgesamt 66 Prozent von einer beschleunigten Konvergenz ausgehen. Die Hypothese H2a kann damit nicht verworfen werden. Das bedeutet, dass Mitarbeiterbindungsinstrumente, die bereits in weiter entwickelten Ländern eingesetzt werden, immer schneller auf Rumänien übertragen werden. Abbildung 52 zeigt das Ergebnis. Die Spaltenbreiten des in der Software *R* als *Spineplot* bezeichneten Diagramms sind dabei proportional zu den Anteilen der jeweiligen Antworten.[870]

870 vgl. *Hatzinger/Hornik/Nagel* (2011), 201.

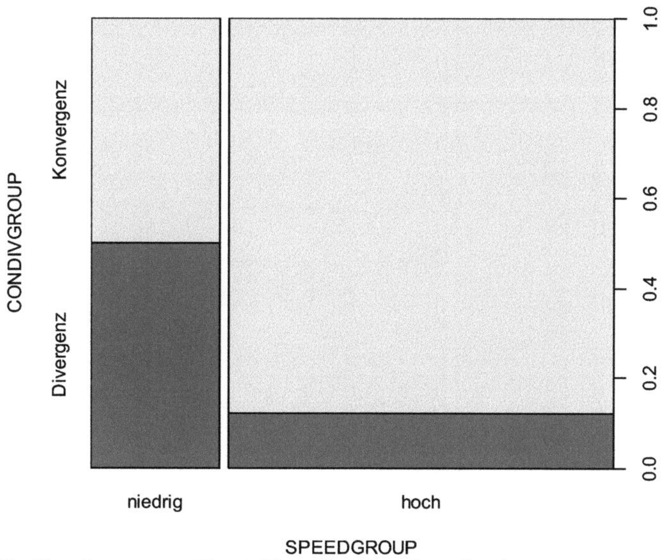

Abbildung 52: Einschätzung zur Entwicklung der Mitarbeiterbindungsinstrumente in Rumänien im Vergleich zu Deutschland

Allerdings zeigt sich auf Basis der Daten nicht, dass diejenigen Unternehmen, die von einer Konvergenz der Mitarbeiterbindungsinstrumente ausgehen, zu einem größeren Anteil aktuell nicht-monetäre Instrumente einsetzen. Der Anteil eingesetzter monetärer, gemischter und nicht-monetärer Mitarbeiterbindungsinstrumente (*InstrGroup*) ist bei den Unternehmen mit Einschätzung zu Konvergenz und Divergenz der Instrumente (*ConDivGroup*) nahezu gleich (Abbildung 53). Hypothese H2b ist damit nicht zutreffend.

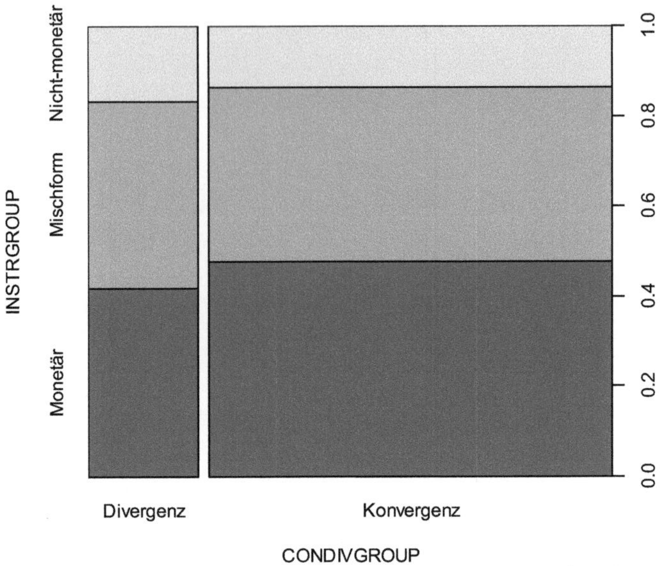

Abbildung 53: Eingesetzte Mitarbeiterbindungsinstrumente in Abhängigkeit der Einschätzung der Unternehmen zur Entwicklung der Mitarbeiterbindungsinstrumente in Rumänien

4.2 Gesellschaftliche Modernisierung und Meta-Bindungsstrategien

4.2.1 Eingesetzte Meta-Bindungsstrategien

Anhand des Entscheidungsbaumes zu den Meta-Bindungsstrategien erfolgte die Zuordnung zu den einzelnen Strategietypen (Abbildung 40 in Kapitel 3.3.5.2). Dabei wurde das Verhalten der Unternehmen bezüglich Automatisierung und Outsourcing systematisch analysiert und darüber die jeweils vorherrschende Meta-Bindungsstrategie extrahiert. Die Strategien der Bindungsvermeidung durch Verlagerung (Typ II) und Automatisierung (Typ IV) sind mit je 32 Prozent die am meisten vertretenen. Die gleichzeitige Kombination von Verlagerung und Automatisierung wird ebenso wie die tatsächliche Mitarbeiterbindung am aktuellen Standort zu je 18 Prozent der Unternehmen verfolgt (Abbildung 54).

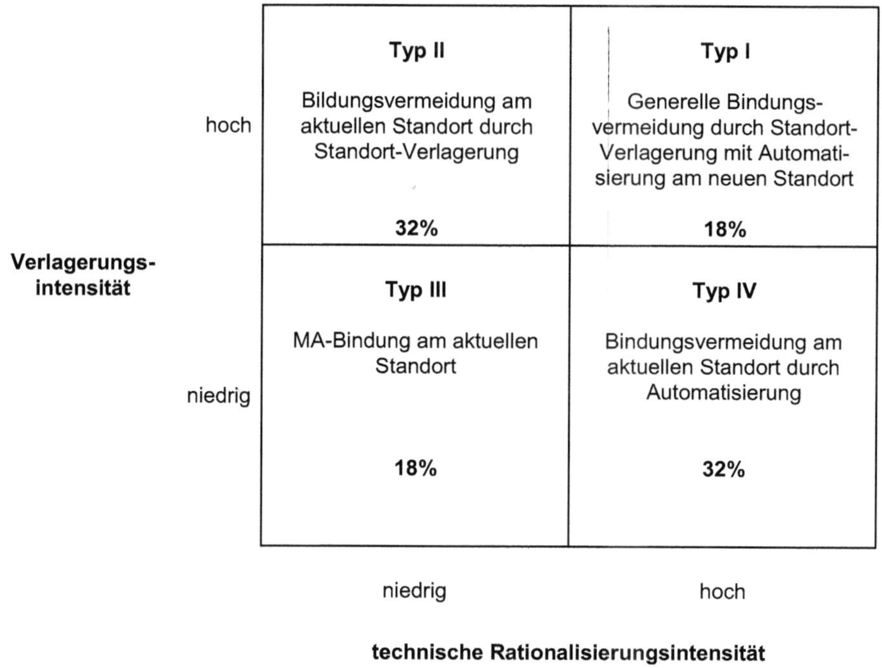

Abbildung 54: Anteil der Meta-Bindungsstrategien in Rumänien

Eine einheitliche Meta-Bindungsstrategie der Unternehmen in Rumänien liegt nicht vor. Die Unternehmen in Rumänien setzen primär bevorzugt lediglich eine Verhaltensweise ein – entweder Automatisierung oder Outsourcing. Die Kombination von beiden ist bei den Unternehmen weniger stark verbreitet.

Differenziert man nach dem Kriterium Gründungsjahr des Standortes, so zeigen sich insbesondere für die relativ neu im rumänischen Markt ansässigen Unternehmen Präferenzen hinsichtlich ihrer Meta-Bindungsstrategie (Abbildung 55).

Während in den Gruppen der Unternehmen, die bis zum Jahr 1999 und in der Zeit von 2000 bis 2007 in Rumänien gegründet wurden, keine Meta-Bindungsstrategie vorherrschend ist, zeigt sich bei den jüngsten Unternehmen eine klare Priorisierung der standortbezogenen Bindungsstrategie (Typ III). Zwei Drittel der Unternehmen dieser Gruppe setzen eine standortbezogene Meta-Bindungsstrategie ein.

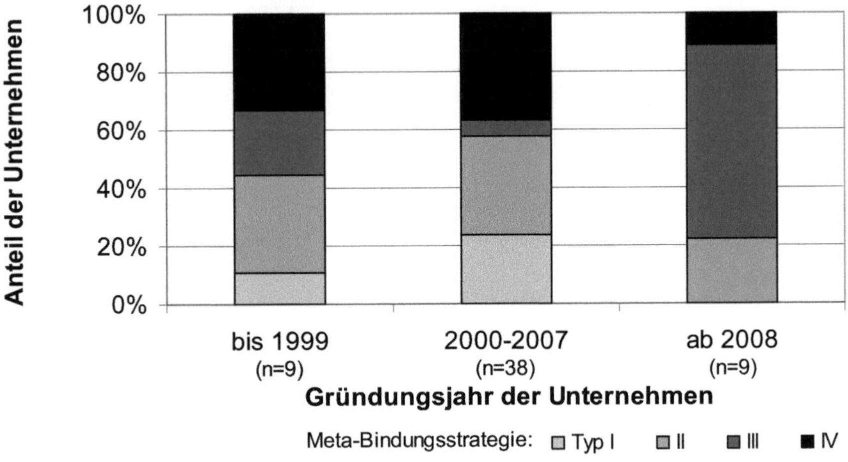

Abbildung 55: Meta-Bindungsstrategien nach Gründungsjahr des Unternehmens in Rumänien

4.2.2 Zusammenhang zwischen den Aspekten der gesellschaftlichen Modernisierung und den Meta-Bindungsstrategien

Basis der Analyse zum Zusammenhang zwischen den Aspekten gesellschaftlicher Modernisierung und den Meta-Bindungsstrategien bilden die Hypothesen H3a bis H3c. Hierin wird postuliert, dass die Erhöhung der Löhne in Rumänien, die Verschlechterung der dortigen Situation hinsichtlich Verfügbarkeit von Fachkräften sowie der Wertewandel zu einem verstärkten Einsatz standortbezogener Meta-Bindungsstrategien (Typ III) führt.

4.2.2.1 Lohn

Diejenigen Unternehmen, die innerhalb der letzten drei Jahre mit mehr als 20 Prozent die größten Lohnsteigerungen gewährt haben, verfolgen überwiegend standortbezogene Mitarbeiterbindungsstrategien (Typ III) sowie die Strategie der automatisierten Verlagerung vom Typ I (Abbildung 56). Bei den Unternehmen, die im gleichen Zeitraum mit bis 10 Prozent die niedrigsten Lohnsteigerungen gewährt haben, dominieren die Strategie der Automatisierung (Typ IV) und die standortbezogene Meta-Bindungsstrategie.

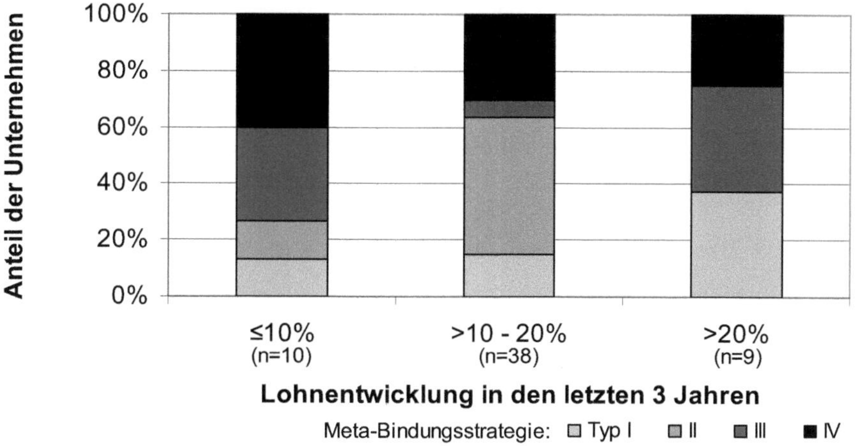

Abbildung 56: Eingesetzte Meta-Bindungsstrategien innerhalb der Gruppen zur gewährten Lohnsteigerung der Unternehmen

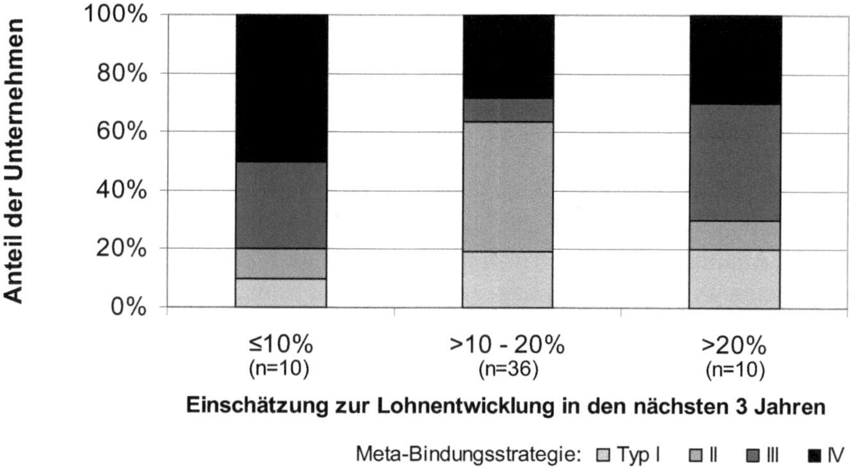

Abbildung 57: Eingesetzte Meta-Bindungsstrategien innerhalb der Gruppen zu erwarteter Lohnentwicklung in Rumänien

Legt man die Einschätzung der Unternehmen zur zukünftigen Lohnentwicklung in Rumänien zu Grunde, steigt der Anteil der Unternehmen, die eine Typ-III-Strategie verfolgen, innerhalb der Unternehmen mit der Erwartung der größten Lohnsteigerung (>20%) nochmals leicht an. Hier ist der Anteil der Unternehmen, die die Meta-Bindungsstrategie vom Typ III verfolgen, mit 40 Prozent am größten (Abbildung 57). Innerhalb der Unternehmensgruppe mit den niedrigsten Erwartungen hinsichtlich der zukünftigen Lohnsteigerungen überwiegt die Strategie der Automatisierung vor der standortbezogenen Meta-Bindungsstrategie.

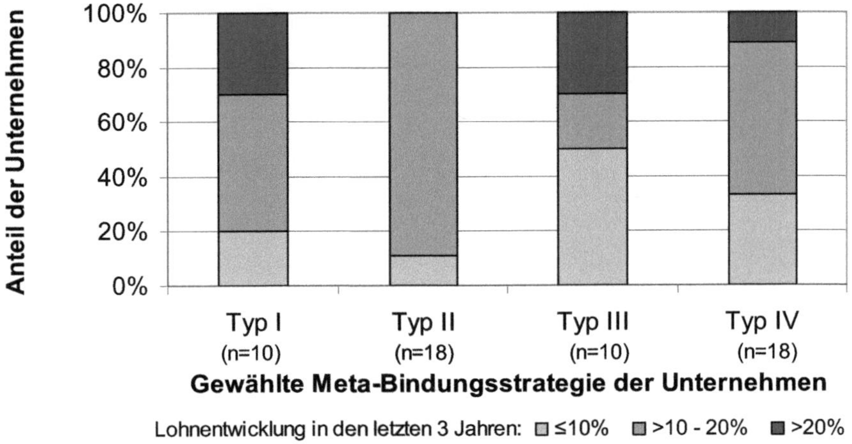

Abbildung 58: Gewährte Lohnsteigerungen der Unternehmen innerhalb der verschiedenen Meta-Bindungsstrategien

Unternehmen des Strategietyps III sind hinsichtlich der gewährten Lohnerhöhungen überwiegend in der kleinsten (≤10%) und größten (>20%) Gruppe zu finden (Abbildung 58). Die Unternehmen, die eine Meta-Bindungsstrategie eines anderen Typs verfolgen, finden sich hingegen primär in der mittleren Gruppe der Lohnerhöhungen (>10 bis 20%).

Grundsätzlich erwarten die Unternehmen einen relativ größeren Anstieg der Löhne für die Zukunft. Dieser Umstand wirkt sich außer bei Typ III nur marginal auf die am häufigsten vertretene Gruppe der erwarteten Lohnerhöhungen der jeweiligen Strategietypen aus (Abbildung 59). Innerhalb der Unternehmen, die die Meta-Bindungsstrategie vom Typ III verfolgen, findet hingegen eine starke Verschiebung der Erwartung zukünftiger Lohnveränderungen hin zu größeren Lohnsteigerungen statt.

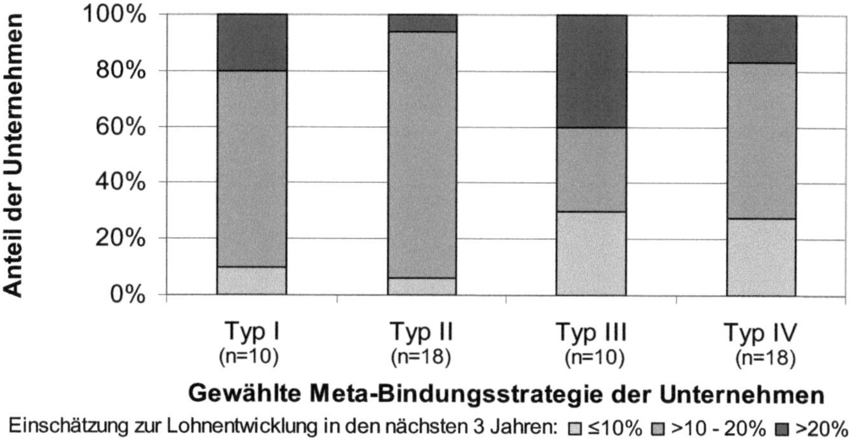

Abbildung 59: Erwartete Lohnsteigerungen der Unternehmen innerhalb der verschiedenen Meta-Bindungsstrategien

Insgesamt zeigt sich auf Basis der Analyse, dass zwischen Lohnsteigerung und Einsatz standortbezogener Meta-Bindungsstrategien (Meta-Typ III) ein Zusammenhang besteht. Hohe gewährte und erwartete Lohnsteigerungen treten besonders stark bei Unternehmen des Meta-Bindungstyps III auf. Der in Hypothese H3a postulierte Zusammenhang kann damit nicht verworfen werden. Hinsichtlich der Kausalität können keine Angaben gemacht werden.

4.2.2.2 Verfügbarkeit von Fachkräften

Diejenigen Unternehmen, die die aktuelle Verfügbarkeit von Fachkräften als „Problematisch" einschätzen, verfolgen überwiegend eine Strategie der Automatisierung (Typ IV). Die Strategie der Verlagerung (Typ II) hat ebenfalls einen hohen Anteil (Abbildung 60). Die Meta-Bindungsstrategie des Typs III spielt hingegen innerhalb der Unternehmensgruppe mit der Einschätzung zur Verfügbarkeit von Fachkräften „Problematisch" eine untergeordnete Rolle.

Basierend auf der Bewertung der zukünftigen Verfügbarkeit von Fachkräften in Rumänien ändern sich die Anteile der einzelnen Strategietypen innerhalb der Gruppe mit Einschätzung „Problematisch" nicht signifikant. Wiederum stellen Typ II und Typ IV die vorwiegenden Meta-Bindungsstrategien dar (Abbildung 61).

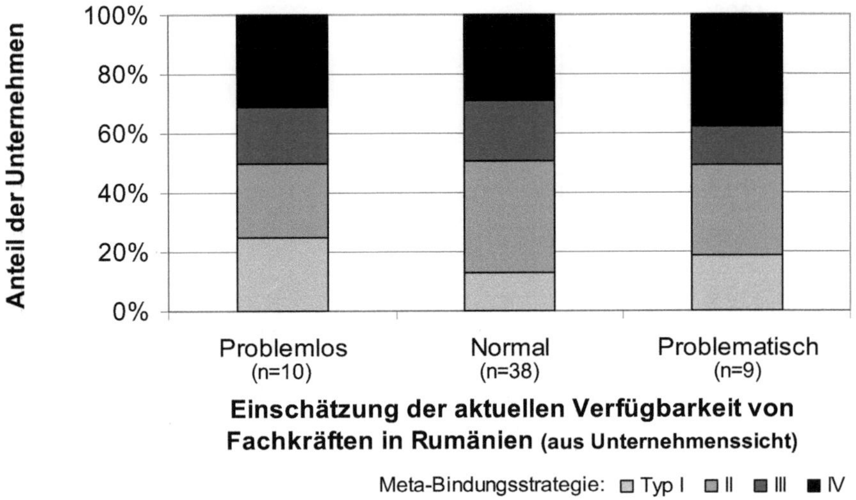

Abbildung 60: Eingesetzte Meta-Bindungsstrategien innerhalb der Gruppen der Einschätzung zur aktuellen Verfügbarkeit von Fachkräften

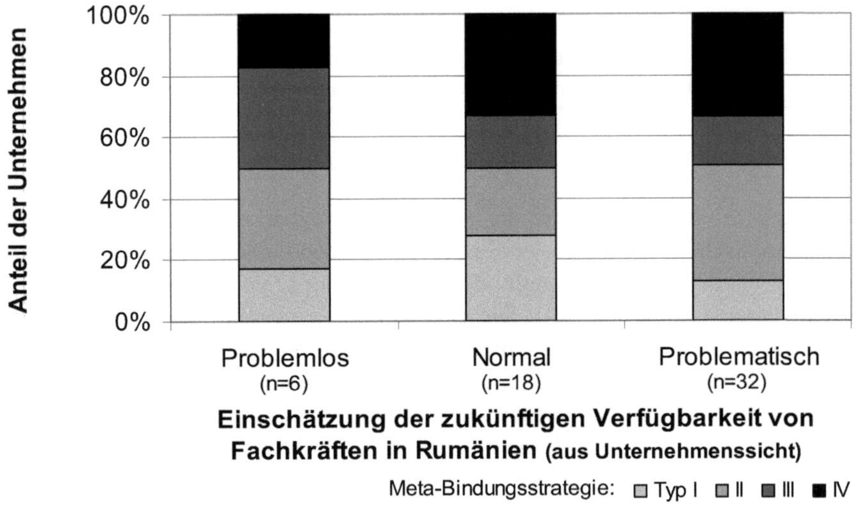

Abbildung 61: Eingesetzte Meta-Bindungsstrategien innerhalb der Gruppen der Einschätzung zur zukünftigen Verfügbarkeit von Fachkräften

Innerhalb der Meta-Bindungsstrategien der Typen II, III und IV hat der Großteil der Unternehmen hinsichtlich der aktuellen Verfügbarkeit von Fachkräften die Einschätzung „Normal". Unternehmen des Typs I sehen die derzeitige Verfügbarkeit von Fachkräften in Rumänien überwiegend als unkritisch an (Abbildung 62).

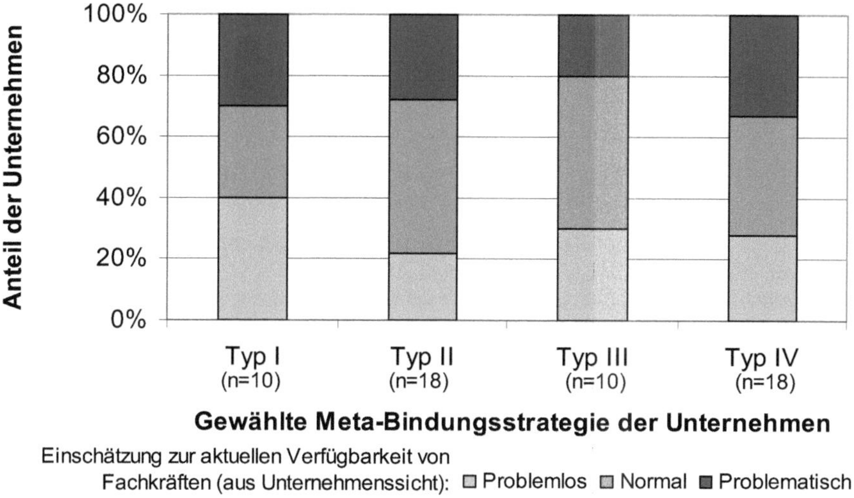

Abbildung 62: Verteilung der Unternehmen nach Einschätzung zur aktuellen Verfügbarkeit von Fachkräften und Meta-Bindungsstrategien

Insgesamt zeigt sich über alle Meta-Bindungsstrategien, dass die zukünftige Verfügbarkeit von Fachkräften kritischer als die aktuelle eingestuft wird. Der Großteil der Unternehmen eines jeden Strategietyps bewertet die zukünftige Verfügbarkeit jeweils um eine Stufe aus ihrer Sicht Besorgnis erregender (Abbildung 63). Der Anteil der Unternehmen einer Meta-Bindungsstrategie mit der negativsten Bewertung der zukünftigen Verfügbarkeit der Fachkräfte ist bei den Typen II, III und IV etwa doppelt so groß wie bei der Einschätzung zur aktuellen Situation. Bei Typ I liegt er ein Drittel höher.

Die Hypothese H3b lässt sich auf Basis der vorliegenden Daten somit nicht bestätigen. Es besteht kein Zusammenhang zwischen niedriger Verfügbarkeit von Fachkräften in Rumänien und dem verstärkten Einsatz der Meta-Bindungsstrategie vom Typ III. Die Einschätzung, dass sich die Verfügbarkeit von Fachkräften in Rumänien zukünftig weiter verschärfen wird, gilt bei allen Meta-Bindungstypen und ist nicht auf den Typ III beschränkt.

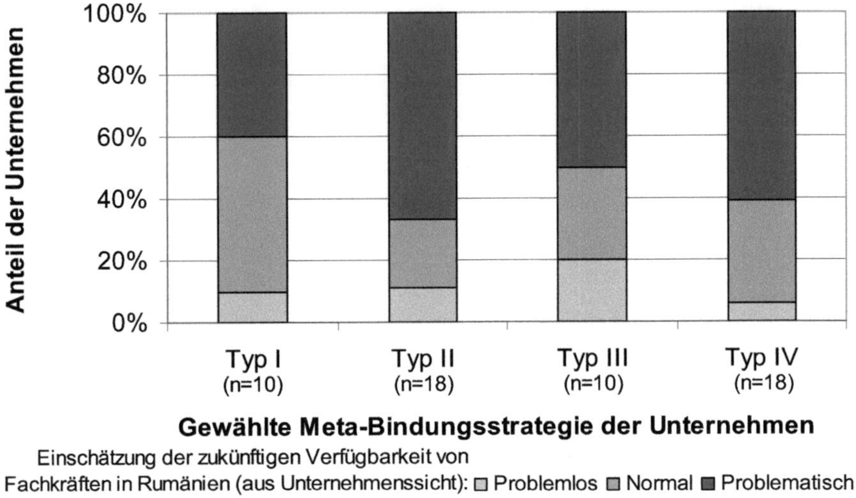

Abbildung 63: Verteilung der Unternehmen nach Einschätzung zur zukünftigen Verfügbarkeit von Fachkräften und Meta-Bindungsstrategien

4.2.2.3 Wertewandel

Abbildung 64 zeigt, dass die bevorzugten Meta-Bindungsstrategien der Unternehmen, die ihren Mitarbeitern derzeit den größten Anteil nicht-monetärer Werte attestieren, die Strategie der automatisierten Verlagerung (Typ I) und die Strategie der Automatisierung (Typ IV) sind. Diejenigen Unternehmen, die bei ihren Mitarbeitern aktuell primär monetäre Werte sehen, zeigen keine eindeutige Präferenz hinsichtlich ihrer Meta-Bindungsstrategie.

Die Differenzierung der Einschätzung der Werte der Mitarbeiter in aktuelle und zukünftige zeigt, dass innerhalb der Gruppe mit überwiegend nicht-monetären Werten der Mitarbeiter, die Meta-Bindungsstrategien der Verlagerung (Typ II) sowie der Mitarbeiterbindung (Typ III) zukünftig an Bedeutung zunehmen (Abbildung 65). Eine eindeutige Strategie der Unternehmen lässt sich nicht ableiten. Unternehmen mit vorwiegend monetärer Einschätzung der zukünftigen Mitarbeiterwerte setzen überwiegend eine standortbezogene Meta-Bindungsstrategie ein. Auch hier dominiert nicht eine einzige Strategie.

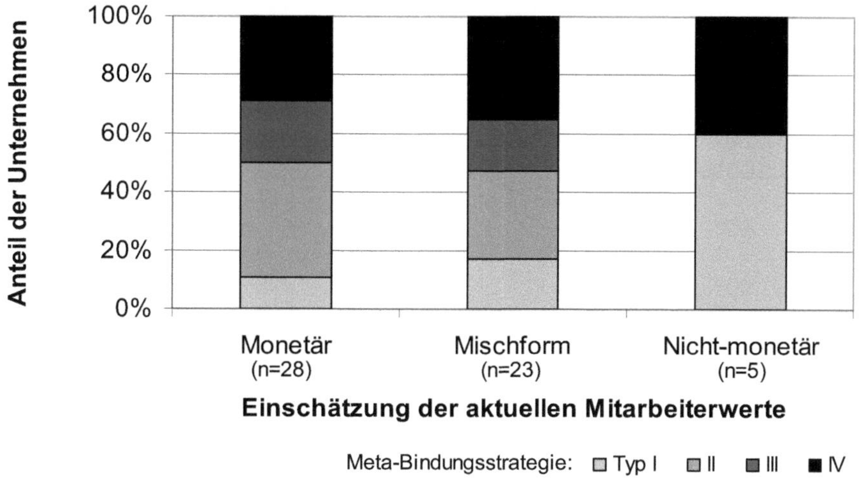

Abbildung 64: Eingesetzte Meta-Bindungsstrategien innerhalb der Gruppen zu aktuellen Mitarbeiterwerten

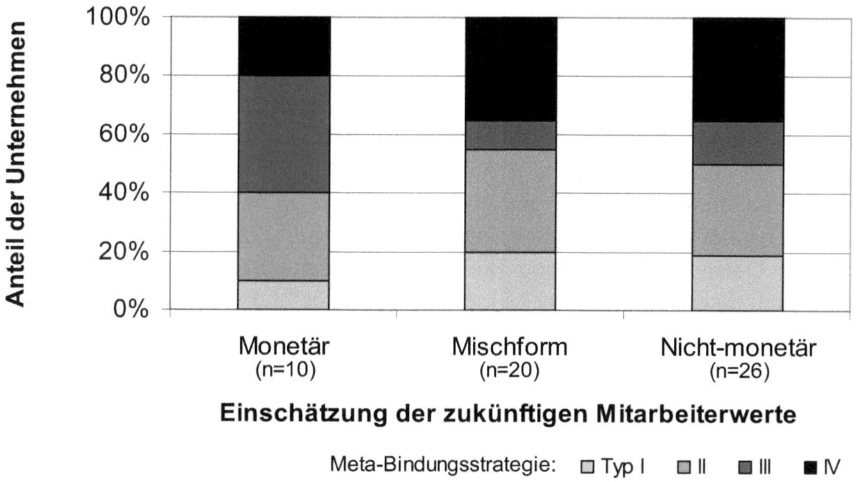

Abbildung 65: Eingesetzte Meta-Bindungsstrategien innerhalb der Gruppen zu zukünftigen Mitarbeiterwerten

Der Großteil der Unternehmen innerhalb einer Meta-Bindungsstrategie beurteilt die aktuellen Werte der Mitarbeiter überwiegend als monetär. Bei den Unternehmen vom Strategietyp I bildet die Einschätzung zu gemischten Werten der Mitarbeiter die am häufigsten vertretene Gruppe (Abbildung 66).

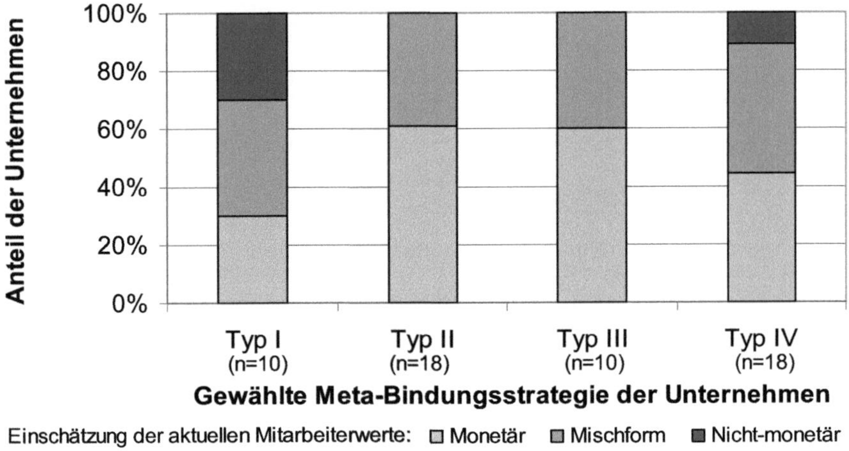

Abbildung 66: Aktuelle Mitarbeiterwerte innerhalb der verschiedenen Meta-Bindungsstrategien

Wiederum zeigt sich bei der Einschätzung der zukünftigen Werte der Mitarbeiter in Rumänien über alle Meta-Bindungsstrategien einheitlich der sehr deutliche Trend hin zu mehr nicht-monetären Werten der Mitarbeiter. Die Einschätzung, dass die Mitarbeiter zukünftig nicht-monetäre Werte deutlich höher bewerten, hat bei jedem Strategietyp den größten Anteil (Abbildung 67).

Die Daten bestätigen eine Bedeutungszunahme nicht-monetärer Werte in Rumänien insgesamt und damit einer Bewegung in Richtung weiter entwickelter Länder wie Deutschland hinsichtlich der dort zugrunde liegenden Werte und Bedürfnisse. Die Werte befinden sich in Rumänien in einem Wandel. Dies muss nicht bedeuten, dass die Werte am Ende dieses Prozesses mit denen in Deutschland identisch sind.[871] Ein signifikanter Zusammenhang zwischen Wertewandel und Zunahme des Einsatzes der standortbezogenen Meta-Bindungsstrategie III wie in Hypothese H3c postuliert, lässt sich hingegen nicht feststellen.

871 vgl. zu Kulturkonvergenz *Barmeyer* (2010a).

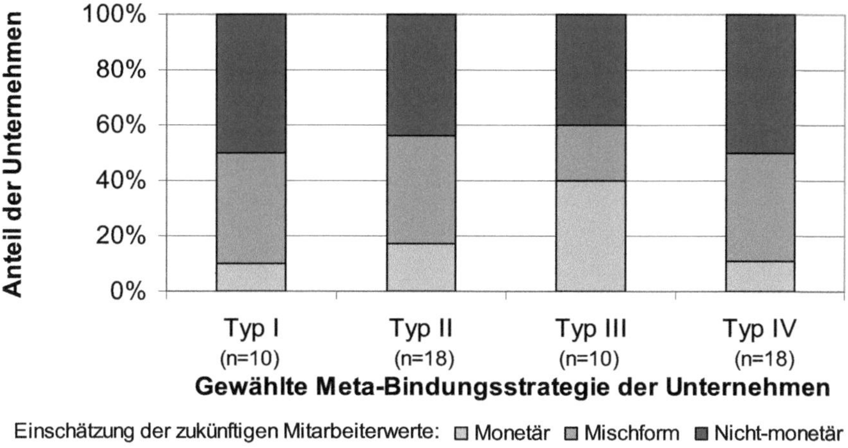

Abbildung 67: Zukünftige Mitarbeiterwerte innerhalb der verschiedenen Meta-Bindungsstrategien

4.2.3 Einfluss der Meta-Bindungsstrategien auf die Mitarbeiterbindungsinstrumente

Ausgangspunkt der Analyse bildet die Hypothese, dass eine niedrige Verlagerungsintensität und eine niedrige technische Rationalisierungsintensität zu einem verstärkten Einsatz nicht-monetärer Mitarbeiterbindungsinstrumente in Unternehmen in Rumänien führen. Die Meta-Bindungsstrategie mit der niedrigsten Intensität von sowohl Verlagerung als auch technischer Rationalisierung ist die vom Typ III. Der Strategietyp II weist eine hohe Verlagerungsintensität bei niedriger technischer Rationalisierungsintensität auf. Beim Strategietyp IV ist dies genau umgekehrt, während Typ I bei beidem eine hohe Ausprägung hat.

Die Analyse zeigt, dass die Unternehmen mit einer Meta-Bindungsstrategie vom Typ III einen relativ hohen Anteil nicht-monetärer Mitarbeiterbindungsinstrumente einsetzen (Abbildung 68). Lediglich die Unternehmen des Strategietyps IV mit Fokus auf Automatisierung weisen einen etwas höheren Anteil nicht-monetärer Instrumente auf. Diejenigen Unternehmen, die hinsichtlich der Meta-Bindungsstrategie auf Bindungsvermeidung durch Verlagerung setzen (Typ II), haben den geringsten Anteil nicht-monetärer Mitarbeiterbindungsinstrumente.

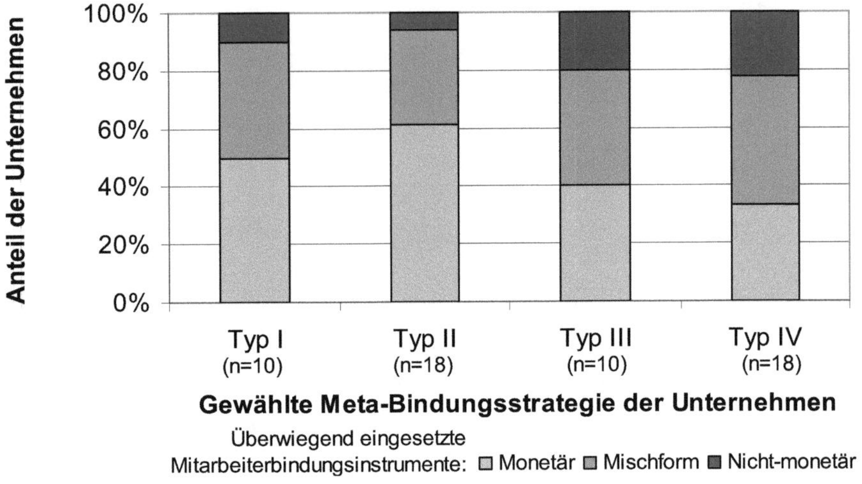

Abbildung 68: Anteil der unterschiedlichen Mitarbeiterbindungsinstrumente innerhalb der verschiedenen Meta-Bindungsstrategien

Der Einsatz nicht-monetärer Mitarbeiterbindungsinstrumente ist demnach am stärksten ausgeprägt, wenn die Verlagerungsintensität niedrige Werte aufweist. Die Rationalisierungsintensität hat auf den Einsatz nicht-monetärer Mitarbeiterbindungsinstrumente hingegen keinen Einfluss. Hypothese H4, die gleichzeitig von niedriger Verlagerungsintensität als auch niedriger technischer Rationalisierungsintensität als Einflussfaktoren für den verstärkten Einsatz nicht-monetärer Mitarbeiterbindungsinstrumente ausgeht, kann somit nicht gehalten werden.

4.3 Erfolgsgrößen

4.3.1 Einfluss der Mitarbeiterbindungsinstrumente auf die Erfolgsgrößen

Ziel dieser Analyse ist die Bestimmung des Zusammenhangs zwischen den eingesetzten Mitarbeiterbindungsinstrumenten der Unternehmen und den Erfolgsgrößen Mitarbeiterzufriedenheit und Fluktuationsrate. Grundlage bildet dabei die Hypothese, dass die Erfolgsgrößen durch den Einsatz nicht-monetärer Mitarbeiterbindungsinstrumente aus Unternehmenssicht positiv beeinflusst werden. Als Maß für die Intensität des Einsatzes nicht-monetärer Mitarbeiterbindungsinstrumente wurde die Variable *InstrumentIndex* herangezogen, die über eine Gesamtpunktzahl die im jeweiligen Unternehmen eingesetzten monetären, gemischten und nicht-monetären Instrumente widerspiegelt. Je höher dabei dieser Index, desto größer der Einsatz nicht-monetärer Mitarbeiterbindungsinstrumente.

4.3.1.1 Mitarbeiterzufriedenheit

Die Erfolgsgröße Mitarbeiterzufriedenheit wurde einerseits als ein absoluter Wert erfasst (*Satisfaction*). Zur Minimierung der Auswirkungen spezifischer, konzerninterner Umstände wurde andererseits die Mitarbeiterzufriedenheit zusätzlich in Relation zur Muttergesellschaft abgefragt (*SatisfactionComparison*). Durch diese relative Information innerhalb des gleichen Konzerns werden die Ergebnisse zwischen den unterschiedlichen Unternehmen in Rumänien besser vergleichbar, da konzerninterne Einflüsse herausgenommen werden.

Das Streudiagramm in Abbildung 69 zeigt grafisch den Zusammenhang zwischen den Variablen *Satisfaction* (*Satisf*) und *InstrumentIndex* (*InstrIndex*). Gleiche Ergebniskombinationen der Variablen *Satisfaction* und *InstrumentIndex* sind in dem Diagramm überlagert und nicht als separate Punkte dargestellt (n=56).

Die Produkt-Moment-Korrelation nach *Pearson* ergibt, dass zwischen dem Einsatz nicht-monetärer Mitarbeiterbindungsinstrumente und der absoluten Mitarbeiterzufriedenheit ein moderat positiver, linearer Zusammenhang besteht.[872] Dieser Zusammenhang ist signifikant auf dem Niveau 0,01.

Die Korrelation zwischen dem Einsatz nicht-monetärer Mitarbeiterbindungsinstrumente und der Mitarbeiterzufriedenheit in Relation zur Muttergesellschaft ist gering moderat, jedoch nicht signifikant. Dies zeigt sich optisch bereits im Streudiagramm der Variablen *SatisfactionComparison* (*SatisfComp*) und *InstrumentIndex* (*InstrIndex*) (Abbildung 70, gleiche Ergebniskombinationen der Variablen nicht als separate Punkte dargestellt, n=56).

872 vgl. zur Klassifizierung *Bortz/Döring* (2006), 606; *Koop* (2005), 105.

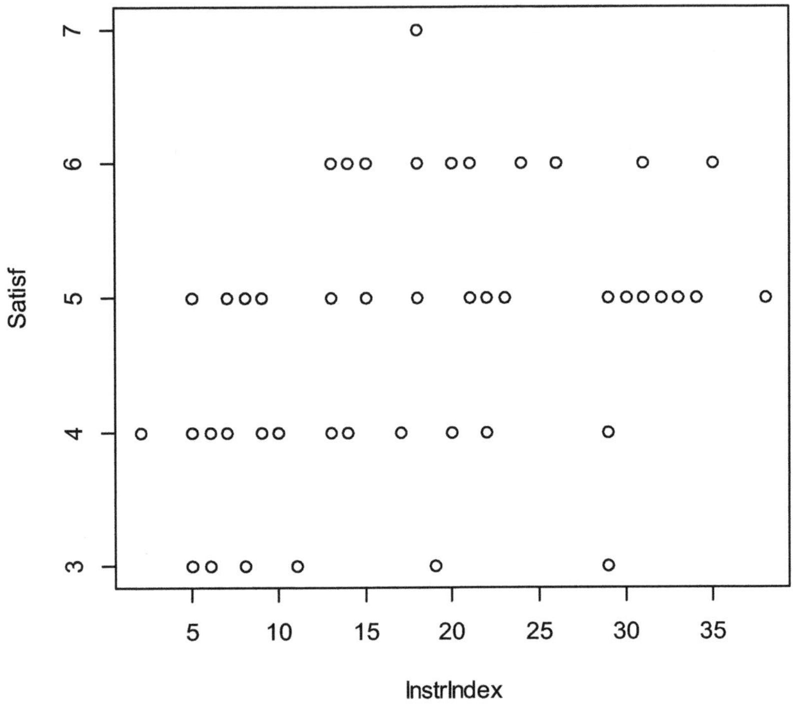

Abbildung 69: Streudiagramm zum Zusammenhang Einsatz nicht-monetärer Mitarbeiterbindungsinstrumente und absoluter Mitarbeiterzufriedenheit

Tabelle 6 zeigt die Korrelationskoeffizienten und Signifikanzniveaus der untersuchten Zusammenhänge. Eine Erhöhung des Einsatzes nicht-monetärer Mitarbeiterbindungsinstrumente korreliert positiv mit der Mitarbeiterzufriedenheit.

Tabelle 6: Ergebnisse der Korrelation zwischen Einsatz nicht-monetärer Mitarbeiterbindungsinstrumente und Mitarbeiterzufriedenheit

Korrelations-koeffizienten r	Satisf	SatisfComp
InstrIndex	0,332***	0,208°
° = nicht signifikant, *** = Signifikanzniveau 0,01		

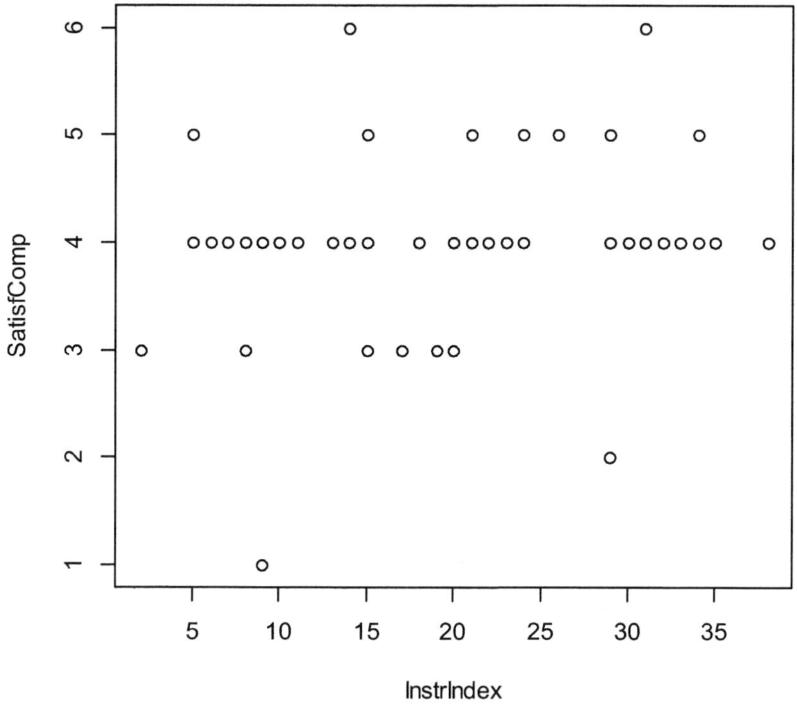

Abbildung 70: Streudiagramm zum Zusammenhang Einsatz nicht-monetärer Mitarbeiterbindungsinstrumente und relativer Mitarbeiterzufriedenheit

Eine einfache lineare Regression zeigt, dass zwischen der erklärenden Variablen *InstrumentIndex* und der abhängigen Variable der Mitarbeiterzufriedenheit (*Satisfaction*) eine signifikante Kausalität besteht (Signifikanzniveau 0,05). Diese ist jedoch sehr schwach ausgeprägt.

Insgesamt kann Hypothese H5a nicht verworfen werden. Die Erhöhung der Mitarbeiterzufriedenheit korreliert signifikant mit der Erhöhung des Einsatzes nicht-monetärer Mitarbeiterbindungsinstrumente in Unternehmen in Rumänien. Dabei ist der verstärkte Einsatz nicht-monetärer Mitarbeiterbindungsinstrumente schwach kausal.

4.3.1.2 Fluktuationsrate

Die Erfolgsgröße Fluktuationsrate wurde sowohl als Gesamtwert für das jeweilige Unternehmen (*FluctuationRateTotal*) als auch für die einzelnen Bereiche

Produktion (*FluctuationRateProd*), Administration (*FluctuationRateAdmin*) und Entwicklung (*FluctuationRateRD*) erfasst. Wiederum wurde zur Minimierung des Einflusses konzerninterner Gegebenheiten die Gesamtfluktuationsrate in Relation zur Muttergesellschaft ermittelt (*FluctuationRateComparison*).

Für die relative Gesamtfluktuationsrate besteht ein signifikanter, negativ-linearer Zusammenhang mit dem Einsatz nicht-monetärer Mitarbeiterbindungsinstrumente. Die Erhöhung des Einsatzes nicht-monetärer Mitarbeiterbindungsinstrumente in den Unternehmen in Rumänien korreliert mit der Verringerung der – durch den Vergleich mit der Muttergesellschaft bereinigten und damit aussagekräftigeren – relativen Fluktuationsrate.

Die *Pearson*-Korrelation zeigt ebenfalls einen signifikanten, moderat negativen Zusammenhang zwischen dem Einsatz nicht-monetärer Mitarbeiterbindungsinstrumente und der Fluktuation im Bereich Produktion. Das heißt, dass eine Erhöhung des Einsatzes nicht-monetärer Mitarbeiterbindungsinstrumente mit einer Verringerung der Fluktuation in der Produktion einhergeht.

Tabelle 7 fasst die Korrelationsergebnisse für die Erfolgsgröße Fluktuationsrate zusammen.

Tabelle 7: Ergebnisse der Korrelation zwischen Einsatz nicht-monetärer Mitarbeiterbindungsinstrumente und Fluktuationsrate

Korrelationskoeffizienten r	FlucTot	FlucProd	FlucAdmin	FlucR&D	FlucComp
InstrIndex	-0,126°	-0,284*	-0,187°	-0,182°	-0,273**
° = nicht signifikant, * = Signifikanzniveau 0,1, ** = 0,05					

Eine Analyse mittels einfacher linearer Regression ermittelt einen schwachen kausalen Zusammenhang zwischen der erklärenden Variablen *Instrument-Index* und der relativen Fluktuationsrate auf dem Signifikanzniveau 0,05.

Die Erhöhung des Einsatzes nicht-monetärer Mitarbeiterbindungsinstrumente in Rumänien führt somit zu einer Verringerung der Fluktuationsrate im Vergleich zu den jeweiligen Muttergesellschaften (H5b), wobei die Kausalität nur schwach ausgeprägt ist.

4.3.2 Einfluss der Meta-Bindungsstrategien auf die Erfolgsgrößen

Bei der Analyse wurde der Einfluss der Meta-Bindungsstrategien auf die fünf im theoretischen Modell identifizierten Erfolgsgrößen überprüft. In den Hypothesen wurde dabei jeweils postuliert, dass der Einsatz einer standortbezogenen Meta-Bindungsstrategie (Typ III) sich positiv auf die Erfolgsgrößen auswirkt.

Um den Zusammenhang der kategorialen Variablen Meta-Bindungsstrategie auf die metrisch-skalierten Erfolgsgrößen zu analysieren, wurde mit Hilfe der Software *R* eine Varianzanalyse mit F-Test durchgeführt.[873] Zur Überprüfung, ob die Voraussetzung der Varianzhomogenität in den Gruppen erfüllt ist, wurde zunächst ein *Bartlett*-Test angewendet.[874] Ein nicht-signifikantes Ergebnis des Tests ermöglicht den Einsatz der Varianzanalyse. Für den Fall eines signifikanten Ergebnisses des Bartlett-Tests und damit Varianzheterogenität in den Gruppen, bietet sich in *R* mit dem Oneway-Test eine weitere Möglichkeit zur Berechnung der Varianzanalyse. Dabei ist die Varianzhomogenität in den Gruppen keine notwendige Bedingung mehr.[875]

Da die Voraussetzungen zur Anwendung des F-Tests nicht gegeben waren, wurde jeweils ein Oneway-Test in *R* durchgeführt. Für die Erfolgsgrößen Mitarbeiterzufriedenheit, Fluktuationsrate und Unternehmensrendite wurden sowohl die absoluten Werte der rumänischen Unternehmen untersucht als auch deren Angaben in Relation zu ihren Muttergesellschaften. Tabelle 8 zeigt die Ergebnisse der Tests.

In den umfangreichen, statistischen Untersuchungen konnte kein signifikanter Zusammenhang zwischen dem Einsatz einer standortbezogenen Meta-Bindungsstrategie (Typ III) und den Erfolgsgrößen aus dem theoretischen Modell festgestellt werden. Der Zusammenhang zwischen dem absoluten Gewinn (*Profit*) und den eingesetzten Meta-Bindungsstrategien (*TypMeta*) ist zwar signifikant. Diese Signifikanz bezieht sich jedoch auf die Testhypothese, ob es Unterschiede zwischen den einzelnen Gruppen gibt. Eine weitere Analyse der Mittelwerte in den Gruppen zeigt, dass der Mittelwert des absoluten Gewinns bei der standortbezogenen Meta-Bindungsstrategie entgegen der Hypothese am geringsten ist. Auch aufgrund der unternehmens- und produktbedingten Unterschiede im absoluten Gewinn zwischen Unternehmen stellt die Variable *Profit* keine verlässliche Vergleichsgröße dar. Die Hypothesen H6 und H7 müssen verworfen werden.

873 vgl. *Hatzinger/Hornik/Nagel* (2011), 344-345.
874 vgl. *Hatzinger/Hornik/Nagel* (2011), 345.
875 vgl. *Hatzinger/Hornik/Nagel* (2011), 347.

Tabelle 8: Ergebnisse der Oneway-Tests zum Einfluss der Meta-Bindungsstrategien (TypMeta) auf die Erfolgsgrößen

Oneway-Test	TypMeta			
	F-Wert	Freihheitsgrade		P-Wert
		Zähler	Nenner	
Satisf	0,639	3	24,37	0,597°
SatisfComp	1,397	3	25,62	0,266°
FlucTot	0,291	3	22,93	0,831°
FlucComp	1,559	3	24,50	0,225°
ProfitRate	1,247	3	25,86	0,313°
ProfitRateComp	0,881	3	25,69	0,464°
Profit	7,360	3	13,16	0,004***
Autonomy	2,110	3	24,01	0,126°
InstrProc	0,389	3	24,45	0,762°
° = nicht signifikant, *** = Signifikanzniveau = 0,01				

4.3.3 Einfluss des Bindungserfolgs auf den Unternehmenserfolg

Im Rahmen des theoretischen Modells wurden die Mitarbeiterzufriedenheit und die Fluktuationsrate als die Elemente des Bindungserfolgs definiert. Der Unternehmenserfolg wurde wiederum mit den Elementen Umsatzrendite, Gewinn und Autonomie des Standortes in Mitarbeiterbindungsangelegenheiten beschrieben. Die Analyse bezieht sich auf den Zusammenhang zwischen den einzelnen Elementen des Bindungserfolges mit denen des Unternehmenserfolges.

4.3.3.1 Mitarbeiterzufriedenheit und Unternehmensrendite

Die Untersuchung des Zusammenhangs zwischen Mitarbeiterzufriedenheit und Unternehmensrendite wurde zunächst als *Pearson*-Korrelation durchgeführt. Beide Elemente wurden sowohl durch die absoluten Werte der rumänischen Unternehmen als auch durch die relativen Angaben bezogen auf die jeweilige Muttergesellschaft analysiert. Insbesondere für die Variable *ProfitRate* ist diese relative Erfassung für eine aussagekräftige Analyse sehr bedeutend. Die befragten Unternehmen stammen alle aus dem Bereich der Automobilzulieferindustrie, weisen jedoch produktbedingt sehr starke Unterschiede in den Renditen auf. Beispielsweise liegen die Renditen für Unternehmen, die als Zulieferer von Elektronikkomponenten fungieren, deutlich höher als für Zulieferer von Stahlteilen.[876] Daher ist die Analyse mit Hilfe der Variable *ProfitRateComparison*, die die Unternehmensrendite in Relation zur Muttergesellschaft bewertet, aussagekräftiger.

Tabelle 9: Ergebnisse der Korrelation zwischen Mitarbeiterzufriedenheit und Unternehmensrendite

Korrelations-koeffizienten r	Satisf	SatisfComp
ProfitRate	0,145°	-0,169°
ProfitRateComp	0,351***	0,254**
° = nicht signifikant, ** = Signifikanzniveau 0,05, *** = 0,01		

Tabelle 9 zeigt die Ergebnisse der Korrelation von Unternehmensrendite mit Mitarbeiterzufriedenheit. Signifikante Ergebnisse werden für die Korrelation mit der relativen Unternehmensrendite (*ProfitRateComparison*) erzielt. Sowohl die absolute als auch die relative Mitarbeiterzufriedenheit sind positiv mit der relativen Unternehmensrendite korreliert. Auf den ersten Blick interessant ist auch das Ergebnis, dass zwischen *ProfitRate* und *SatisfactionComparison* ein negativer Zusammenhang besteht. Das bedeutet, dass eine Erhöhung der Rendite des rumänischen Unternehmens mit einer Verringerung der Mitarbeiterzufriedenheit im Vergleich zur Muttergesellschaft dieses Unternehmen einhergehen würde. Dieses Ergebnis ist statistisch nicht signifikant und wurde daher nicht weiter untersucht.

Die Abbildung 71 zeigt die zugehörigen Streudiagramme der signifikanten Korrelationen. Überlagerungen gleicher Ergebniskombinationen der Variablen sind wiederum nicht als separate Punkte dargestellt (n=56).

Zur Überprüfung der Kausalität dieser Beziehung wurden mit Hilfe von *R* mehrere einfache, lineare Regressionen durchgeführt. Die Variablen der Mitarbeiterzufriedenheit fungierten dabei als erklärende, die der Unternehmensrendite als abhängige Variable. Die Ergebnisse bestätigen grundsätzlich die Korrelationen (Tabelle 10).

Eine Erhöhung der Mitarbeiterzufriedenheit am rumänischen Standort führt damit kausal zu einer Verbesserung der Unternehmensrendite relativ zur jeweiligen Muttergesellschaft. Das gleiche Ergebnis ergibt sich bei einer Verbesserung der Mitarbeiterzufriedenheit relativ zur jeweiligen Muttergesellschaft. Die Hypothese H8a ist damit zutreffend und kann nicht verworfen werden.

876 vgl. *Radtke/Abele/Zielke* (2004), 90-101.

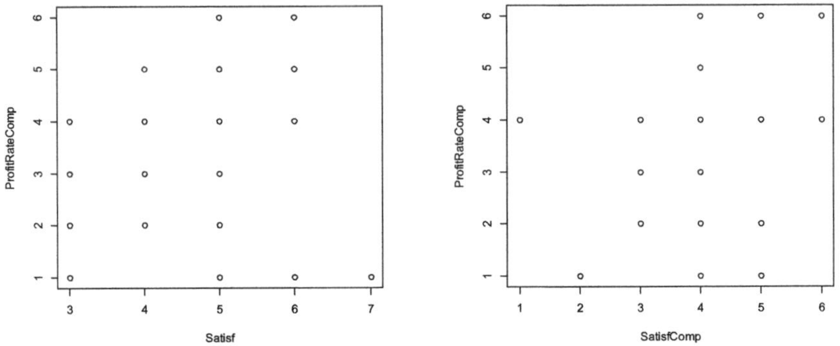

Abbildung 71: Streudiagramme zum Zusammenhang der relativen Unternehmensrendite und der absoluten sowie relativen Mitarbeiterzufriedenheit

Tabelle 10: Ergebnisse der einfachen, linearen Regressionen der erklärenden Variablen absolute und relative Mitarbeiterzufriedenheit und der abhängigen Variablen absolute und relative Unternehmensrendite

Regression	**Prädiktorvariable**					
	Satisf			**SatisfComp**		
	a	**b**	**R^2**	**a**	**b**	**R^2**
ProfitRate	2,78°	1,411°	-	17,64***	-1,984°	-
ProfitRateComp	1,52°	0,508***	0,123	2,18**	0,446*	0,065
° = nicht signifikant, * = Signifikanzniveau 0,1, ** = 0,05, *** = 0,01, **** = 0,001 Regressionsgleichung: y=a+bx						

Als Maß für Güte der Regressionsgleichung wird das Bestimmtheitsmaß R^2 herangezogen. Es gibt den Anteil der Varianz der abhängigen Variablen an, die durch die unabhängigen Variablen erklärt wird.[877] Es entspricht bei einfacher Regressionen dem quadrierten Korrelationskoeffizienten r.[878] Für die signifikanten Regressionen liegen die Bestimmtheitsmaße bei 0,123 und 0,065. Dies bedeutet, dass die absolute Mitarbeiterzufriedenheit *Satisfaction* 12,3 Prozent der Varianz der relativen Unternehmensrendite *ProfitRateComparison* erklärt. Die Variable *SatisfactionComparison* erklärt hingegen nur 6,5 Prozent der Varianz der Variablen *ProfitRateComparison*. Beide Bestimmtheitsmaße sind insgesamt relativ gering.

877 vgl. *Hartung/Elpelt/Klösener* (2009), 578-580; *Bortz/Schuster* (2010), 191-192.

878 vgl. *Bortz/Schuster* (2010), 192.

4.3.3.2 Mitarbeiterzufriedenheit, Fluktuationsrate und Gewinn

Korrelationsanalysen und einfache, lineare Regressionen wurden für die Variablen absolute und relative Mitarbeiterzufriedenheit (*Satisfaction* und *SatisfactionComparison*) mit der Variablen Gewinn (*Profit*) durchgeführt. Der absolute Betrag des Gewinns eines Unternehmens wird maßgeblich von unternehmensspezifischen Kennzahlen und Gegebenheiten bestimmt. Ein Vergleich zwischen Unternehmen unterschiedlicher Größen hinsichtlich Umsatz oder Mitarbeiterzahlen ist daher wenig aussagekräftig. Dies spiegelt sich hier ebenfalls in den Analysen wider, die sich als nicht-signifikant erweisen. Gleiches gilt für die Beziehung zwischen Fluktuationsrate (absolut und relativ zur Muttergesellschaft) und Gewinn. Die Hypothesen H8b und H8e müssen verworfen werden.

4.3.3.3 Mitarbeiterzufriedenheit und Autonomie des Standortes in Mitarbeiterbindungsangelegenheiten

Bei der Beschreibung des theoretischen Modells wurde die Autonomie des Standortes in Mitarbeiterbindungsangelegenheiten als eine weitere Erfolgsgröße aus Sicht des lokalen Standortes definiert. Die Ergebnisse der Korrelation dieser Erfolgsgröße mit der Mitarbeiterzufriedenheit zeigt Tabelle 11. Mitarbeiterzufriedenheit wurde wiederum als absolute (*Satisfaction*) und relative Größe (*SatisfactionComparison*) untersucht. Die Autonomie des Standortes wurde ebenfalls mit Hilfe von zwei unterschiedlichen Variablen analysiert. Die erste Variable *Autonomy* bildet dabei die Einflussnahme der Muttergesellschaft auf die Auswahl der einzusetzenden Mitarbeiterbindungsinstrumente ab. Hohe Werte von *Autonomy* stehen dabei für eine niedrige Einflussnahme der Muttergesellschaft und damit für eine hohe Autonomie des rumänischen Unternehmens. Die zweite Variable *InstrumentProcess* bewertet den Abstimmprozess zur Auswahl der einzusetzenden Mitarbeiterbindungsinstrumente mit den Muttergesellschaften aus Sicht der rumänischen Unternehmen. Hohe Werte stehen hier für einen gut funktionierenden Abstimmprozess.

Tabelle 11: Ergebnisse der Korrelation zwischen Mitarbeiterzufriedenheit und Autonomie

Korrelations-koeffizienten r	**Satisf**	**SatisfComp**
Autonomy	0,206*	0,018°
InstrProc	0,616****	0,338***

° = nicht signifikant, * = Signifikanzniveau 0,1, ** = 0,05, *** = 0,01, **** = 0,001

Die untersuchten Korrelationen sind überwiegend signifikant. Insbesondere die Variable *InstrumentProcess* weist moderate bis starke Korrelationen zu den Autonomie-Variablen auf. Abbildung 72 zeigt das Streudiagramm zur Korrelation *InstrumentProcess* und *Satisfaction* (gleiche Ergebniskombinationen der Variablen überlagert und nicht als separate Punkte dargestellt, n=56).

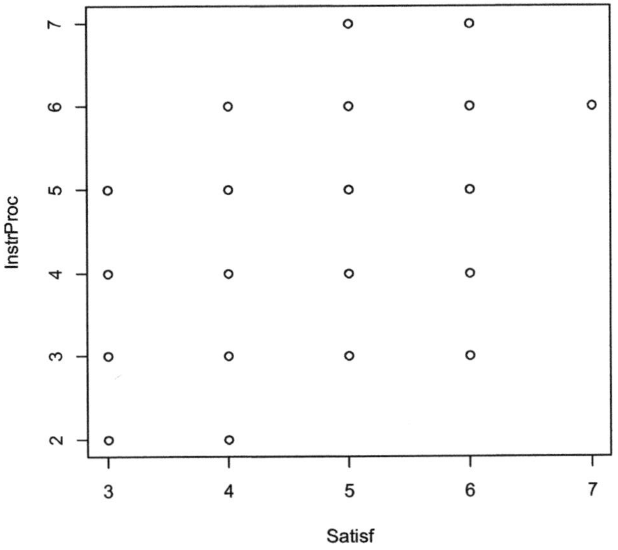

Abbildung 72: Streudiagramm zum Zusammenhang von Mitarbeiterzufriedenheit und Autonomie

Die zur Bestimmung der Kausalität durchgeführten einfachen, linearen Regressionen zeigen für die Variable *InstrumentProcess* ebenfalls hochsignifikante Ergebnisse. Tabelle 12 fasst die Ergebnisse zu den Regressionskoeffizienten zusammen.

Auf Basis der einfachen linearen Regression wirkt sich sowohl eine Verbesserung der absoluten als auch der relativen Mitarbeiterzufriedenheit positiv kausal auf die Autonomie des Standortes in Mitarbeiterbindungsangelegenheiten aus. Hierbei wird insbesondere der Abstimmprozess zwischen lokalem rumänischen Unternehmen und Muttergesellschaft verbessert. Bei der regressionsanalytischen Betrachtung zeigt sich, dass die Variable *Satisfaction* ein Bestimmtheitsmaß R^2 der Variablen *InstrumentProcess* von 0,380 ergibt, die Variable *SatisfactionComparison* von 0,114. Das bedeutet, dass 38 Prozent beziehungsweise 11,4 Prozent der Varianz von *InstrumentProcess* durch die jeweilige

Prädiktorvariable erklärt werden. Der in Hypothese H8c postulierte Zusammenhang ist signifikant. Die Hypothese kann nicht verworfen werden.

Tabelle 12: Ergebnisse der einfachen, linearen Regressionen der erklärenden Variablen absolute und relative Mitarbeiterzufriedenheit und der abhängigen Variablen der Autonomie

Regression	Prädiktorvariable					
	Satisf			SatisfComp		
	a	b	R^2	a	b	R^2
Autonomy	2,81***	0,322°	-	4,23****	0,035°	-
InstrProc	0,56**	0,889****	0,380	2,49***	0,5915**	0,114

° = nicht signifikant, * = Signifikanzniveau 0,1, ** = 0,05, *** = 0,01, **** = 0,001
Regressionsgleichung: y=a+bx

Zwischen der Verbesserung des Abstimmprozesses hinsichtlich der einzusetzenden Mitarbeiterbindungsinstrumente (*InstrumentProcess*) und der Variablen *Autonomy* besteht ebenfalls ein positiv kausaler Zusammenhang. Die einfache lineare Regression der beiden Variablen ergibt ein hochsignifikantes Ergebnis (Signifikanzniveau 0,001) mit den Koeffizienten 0,51 (Steigung) und 1,91 (Konstante). Das Bestimmtheitsmaß R^2 liegt bei 0,218. Damit werden 21,8 Prozent der Varianz von *Autonomy* alleine durch die Variable *InstrumentProcess* erklärt. Eine Verbesserung der Mitarbeiterzufriedenheit wirkt damit indirekt über die Variable *InstrumentProcess* auch auf die Variable *Autonomy*.

4.3.3.4 Fluktuationsrate und Unternehmensrendite

Zwischen Bindungserfolg, ausgedrückt als Fluktuationsrate, und Unternehmensrendite bestehen signifikante Zusammenhänge. Wiederum aufgeteilt nach absoluten und relativen Variablen zu Fluktuationsrate und Unternehmensrendite, zeigt Tabelle 13 die Ergebnisse der *Pearson*-Korrelation.

Tabelle 13: Ergebnisse der Korrelation zwischen Fluktuationsrate und Unternehmensrendite

Korrelations-koeffizienten r	FlucTot	FlucComp
ProfitRate	-0,177**	0,184*
ProfitRateComp	-0,194*	0,079°

° = nicht signifikant, * = Signifikanzniveau 0,1, ** = 0,05, *** = 0,01, **** = 0,001

Auffallend ist die auf dem 0,1-Niveau signifikante Beziehung zwischen der relativen Fluktuationsrate (*FluctuationComparison*) und der absoluten Unternehmensrendite (*ProfitRate*). Die Korrelation hat einen positiven Wert. Dies bedeutet, dass eine Erhöhung der Fluktuation im Vergleich zur Muttergesellschaft mit einer erhöhten Unternehmensrendite des rumänischen Standortes in Zusammenhang steht. Auch wenn sich hier auf Basis der Daten keine Kausalität nachweisen lässt, ist der einfache Zusammenhang bereits interessant. Die Korrelationen sind dabei alle als sehr moderat zu bezeichnen.

Die Ergebnisse, dass eine niedrigere Fluktuationsrate (*FluctuationTotal*) mit einer höheren (absoluten und relativen) Unternehmensrendite korreliert, erscheinen logisch. Eine signifikante Kausalität in der Beziehung zwischen Fluktuationsrate und Unternehmensrendite lässt sich anhand der vorliegenden Daten im Gegensatz zu bestehenden Studien nicht nachweisen.[879]

Die Hypothese H8d kann damit hinsichtlich des Zusammenhangs zwischen Fluktuationsrate und Unternehmensrendite auch für Unternehmen in Rumänien nicht verworfen werden. Eine signifikante Kausalität implizieren die Daten hingegen nicht.

4.3.3.5 Fluktuationsrate und Autonomie des Standortes in Mitarbeiterbindungsangelegenheiten

Zur Untersuchung des Zusammenhangs zwischen Fluktuationsrate der Unternehmen in Rumänien und ihrer Autonomie in Mitarbeiterbindungsangelegenheiten wurden mehrere Variable herangezogen. Für die Fluktuationsrate wurden die absoluten Werte der rumänischen Unternehmen (*FluctuationRateTotal*) sowie die Bewertung in Relation zu den jeweiligen Muttergesellschaften (*FluctuationRateComparison*) in die Analyse mit einbezogen. Hinsichtlich der Autonomie des Standortes in Mitarbeiterbindungsangelegenheiten wurde die Einflussnahme der Muttergesellschaft über die Variable *Autonomy* und die Bewertung des Abstimmprozesses hinsichtlich der einzusetzenden Mitarbeiterbindungsinstrumente zwischen rumänischem Unternehmen und der jeweiligen Zentrale über die Variable *InstrumentProcess* erfasst. Tabelle 14 zeigt die Korrelationen zwischen den einzelnen Variablen.

Die Korrelationen sind für die Variable *InstrumentProcess* wesentlich stärker ausgeprägt als für die Variable *Autonomy*. Die Korrelationen mit *InstrumentProcess* sind zudem hochsignifikant. Das bedeutet, dass die Autonomie-Variable *InstrumentProcess* und die Fluktuationsvariablen *FluctuationRateTotal* sowie *FluctuationRateComparison* nicht unabhängig voneinander sind.

879 vgl. *Reichheld* (1997), 124-134.

Tabelle 14: Ergebnisse der Korrelation zwischen Fluktuationsrate und Autonomie

Korrelations-koeffizienten r	FlucTot	FlucComp
Autonomy	-0,125°	-0,195°
InstrProc	-0,493****	-0,517****
° = nicht signifikant, * = Signifikanzniveau 0,1, ** = 0,05, *** = 0,01, **** = 0,001		

Gemäß der dieser Fragestellung zugrunde liegenden Hypothese, dass die Fluktuationsrate die Autonomie in Mitarbeiterbindungsangelegenheiten bestimmt, wurde eine entsprechende Analyse mittels mehrerer, einfacher linearer Regressionen durchgeführt. Die Ergebnisse der Untersuchung zu den Regressionskoeffizienten mit Hilfe der Software *R* zeigt Tabelle 15.

Tabelle 15: Ergebnisse der einfachen, linearen Regressionen der erklärenden Variablen absolute und relative Fluktuationsrate und der abhängigen Variablen der Autonomie

Regression	Prädiktorvariable					
	FlucTot			FlucComp		
	a	b	R^2	a	b	R^2
Autonomy	4,56****	-0,050°	-	5,31****	-0,229°	-
InstrProc	5,51****	-0,184****	0,244	7,16****	-0,560****	0,267
° = nicht signifikant, * = Signifikanzniveau 0,1, ** = 0,05, *** = 0,01, **** = 0,001 Regressionsgleichung: y=a+bx						

Die signifikanten Beziehungen spiegeln grundsätzlich die Ergebnisse der Korrelationsanalyse wider. Die Autonomie-Variable *InstrumentProcess* wird im Vergleich zur Variable *Autonomy* stärker von den Variablen der Fluktuation beeinflusst. Eine Verringerung der Fluktuationsrate im Vergleich zur Muttergesellschaft führt damit direkt zu einer Verbesserung des Abstimmprozesses zwischen Mutter und Tochter hinsichtlich der einzusetzenden Mitarbeiterbindungsinstrumente. Indirekt führt dies auch zu einer Vergrößerung von *Autonomy*. Die Aussage, dass eine niedrige Fluktuationsrate zu einer höheren Autonomie des rumänischen Standortes in Mitarbeiterbindungsangelegenheiten führt, ist zutreffend. Hypothese H8f kann nicht verworfen werden. Die Bestimmtheitsmaße der signifikanten Regressionen liegen bei 0,244 für *FluctuationTotal* und 0,267 für *FluctuationComparison*. Somit ist ein relativ hoher Anteil der Varianzen von *InstrumentProcess* jeweils alleine auf diese Variablen zurückzuführen.

4.4 Rückkopplungen der Autonomie

4.4.1 Einfluss der Autonomie des Standortes in Mitarbeiterbindungsangelegenheiten auf die Meta-Bindungsstrategien

Im theoretischen Modell werden Rückkopplungen der Autonomie des Standortes in Rumänien in Mitarbeiterbindungsangelegenheiten postuliert. Eine der Hypothesen bezieht sich auf die Wirkung der Autonomie des rumänischen Standortes auf die dort eingesetzten Meta-Bindungsstrategien. Der spezifischen Hypothese folgend müsste bei größerer Autonomie des Standortes in Mitarbeiterbindungsangelegenheiten der Einsatz standortbezogener Mitarbeiterbindungsstrategien (Meta-Typ III) zunehmen.

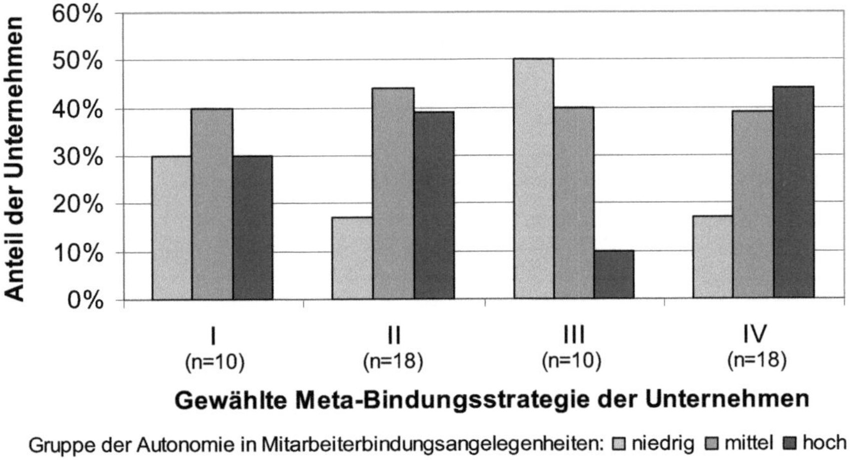

Abbildung 73: Verteilung der Unternehmen nach Autonomiegruppe und Meta-Bindungsstrategie

Abbildung 73 zeigt die Verteilung über die Gruppen der Unternehmen mit niedriger, mittlerer und hoher Autonomie in Mitarbeiterbindungsangelegenheiten innerhalb der jeweiligen Typen von Meta-Bindungsstrategien. Daraus ist ersichtlich, dass der Anteil der Unternehmen mit hoher Autonomie beim Meta-Typ III deutlich am kleinsten ist. Der Meta-Bindungstyp IV weist innerhalb eines Typs den größten Anteil an Unternehmen mit hoher Autonomie auf, dicht gefolgt von der Meta-Bindungsstrategie der Verlagerung (Typ II). Das bedeutet, dass Unternehmen, die eine hohe Autonomie in Mitarbeiterbindungsangelegenheiten besitzen, tendenziell andere Bindungsstrategien wählen als die standortbezogene. Der in Hypothese H9 postulierte Umstand ist damit nicht zutreffend. Weitere Analysen und Tests mit Hilfe der Software *R* (*Kruskal-Wallis*-Test) bestätigen die Ergebnisse.[880]

Eine Analyse bezüglich des Zusammenhangs zwischen Autonomie in Mitarbeiterbindungsangelegenheiten und den eingesetzten Mitarbeiterbindungsinstrumenten hingegen zeigt, dass beide nicht völlig unabhängig voneinander sind. Zwischen der Autonomie-Variablen *InstrumentProcess* und der Variablen für den Einsatz nicht-monetärer Mitarbeiterbindungsinstrumente *InstrumentIndex* besteht eine signifikante Korrelation, die mit einem Korrelationskoeffizienten von 0,19 moderat bis schwach ausgeprägt ist (Tabelle 16).

Tabelle 16: Ergebnisse der Korrelation Autonomie und Einsatz nicht-monetärer Mitarbeiterbindungsinstrumente

Korrelationskoeffizienten r	**InstrProc**
InstrIndex	0,186*
* = Signifikanzniveau 0,1	

Teilt man die Unternehmen nach den von ihnen überwiegend eingesetzten Mitarbeiterbindungsinstrumente in drei Gruppen ein (*InstrumentGroup*), zeigt sich ebenfalls, dass die Mittelwerte der Autonomie in Mitarbeiterbindungsangelegenheiten (Bewertung des Abstimmprozesses) mit verstärktem Einsatz nicht-monetärer Mitarbeiterbindungsinstrumente steigen. Unternehmen, die überwiegend monetäre Mitarbeiterbindungsinstrumente einsetzen, bewerten ihre Autonomie in Mitarbeiterbindungsangelegenheiten (*InstrumentProcess*) auf einer 7-Punkte Skala (1=sehr schlecht, 7=sehr gut) durchschnittlich mit 4,6. Unternehmen, die bei ihren Mitarbeiterbindungsinstrumenten auf Mischformen setzen, bewerten ihre Autonomie in Mitarbeiterbindungsangelegenheiten mit 5,0, während die Unternehmen, die überwiegend auf nicht-monetäre Mitarbeiterbindungsinstrumente bauen, mit 5,3 die größte Autonomie in Mitarbeiterbindungsangelegenheiten aufweisen.

Eine Differenzierung der Unternehmen nach ihrem Gründungsjahr zeigt, dass Autonomie in Mitarbeiterbindungsangelegenheiten nicht im Laufe der Zeit automatisch entsteht. Die Unternehmen, die im Zeitraum 2000 bis 2007 gegründet wurden, weisen mit 4,53 den größten Mittelwert hinsichtlich Autonomie in Mitarbeiterbindungsangelegenheiten auf (Skala mit aufsteigender Autonomie von 1 bis 7). Die jüngeren Unternehmen erreichen lediglich 4,0, während die

880 vgl. *Hatzinger/Hornik/Nagel* (2011), 348-350.

Unternehmen, die bis 1999 gegründet wurden, bei 4,11 liegen. Der geringere Wert bei den jungen Unternehmen lässt sich mit verstärktem Fokus der Unternehmenszentrale in der Aufbau- und Stabilisierungsphase erklären. Das Ergebnis, dass der Mittelwert bei den am längsten am Markt etablierten Unternehmen ebenfalls auf relativ niedrigem Niveau liegt, zeigt, dass die Zeitdauer der Marktpräsenz nicht automatisch für eine Erhöhung der Autonomie in Mitarbeiterbindungsangelegenheiten spricht.

4.4.2 Einfluss der Autonomie des Standortes in Mitarbeiterbindungsangelegenheiten auf den Bindungserfolg

4.4.2.1 Mitarbeiterzufriedenheit

Eine weitere Rückkopplung innerhalb des theoretischen Modells stellt die Wirkung der Autonomie des rumänischen Standortes in Mitarbeiterbindungsangelegenheiten auf die Mitarbeiterzufriedenheit dar. Untersucht wurden dabei die Wirkungen der Autonomie-Variablen *Autonomy* und *InstrumentProcess* auf die absolute und relative Mitarbeiterzufriedenheit (bezogen auf die jeweilige Muttergesellschaft) der rumänischen Unternehmen. Die Ergebnisse der durchgeführten einfachen linearen Regressionen zeigt Tabelle 17.

Tabelle 17: Ergebnisse der einfachen, linearen Regressionen der erklärenden Variablen der Autonomie und der abhängigen Variablen der absoluten und relativen Mitarbeiterzufriedenheit

Regression	Prädiktorvariable					
	Autonomy			InstrProc		
	a	b	R^2	a	b	R^2
Satisf	4,281****	0,132°	-	2,777****	0,427****	0,380
SatisfComp	3,993****	0,010°	-	3,095****	0,193**	0,114
° = nicht signifikant, * = Signifikanzniveau 0,1, ** = 0,05, *** = 0,01, **** = 0,001 Regressionsgleichung: y=a+bx						

Die Autonomie-Variable *InstrumentProcess* wirkt signifikant auf die Mitarbeiterzufriedenheit. Eine Verbesserung des Abstimmprozesses um eine Einheit (auf einer 7-Punkte Skala) führt demnach zu einer Steigerung der Mitarbeiterzufriedenheit im Unternehmen in Rumänien um 0,43 Einheiten (auf einer 7-Punkte Skala). Die gleiche Verbesserung des Abstimmprozesses zieht eine Erhöhung der Mitarbeiterzufriedenheit am rumänischen Standort im Vergleich zu der in der Muttergesellschaft vorherrschenden Zufriedenheit um 0,2 Einheiten (auf einer 7-Punkte Skala) nach sich.

Die Auswirkung auf die absolute Mitarbeiterzufriedenheit befindet sich auf einem höheren Signifikanzniveau als die Wirkung auf die relative Mitarbeiterzufriedenheit. Das Bestimmtheitsmaß R^2 der Regressionsfunktion von *Satisfaction* auf *InstrumentProcess* liegt bei 0,380, das von *SatisfactionComparison* auf *InstrumentProcess* bei 0,114. Damit werden alleine 38 Prozent der Varianz der absoluten Mitarbeiterzufriedenheit durch die Variable *InstrumentProcess* erklärt. 11,4 Prozent der Varianz der relativen Mitarbeiterzufriedenheit sind auf den Abstimmungsprozess bezüglich der Mitarbeiterbindungsinstrumente zwischen rumänischem Standort und Zentrale zurückzuführen.

Insgesamt bedeutet das, dass eine Verbesserung des Abstimmprozesses zur Auswahl der einzusetzenden Instrumente der Mitarbeiterbindung zur Erhöhung der Mitarbeiterzufriedenheit in Rumänien führt. Dies gilt sowohl für die absolute Mitarbeiterzufriedenheit als auch für die relative im Vergleich zum Mutterhaus. Damit wirkt sich eine erhöhte Autonomie des Standortes in Rumänien in Mitarbeiterbindungsangelegenheiten positiv auf die Mitarbeiterzufriedenheit aus (H10a).

4.4.2.2 Fluktuationsrate

Die Rückkopplung der Autonomie der rumänischen Standorte in Mitarbeiterbindungsangelegenheiten auf die Bindungserfolgsgröße Fluktuationsrate wurde mittels einfacher linearer Regressionen untersucht. Für die erklärende Variable Autonomie wurde der Einfluss der beiden Variablen *Autonomy* und *InstrumentProcess* auf die Fluktuationsrate analysiert. Die Fluktuationsrate ging dabei als absoluter Wert (*FluctutationTotal*) sowie zur Minimierung konzerninterner Einflüsse als Wert in Relation zur Muttergesellschaft (*FluctuationComparison*) ein (Tabelle 18).

Die Ergebnisse der einfachen linearen Regressionen zeigen einen Einfluss der Autonomie auf die Fluktuationsrate. Dabei ist wie zuvor bei der Mitarbeiterzufriedenheit die Autonomie-Variable *InstrumentProcess* hochsignifikant. Sie beeinflusst kausal sowohl die absolute als auch relative Fluktuationsrate der rumänischen Tochtergesellschaften. Die Autonomie-Variable *Autonomy* hingegen weist keine Signifikanz in der Beziehung zur Fluktuationsrate auf.

Tabelle 18: Ergebnisse der einfachen, linearen Regressionen der erklärenden Variablen der Autonomie und der abhängigen Variablen der absoluten und relativen Fluktuationsrate

Regression	Prädiktorvariable					
	Autonomy			InstrProc		
	a	b	R^2	a	b	R^2
FlucTot	4,842***	-0,311°	-	9,943****	-1,326***	0,244
FlucComp	4,800**	-0,167°	-	6,396****	-0,477****	0,267
° = nicht signifikant, * = Signifikanzniveau 0,1, ** = 0,05, *** = 0,01, **** = 0,001 Regressionsgleichung: y=a+bx						

Die Bestimmtheitsmaße der signifikanten Regressionen liegen bei 0,244 (*FluctuationTotal* auf *InstrumentProcess*) und 0,267 (*FluctuationComparison* auf *InstrumentProcess*). Sie erklären damit jeweils etwa ein Viertel der Varianz ihrer Responsevariablen.

Ein gut abgestimmter Auswahlprozess für die im rumänischen Unternehmen einzusetzenden Mitarbeiterbindungsinstrumente führt damit zu einer Reduktion der Fluktuationsrate am lokalen Standort. Autonomie des rumänischen Unternehmens in Mitarbeiterbindungsangelegenheiten hat somit positive Rückkopplungen auf den Bindungserfolg des Standortes. Die Hypothese H10b kann nicht verworfen werden.

4.4.3 Einfluss der Autonomie des Standortes in Mitarbeiterbindungsangelegenheiten auf die Unternehmensrendite

In den Hypothesen werden zwischen den im Rahmen des theoretischen Modells definierten Messgrößen des Unternehmenserfolges ebenfalls Rückkopplungen postuliert. Die Erfolgsgrößen Autonomie in Mitarbeiterbindungsangelegenheiten und Unternehmensrendite sind danach nicht unabhängig voneinander. Die Korrelationsanalyse bestätigt diese Annahme. Demnach besteht ein signifikanter Zusammenhang zwischen Autonomie des Standortes in Rumänien in Mitarbeiterbindungsangelegenheiten und Unternehmensrendite. Dies gilt jeweils für den Zusammenhang zwischen den Variablen *Autonomy* und absoluter (*ProfitRate*) sowie relativer (*ProfitRateComparison*, im Vergleich zur Muttergesellschaft) Unternehmensrendite. Ebenso besteht ein hochsignifikanter Zusammenhang zwischen der Bewertung des Prozesses zur Auswahl der einzusetzenden Mitarbeiterbindungsinstrumente (*InstrumentProcess*) und der relativen Unternehmensrendite. Tabelle 19 zeigt die zugehörigen Korrelationskoeffizienten und Signifikanzniveaus.

Tabelle 19: Ergebnisse der Korrelation zwischen Autonomie und Unternehmensrendite

Korrelations-koeffizienten r	Autonomy	InstrProc
ProfitRate	0,200*	0,082°
ProfitRateComp	0,504****	0,469****
° = nicht signifikant, * = Signifikanzniveau 0,1, ** = 0,05, *** = 0,01, **** = 0,001		

Die Überprüfung der Kausalität erfolgt wiederum mittels einfacher linearer Regressionen. Dabei werden jeweils die Wirkung der Autonomie-Variablen *Autonomy* und *InstrumentProcess* auf die absolute und die relative Unternehmensrendite untersucht. Hierbei zeigt sich, dass jeweils die relative Unternehmensrendite (*ProfitRateComparison*) signifikant von den beiden Autonomie-Variablen beeinflusst wird (Tabelle 20). Die Variable *Autonomy* ergibt ein Bestimmtheitsmaß R^2 für die Regressionsfunktion der relativen Unternehmensrendite von 0,254. Ein Viertel der Varianz von *ProfitRateComparison* ist damit alleine auf die Variable *Autonomy* zurückzuführen. Die Variable *InstrumentProcess* führt zu einem Bestimmtheitsmaß von 0,220 und erklärt damit 22 Prozent der Varianz der relativen Unternehmensrendite.

Tabelle 20: Ergebnisse der einfachen, linearen Regressionen der erklärenden Variablen der Autonomie und der abhängigen Variablen der absoluten und relativen Unternehmensrendite

Regression	Prädiktorvariable					
	Autonomy			InstrProc		
	a	b	R²	a	b	R²
ProfitRate	4,207°	1,241°	-	6,934°	0,553°	-
ProfitRateComp	1,937****	0,468****	0,254	1,686****	0,471****	0,220
° = nicht signifikant, * = Signifikanzniveau 0,1, ** = 0,05, *** = 0,01, **** = 0,001 Regressionsgleichung: y=a+bx						

Zwischen den Messgrößen des Unternehmenserfolges bestehen damit hochsignifikante, kausale Zusammenhänge. Eine Erhöhung der Autonomie des rumänischen Standortes in Mitarbeiterbindungsangelegenheiten führt zu einer Verbesserung der Unternehmensrendite im Vergleich zur Muttergesellschaft. Die Gewährung von Autonomie seitens der Muttergesellschaft als auch die Einforderung dieser Autonomie durch die rumänische Tochtergesellschaft trägt positiv zum finanziellen Ergebnis des Standortes bei. Der in Hypothese H11 formulierte kausale Zusammenhang kann nicht verworfen werden.

4.5 Gesamtsystem

4.5.1 Gesamtüberblick Hypothesen und theoretisches Modell

Basierend auf den Auswertungen gibt Tabelle 21 einen Gesamtüberblick der wichtigsten Ergebnisse gegliedert nach den Hypothesen der Arbeit.

Tabelle 21: Überblick der Ergebnisse zu den Hypothesen

Hypothese		**Ergebnisse**
H1	Allgemeine Erkenntnisse zu den in Rumänien eingesetzten Mitarbeiterbindungsinstrumenten	• Die Unternehmen in RO setzen primär monetäre und Mischform-Instrumente ein. • Der Anteil der Unternehmen, die nicht-monetäre Mitarbeiterbindungsinstrumente einsetzen, ist bei den Muttergesellschaften mit 53% am größten. 14% der Unternehmen in RO setzen überwiegend nicht-monetäre Mitarbeiterbindungsinstrumente ein. Bei den Schwestergesellschaften in anderen Ländern sind es 44%.
H1a	Je höher die Löhne in Rumänien steigen, desto mehr nähern sich die dort eingesetzten Mitarbeiterbindungsinstrumente denen in Deutschland an.	• Die Löhne in RO steigen nach Einschätzung der befragten Unternehmen in der Zukunft noch stärker als in der Vergangenheit (größer als die prognostizierte Inflationsrate). • Die Unternehmen, die überwiegend nicht-monetäre Mitarbeiterbindungsinstrumente einsetzen, erwarten für die Zukunft geringere Lohnsteigerungen als die Unternehmen der anderen Gruppen. • Die Erhöhung der Löhne in RO hat (bislang) nicht zu einem verstärkten Einsatz nicht-monetärer Mitarbeiterbindungsinstrumente geführt.
H1b	Je niedriger die Verfügbarkeit von Fachkräften in Rumänien ist, desto mehr nähern sich die dort eingesetzten Mitarbeiterbindungsinstrumente	• Die zukünftige Verfügbarkeit von Fachkräften in RO ist nach Einschätzung der befragten Unternehmen noch problematischer als die aktuelle.

Hypothese		Ergebnisse
	denen in Deutschland an.	• Die schlechte Verfügbarkeit von Fachkräften in RO hat (bislang) nicht zu einem verstärkten Einsatz nicht-monetärer Mitarbeiterbindungsinstrumente geführt. • Die Unternehmen in RO, die überwiegend nicht-monetäre Mitarbeiterbindungsinstrumente einsetzen, gehen von einer problematischen Entwicklung der Verfügbarkeit der Fachkräfte in RO aus.
H1c	Je weiter der Wertewandel in Rumänien fortgeschritten ist, desto mehr nähern sich die dort eingesetzten Mitarbeiterbindungsinstrumente denen in Deutschland an.	• In RO findet ein Wertewandel statt. Die Bedeutung nicht-monetärer Werte nimmt in RO zu. Die Bedeutung von Geld nimmt jedoch am deutlichsten zu. • Der Wertewandel in RO hat (bislang) nicht zu einem verstärkten Einsatz nicht-monetärer Mitarbeiterbindungsinstrumente geführt.
H2a	Die Entwicklung der Mitarbeiterbindungsinstrumente in Rumänien entspricht der zeitversetzten und zeitgerafften Entwicklung der Mitarbeiterbindungsinstrumente in Deutschland.	• 66% der Unternehmen in RO gehen von einer schnellen Anpassung der Mitarbeiterbindungsinstrumente in RO an die in westlichen Ländern eingesetzten Instrumente aus.
H2b	Je weiter sich die Entwicklung der Mitarbeiterbindungsinstrumente in Rumänien der in Deutschland annähert, desto größer ist der Anteil der von Unternehmen in Rumänien eingesetzten nicht-monetären Mitarbeiterbindungsinstrumente.	• Die Unternehmen in RO, die von einer Anpassung der Mitarbeiterbindungsinstrumente in RO an die in westlichen Ländern eingesetzten Instrumente ausgehen, setzen nicht stärker auf nicht-monetäre Mitarbeiterbindungsinstrumente als andere Unternehmen.
H3	Allgemeine Erkenntnisse zu Meta-Bindungsstrategien	• Bezogen auf alle Unternehmen in Rumänien (die den Untersuchungskriterien entsprechen), liegt derzeit keine vorherrschende Meta-Bindungsstrategie vor. • Innerhalb der neu angesiedelten Unternehmen (ab 2008) überwiegt die standortbezogene Meta-Bindungsstrategie deutlich (66%).
H3a	Je höher die Löhne in Rumänien steigen, desto stärker setzen Unternehmen dort eine standortbezogene Mitarbeiterbindungsstrategie ein.	• Hohe Lohnsteigerungen und verstärkter Einsatz standortbezogener Meta-Bindungsstrategien korrelieren signifikant positiv (bezogen auf die Nullhypothese „Gleichverteilung der Meta-Bindungsstrategie über alle Gruppen zur Einschätzung der Lohnsteigerung“).

Hypothese		Ergebnisse
		• Die Unternehmen in RO, die in der Vergangenheit große Lohnsteigerungen gewährt haben, verfolgen überwiegend standortbezogene Meta-Bindungsstrategien. • Die Unternehmen in RO, die für die Zukunft große Lohnsteigerungen erwarten, verfolgen primär standortbezogene Meta-Bindungsstrategien. • Die Unternehmen in RO, die in der Vergangenheit niedrige Lohnsteigerungen gewährt haben, verfolgen überwiegend eine Strategie der Automatisierung oder eine standortbezogene Meta-Bindungsstrategie. • Die Unternehmen in RO, die für die Zukunft niedrige Lohnsteigerungen erwarten, verfolgen überwiegend eine Strategie der Automatisierung oder eine standortbezogene Meta-Bindungsstrategie.
H3b	Je niedriger die Verfügbarkeit von Fachkräften in Rumänien ist, desto stärker setzen Unternehmen dort eine standortbezogene Mitarbeiterbindungsstrategie ein.	• Niedrige Verfügbarkeit von Fachkräften in RO korreliert nicht signifikant mit verstärktem Einsatz standortbezogener Meta-Bindungsstrategien. • Die Unternehmen innerhalb jeder Meta-Bindungsstrategie sehen die aktuelle Verfügbarkeit von Fachkräften in RO als überwiegend normal an. • Die Unternehmen innerhalb jeder Meta-Bindungsstrategie sehen die zukünftige Verfügbarkeit von Fachkräften in RO als überwiegend problematisch an. • Die Unternehmen in RO, die die (aktuelle als auch zukünftige) Verfügbarkeit von Fachkräften als problematisch einschätzen, verfolgen überwiegend eine Strategie der Automatisierung oder der Verlagerung. • Die Unternehmen in RO, die die (aktuelle als auch zukünftige) Verfügbarkeit von Fachkräften als problemlos einschätzen, zeigen kein homogenes Bild hinsichtlich ihrer Meta-Bindungsstrategie.
H3c	Je weiter der Wertewandel in Rumänien fortgeschritten ist, desto stärker	• Die Bedeutungszunahme nicht-monetärer Werte in RO korreliert nicht signifikant

Hypothese		Ergebnisse	
	setzen Unternehmen dort eine standortbezogene Mitarbeiterbindungsstrategie ein.	mit verstärktem Einsatz standortbezogener Meta-Bindungsstrategien. • Die Unternehmen in RO, die die aktuellen Werte der Mitarbeiter als überwiegend nicht-monetär einschätzen, verfolgen eine Meta-Bindungsstrategie der automatisierten Verlagerung oder der Automatisierung. • Die Unternehmen in RO, die die zukünftigen Werte der Mitarbeiter als überwiegend nicht-monetär einschätzen, zeigen kein homogenes Bild hinsichtlich ihrer Meta-Bindungsstrategie. • Die Unternehmen in RO, die die aktuellen Werte der Mitarbeiter als überwiegend monetär einschätzen, zeigen kein homogenes Bild hinsichtlich ihrer Meta-Bindungsstrategie. • Die Unternehmen in RO, die die zukünftigen Werte der Mitarbeiter als überwiegend monetär einschätzen, verfolgen überwiegend eine standortbezogene Meta-Bindungsstrategie. • Die Unternehmen innerhalb jeder Meta-Bindungsstrategie schätzen die aktuellen Werte der Mitarbeiter in RO überwiegend als monetär ein. • Die Unternehmen innerhalb jeder Meta-Bindungsstrategie schätzen die zukünftigen Werte der Mitarbeiter in RO als nicht-monetär ein.	
H4	Je niedriger die Verlagerungsintensität und die technische Rationalisierungsintensität sind, desto stärker ist der Einsatz nicht-monetärer Mitarbeiterbindungsinstrumente in Unternehmen in Rumänien.	• Die Unternehmen in RO, die eine niedrige Verlagerungsintensität aufweisen, setzen am stärksten auf nicht-monetäre Mitarbeiterbindungsinstrumente. • Niedrige Verlagerungsintensität bei gleichzeitig niedriger technischer Rationalisierungsintensität (=> standortbezogene Meta-Bindungsstrategie) korrelieren nicht signifikant mit einem verstärkten Einsatz nicht-monetärer Mitarbeiterbindungsinstrumente.	
H5a	Je häufiger Unternehmen in Rumänien nicht-monetäre Mitarbeiterbindungsinstrumente einsetzen, desto	• Eine Erhöhung des Einsatzes nicht-monetärer Mitarbei-	Korrelation: • r=0,33***

Hypothese		Ergebnisse	
	größer ist dort die Mitarbeiterzufriedenheit.	terbindungsinstrumente in RO korreliert signifikant mit der Steigerung der Mitarbeiterzufriedenheit in RO. • Kausalität von Erhöhung des Einsatzes nicht-monetärer Mitarbeiterbindungsinstrumente in RO und Steigerung der Mitarbeiterzufriedenheit in RO auf schwachem Niveau.	Lin. Regression: • a=4,25**** • b=0,03** • R^2=0,11
H5b	Je häufiger Unternehmen in Rumänien nicht-monetäre Mitarbeiterbindungsinstrumente einsetzen, desto niedriger ist dort die Fluktuationsrate.	• Eine Erhöhung des Einsatzes nicht-monetärer Mitarbeiterbindungsinstrumente in RO korreliert signifikant mit der Verringerung der Fluktuationsrate (relativ zur Muttergesellschaft). • Kausalität von Erhöhung des Einsatzes nicht-monetärer Mitarbeiterbindungsinstrumente in RO und Verringerung der Fluktuationsrate auf schwachem Niveau.	Korrelation: • r=-0,27** Lin. Regression: • a=4,73**** • b=-0,04** • R^2=0,07
H6a	Je stärker der Einsatz von standortbezogenen Mitarbeiterbindungsstrategien in Unternehmen in Rumänien ist, desto größer ist dort die Mitarbeiterzufriedenheit.	• Der Einsatz einer standortbezogenen Meta-Bindungsstrategie in RO hat keinen signifikanten Einfluss auf die Mitarbeiterzufriedenheit, die Fluktuationsrate, die Unternehmensrendite, den Gewinn und die Autonomie des Standortes in Mitarbeiterbindungsangelegenheiten.	
H6b	Je stärker der Einsatz von standortbezogenen Mitarbeiterbindungsstrategien in Unternehmen in Rumänien ist, desto niedriger ist dort die Fluktuationsrate.		

Hypothese		Ergebnisse	
H7a	Je stärker der Einsatz von standortbezogenen Mitarbeiterbindungsstrategien in Unternehmen in Rumänien ist, desto höher ist dort die Unternehmensrendite.		
H7b	Je stärker der Einsatz von standortbezogenen Mitarbeiterbindungsstrategien in Unternehmen in Rumänien ist, desto größer ist dort der Gewinn.		
H7c	Je stärker der Einsatz von standortbezogenen Mitarbeiterbindungsstrategien in Unternehmen in Rumänien ist, desto größer ist die Autonomie des Standortes in Mitarbeiterbindungsangelegenheiten.		
H8a	Je höher die Mitarbeiterzufriedenheit in Unternehmen in Rumänien ist, desto höher ist dort die Unternehmensrendite.	• Eine Erhöhung der Mitarbeiterzufriedenheit am Standort in RO führt zu einer Steigerung der Unternehmensrendite (relativ zur Muttergesellschaft).	Korrelation: • r=0,35*** Lin. Regression: • a=1,52° • b=0,51*** • R^2=0,12
H8b	Je höher die Mitarbeiterzufriedenheit in Unternehmen in Rumänien ist, desto größer ist dort der Gewinn.	• Die Mitarbeiterzufriedenheit hat keine signifikante Auswirkung auf den absoluten Gewinn des Unternehmens in RO.	
H8c	Je höher die Mitarbeiterzufriedenheit in Unternehmen in Rumänien ist, desto größer ist die Autonomie des Standortes in Mitarbeiterbindungsangelegenheiten.	• Eine Erhöhung der Mitarbeiterzufriedenheit am Standort in RO führt zu einer Erhöhung der Autonomie des Standortes in Mitarbeiterbindungsangelegenheiten (Verbesserung des Abstimmprozesses).	Korrelation: • r=0,62**** Lin. Regression: • a=0,56° • b=0,89**** • R^2=0,38
H8d	Je niedriger die Fluktuationsrate in Unternehmen in Rumänien ist, desto höher ist dort die Unternehmensrendite.	• Die Fluktuationsrate korreliert signifikant negativ mit der Unternehmensrendite.	Korrelation: • r=-0,18** Lin. Regression: • a=10,16**** • b=-0,36°

Hypothese		Ergebnisse	
			• R^2=0,03
H8e	Je niedriger die Fluktuationsrate in Unternehmen in Rumänien ist, desto größer ist dort der Gewinn.	• Die Fluktuationsrate hat keine signifikante Auswirkung auf den absoluten Gewinn des Unternehmens in RO.	
H8f	Je niedriger die Fluktuationsrate in Unternehmen in Rumänien ist, desto größer ist die Autonomie des Standortes in Mitarbeiterbindungsangelegenheiten.	• Eine Verringerung der Fluktuationsrate am Standort in RO führt zu einer Erhöhung der Autonomie des Standortes in Mitarbeiterbindungsangelegenheiten (Verbesserung des Abstimmprozesses).	Absolute Fluktuationsrate: Korrelation: • r=-0,49**** Lin. Regression: • a=5,51**** • b=-0,18**** • R^2=0,24 Relative Fluktuationsrate: Korrelation: • r=-0,52**** Lin. Regression: • a=7,16**** • b=-0,56**** • R^2=0,27
H9	Je größer die Autonomie des Standortes in Rumänien in Mitarbeiterbindungsangelegenheiten ist, desto stärker ist dort der Einsatz von standortbezogenen Mitarbeiterbindungsstrategien.	• Eine Erhöhung der Autonomie des Standortes in Mitarbeiterbindungsangelegenheiten führt nicht zu einem verstärkten Einsatz standortbezogener Meta-Bindungsstrategien. • Die Unternehmen in RO, die vorwiegend auf die „klassischen" Strategien der Automatisierung oder Verlagerung setzen, haben den größten Anteil von Unternehmen mit hoher Autonomie in Mitarbeiterbindungsangelegenheiten. • Die Unternehmen in RO, die standortbezogene Meta-Bindungsstrategien einsetzen, haben einen geringen Anteil von Unternehmen mit hoher Autonomie in Mitarbeiterbindungsangelegenheiten. • Autonomie in Mitarbeiterbindungsangelegenheiten (Verbesserung des Abstimmprozesses) und Einsatz nicht-monetärer Mitarbeiterbindungsinstrumente korrelieren signifikant (r=0,19.). • Die Unternehmen in RO, die überwiegend nicht-monetäre Mitarbeiterbin-	

Hypothese		Ergebnisse	
		dungsinstrumente einsetzen, haben eine höhere Autonomie in Mitarbeiterbindungsangelegenheiten (Verbesserung des Abstimmprozesses) als andere Unternehmen. • Autonomie in Mitarbeiterbindungsangelegenheiten und Gründungsjahr der Unternehmen korrelieren nicht miteinander, das heißt dass Autonomie sich nicht im Laufe der Zeit automatisch entwickelt.	
H10a	Je größer die Autonomie des Standortes in Rumänien in Mitarbeiterbindungsangelegenheiten ist, desto größer ist dort die MA-Zufriedenheit.	• Eine Erhöhung der Autonomie des Standortes in Mitarbeiterbindungsangelegenheiten (Verbesserung des Abstimmprozesses) führt zu einer Steigerung der Mitarbeiterzufriedenheit.	Lin. Regression: • a=2,78**** • b=0,43**** • R^2=0,38
H10b	Je größer die Autonomie des Standortes in Rumänien in Mitarbeiterbindungsangelegenheiten ist, desto niedriger ist dort die Fluktuationsrate.	• Eine Erhöhung der Autonomie des Standortes in Mitarbeiterbindungsangelegenheiten (Verbesserung des Abstimmprozesses) führt zu einer Reduktion der Fluktuationsrate.	Absolute Fluktuationsrate: Lin. Regression: • a=9,94**** • b=-1,33**** • R^2=0,24 Relative Fluktuationsrate: Lin. Regression: • a=6,40**** • b=-0,48**** • R^2=0,27
H11	Je größer die Autonomie des Standortes in Rumänien in Mitarbeiterbindungsangelegenheiten ist, desto größer ist dort die Unternehmensrendite.	• Eine Erhöhung der Autonomie des Standortes in Mitarbeiterbindungsangelegenheiten führt zu einer Steigerung der Unternehmensrendite (relativ zur Muttergesellschaft).	Korrelation: • r=0,50**** Lin. Regression: • a=1,94**** • b=0,47**** • R^2=0,25

Signifikanzniveau: ° = nicht signifikant; * =0,1; ** =0,05; *** =0,01; **** =0,001
Lineare Regression der Form: y=a+bx

Die Bedeutung nicht-monetärer Werte in Rumänien nimmt basierend auf den Ergebnissen der Untersuchung zu. Gleichzeitig ist diese Bedeutungszunahme in Rumänien nicht der zweite Schritt einer Evolution, bei der zunächst die monetären Werte steigen und erst ab deren Sättigung nicht-monetäre Werte in den Vordergrund rücken. Die Bedeutung monetärer Werte nimmt in Rumänien ebenso deutlich zu. Geld verzeichnet von allen Wertorientierungen die deutlichste Zunahme.

Die Unternehmen in Rumänien gehen von einer raschen Anpassung der Mitarbeiterbindungsinstrumente an die in weiter entwickelten Gesellschaften wie Deutschland eingesetzten Instrumente aus. Gleichzeitig verhalten sie sich aber nicht entsprechend dieser Aussage.

Standortbezogene Meta-Bindungsstrategien werden von den Unternehmen in Rumänien vorwiegend dann eingesetzt, wenn sie in der Vergangenheit große Lohnsteigerungen gewährt haben oder von großen Lohnsteigerungen in der Zukunft ausgehen. Wenn die Unternehmen in Rumänien hingegen in der Vergangenheit geringe Lohnsteigerungen gewährt haben oder von geringen Lohnsteigerungen für die Zukunft ausgehen, dann setzen sie vorwiegend eine Strategie der Automatisierung oder ebenfalls eine standortbezogene Meta-Bindungsstrategie ein.

Wird die aktuelle oder zukünftige Verfügbarkeit von Fachkräften in Rumänien als problematisch angesehen, so vertrauen die Unternehmen in Rumänien auf eine Strategie der Bindungsvermeidung durch Verlagerung oder Automatisierung. Gehen die Unternehmen hingegen von einer problemlosen aktuellen als auch zukünftigen Verfügbarkeit von Fachkräften in Rumänien aus, gibt es keine einheitliche Strategie hinsichtlich Bindung von Mitarbeitern.

Gleiches gilt für den Wertewandel. Die Unternehmen in Rumänien verfolgen keine einheitliche Meta-Bindungsstrategie, um dem Wertewandel in Rumänien zu begegnen. Die Situation, dass es in Rumänien einen Wertewandel hin zu mehr nicht-monetären Werten gibt, ist den Unternehmen bewusst.

Das Untersuchungsergebnis, dass eine niedrige Verlagerungsintensität den Einsatz nicht-monetärer Mitarbeiterbindungsinstrumente fordert und gleichzeitig fördert, erscheint trivial. Unternehmen, die – aus welchen Gründen auch immer – an einen Standort gebunden sind, sind auf kompetente und trainierte Mitarbeiter angewiesen. Der Einsatz nicht-monetärer Mitarbeiterbindungsinstrumente erscheint daher logisch. Monetäre Mitarbeiterbindungsinstrumente schließt dies nicht aus.

Der verstärkte Einsatz nicht-monetärer Mitarbeiterbindungsinstrumente in Rumänien führt zu einem gesteigerten Bindungserfolg, was wiederum auch dem Unternehmenserfolg zugute kommt. Der Einsatz einer standortbezogenen Meta-

Bindungsstrategie hat hingegen keine Auswirkungen auf den Bindungs- oder Unternehmenserfolg.

Die Unterschiede zwischen Mitarbeiterbindungsinstrumenten und Meta-Bindungsstrategien zeigen sich auch in Verbindung mit der Autonomie in Mitarbeiterbindungsangelegenheiten. Während höhere Autonomie des rumänischen Standortes in Mitarbeiterbindungsangelegenheiten mit dem verstärkten Einsatz nicht-monetärer Mitarbeiterbindungsinstrumente positiv korreliert, begünstigt hohe Autonomie in Mitarbeiterbindungsangelegenheiten „klassische" Strategien der Bindungsvermeidung. Standortbezogene Meta-Bindungsstrategien, die auf die aktive Bindung der Mitarbeiter abzielen, sind insgesamt bei Unternehmen mit hoher Autonomie in Mitarbeiterbindungsangelegenheiten eher selten implementiert.

Eine hohe Autonomie in Mitarbeiterbindungsangelegenheiten wirkt sich für den rumänischen Standort insgesamt sehr positiv aus. Hohe Autonomie steigert den Bindungserfolg am lokalen rumänischen Standort und führt zusätzlich zu einer gesteigerten Unternehmensrendite.

Abbildung 74 zeigt zusammenfassend die Kernaussagen der Untersuchung integriert in das theoretische Modell.

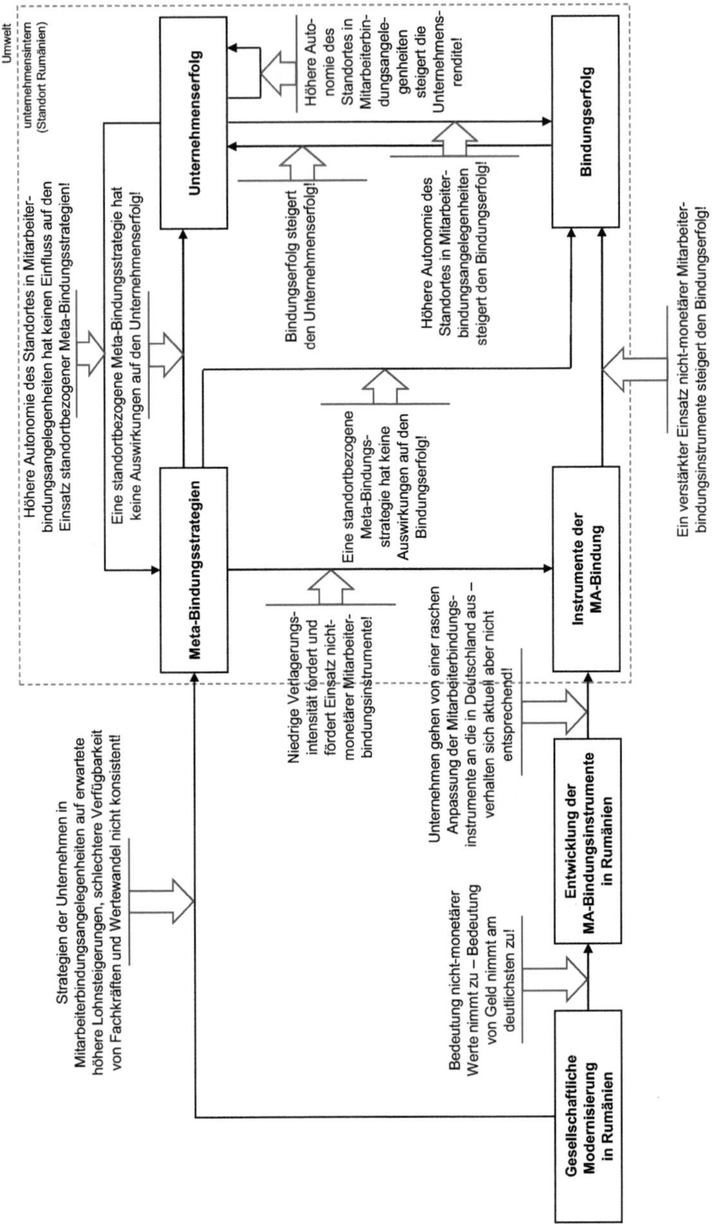

Abbildung 74: Theoretisches Modell mit Kernaussagen der Untersuchung

4.5.2 Diskussion, Widersprüche und mögliche Erklärungen

Die Ergebnisse der Analysen sind nicht frei von Widersprüchen, insbesondere unter Berücksichtigung des Gesamtkontextes. Mögliche Hintergründe hierzu sollen in diesem Abschnitt diskutiert werden.

In dem dieser Arbeit zugrunde liegenden theoretischen Modell und den daraus abgeleiteten Hypothesen werden Auswirkungen der gesellschaftlichen Modernisierung in Rumänien auf die von den dortigen Unternehmen eingesetzten Mitarbeiterbindungsinstrumente postuliert. Steigende Löhne, niedrigere Verfügbarkeit von Fachkräften sowie ein Wertewandel führen demnach zu einem verstärkten Einsatz nicht-monetärer Mitarbeiterbindungsinstrumente und damit zu einer Annäherung an die in weiter entwickelten Gesellschaften eingesetzten Instrumente der Mitarbeiterbindung. Wenngleich diese Ausgangsphänomene für Rumänien durchaus zutreffen, sind die postulierten Folgen so nicht explizit erkennbar. Die Unternehmen erwarten für die Zukunft höhere Lohnsteigerungen als für die Vergangenheit. Die Verfügbarkeit von Fachkräften wird für die Zukunft deutlich negativer eingeschätzt als die aktuelle. Beim Wertewandel in Rumänien zeigt sich eine deutliche Verschiebung hin zu mehr nicht-monetären Werten der Mitarbeiter.[881] Gleichzeitig offenbart die detaillierte Analyse des Wertewandels, dass insgesamt nicht-monetäre Werte stärker in den Fokus geraten, die Bedeutung monetärer Werte – hier: Geld – jedoch am deutlichsten steigt. Die Situation ist daher nicht direkt vergleichbar mit der Situation in weiter entwickelten Ländern wie Deutschland zu dem Zeitpunkt als dort sukzessive die Bedeutung nicht-monetärer Werte anstieg.[882] Die Entwicklung der Mitarbeiterbindungsinstrumente zum Beispiel in Deutschland entspricht tendenziell einer seriellen Abfolge, bei der zunächst monetäre Bedürfnisse und Werte befriedigt wurden.[883] Nach deren (grundsätzlicher) Befriedigung folgten in einem weiteren Schritt nicht-monetäre Bedürfnisse und Werte.[884] Die Entwicklung in Deutschland folgte damit tendenziell der *Maslow*schen Bedürfnishierarchie.[885] In Rumänien scheint diese zeitliche Abfolge der Schritte tendenziell so nicht gegeben zu sein. Vielmehr laufen die Prozesse in Rumänien parallel ab.

---

881 vgl. *Voicu/Voicu* (2009), 174-175.

882 vgl. *Hauff* (2010), 182-183; allgemein *Inglehart* (2008).

883 vgl. hierzu *Haubrock/Öhlschlegel-Haubrock* (2009), 17-19; allgemein *Inglehart* (2008).

884 vgl. *Hauff* (2010), 183-184, siehe auch 195-200; allgemein *Inglehart* (2008).

885 vgl. *Wunderer* (2007), 113; *Hillmann* (2003), 121-125; allgemein *Maslow* (1943; 1970; 1971); *Scholz* (2000), 878-881.

Ein möglicher Hintergrund dieser „Gleichzeitigkeit des Ungleichzeitigen“[886] in Rumänien könnten veränderte Rahmenbedingungen sein. Im Vergleich zu der Zeit, als die heute sehr weit entwickelten Länder wie Deutschland begonnen haben, nicht-monetäre Werte zum Beispiel im Rahmen von Mitarbeiterbindungsinstrumenten zu berücksichtigten, hat die globale Vernetzung der Welt deutlich zugenommen. Wenngleich in Ländern wie Deutschland auch schon vor ungefähr 15 Jahren vielfältige, weltweite Austausch- und Vergleichsmöglichkeiten bestanden, hat insbesondere die massenhafte Verbreitung von Internet, internationalem Satellitenfernsehen und Mobilkommunikation die Veränderung von Bedürfnisstrukturen unterstützt und beschleunigt.[887] Zudem waren Länder wie Rumänien bis zu ihrer politischen und wirtschaftlichen Wende Anfang der 1990er Jahre größtenteils abgeschnitten von umfangreichem westlichem Einfluss. Die Ausgangsbasis, auf der nicht-monetäre Bedürfnisse aufbauen, wurde daher nicht wie in Deutschland sukzessive geschaffen. Gleichzeitig standen in Rumänien in den frühen gesellschaftlichen Entwicklungsphasen nach der politischen Wende sämtliche Konsummöglichkeiten zur Verfügung und weckten darüber ebenfalls (monetäre) Bedürfnisse.[888] In dem Land wurden daher monetäre und nicht-monetäre Bedürfnisse nicht seriell sondern parallel angesprochen.

Bezogen auf die Mitarbeiterbindungsinstrumente in Rumänien bedeutet dies, dass die Auswirkungen der gesellschaftlichen Modernisierung nicht zu einer klaren Entwicklung hin zu mehr nicht-monetären Instrumenten führen. Vielmehr muss „an allen Fronten“ angegriffen werden. Eine tendenziell klare Einteilung in Hygienefaktoren und Motivatoren im Sinne von *Herzberg* ist in Rumänien nicht möglich.[889]

Ein Umfrageergebnis ist weiterhin, dass die Unternehmen in Rumänien von einer raschen Anpassung der Mitarbeiterbindungsinstrumente an die in westlichen, weiter entwickelten Ländern ausgehen. Auch aufgrund der obigen Ausführungen muss dieses Ergebnis kritisch hinterfragt werden. Ferner müssten die Unternehmen in Rumänien – wenn sie entsprechend ihrer Einschätzung nach rascher Anpassung der Mitarbeiterbindungsinstrumente handeln – verstärkt nicht-monetäre Mitarbeiterbindungsinstrumente einsetzen. Wenngleich eine Zunahme des Einsatzes nicht-monetärer Mitarbeiterbindungsinstrumente in Rumänien zu verzeichnen ist, ist dieser Anstieg wie oben erläutert nicht explizit auf die Auswirkungen der gesellschaftlichen Modernisierung zurückzuführen.

---

886 in Anlehnung an *Bloch* (1973).

887 vgl. *Hillmann* (2003), 126.

888 vgl. *Condruz-Bacescu/Maftei* (2007), 222-225.

889 vgl. dazu allgemein *Herzberg/Mausner/Snyderman* (1959); *Herzberg* (1968).

Betrachtet man die Umstände der Untersuchung, so ist es nicht auszuschließen, dass die Antworten zu einer raschen Anpassung der Mitarbeiterbindungsinstrumente an die in Deutschland aus dem Motiv sozialer Erwünschtheit entstanden sind.[890] Aufgrund der Thematik der Umfrage ist insbesondere die „kulturelle soziale Erwünschtheit" zu nennen.[891] Wenngleich dieses Problem bei schriftlichen Befragungen besser kontrolliert wird, kann ein Auftreten insbesondere im sensiblen interkulturellen Umfeld nicht ausgeschlossen werden.[892] Die Umfrage wurde von einem Deutschen von Deutschland aus gestartet. Im Fragebogen wurden keine direkten Hinweise zum Hintergrund oder zu den Hypothesen gegeben, dennoch ist ein Ableiten aus den Fragen an sich nicht unwahrscheinlich. Demzufolge ist es als durchaus möglich einzustufen, dass die Zustimmung zu einer raschen Anpassung der Mitarbeiterbindungsinstrumente an die in Deutschland mehr aus den Umständen der Befragung als aus den tatsächlichen, freien Einschätzungen der Befragten resultiert.

Bei den in Rumänien eingesetzten Meta-Bindungsstrategien ist einerseits eine ähnliche Situation wie bei den eingesetzten Mitarbeiterbindungsinstrumenten festzustellen. Die Unternehmen sind sich der gesellschaftlichen Modernisierung in Rumänien bewusst, berücksichtigen diese aber nicht explizit in ihren Meta-Bindungsstrategien. Die in den Hypothesen postulierte Verschiebung hin zu standortbezogenen Meta-Bindungsstrategien mit aktiver Mitarbeiterbindung findet nicht explizit statt. Eine eindeutige Strategie hinsichtlich der Mitarbeiterbindung ist in Rumänien nicht erkennbar. Über die Hintergründe geben die Daten keinen expliziten Aufschluss. Möglicher Grund könnte sein, dass eine Übertragung der erkannten Auswirkungen der gesellschaftlichen Veränderungen auf die Thematik der Mitarbeiterbindung noch nicht im Fokus der Unternehmen in Rumänien steht. Grund hierfür könnte wiederum sein, dass die Standorte in Rumänien bei der Gestaltung ihrer Mitarbeiterbindungsangelegenheiten eng mit den Unternehmenszentralen zusammenarbeiten und sich mit diesen abstimmen (müssen). Der Einfluss der Unternehmenszentralen (primär der zentralen Personalabteilungen) auf Entscheidungen der rumänischen Standorte in Mitarbeiterbindungsangelegenheiten ist bei den Unternehmen weiterhin relativ groß, so dass sich die in den Zentralen vorherrschenden Meinungen und Ansichten tendenziell durchsetzen können. Für langfristig, strategisch ausgerichtete Entscheidungen auf Basis gesellschaftlicher Modernisierung zu der Thematik Mitarbeiterbindung besteht möglicherweise in den Zentralen derzeit kein Interesse.

890 vgl. *Schnell/Hill/Esser* (2011), 348.

891 vgl. *Schnell/Hill/Esser* (2011), 348.

892 vgl. dazu auch *Schnell/Hill/Esser* (2011), 349-350.

Ein weiteres Untersuchungsergebnis lautet, dass Unternehmen, die sowohl in der Vergangenheit große Lohnsteigerungen gewährt haben als auch zukünftig große Lohnsteigerungen erwarten, überwiegend standortbezogene Meta-Bindungsstrategien (Typ III) einsetzen. Dieses Ergebnis erscheint auf den ersten Blick widersprüchlich, da sich eine aktive Mitarbeiterbindung am Standort gerade nicht primär auf monetäre Maßnahmen bezieht. Die genauere Analyse zeigt hier, dass es sich bei den Unternehmen, die die Meta-Bindungsstrategie vom Typ III einsetzen, überwiegend um relativ neu im rumänischen Markt vertretene Unternehmen handelt. Der Anteil der Unternehmensstandorte in Rumänien, die ab dem Jahr 2008 gegründet wurden, ist bei Typ III mit 60 Prozent deutlich größer als bei den anderen Meta-Bindungsstrategien, die hier auf maximal 11 Prozent kommen. Eine logische Erklärung für den Zusammenhang zwischen standortbezogener Meta-Bindungsstrategie und großen Lohnsteigerungen könnte daher der Umstand sein, dass die Unternehmen am Markt zunächst Mitarbeiter mit Hilfe monetärer Argumente rekrutieren mussten und dies aufgrund des Wachstums des Standortes über einen gewissen Zeitraum weiter bestehen wird. Gleichzeitig ist den Unternehmen bewusst, dass die permanente, im lokalen Vergleich deutlich überdurchschnittliche Lohnsteigerung mittelfristig nicht zielführend ist. Um diesem Dilemma zu entkommen, bauen sie bereits jetzt eine standortbezogene Meta-Bindungsstrategie auf, die nicht-monetäre Mitarbeiterbindungsinstrumente berücksichtigt und sich so gegenüber bereits am lokalen Arbeitsmarkt etablierten Unternehmen ein Alleinstellungsmerkmal sichert. Der Einsatz einer standortbezogenen Meta-Bindungsstrategie kann somit als Gegenmaßnahme zu dauerhaft hohen Lohnsteigerungen interpretiert werden. Gleichzeitig ist logisch, dass Unternehmen, die sich vor relativ kurzer Zeit angesiedelt haben, zunächst nicht über eine Verlagerung dieses neu aufgebauten Standortes nachdenken. Wenngleich sich das in einigen Jahren ändern sollte, so ist es nicht einfach, einmal gewährte nicht-monetäre Mitarbeiterbindungsinstrumente abzuschaffen. Die Bedürfnisse der Mitarbeiter sind geweckt und entwickeln sich auch an zukünftigen Standorten (innerhalb Rumäniens) grundsätzlich weiter. Zudem ist es sehr wahrscheinlich, dass entsprechende Unternehmen bei einer eventuellen späteren Verlagerung wieder eine standortbezogene Meta-Bindungsstrategie am neuen Standort einführen werden, wenn sie damit erfolgreich waren. Insgesamt steigt somit in jedem Fall sowohl die Penetration von als auch die Nachfrage nach standortbezogenen Meta-Bindungsstrategien.

Bei der Erstellung des theoretischen Modells wurde davon ausgegangen, dass die in Rumänien eingesetzten Mitarbeiterbindungsinstrumente grundsätzlich konform mit den eingesetzten Meta-Bindungsstrategien sind. Die Analyse hat hingegen gezeigt, dass von einer solchen Homogenität in Rumänien nicht ausgegangen werden kann. Von Bedeutung ist hier insbesondere das Ergebnis, dass der Einsatz nicht-monetärer Mitarbeiterbindungsinstrumente in Rumänien den Bindungserfolg und damit den Unternehmenserfolg positiv beeinflusst, während gleichzeitig die eingesetzten Meta-Bindungsstrategien keine solche Wirkung erzielen.

Der Einsatz nicht-monetärer Mitarbeiterbindungsinstrumente ist in Rumänien zielführend für die Unternehmen. Im Gegensatz zu weiter entwickelten Ländern wie beispielsweise Deutschland ist deren Einsatz in Rumänien jedoch derzeit deutlich weniger verbreitet. Für die Unternehmen in Rumänien bestehen damit ungenutzte Chancen zur Verbesserung.

Bei den Instrumenten der Mitarbeiterbindung handelt es sich in der Regel um einzelne Maßnahmen. Diese können überwiegend vom lokalen rumänischen Standort eigenständig bestimmt und implementiert werden. Die Abstimmung mit den jeweiligen Unternehmenszentralen erfolgt lediglich im Rahmen des allgemeinen Budgetierungsprozesses. Da dieser in der Regel auf einem abstrakteren Niveau stattfindet, obliegen konkrete Ausgestaltungsmöglichkeiten der Mitarbeiterbindungsinstrumente dem jeweiligen Standort. Beispielsweise können lokale Veranstaltungen (Weihnachtsfeier, Fußballturnier mit anderen lokalen Unternehmen etc.) in Eigenregie organisiert werden. Über andere Maßnahmen wie zum Beispiel personenspezifische Weiterbildungen kann ebenfalls eigenständig entschieden werden.

Die Meta-Bindungsstrategien hingegen sind den Instrumenten übergeordnet. „Hier will die Zentrale häufig mitreden und sicherstellen, dass wir in die richtige Richtung laufen."[893] Für den fehlenden positiven Einfluss der Meta-Bindungsstrategien auf den Bindungs- und Unternehmenserfolg gibt es mehrere Erklärungsansätze. Meta-Bindungsstrategien verfügen über eine höhere Komplexität. Diese Komplexität wiederum ist eine mögliche Ursache für den mangelnden Erfolg der Meta-Bindungsstrategien. Erfahrene Manager, die über viele Jahre erfolgreich in Rumänien gearbeitet haben, empfehlen für den dortigen Einsatz einfach gehaltene Managementtools.[894] Ebenso kann das Wissen über die Ineffizienz von komplexen Tools dazu führen, dass Strategien bewusst nicht implementiert oder „implementierte" Strategien bewusst nicht weiter verfolgt werden. Dies könnte eine weitere Ursache für die Ergebnisse zu den Meta-Bindungsstrategien sein. Weiterhin verbleibt die Möglichkeit, dass die Standorte in Rumänien überhaupt keine Meta-Bindungsstrategie implementiert haben, da die Thematik der Mitarbeiterbindung in Rumänien bei den Verantwortlichen – lokal als auch zentral – (noch) nicht die entsprechende Aufmerksamkeit und Priorität besitzt.

---

893 Aussage eines kaufmännischen Geschäftsführers im Interview am 21.01.2011.
894 vgl. *Hibsch* (2007), 209.

Eine weitere Erklärungsmöglichkeit ist eine zu dominante Rolle der Unternehmenszentralen bei der Definition der Meta-Bindungsstrategie für den Standort in Rumänien. Der von den Zentralen ausgeübte Einfluss bei der Strategiedefinition führt dazu, dass die bei Managern in den Zentralen vorherrschenden Meinungen große Berücksichtigung finden. Dabei sind bei den Managern der Zentralen durchaus auch heute noch vielfach stereotypische Ansichten anzutreffen.[895] Diese Vorurteile beziehen sich häufig auf Korruption und eine damit verbundene grundsätzliche Einstellung zu materiellen Werten.[896] Häufig besteht zudem Unkenntnis darüber, dass die rumänische Kultur im Vergleich zur deutschen stärker auf affektive Aspekte, Wertschätzung und Gesichtswahrung fokussiert ist.[897] Allgemein wird rumänischen Kollegen weniger zugetraut, was häufig mit einer weniger modernen Ausbildung oder fehlenden Erfahrungen begründet wird.[898] Auch eine strukturierte Vorgehensweise – zweifelsohne notwendig bei der Erstellung einer Meta-Bindungsstrategie – wird Rumänen tendenziell weniger attestiert.[899] Ungeachtet dessen, ob diese Umstände zutreffen oder nicht, sind die dahinter stehenden Sichtweisen bei der Konzeption einer Meta-Bindungsstrategie von Bedeutung. Die auf diesen Ansichten basierenden Vorschläge der Verantwortlichen der Unternehmenszentralen treffen wiederum bei ihren rumänischen Kollegen auf ein deutlicher ausgeprägtes Hierarchiebewusstsein und werden daher nicht explizit abgelehnt.[900] Dies führt zu einer Berücksichtigung von Stereotypen im Rahmen der Strategiedefinition für die Mitarbeiterbindung. Eine so entstandene Meta-Bindungsstrategie ist nicht zielführend, im schlimmsten Fall sogar kontraproduktiv und schädigend für den Erfolg und das Ansehen des Unternehmens bei rumänischen Mitarbeitern am Standort.[901]

Die Vermutung des starken, nicht zielgerichteten Einflusses der Zentralen bei der Definition der Meta-Bindungsstrategien wird gestützt durch das Ergebnis, dass gerade diejenigen Unternehmen in Rumänien über eine hohe Autonomie in Mitarbeiterbindungsangelegenheiten gegenüber ihren Unternehmenszentralen verfügen, die sich auf Strategien der Bindungsvermeidung berufen. „Sie

895 vgl. *Nicolae/Nicolae* (2007), 40; *Franken* (2005), 105-111.

896 vgl. *Sterbling* (2007), 46; *Booker* (2007), 86-87; *Rohozinska* (1999).

897 vgl. *Booker* (2007), 131; *Nicolae/Nicolae* (2007), 40-44; *Andrei-Cocarta* (2007), 204-206; allgemein *Rubatos/Thomas* (2011).

898 vgl. *Dorow/Varga von Kibed* (2006), 421+427; *Booker* (2007), 127+163; *Sterbling* (2007), 47.

899 vgl. *Hibsch* (2007), 215; *Simonis/Müller* (2007), 194.

900 vgl. *Simon* (2007), 206-207; *Negrusa*/Ionescu (2007), 60.

901 vgl. *Heintz* (2002), 290.

machen keine Experimente“[902] und halten sich an die bislang praktizierten „monetären“ Meta-Bindungsstrategien der Verlagerung und Automatisierung, wenn es Probleme bezüglich Verfügbarkeit oder Bindung von Mitarbeitern gibt. Diese Meta-Bindungsstrategien passen am ehesten zu den zuvor genannten Stereotypen. Wählen Unternehmen in Rumänien hingegen eine standortbezogene Meta-Bindungsstrategie – was den Stereotypen am deutlichsten widersprechen würde – so werden sie von den Zentralen deutlich stärker überwacht. Ihre Autonomie in Mitarbeiterbindungsangelegenheiten ist deutlich geringer ausgeprägt. Fehlende Autonomie in Mitarbeiterbindungsangelegenheiten führt hier wieder zu größerem Einfluss der Zentralen und damit indirekt auch zu falschen Voraussetzungen.

Das Ergebnis, dass Unternehmen in Rumänien, die eine standortbezogene Meta-Bindungsstrategie einsetzen, über eine niedrigere Autonomie in Mitarbeiterbindungsangelegenheiten verfügen, kann auch dahingehend interpretiert werden, dass die grundsätzliche Bedeutung der Thematik Mitarbeiterbindung erkannt wurde und die Unternehmen sich dieser neuen Thematik schrittweise gemeinsam (Zentrale und lokaler Standort) nähern. So betrachtet ist es der Start eines Prozesses, der bei Erfolg der (richtig zusammengesetzten) standortbezogenen Meta-Bindungsstrategien für die lokalen Standorte zu mehr Autonomie in Mitarbeiterbindungsangelegenheiten führen wird.

902 Aussage eines Werksleiters (Expatriate aus Deutschland) im Interview am 20.01.2011.

5 Ergebnis

5.1 Zusammenfassung

5.1.1 Gleichzeitigkeit des Ungleichzeitigen – Das eine tun und das andere auch

Die Untersuchung hat gezeigt, dass Rumänien hinsichtlich der Entwicklung der dort eingesetzten Mitarbeiterbindungsinstrumente nicht uneingeschränkt mit den Ländern Westeuropas gleichgesetzt werden kann. Hintergrund für die Entwicklung der eingesetzten Mitarbeiterbindungsinstrumente bilden jeweils die zugrunde liegenden Werte und Bedürfnisse der Mitarbeiter. Erst die kongruente Adressierung der bei den Menschen vorherrschen Werte und Bedürfnisse in den Mitarbeiterbindungsinstrumenten und Meta-Bindungsstrategien führt zu einem Bindungserfolg. Während sich diese Werte und Bedürfnisse beispielsweise in Deutschland nach dem zweiten Weltkrieg sukzessive entwickeln konnten und das Land einen umfassenden, andauernden wirtschaftlichen Aufschwung durchlebte, konnte eine solch ungehemmte Entwicklung in Rumänien als Teil des überwiegend abgeschotteten, kommunistischen Ostblocks nicht ablaufen. Rumänien wurde mit der Wende der frühen 1990er Jahre schlagartig mit den Möglichkeiten eines freien Marktes mit Massenkonsum konfrontiert. Eine sukzessive Einführung und Gewöhnung konnte nur bedingt stattfinden. Dies blieb nicht ohne Auswirkungen auf die Werte und Bedürfnisse.

In Deutschland wurden zunächst die grundlegenden Bedürfnisse befriedigt.[903] Diese Bedürfnisse waren primär monetärer Art oder erforderten den Zugang zu monetären Ressourcen. Deren Befriedigung führte analog der *Maslow*schen Bedürfnishierarchie sukzessive zum Wunsch nach Befriedigung höherer Bedürfnisse, die tendenziell mit nicht-monetären Werten in Einklang stehen.[904] Charakteristisch sind hier die Abfolge und der Aufbau der Bedürfnisse und Werte aufeinander.[905]

Die politische und wirtschaftliche Wende hingegen führte in Rumänien einerseits schlagartig zu einem Bedeutungszuwachs monetärer Werte und Bedürfnisse. Hintergrund waren die neuen Möglichkeiten, die der offene Markt und die zur Verfügung stehenden Konsummöglichkeiten boten. Das Bewusstsein, dass hierfür entsprechende finanzielle Mittel erforderlich sind, führte zu einem

903 vgl. *Klages* (2001), 730-731; *Hillmann* (2001), 29-34; *Inglehart/Welzel* (2005), 98+112-114.

904 vgl. *Inglehart/Welzel* (2005), 99-107; *Maslow* (1943; 1970; 1971).

905 vgl. *Scholz* (1999), 881.

schnellen Anstieg der Bedeutung monetärer Werte und Bedürfnisse.[906] Andererseits suggerieren und verstärken Massenmedien und Werbung gleichzeitig auch nicht-monetäre, individualistische Werte. Begleitet wird dies durch die allgemeinen Umstände der Wende und dem allgemeinen Drang nach mehr persönlicher Freiheit und einem selbstbestimmten, prosperierenden Leben.[907] Folge ist ebenfalls ein sprunghafter Bedeutungszuwachs nicht-monetärer Werte.

Neben diesem Sprung in der Bedeutung monetärer und nicht-monetärer Werte und Bedürfnisse nach der politischen und wirtschaftlichen Wende in Rumänien, nimmt deren Bedeutung in der Folgezeit weiter zu. Im ersten Schritt steigen hier die monetären Werte und Bedürfnisse stärker als die nicht-monetären. Im Vergleich zur entsprechenden, zeitlich früheren Entwicklung von beispielsweise Deutschland erfahren die nicht-monetären Werte und Bedürfnisse jedoch gleichzeitig einen starken Zuwachs. Bemerkenswert ist dabei, dass dieser Zuwachs auf einem im Vergleich zu Deutschland deutlich niedrigeren wirtschaftlichen Entwicklungsniveau abläuft. In Deutschland setzte der Wertewandel sukzessive um die Mitte der 1960er Jahre ein.[908] Das preisbereinigte BIP pro Kopf in Deutschland lag zu diesem Zeitpunkt um ein Vielfaches höher als das in Rumänien um 2005, als dort in etwa der Wertewandel im Anfangsstadium war.[909] Von einer sukzessiven Abfolge der Bedürfnisse und ihrer Weckung kann daher in Rumänien – wie auch in den anderen Ländern des ehemaligen Ostblocks nach der politischen Wende – nicht gesprochen werden. In Rumänien laufen Prozesse gleichzeitig ab, die aus den Erfahrungen eines Landes wie Deutschland tendenziell nacheinander und nach Erreichen eines höheren Entwicklungsniveaus ablaufen müssten. Es kommt in Rumänien zur „Gleichzeitigkeit des Ungleichzeitigen".[910] Abbildung 75 zeigt qualitativ diese Entwicklung der relativen Bedeutung monetärer und nicht-monetärer Werte und Bedürfnisse in Rumänien und (West-)Deutschland.

Die Entwicklung der Bedeutung monetärer und nicht-monetärer Werte und Bedürfnisse verläuft in Rumänien und Deutschland grundsätzlich ähnlich. Die Unterschiede liegen insbesondere im Sprung nach der Wende. In Deutschland liegen monetäre und nicht-monetäre Werte und Bedürfnisse auf einem ähnlichen Niveau. Nicht-monetäre Werte und Bedürfnisse werden hier inzwischen vielfach

906 vgl. *Inglehart/Welzel* (2005), 96-97+111.

907 vgl. *Gehler* (2009), 1-3.

908 vgl. *Klages* (2001), 730-731.

909 vgl. *Statistisches Bundesamt Deutschland* (2012), 1.4; *Eurostat* (2012c).

910 in Anlehnung an *Bloch* (1973).

als wichtiger eingeschätzt.[911] Diese Entwicklung ist in Rumänien noch nicht ganz so weit fortgeschritten. Der entscheidende Unterschied zwischen Rumänien und Deutschland liegt darin, dass die Bedeutung monetärer als auch nicht-monetärer Werte in Rumänien aktuell weiter ansteigt. Ob es in naher Zukunft zu einer Reduktion der Bedeutung monetärer Werte in Rumänien kommen wird ist unklar. In Anbetracht des in Relation zu Deutschland deutlich niedrigeren absoluten Lohnniveaus in Rumänien bei gleichzeitig nahezu identischen Konsummöglichkeiten, ist mit einer Reduktion der Bedeutung monetärer Werte und Bedürfnisse kurz- und mittelfristig nicht zu rechnen.

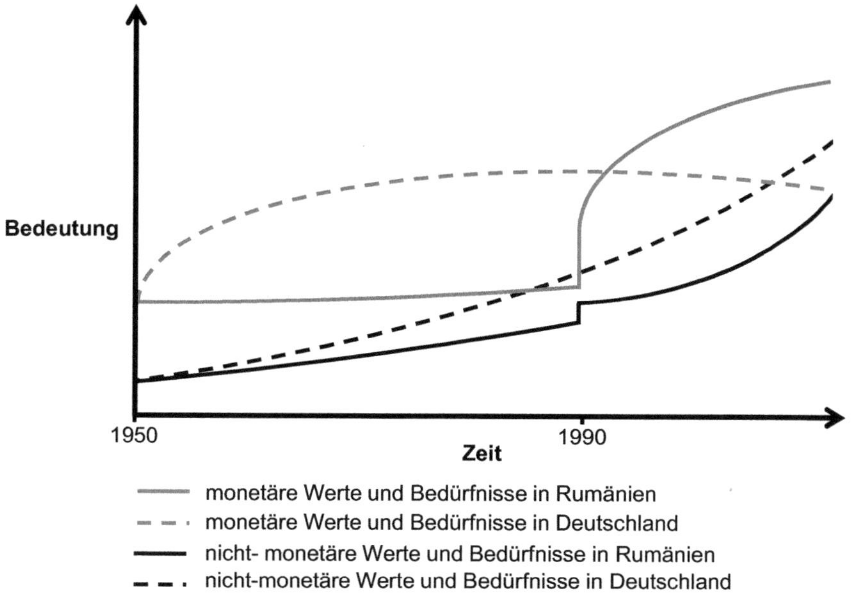

Abbildung 75: Qualitative Darstellung der Entwicklung der relativen Bedeutung monetärer und nicht-monetärer Werte und Bedürfnisse in Rumänien und (West-) Deutschland

Für die Thematik der Mitarbeiterbindung in Rumänien bedeutet das, dass aus Ländern wie Deutschland bekannte Vorgehensweisen hierzu nicht direkt übertragen werden können. Auch wenn eine allgemeine Tendenz zur Zunahme

911 vgl. *Inglehart/Welzel* (2005), 99-107; *Hauff* (2010), 195-206; *Heidenreich* (1996), 24-43; *Heidenreich/Braczyk* (2003), 142-156; bezogen auf den Wertewandel in der Arbeitswelt siehe auch *Baethge* (1991+1994).

nicht-monetärer Werte auf beide Länder zutrifft, zeigen sich monetäre Aspekte in Rumänien bislang nicht als reine Hygienefaktoren im Sinne von *Herzberg*.[912] Für Unternehmen, die sich in Rumänien engagieren, ist es daher vorteilhaft, aktiv sowohl monetäre als auch nicht-monetäre Aspekte bei bestehenden und potenziellen Mitarbeitern anzupreisen, in den eingesetzten Mitarbeiterbindungsinstrumenten widerzuspiegeln und zum festen Bestandteil ihrer Meta-Bindungsstrategie zu machen. Sie sollten nicht-monetäre Werte und Bedürfnisse bedienen, dürfen andererseits jedoch die weiterhin gleichwohl als Motivatoren dienenden monetären Bedürfnisse nicht vernachlässigen. Dadurch bedienen die Unternehmen die vorherrschenden Werte und Bedürfnisse der Mitarbeiter und erzielen den größtmöglichen Erfolg ihrer Mitarbeiterbindungsaktionen.

Aktuell legen Unternehmen in Rumänien einen klaren Fokus auf monetäre Maßnahmen zur Mitarbeiterbindung. Aus „deutscher" Sicht ist dies aufgrund des relativ niedrigen Entwicklungsniveaus Rumäniens konsequent und angebracht. Die Ergebnisse der Untersuchung haben jedoch gezeigt, dass trotz des in Relation zu Deutschland niedrigen Entwicklungsniveaus nicht-monetäre Werte und Bedürfnisse bei den Mitarbeitern relativ stark ausgeprägt sind. Um sich gegenüber den lokalen Wettbewerbern im Kampf um gute Kandidaten einen Vorteil zu verschaffen, können Unternehmen daher die veränderten Werte und Bedürfnisse der Mitarbeiter aufgreifen und ihre Instrumente der Mitarbeiterbindung entsprechend ausrichten. Durch dieses bewusste Abheben von den anderen Unternehmen, die eine überwiegend eindimensionale Sichtweise bezüglich Mitarbeiterbindung aufweisen, können Unternehmen einen Wettbewerbsvorteil erzielen. Dieser Vorteil kann insbesondere aufgrund des Fachkräftemangels in Rumänien bei gleichzeitig verstärkter Ansiedelung neuer Unternehmen entscheidend für den Gesamterfolg sein.

5.1.2 Heterogenität – Instrumente sind erfolgreich, klare Strategien nicht implementiert

Instrumente zur Erreichung eines Ziels resultieren üblicherweise aus einer zuvor definierten Strategie.[913] Dabei kann die Strategiedefinition auch implizit oder unbewusst bei der Einführung von Instrumenten erfolgen.[914] In jedem Fall sollten eingesetzte Instrumente und Strategien das gleiche Ziel verfolgen.

---

912 vgl. *Herzberg/Mausner/Snyderman* (1959); *Herzberg* (1968); zur Rolle der Entlohnung siehe *Lorer* (1995), 85-86+107-111; *Schreyögg/Koch* (2010), 201-202.

913 vgl. *Kreikebaum/Gilbert/Behnam* (2011), 161-164.

914 vgl. *Malik* (2011), 19.

Bezogen auf die Thematik der Mitarbeiterbindung scheint dies in Rumänien nicht der Fall zu sein. Die eingesetzten Meta-Bindungsstrategien und Mitarbeiterbindungsinstrumente sind hinsichtlich ihres gemeinsamen Ziels der Mitarbeiterbindung nicht konsistent. Die von den Unternehmen in Rumänien eingesetzten Mitarbeiterbindungsinstrumente sind erfolgreich bezüglich Mitarbeiterbindung, die implementierten Meta-Bindungsstrategien hingegen nicht.

Die Veränderungen in Rumänien aufgrund der gesellschaftlichen Modernisierung sind den dortigen Unternehmen durchaus bewusst. Dieses Wissens wurde bislang noch nicht in die Strategien der Mitarbeiterbindung aufgenommen. Es herrscht Heterogenität bei den Strategien der Unternehmen als Reaktion auf die einzelnen Aspekte der gesellschaftlichen Modernisierung. Als Antwort auf höhere Lohnsteigerungen, schlechtere Verfügbarkeit von Fachkräften sowie den Wertewandel bei den Mitarbeitern ist aktuell keine einheitliche strategische Zielrichtung der Unternehmen in Rumänien erkennbar.

Die Tatsache, dass diese Aspekte trotz des Wissens über ihr Bestehen nicht ganzheitlich adressiert werden, lässt sich nur mit einer grundsätzlich fehlenden oder falschen Meta-Bindungsstrategie erklären. Ferner könnte ein bewusstes oder unbewusstes Desinteresse der Entscheidungsträger in den Zentralen für die strategische Integration dieser Aspekte bestehen, um Komplexität und administrativen Aufwand zu reduzieren. Dafür spricht, dass die Unternehmen in Rumänien bereits Identifikation fördernde (und Mischform-) Mitarbeiterbindungsinstrumente einsetzen, die das Ziel einer standortbezogenen, primär nicht-monetären Bindung verfolgen. Die kongruente Strategie wäre demnach die standortbezogene Meta-Bindungsstrategie (Typ III). Diese ist in Rumänien jedoch nicht vorherrschend. Keine der in Rumänien implementierten Meta-Bindungsstrategien führt zu einem signifikanten Bindungserfolg. Demnach sind die Strategien und die Instrumente nicht aufeinander abgestimmt.

Mitarbeiterbindungsinstrumente sind Einzelmaßnahmen und dabei einfacher gestaltet als Strategien. Sie liegen im Rahmen der Entscheidungskompetenz des lokalen rumänischen Standortes und können ohne weitere Abstimmungen mit dem Mutterhaus umgesetzt und implementiert werden. Im Rahmen ihrer Möglichkeiten reagieren die rumänischen Unternehmensstandorte so auf die von ihnen erkannte gesellschaftliche Modernisierung. Werden Mitarbeiterbindungsinstrumente auf diesem Weg implementiert, ist es unausweichlich, dass sie mit den aus den Zentralen stammenden oder maßgeblich von dort beeinflussten Meta-Bindungsstrategien nicht übereinstimmen (Abbildung 76).

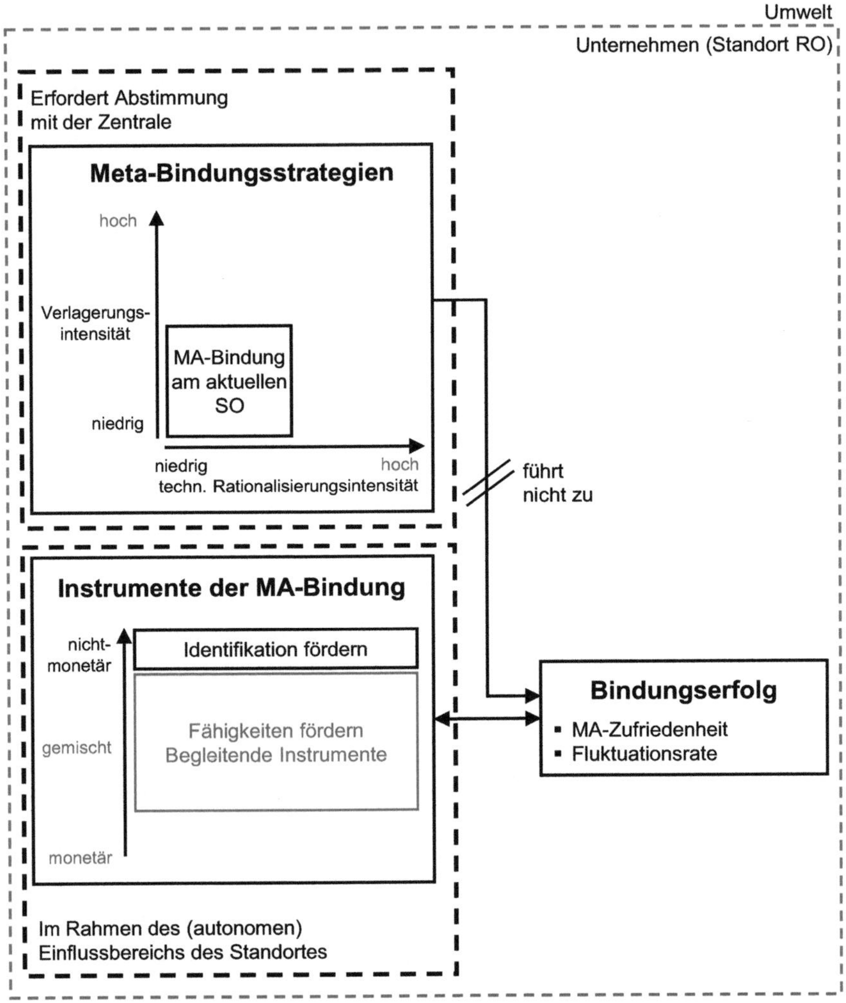

Abbildung 76: Einfluss nicht-monetärer Mitarbeiterbindungsinstrumente und der standortbezogenen Meta-Bindungsstrategie auf den Bindungserfolg (Ist)

Die Unternehmen befinden sich derzeit in einem Prozess des Umdenkens hinsichtlich der Thematik Mitarbeiterbindung für Rumänien. In der Gruppe der neu angesiedelten Unternehmen kristallisierte sich die standortbezogene Meta-Bindungsstrategie als Favorit heraus. Die neuen Unternehmen wollen – und müssen vermutlich – sich von den bestehenden lokalen Firmen abgrenzen, um bei der Rekrutierung und Bindung von Mitarbeitern erfolgreich zu sein. Diese Unternehmen setzen mit der standortbezogenen Meta-Bindungsstrategie und dem damit einhergehenden verstärkten Einsatz nicht-monetärer Mitarbeiterbindungsinstrumente einen neuen lokalen Benchmark. Sie adressieren die festgestellten Veränderungen der gesellschaftlichen Modernisierung und weisen daher eine höhere Kongruenz mit den Wünschen und Bedürfnissen der Mitarbeiter in Rumänien auf. Gleichzeitig wecken und erhöhen sie durch ihr Handeln Bedürfnisse bei den Mitarbeitern. Die Abstimmung zwischen Zentralen und lokalen Standorten scheint bei diesen Neugründungen besser zu laufen. Aufgrund des Neuaufbaus des rumänischen Standortes haben sich die Zentralen detailliert mit den dortigen Gegebenheiten beschäftigt. Die Vorgaben der Zentralen beruhen somit auf Analysen, denen eine neuere Datenbasis zu Grunde liegt. Das Wissen zur gesellschaftlichen Modernisierung Rumäniens ist in den Muttergesellschaften auf aktuellem Niveau vorhanden. Unternehmen, die bereits länger in Rumänien auf Basis „alter" Erkenntnisse agieren, werden auf die Ansätze der neugegründeten Unternehmen reagieren und ihre Strategien überdenken (müssen). Darüber könnte es zu einer strategischen Anpassung hinsichtlich ihrer Mitarbeiterbindung kommen. Diese führt wiederum dazu, dass es zu einer besseren Kongruenz zwischen den (in Teilen bereits jetzt schon eingesetzten) nicht-monetären Mitarbeiterbindungsinstrumenten und den Meta-Bindungsstrategien kommen kann. Auf den Bindungserfolg kann sich eine Kongruenz zwischen Strategie und Instrumenten nur positiv auswirken.

5.1.3 Autonomie im Kontext von Stereotypen – Dem lokalen Standort mehr zutrauen

Die Untersuchung hat gezeigt, dass der Einfluss der Unternehmenszentralen auf die Strategie der rumänischen Standorte im Bereich des Personalmanagements – hier speziell der Mitarbeiterbindung – weiterhin sehr groß ist. Gleichzeitig bestehen in den Unternehmenszentralen, die sich definitionsgemäß für diese Untersuchung in einem relativ weiter entwickelten Land (überwiegend Deutschland) befinden, weiterhin Ansichten zu Rumänien und den dort notwendigen Vorgehensweisen, die teilweise auf Stereotypen beruhen oder die Prozesse der gesellschaftlichen Modernisierung in Rumänien nicht entsprechend berücksichtigen. Zu den noch vertretenen Stereotypen zählen unter anderem die Ineffizienz der Rumänen und die vorherrschende Korruption.[915] Weiterhin zählen mangelndes Qualitätsbewusstsein, Umständlichkeit und autoritärer Führungsstil zu den

915 vgl. *Brenscheidt* (2011), 86-87; *Booker* (2007), 127; siehe auch *Stöhr* (2011), 198-205.

Attributen, die Rumänen zugeschrieben werden.[916] Umfragen in der Bevölkerung in Deutschland als auch Frankreich zeigen ein tendenziell negatives Gesamtimage gegenüber der Bevölkerung Rumäniens, ohne dass es dafür eine klare Begründung gibt.[917]

Rumänien hat seit der politischen Wende zu Beginn der 1990er Jahre, im Vorfeld des Beitritts zur EU sowie nach Aufnahme in die EU vielschichtige Veränderungen in den Bereichen Politik, Wirtschaft und Gesellschaft durchlaufen, welche in dem derzeit etablierten Image Rumäniens nur geringe Berücksichtigung finden.[918] Die Arbeitsproduktivität, in Relation zum Durchschnitt der 27 EU-Länder im jeweiligen Jahr, hat sich beispielsweise von 2000 bis 2010 etwa verdoppelt.[919] Im Jahr 2000 lag sie bei etwa 24 Prozent des Durchschnitts der 27 EU-Länder in diesem Jahr, während bis 2010 eine Erhöhung auf nahezu die Hälfte des Durchschnittswertes aller EU-Länder in 2010 erreicht werden konnte.[920] Besonders stark waren die Zuwächse seit dem Beitritt zur EU in 2007. Im Zeitraum von 2000 bis 2010 erzielte Deutschland eine Reduktion von etwa 107 Prozent auf gut 105 Prozent des Durchschnitts aller EU-Länder in den jeweiligen Jahren.[921] Wenngleich die Absolutwerte noch stark differieren, ist die Entwicklung in Rumänien sehr positiv und steht bestehenden Stereotypen entgegen.

Der Einfluss der Unternehmenszentralen bei weiterhin bestehenden – wenn auch nicht notwendigerweise zutreffenden – Stereotypen führt zu den bereits beschriebenen Problemen hinsichtlich (Nicht-)Homogenität von Meta-Bindungsstrategien und Mitarbeiterbindungsinstrumenten. Gleiches gilt für die Wirkungen auf den Unternehmenserfolg. Die Meta-Bindungsstrategien zeigen hier keine eindeutigen Ergebnisse. Hingegen korreliert eine Erhöhung des Einsatzes nicht-monetärer Mitarbeiterbindungsinstrumente in Rumänien signifikant mit dem Bindungserfolg, was wiederum auf den Unternehmenserfolg wirkt.

Gleichzeitig zeigt sich eine (im theoretischen Modell und den Hypothesen nicht erfasste) positive Korrelation zwischen zunehmender Autonomie in Mitarbeiterbindungsangelegenheiten und verstärktem Einsatz nicht-monetärer Mitarbeiterbindungsinstrumente bei Unternehmen in Rumänien. Zunehmende Autonomie in Mitarbeiterbindungsangelegenheiten führt hingegen nicht zu einem verstärkten Einsatz standortbezogener Meta-Bindungsstrategien. Auch hier zeigt sich die Heterogenität der derzeit implementierten Strategien mit den Mitarbei-

916 vgl. *Salden* (2010), 104-106.

917 vgl. *Salden* (2010), 37; *Birtel/Kissau* (2006), 209-217.

918 vgl. *Salden* (2010), 35-39; *Kissau* (2009), 80-81.

919 vgl. *Wirtschaftskammer Österreich* (2012b).

920 vgl. *Wirtschaftskammer Österreich* (2012b).

921 vgl. *Wirtschaftskammer Österreich* (2012b).

terbindungsinstrumenten. Die Autonomie der rumänischen Standorte in Mitarbeiterbindungsangelegenheiten reicht nicht so weit, dass eigene Strategien hinsichtlich Mitarbeiterbindung entwickelt und implementiert werden können.

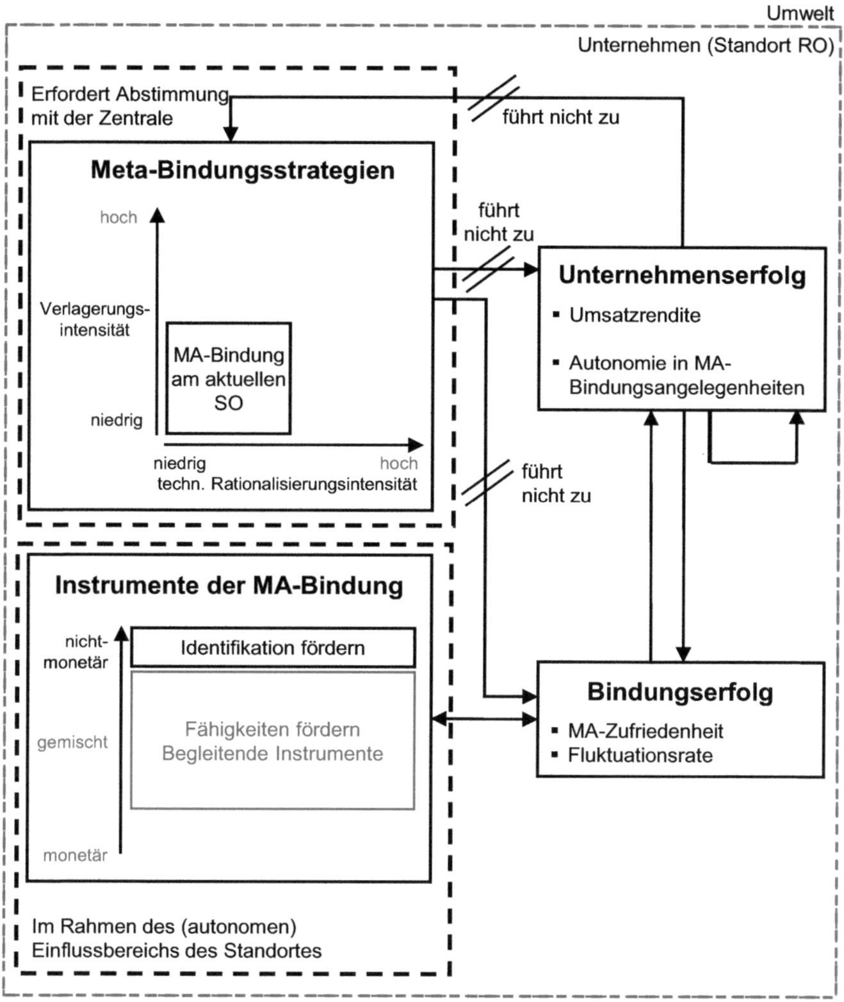

Abbildung 77: Ursachen und Wirkung von Autonomie in Mitarbeiterbindungsangelegenheiten (Ist)

Die Untersuchung hat ebenfalls gezeigt, dass die Gewährung von Autonomie des rumänischen Standortes in Mitarbeiterbindungsangelegenheiten zu einer höheren Unternehmensrendite führt. Somit stellt Autonomie in Mitarbeiterbindungsangelegenheiten einen insgesamt erstrebenswerten Zustand dar, der sich sowohl für den lokalen Standort als auch die Unternehmenszentrale vorteilhaft auswirkt (Abbildung 77).

Auf die Steigerung des Unternehmenserfolgs kann sich eine Kongruenz zwischen Meta-Bindungsstrategie und eingesetzten Mitarbeiterbindungsinstrumente nur positiv auswirken. Für den lokalen Standort in Rumänien – als auch die Unternehmenszentralen – sollte es daher das Ziel sein, die Autonomie des rumänischen Standorts in Mitarbeiterbindungsangelegenheiten zu erhöhen. Dadurch kann eine den lokalen Anforderungen entsprechende Herangehensweise – ohne falsche Stereotypen – gewählt werden, die die Kongruenz der definierten Meta-Bindungsstrategie und den eingesetzten Mitarbeiterbindungsinstrumenten gewährleistet. Abbildung 78 zeigt diesen idealen Zielzustand.

Die Untersuchungsergebnisse für die Unternehmen, die seit 2008 in Rumänien gegründet wurden, zeigen, dass dieser Weg für die Unternehmen erfolgversprechend ist. Diese Unternehmen haben überwiegend eine standortbezogene Meta-Bindungsstrategie implementiert und setzen dabei gleichzeitig zu einem großen Anteil entsprechende nicht-monetäre Mitarbeiterbindungsinstrumente ein. Strategie und Instrumente sind kongruent, da zur ausgewählten standortbezogenen Meta-Bindungsstrategie gleichzeitig die veränderten Gegebenheiten aufgrund der gesellschaftlichen Modernisierung über die nicht-monetären Mitarbeiterbindungsinstrumente berücksichtigt werden. Hintergrund ist unter anderem die neuere Datenbasis der Unternehmenszentralen während der Standortplanung und die daraus resultierende Kenntnis über die gesellschaftliche Modernisierung in Rumänien. Mit dieser Herangehensweise sind die neu gegründeten Unternehmen erfolgreicher als ihre bereits seit längerem im Markt bestehenden Wettbewerber. Die durchschnittliche Unternehmensrendite relativ zur Muttergesellschaft liegt bei den neu gegründeten Unternehmen um 0,6 Einheiten höher als bei den übrigen Unternehmen (gemessen auf einer 7-Punkte-Skala).

Die Entscheidungen zur Meta-Bindungsstrategie liegen derzeit noch nicht im autonomen Entscheidungsbereich des lokalen Standortes. Die ab 2008 gegründeten Unternehmen weisen keine höhere Autonomie in Mitarbeiterbindungsangelegenheiten auf. Aufgrund ihrer relativ kurzen Existenz und dem damit verbundenen andauernden hohen direkten Austausch mit der Unternehmenszentrale erscheint dies als logisch. Die neu gegründeten Unternehmen stellen daher eine Art Zwischenschritt dar. Es ist davon auszugehen, dass über den zunehmenden Unternehmenserfolg sowie den reduzierten permanenten Austausch mit der Unternehmenszentrale (auch über geringeren Einsatz von Delegierten aus dem Stammhaus) die Autonomie des lokalen Standortes in Rumänien in Mitarbeiterbindungsangelegenheiten wachsen wird.

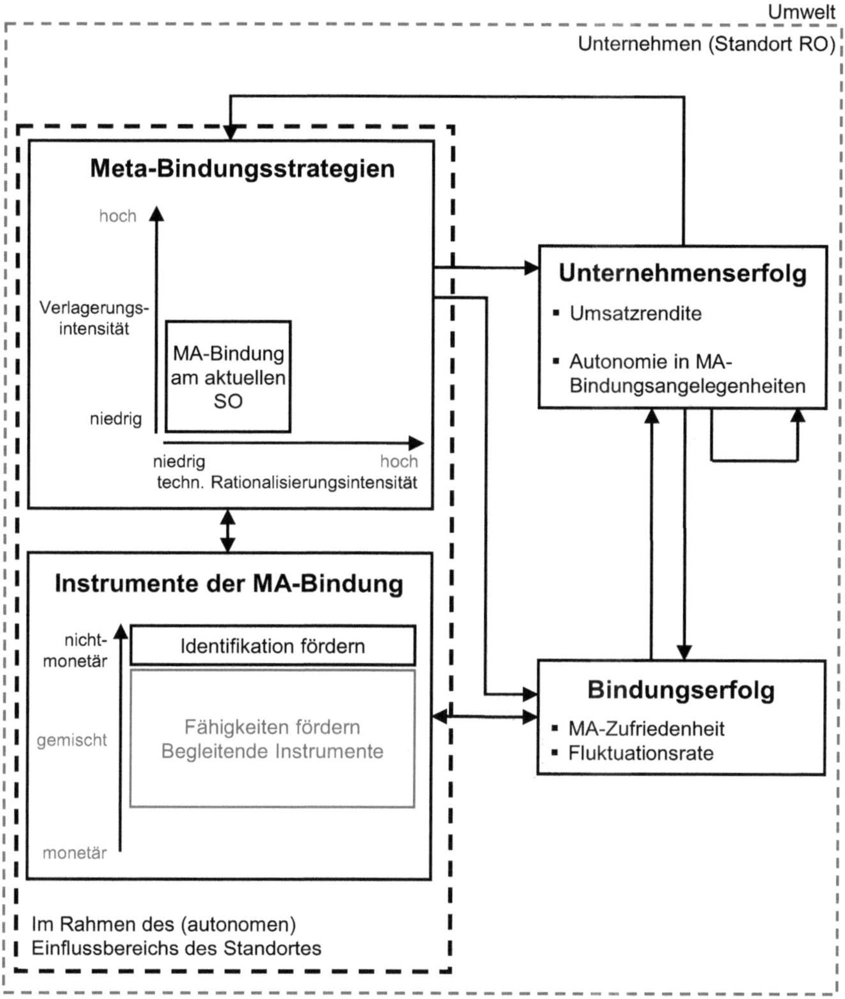

Abbildung 78: Ursachen und Wirkung von Autonomie in Mitarbeiterbindungsangelegenheiten (Ziel)

Abbildung 79 verdeutlicht diesen Zwischenschritt auf dem Weg zum Ziel der Autonomie in Mitarbeiterbindungsangelegenheiten.

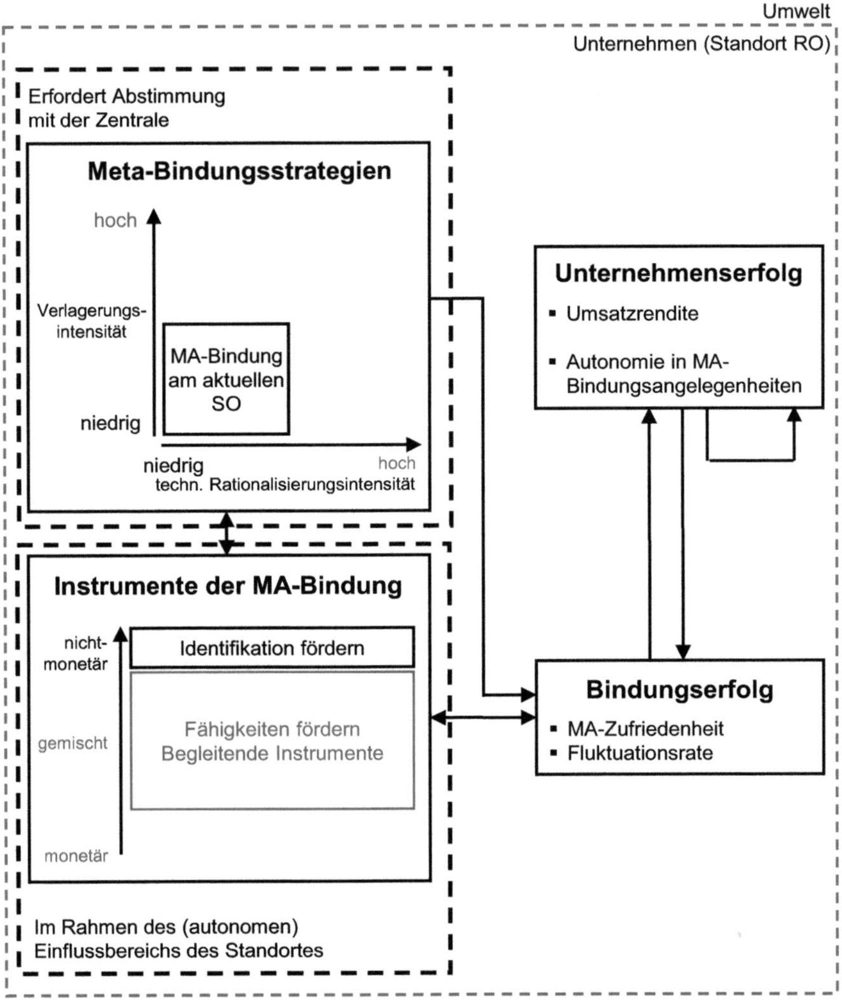

Abbildung 79: Ursachen und Wirkung von Autonomie in Mitarbeiterbindungsangelegenheiten (neu angesiedelte Unternehmen)

5.2 Limitationen

Die vorliegende Arbeit hat vielfältige Einblicke in die Thematik der Mitarbeiterbindung im Einflussfeld gesellschaftlicher Modernisierung in Mittel- und Osteuropa, insbesondere Rumänien, gebracht. Aufgezeigt wurde unter anderem die Entwicklung der Bedeutung monetärer und nicht-monetärer Werte und Bedürfnisse in Rumänien. Über die konkrete Ausgestaltung und den Inhalt der jeweiligen Mitarbeiterbindungsinstrumente gibt die grundsätzliche Entwicklung der Bedeutung monetärer und nicht-monetärer Werte und Bedürfnisse in Rumänien hingegen keine detaillierten Auskünfte. Über die Wirksamkeit einzelner Mitarbeiterbindungsinstrumente wird ebenfalls keine Aussage gemacht. Hierzu bedarf es weiterer Untersuchungen, zum Beispiel mit dem Fokus, ob es zu einer inhaltlichen Annäherung der Instrumente der Mitarbeiterbindung zwischen Rumänien und Deutschland kommt oder welche spezifischen Instrumente der Mitarbeiterbindung in Rumänien wirksam sind.[922]

Die vorliegende Analyse generiert keine erfolgreiche und allgemeingültige Standardstrategie bezüglich Mitarbeiterbindung für Unternehmen in Rumänien. Eine solche allgemeingültige Strategie ist auch kein realistisches Ziel bei einem so komplexen interkulturellen Themengebiet und könnte zudem nur der kleinste gemeinsame Nenner einer Analyse sein. Die festgestellte Heterogenität zwischen Mitarbeiterbindungsinstrumenten und Meta-Bindungsstrategien zeigt jedoch, dass bei der mitarbeiterbindungsbezogenen Strategiedefinition sowohl Optimierungsbedarf innerhalb der Unternehmen besteht als auch Ansätze für weitere Forschung liegen. Insbesondere der Einfluss der Muttergesellschaften in westlichen Ländern (primär Deutschland) bietet interessante Forschungsansätze.[923] Weiterhin besteht zusätzlicher Forschungsbedarf auch bezüglich der in den Unternehmenszentralen vorherrschenden Stereotype. Hier könnten beispielsweise die Motive und Hintergründe für den Fortbestand der Stereotypen innerhalb der Unternehmen interessante Ausgangspunkte weiterer Forschung darstellen.[924]

Als weitere Limitation ist primär die enge Definition der untersuchten Unternehmen zu nennen. Definitionsgemäß wurden rumänische Unternehmen aus der Branche der Automobilzulieferer ausgewählt, die eine Muttergesellschaft in einem westlich geprägten (und damit – wie im Rahmen dieser Arbeit unterstellt – weiter entwickelten) Land besitzen oder Teil eines westlich geprägten, multinationalen Konzerns sind. Eine Übertragbarkeit auf andere Branchen kann in

922 vgl. zum Beispiel landesspezifisch in China *Reisch* (2008), 65-100; branchenspezifisch im Gesundheitssektor *Merk* (2008), 228-294; allgemein *Towers Perrin* (2009b).

923 vgl. *Weber et al.* (2011), 32-36; analog *Lamsa* (2011), 260-267.

924 vgl. *Bannys* (2012), 159-165; *Bolten* (2012), 83-89; *Meyer* (2012), 71-90.

Teilen durchaus durchgeführt werden, wurde im Rahmen der vorliegenden Arbeit jedoch nicht überprüft oder verifiziert. Eine gleichgeartete Untersuchung in einer anderen Branche könnte daher interessante Ergebnisse liefern und die vorliegenden Ergebnisse untermauern oder als Spezialfall der Automobilzulieferindustrie aufzeigen.[925]

Ferner handelte es sich bei den untersuchten Unternehmen um rumänische Standorte internationaler Unternehmen oder Konzerne. Rein rumänische Unternehmen wurden definitionsgemäß in die Untersuchung nicht aufgenommen. Gerade der Vergleich mit rein nationalen Unternehmen könnte sehr interessante Einblicke in die Thematik der Mitarbeiterbindung ermöglichen und bietet – bei entsprechendem Zugang zu rumänischen Unternehmen – interessante Ansatzpunkte für weitere Untersuchungen. Resultierende Vergleichsmöglichkeiten zu den Unternehmen dieser Studie könnten sowohl für die internationalen als auch rein lokalen Unternehmen hilfreiche Erkenntnisse bieten.

Bei dem Phänomen gesellschaftlicher Modernisierung handelt es sich um eine Entwicklung, die bereits seit einiger Zeit abläuft. Diese Entwicklung hat keinen bekannten Endpunkt. Die Erfassung der Situation mittels einer Querschnittsuntersuchung kann daher nur einen eingeschränkten Blick auf diese komplexe Thematik werfen.[926] Die vorliegende Analyse basiert auf den aktuell vorhersehbaren Entwicklungen. Aufgrund der großen Dynamik der gesellschaftlichen Veränderungen in Rumänien kann daher eine Längsschnittuntersuchung mit Unternehmen, die den Kriterien der Definition dieser Untersuchung entsprechen, sowohl die Ergebnisse der vorliegenden Arbeit überprüfen als auch in der Zwischenzeit eingetretene, aktuell unvorhersehbare Entwicklungen mit berücksichtigen und damit den Prognosegehalt der Ergebnisse erhöhen.

Das theoretische Modell wurde für Rumänien getestet. Andere Länder in Mittel- und Osteuropa durchlaufen ebenfalls einen Wandel nach dem Fall des Eisernen Vorhangs. Aufgrund der Spezifika in der Entwicklung der jeweiligen Länder können die Ergebnisse für Rumänien nicht ohne weiteres übertragen werden. Gleichartige Untersuchungen in anderen Ländern Mittel- und Osteuropas könnten diesen Mangel beseitigen und gleichzeitig Erfolg versprechende Herangehensweisen aufzeigen.

925 vgl. *Merk* (2008) zum Gesundheitssektor.

926 vgl. *Fitsch* (2007), 66-67.

5.3 Implikationen

5.3.1 Theorie

Die Bindung von Mitarbeitern stellt auch für Unternehmen in Rumänien einen wichtigen Aspekt dar. Fachkräftemangel und resultierender starker Wettbewerb um gute Kandidaten sind in Rumänien weit verbreitet. Die Ursachen hierfür liegen im Vergleich zu Deutschland weniger in der demografischen Entwicklung des Landes, sondern vielmehr in der zunehmenden Ansiedelung neuer Unternehmen in der Vergangenheit und dem zu erwartenden Aufbau zusätzlicher Unternehmen in der nahen Zukunft.

Die vorliegende Arbeit zeigt, dass sich Herangehensweisen zu wichtigen Themen in Unternehmen nicht ohne weiteres von einem Land auf ein anderes übertragen lassen. Das heutige Rumänien ist daher im Hinblick auf Mitarbeiterbindung nicht mit einem Deutschland von vor einigen Jahren vergleichbar, sondern erfordert eine spezifische Analyse und darauf abgestimmte Vorgehensweisen.

Dennoch kann die Arbeit allgemein als Anwendungsfall modernisierungstheoretischer Ansätze gelten. Auch die grundsätzlichen Aussagen von *Inglehart*, zum Beispiel zu dem Ablauf der Entwicklung eines unterentwickelten Landes zu einem modernen Land mit einem gleichzeitigen Anstieg subjektiven Wohlbefindens, werden durch die Ergebnisse dieser Arbeit reflektiert.[927] Rumänien folgt grundsätzlich dem von *Inglehart* postulierten Entwicklungsverlauf von *Survival* hin zu *Well-being* in Abhängigkeit der Pro-Kopf-Wirtschaftskraft.[928] Übertragen auf die Thematik der Mitarbeiterbindung bedeutet das, dass es zu einer Verschiebung von monetären zu nicht-monetären Werten und Bedürfnissen kommt. Bei den eingesetzten Instrumenten der Mitarbeiterbindung sollte diese Verschiebung aus Gründen der Effizienz und Effektivität Berücksichtigung finden.

Bemerkenswert ist, dass diese Verschiebung hin zu nicht-monetären Werten und Bedürfnissen zu einem Zeitpunkt stattfindet, zu dem sich der Wohlstand des Landes – ausgedrückt im BIP pro Kopf – immer noch auf einem relativ niedrigen Niveau befindet. Heute sehr weit entwickelte Gesellschaften wie Deutschland waren bereits wesentlich wohlhabender zu dem Zeitpunkt als dort damit begonnen wurde, verstärkt nicht-monetäre Werte und Bedürfnisse zu verfolgen. Die Zunahme nicht-monetärer Werte und Bedürfnisse findet in Rumänien daher zu einem relativ frühen Zeitpunkt in der Entwicklung des Landes und der Gesellschaft statt.

---

927 vgl. *Inglehart* (1998), 97-99.

928 vgl. *Inglehart* (1998), 98.

Gleichzeitig zeigt sich, dass die monetären Werte und Bedürfnisse weiterhin sehr stark zunehmen und ebenfalls noch nicht ihr Maximum erreicht haben. Eine annähernd sukzessive Abfolge von monetären und nicht-monetären Werten und Bedürfnissen, so wie sie in westlichen Ländern stattgefunden hat, ist in Rumänien nicht gegeben. Die Gleichzeitigkeit beider Wert- und Bedürfnisarten stellt – für den Fall Rumänien – eine notwendige Ergänzung zur Mangelhypothese von *Inglehart* dar.

Gesellschaftliche Modernisierung stellt somit einen nicht vernachlässigbaren Aspekt bei der Gestaltung von Mitarbeiterbindungssystemen in Rumänien dar. Steigender Wohlstand in Rumänien führt nicht nur zu dem von *Inglehart* postuliertem Wertewandel, sondern resultiert in Rumänien in einer gleichzeitigen Verstärkung monetärer Werte und Bedürfnisse.

Für die allgemeine Managementlehre können insbesondere die Aspekte der Arbeit hilfreich sein, die sich mit der Zusammenarbeit zwischen Unternehmenszentralen und lokalen Standorten beschäftigen. Die Erkenntnis, dass viele Entscheidungen dezentral erfolgreicher getroffen werden können, ist nicht neu, wird hier jedoch verbunden mit der Thematik der Mitarbeiterbindung in Rumänien nochmals deutlich. Für das interkulturelle und internationale Personalmanagement sind die Ergebnisse daher interessant.

Die vorliegende Arbeit stellt darüber hinaus einen qualitativen Anwendungsfall des Competitive Acceptance-Ansatzes dar.[929] Dies sowie die darin enthaltenen Empfehlungen für Unternehmen werden innerhalb der Implikationen für die Praxis erläutert.

5.3.2 Praxis

Für Unternehmen ergeben sich aus den Ergebnissen der vorliegenden Arbeit vielfältige Implikationen. Eine grundlegende Struktur, anhand derer bei der Konzeption von Empfehlungen für Unternehmen im Rahmen dieses kulturellen Kontextes vorgegangen werden kann, bietet die Competitive Acceptance-Matrix von *Scholz/Stein*.[930] Kulturelle Dimensionen, die bei den Unternehmen im Zielland nicht stark ausgeprägt sind jedoch eine hohe positive Korrelation mit dem dortigen Unternehmenserfolg aufweisen, sollten bewusst entgegen dem allgemeinen Gepflogenheiten des Ziellandes eingesetzt werden.[931] Kulturelle Dimensionen, die hingegen bei den Unternehmen im Zielland bereits verbreitet und

929 vgl. *Scholz/Stein* (2012a), *Scholz/Stein* (2012b).
930 vgl. *Scholz/Stein* (2012a), 19-21; *Scholz/Stein* (2012b), 46-49.
931 vgl. *Scholz/Stein* (2012a), 20-21.

erfolgreich sind, sollten akzeptiert werden.[932] Entsprechendes gilt bei kulturellen Dimensionen mit niedriger Ausprägung im Zielland und negativer Korrelation mit dem Erfolg des Unternehmens (Folge: Akzeptieren) sowie bei kulturellen Dimensionen mit hoher Ausprägung bei den Unternehmen und ebenfalls negativer Korrelation mit dem Unternehmenserfolg (Folge: Handeln gegen die vorherrschenden Gepflogenheiten des Ziellandes).[933] Aufgrund der Einfachheit ist die Competitive Acceptance-Matrix gerade für die Analyse und Darstellung von Empfehlungen für Unternehmen gut geeignet.

Im Rahmen dieser Arbeit stellt Rumänien das Zielland dar. Referenz sind die Standorte der jeweiligen Zentralen der international agierenden Unternehmen der Automobil- und Automobilzulieferindustrie, definitionsgemäß in weiter entwickelten Gesellschaften angesiedelt. Der Fokus lag hier auf Deutschland als Vertreter eines in Relation zu Rumänien weiter entwickelten Landes. Gemäß der Themenstellung dieser Arbeit entstammen die untersuchten kulturellen Dimensionen der spezifischeren Thematik der Mitarbeiterbindung. Die Dimensionen der Competitive Acceptance-Matrix werden daher für diese Arbeit weiter spezifiziert. Anstelle der kulturellen Dimension tritt das Verhalten in Mitarbeiterbindungsangelegenheiten. Die Unternehmensperformance wird bezogen auf die Erfolgsgrößen des theoretischen Modells (Bindungs- und Unternehmenserfolg). Basierend auf den Auswertungen der Daten ergeben sich für bereits in Rumänien aktive Unternehmen mehrere Ansatzpunkte für die Verbesserung ihrer Aktivitäten im Bereich Mitarbeiterbindung. Diese Empfehlungen gelten gleichzeitig für Unternehmen, die sich neu in Rumänien ansiedeln möchten. Die Empfehlungen können mit Hilfe der Competitive Acceptance-Matrix qualitativ dargestellt werden.

Wie im Rahmen der Analyse festgestellt, ist der Einsatz nicht-monetärer Mitarbeiterbindungsinstrumente in Rumänien wesentlich geringer im Vergleich zu Deutschland. Die relative Ausprägung dieser „kulturellen Dimension" beziehungsweise dieses Verhaltens in Mitarbeiterbindungsangelegenheiten ist niedrig. Gleichzeitig zeigt sich, dass Unternehmen in Rumänien, die nicht-monetäre Mitarbeiterbindungsinstrumente einsetzen, positive Auswirkungen auf den Bindungserfolg erzielen. Die Ergebnisse sind signifikant sowohl für die Steigerung der Mitarbeiterzufriedenheit als auch für die Verringerung der Fluktuationsrate. Die gemäß der Logik von Competitive Acceptance resultierende Strategie für Unternehmen ist es, sich entgegen der Mehrzahl der Unternehmen zu verhalten und den Einsatz nicht-monetärer Mitarbeiterbindungsinstrumente zu intensivieren. Konkret bedeutet das zum Beispiel das Angebot interessanter und abwechs-

932 vgl. *Scholz/Stein* (2012a), 20.
933 vgl. *Scholz/Stein* (2012a), 20-21.

lungsreicher Arbeitsinhalte. Falls dies im Rahmen der regulären Jobs nicht einfach umsetzbar ist, so können die Stellen über Job Rotation oder durch zusätzliche Projektarbeit interessanter gestaltet werden. Auch Programme zur Gesundheitsförderung fallen in den Bereich nicht-monetärer Mitarbeiterbindungsinstrumente.

Die Empfehlung wird noch unterstützt durch das Ergebnis, dass in Rumänien ein Wertewandel hin zu mehr nicht-monetären Werten und Bedürfnissen stattfindet. Dies findet bislang in den Meta-Bindungsstrategien der Unternehmen in Rumänien keine große Berücksichtigung. Die Empfehlung ist folglich, dass Unternehmen die Bedeutungszunahme nicht-monetärer Werte in ihren Meta-Bindungsstrategien widerspiegeln und damit von der Mehrheit der Unternehmen in Rumänien abweichen. Für den Fall, dass ein Unternehmen in Rumänien keine explizite Strategie der Mitarbeiterbindung implementiert oder dieses Thema noch nicht als strategisch relevant eingestuft hat, lautet die Empfehlung folgerichtig, dies zu ändern.

Unternehmen können hier an ihrem Image – insbesondere bezogen auf den lokalen Arbeitsmarkt – arbeiten und dieses verbessern. Dies kann durch Betriebsfeste (mit Familienangehörigen) oder auch Sponsorings von lokalen Veranstaltungen erfolgen. Insbesondere Veranstaltungen oder Sportarten, die lokal an hohes Ansehen genießen, bieten sich zur Imageaufwertung an. Darüber hinaus verdeutlichen entsprechende Aktionen die Verbundenheit mit dem lokalen Standort.

Die Autonomie des Standortes in Rumänien in Mitarbeiterbindungsangelegenheiten ist auf Basis der Analysen als relativ niedrig einzustufen. Gleichzeitig zeigt sich, dass Unternehmen in Rumänien mit einer hohen Autonomie in Mitarbeiterbindungsangelegenheiten positive Auswirkungen auf den Bindungs- und Unternehmenserfolg erzielen. Demnach ist es für Unternehmen vorteilhaft, wenn sie sich der weitverbreiteten Vorgehensweise niedriger Autonomie in Mitarbeiterbindungsangelegenheiten widersetzen und stattdessen dem rumänischen Standort hinsichtlich der Aktivitäten zur Mitarbeiterbindung größere Freiheiten einräumen. Diese Empfehlung richtet sich in erster Linie an die Verantwortlichen in den Unternehmenszentralen. Diese sollten ihre aktuell vorherrschenden Meinungen und Entscheidungsgrundlagen zusammen mit ihren lokalen Kollegen aktualisieren.

Umgekehrt bedeutet das, dass die Einflussnahme der Muttergesellschaften auf Mitarbeiterbindungsangelegenheiten der Standorte in Rumänien reduziert werden sollte. Diese ist aktuell grundsätzlich als hoch zu bezeichnen. Eine Relation zu Deutschland kann hier nicht sinnvoll erstellt werden, zumal angenommen wird, dass die Muttergesellschaften in Deutschland (als Vertreter eines weit entwickelten Landes) angesiedelt sind. Über die Erhöhung der Autonomie der lokalen Standorte in Mitarbeiterbindungsangelegenheiten beziehungsweise die Reduktion des Einflusses der Unternehmenszentralen kann die lokale Expertise voll genutzt werden und die Gefahr der Berücksichtigung (falscher) Stereotype wird deutlich minimiert.

Unternehmen in Rumänien müssen akzeptieren, dass wettbewerbsfähige Löhne und Gehälter für die Mitarbeiterbindung in Rumänien unverzichtbar sind. Dieser Umstand weicht grundsätzlich nicht von Deutschland ab. Lediglich die Dynamik in Rumänien ist höher. Aufgrund der Tatsache, dass sich Rumänien noch nicht auf einem absolut vergleichbaren Entwicklungsniveau mit Deutschland befindet, müssen sich Unternehmen in Rumänien auf eine fortwährende Parallelität monetärer und nicht-monetärer Mitarbeiterbindungsinstrumente einstellen. Die monetären Instrumente stellen hierbei derzeit nicht ausschließlich Hygienefaktoren dar, sondern können als direkte Motivatoren bezeichnet werden.

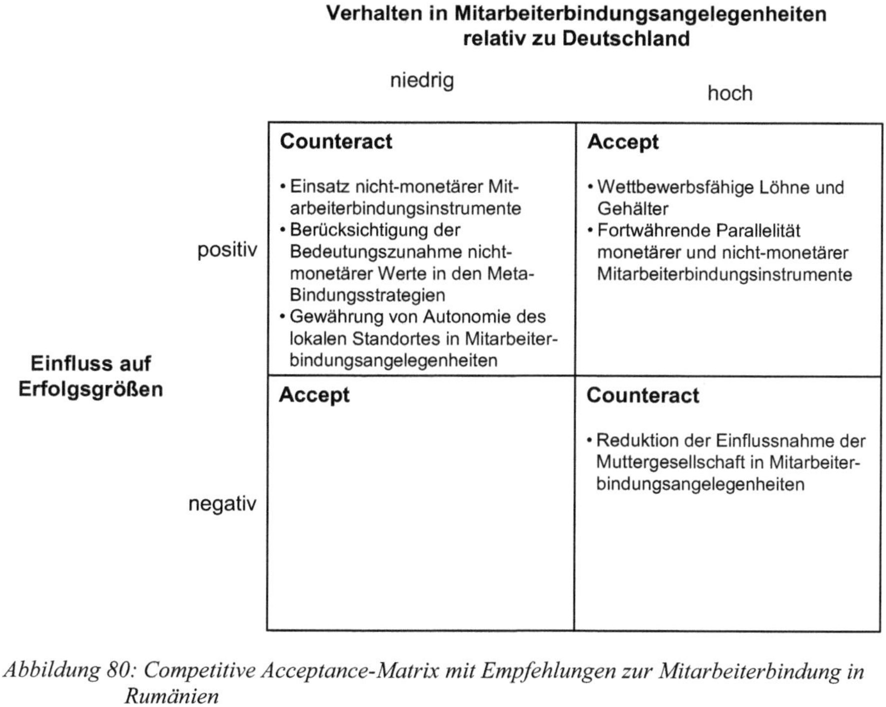

Abbildung 80: Competitive Acceptance-Matrix mit Empfehlungen zur Mitarbeiterbindung in Rumänien

Abbildung 80 fasst die Empfehlungen zur Gestaltung der Mitarbeiterbindung in Rumänien in der Competitive Acceptance-Matrix qualitativ zusammen.

Unternehmen können daraus ableiten, welche Themenfelder für eine erfolgreiche Mitarbeiterbindung Berücksichtigung finden sollten.

Gleichzeitig kann die vorliegende Arbeit als Ausgangspunkt für Diskussionen zwischen lokalen, rumänischen Standorten eines Unternehmens und den jeweiligen Unternehmenszentralen hinsichtlich Autonomie und Entscheidungsfreiräumen dienen. Bewährte Konzepte aus anderen Ländern können nicht ohne spezifische Anpassungen auf Rumänien übertragen werden. Die in Rumänien herrschende „Gleichzeitigkeit des Ungleichzeitigen" erfordert Anpassungen. Diese Anpassungen sollten auf bestmöglichen Erkenntnissen zum lokalen Arbeitsmarkt beruhen und nicht durch stereotypische Annahmen verfälscht werden. Die lokalen Unternehmen sind wesentlich stärker im lokalen Markt integriert und verfügen daher über aussagekräftigere und aktuellere Erkenntnisse als die Unternehmenszentralen. Zur Umsetzung dieser Erkenntnisse in Meta-Bindungsstrategien und konkrete Mitarbeiterbindungsinstrumente benötigen die rumänischen Standorte die erforderlichen Gestaltungsfreiräume. Diese Erkenntnis kann von den rumänischen Unternehmen aufgegriffen und an die Zentralen getragen werden, um so einen notwendigen Prozess zur Erhöhung der lokalen Autonomie in Gang zu setzen. Die Ergebnisse dieser Arbeit zeigen, dass eine Erhöhung der Autonomie in Mitarbeiterbindungsangelegenheiten zu einer Steigerung des Unternehmenserfolgs führt und damit für beide Seiten vorteilhaft ist.

5.4 Ausblick

Die wirtschaftliche und gesellschaftliche Entwicklung in Mittel- und Osteuropa ist seit dem Zusammenbruch des Ostblocks zu Beginn der 1990er Jahre stark vorangeschritten.[934] Nach anfänglichen Schwierigkeiten im Transformationsprozess der Länder hat insbesondere die Ansiedelung ausländischer Unternehmen zu einem starken wirtschaftlichen Wachstum und vielfältigen Arbeitsmöglichkeiten geführt. Große Teile der Bevölkerung konnten davon profitieren. Die Aufnahme einer Vielzahl der mittel- und osteuropäischen Länder in die Europäische Union hat diese Entwicklungen und gesellschaftlichen Modernisierungsprozesse weiter beschleunigt.[935]

Die großen Pesonalkostenvorteile, die sich in den vergangenen Jahren durch Lokalisierungen in Mittel- und Osteuropa realisieren lassen konnten, sind mittlerweile durch Anpassung der jeweiligen Marktpreise im Wettbewerb aufge-

934 vgl. *Roth* (2005), 239-255.

935 vgl. *Bertelsmann Stiftung* (2012).

zehrt.[936] In der Automobilzulieferindustrie wurde diese Entwicklung einerseits von den Automobilherstellern (OEMs) aktiv sowie durch den Wettbewerb mit noch kostengünstigeren Produktionsalternativen in Fernost getrieben.[937]

Die Unternehmen in Mittel- und Osteuropa stehen daher zukünftig noch stärker unter Kosten- und Rationalisierungsdruck. Effizienz- und Produktivitätsbetrachtungen, die in der Vergangenheit aufgrund der in Relation zu Westeuropa niedrigen Personalkosten eine nachrangige Bedeutung hatten, rücken in den Vordergrund.

Aufgrund der zentralen Bedeutung der Mitarbeiter hierbei, steigt die Bedeutung hoch motivierter und gut ausgebildeter Mitarbeiter nochmals. Migration in andere Länder sowie die Ansiedelung von Unternehmen aus Branchen, die bislang Produktionsstandorte in Mittel- und Osteuropa strategisch nicht in Betracht gezogen haben, verschärfen zukünftig weiter die Situation am dortigen Arbeitsmarkt und führen auch zu einem „War for Talent".[938]

Für die Unternehmen in Mittel- und Osteuropa im Allgemeinen und Rumänien im Speziellen wird daher eine zentrale Herausforderung der kommenden Jahre darin bestehen, über die richtigen Strategien und Instrumente die richtigen Mitarbeiter an sich zu binden und darüber die Produktivität und Effizienz im Unternehmen zu steigern und die Marktposition zu sichern.

Aufgrund limitierter Ressourcen sowie der gesellschaftlichen Modernisierung ist dabei ein ausschließlicher Fokus auf monetäre Instrumente weder zielführend noch umsetzbar. Auf die Personalabteilungen in den mittel- und osteuropäischen Unternehmen wird daher ein erhöhter Aufwand für die Gestaltung ihrer Mitarbeiterbindungsinstrumente zukommen. Um unter Berücksichtigung der Rahmenbedingungen erfolgreich zu sein, müssen sie sich zunächst mit der Thematik der gesellschaftlichen Modernisierung und ihren Auswirkungen auf eine erfolgreiche Mitarbeiterbindung auseinandersetzen wollen. Umgekehrt tun die Muttergesellschaften gut daran, auf die mittlerweile langjährige Expertise der lokalen Gesellschaften zu vertrauen und sich nicht von falschen Vorstellungen fehlleiten zu lassen. Damit ist ebenso zu erwarten, dass es zu einem Verschieben von Kompetenzen in Richtung der lokalen Gesellschaften kommen wird.

Insgesamt müssen alle Beteiligten gewillt sein, die Herausforderungen schnellstmöglich anzugehen und im Sinne des Erfolgs des Gesamtunternehmens bestehende Handlungsweisen konstruktiv zu hinterfragen.

---

936 vgl. *Hundertmark* (2013), 20-26.

937 vgl. *Kinkel/Lay* (2004b), 3-7; *Gehrke* (2003), 15-21.

938 *Michaels/Handfield-Jones/Axelrod* (2001), 1; vgl. auch *von der Oelsnitz/Stein/Hahmann* (2007).

Anhang

Fragebogen (deutsche Version)

1 Bitte wählen Sie die gewünschte Sprache:
- [ ] English
- [ ] Deutsch

2 Wie oft kommt es bei der Besetzung offener Stellen zu Verzögerungen, weil keine geeigneten Bewerber für Ihr Unternehmen (an diesem Standort) zur Verfügung stehen?

nie [1] [2] [3] [4] [5] [6] [7] immer

3 Wie schätzen Sie die aktuelle Situation am Arbeitsmarkt im Hinblick auf die Rekrutierung neuer Mitarbeiter für Ihr Unternehmen (an diesem Standort) ein?

problemlos [1] [2] [3] [4] [5] [6] [7] problematisch

4 Wie schnell können offene Stellen aktuell in Ihrem Unternehmen (an diesem Standort) durchschnittlich besetzt werden?

[ ] Wochen

5 Basierend auf Ihrer persönlichen Einschätzung, wie oft wird es bei der Besetzung offener Stellen in den nächsten 3 Jahren zu Verzögerungen kommen, weil keine geeigneten Bewerber zur Verfügung stehen?

nie [1] [2] [3] [4] [5] [6] [7] immer

6 Wie schätzen Sie die Entwicklung am Arbeitsmarkt im Hinblick auf die Rekrutierung neuer Mitarbeiter für Ihr Unternehmen (an diesem Standort) in den nächsten 3 Jahren ein?

problemlos [1] [2] [3] [4] [5] [6] [7] problematisch

7 Wie haben sich die Löhne und Gehälter in Ihrem Unternehmen (an diesem Standort) in den letzten 3 Jahren entwickelt (aggregierte Angaben)?
- [ ] keine Veränderung
- [ ] Reduktion größer 10%
- [ ] Reduktion bis zu 10%
- [ ] Anstieg bis zu 5%
- [ ] Anstieg größer 5% und bis zu 10%
- [ ] Anstieg größer 10% und bis zu 15%
- [ ] Anstieg größer 15% und bis zu 20%
- [ ] Anstieg größer 20% und bis zu 30%
- [ ] Anstieg größer 30% und bis zu 40%
- [ ] Anstieg größer 40% und bis zu 50%
- [ ] Anstieg größer 50% und bis zu 60%
- [ ] Anstieg größer 60%

8 Wie schätzen Sie die Entwicklung der Löhne und Gehälter in Ihrem Unternehmen (an diesem Standort) in den nächsten 3 Jahren ein (aggregierte Angaben)?
- [ ] keine Veränderung
- [ ] Reduktion größer 10%
- [ ] Reduktion bis zu 10%
- [ ] Anstieg bis zu 5%
- [ ] Anstieg größer 5% und bis zu 10%
- [ ] Anstieg größer 10% und bis zu 15%
- [ ] Anstieg größer 15% und bis zu 20%
- [ ] Anstieg größer 20% und bis zu 30%
- [ ] Anstieg größer 30% und bis zu 40%
- [ ] Anstieg größer 40% und bis zu 50%
- [ ] Anstieg größer 50% und bis zu 60%
- [ ] Anstieg größer 60%

9 Wie werden in Ihrem Unternehmen (an diesem Standort) die Mitarbeiter rekrutiert?
Sie können mehrere Möglichkeiten ankreuzen.
- [ ] Zeitungsinserate
- [ ] Internet-Stellenbörsen
- [ ] Firmen-Webseite
- [ ] Empfehlungen von Mitarbeitern
- [ ] Kontakte zu Universitäten (Praktika, Seminare, Bachelor- und Masterarbeiten)
- [ ] Headhunter
- [ ] gezielte Ansprache von Mitarbeitern anderer Unternehmen
- [ ] Kontakte zu ehemaligen Mitarbeitern
- [ ] Sonstiges: ______________________

10 Welche Aspekte sind für die Mitarbeiter Ihres Unternehmens (an diesem Standort) derzeit grundsätzlich von Bedeutung?
Bitte wählen Sie 3 Möglichkeiten aus der Liste aus.
- [ ] sicheres Einkommen
- [ ] steigender Lebensstandard
- [ ] Arbeitszufriedenheit
- [ ] Zeitsouveränität
- [ ] Work-Life Balance
- [ ] Autonomie / Entscheidungsfreiheit
- [ ] Selbstverwirklichung
- [ ] gesellschaftliche Anerkennung
- [ ] Sonstiges: ______________________

11 Welche Aspekte werden in der Zukunft bei Ihren Mitarbeitern (an diesem Standort) grundsätzlich an Bedeutung gewinnen?
Bitte wählen Sie 3 Möglichkeiten aus der Liste aus.
- [ ] sicheres Einkommen
- [ ] steigender Lebensstandard
- [ ] Arbeitszufriedenheit
- [ ] Zeitsouveränität
- [ ] Work-Life Balance
- [ ] Autonomie / Entscheidungsfreiheit
- [ ] Selbstverwirklichung
- [ ] gesellschaftliche Anerkennung
- [ ] Sonstiges: ______________________

12 Wie hat sich die Bedeutung der folgenden Aspekte in der Vergangenheit bei Ihren Mitarbeitern (an diesem Standort) entwickelt?

	stark abgenommen	abgenommen	leicht abgenommen	unverändert	leicht zugenommen	zugenommen	stark zugenommen
Konsumorientierung	1	2	3	4	5	6	7
Bürokratieorientierung	1	2	3	4	5	6	7
Flexibilität	1	2	3	4	5	6	7
Freizeitorientierung	1	2	3	4	5	6	7
Karriereorientierung	1	2	3	4	5	6	7
Individualismus	1	2	3	4	5	6	7
Abwechselungsstreben	1	2	3	4	5	6	7
Familienorientierung	1	2	3	4	5	6	7
Fleiß und Ehrgeiz	1	2	3	4	5	6	7
Geld	1	2	3	4	5	6	7
Religion	1	2	3	4	5	6	7
Partizipation	1	2	3	4	5	6	7
Hierachie	1	2	3	4	5	6	7
Sonstiges: ______________	1	2	3	4	5	6	7

13 Welche der beiden Aussagen trifft auf die Mitarbeiter Ihres Unternehmens (an diesem Standort) grundsätzlich eher zu:
- [ ] Die Mitarbeiter Ihres Unternehmens (an diesem Standort) arbeiten, um zu leben.

- oder -
- [ ] Die Mitarbeiter Ihres Unternehmens (an diesem Standort) leben, um zu arbeiten.

14 Welche Instrumente der Mitarbeiterbindung werden in Ihrem Unternehmen (an diesem Standort) derzeit eingesetzt?
Sie können mehrere Möglichkeiten ankreuzen.

- ☐ wettbewerbsfähige Vergütung
- ☐ Vergütungssystem mit Leistungsbezug (Bonusanteil)
- ☐ Unterstützung bei Altersvorsorge (z.B. Betriebsrente, Direktversicherung)
- ☐ Unterstützung bei Gesundheitsvorsorge/Beihilfe zur Krankenkasse
- ☐ Essenszuschüsse oder -gutscheine
- ☐ Förder- und Entwicklungsprogramme innerhalb des Standortes
- ☐ Fortbildungen innerhalb des Standortes
- ☐ standortübergreifende Förder- und Entwicklungsprogramme
- ☐ standortübergreifende Fortbildungen
- ☐ betrieblich unterstützte Kinderbetreuung
- ☐ Betriebsfeste und Familientage
- ☐ Betriebssportangebote
- ☐ Mitarbeiterzeitung
- ☐ Unterstützung lokaler, sozialer oder gemeinnütziger Einrichtungen
- ☐ Delegation von Entscheidungen (auf tiefstmögliche Ebene)
- ☐ interessante, abwechslungsreiche Aufgaben
- ☐ angemessenes Anspruchsniveau der Aufgaben
- ☐ Sicherstellung eines adäquaten Führungsverhaltens der Vorgesetzten (Führungstrainings für Management)
- ☐ Patenprogramme für neue Mitarbeiter (Mentoring)
- ☐ flexible Arbeitszeit
- ☐ ansprechendes, physikalisches Arbeitsumfeld (z.B. Hard-/Software, Büroeinrichtung)
- ☐ Rückzahlung von Weiterbildungskosten
- ☐ Sonstiges: ________________________________

15 Welche Instrumente der Mitarbeiterbindung werden an anderen Standorten Ihres Unternehmens eingesetzt?
An welchen Standorten?

Erläuterung:
MOE = Mittel- und Osteuropa
RO = Rumänien

Einsatz in: Muttergesellschaft	Standorte in anderen MOE-	andere Standorte in RO	andere Standorte	
☐	☐	☐	☐	wettbewerbsfähige Vergütung
☐	☐	☐	☐	Vergütungssystem mit Leistungsbezug (Bonusanteil)
☐	☐	☐	☐	Unterstützung bei Altersvorsorge (z.B. Betriebsrente, Direktversicherung)
☐	☐	☐	☐	Unterstützung bei Gesundheitsvorsorge/Beihilfe zur Krankenkasse
☐	☐	☐	☐	Essenszuschüsse oder -gutscheine
☐	☐	☐	☐	Förder- und Entwicklungsprogramme innerhalb des Standortes
☐	☐	☐	☐	Fortbildungen innerhalb des Standortes
☐	☐	☐	☐	standortübergreifende Förder- und Entwicklungsprogramme
☐	☐	☐	☐	standortübergreifende Fortbildungen
☐	☐	☐	☐	betrieblich unterstützte Kinderbetreuung
☐	☐	☐	☐	Betriebsfeste und Familientage
☐	☐	☐	☐	Betriebssportangebote
☐	☐	☐	☐	Mitarbeiterzeitung
☐	☐	☐	☐	Unterstützung lokaler, sozialer oder gemeinnütziger Einrichtungen
☐	☐	☐	☐	Delegation von Entscheidungen (auf tiefstmögliche Ebene)
☐	☐	☐	☐	interessante, abwechslungsreiche Aufgaben
☐	☐	☐	☐	angemessenes Anspruchsniveau der Aufgaben
☐	☐	☐	☐	Sicherstellung eines adäquaten Führungsverhaltens der Vorgesetzten (Führungstrainings für Management)
☐	☐	☐	☐	Patenprogramme für neue Mitarbeiter (Mentoring)
☐	☐	☐	☐	flexible Arbeitszeit
☐	☐	☐	☐	ansprechendes, physikalisches Arbeitsumfeld (z.B. Hard-/Software, Büroeinrichtung)
☐	☐	☐	☐	Rückzahlung von Weiterbildungskosten
☐	☐	☐	☐	Sonstiges: ________________________

16 Im Folgenden werden jeweils 2 Aussagen gegenüber gestellt. Welche von beiden Aussagen trifft eher auf Ihr Unternehmen (an diesem Standort) zu?
Bitte kreuzen Sie jeweils nur eine Aussage an.

a) ☐ Die Instrumente der Mitarbeiterbindung in Ihrem Unternehmen (an diesem Standort) gleichen sich denen der Mutter-/Schwestergesellschaft an.

- oder -

☐ Die Instrumente der Mitarbeiterbindung in Ihrem Unternehmen (an diesem Standort) gleichen sich denen der Mutter-/Schwestergesellschaft nicht an, sondern entwickeln sich eher in eine andere Richtung.

17 b) ☐ Veränderungen in den Instrumenten der Mitarbeiterbindung werden zuerst in der Mutter-/Schwestergesellschaft eingesetzt. Nach kurzer Zeit werden sie auch in Ihrem Unternehmen (an diesem Standort) eingesetzt. Die eingesetzten Instrumente der Mitarbeiterbindung sind damit - mit zeitlicher Verzögerung - grundsätzlich identisch.

- oder -

☐ Manche Instrumente, die in der Mutter-/Schwestergesellschaft eingesetzt werden, werden auch nicht mit zeitlicher Verzögerung in Ihrem Unternehmen (an diesem Standort) angeboten. Stattdessen werden in Ihrem Unternehmen (an diesem Standort) eigene Instrumente der Mitarbeiterbindung kreiert und eingesetzt, die es wiederum in der Mutter-/Schwestergesellschaft nicht gibt.

18 c) ☐ Die Anpassungen der Instrumente der Mitarbeiterbindung in Ihrem Unternehmen (an diesem Standort) an die Instrumente der Mitarbeiterbindung in der Mutter-/Schwestergesellschaft finden immer schneller statt.

- oder -

☐ Die Anpassungen der Instrumente der Mitarbeiterbindung in Ihrem Unternehmen (an diesem Standort) an die Instrumente der Mitarbeiterbindung in der Mutter-/Schwestergesellschaft finden immer langsamer statt.

19 d) ☐ Die Vergrößerung der Unterschiede in den Instrumenten der Mitarbeiterbindung in Ihrem Unternehmen (an diesem Standort) zu den Instrumenten der Mitarbeiterbindung in der Mutter-/Schwestergesellschaft findet immer schneller statt.

- oder -

☐ Die Vergrößerung der Unterschiede in den Instrumenten der Mitarbeiterbindung in Ihrem Unternehmen (an diesem Standort) zu den Instrumenten der Mitarbeiterbindung in der Mutter-/Schwestergesellschaft findet immer langsamer statt.

20 Wenn in Ihrem Unternehmen (an diesem Standort) Instrumente zur Mitarbeiterbindung eingeführt werden, woher stammen diese Instrumente dann?

Sie können mehrere Möglichkeiten ankreuzen.

- ☐ aus Ideen des Managementteams Ihres Unternehmens (an diesem Standort)
- ☐ aus Zusammenarbeit mit lokalen Unternehmen oder Einrichtungen (z.B. Universitäten)
- ☐ aus der Übernahme von Ideen anderer Unternehmen am lokalen Markt
- ☐ aus der Mutter- oder Schwestergesellschaft
- ☐ aus den Erfordernissen am lokalen Arbeitsmarkt
- ☐ Sonstiges: ______________________

21 Wer ist bei der Auswahl der einzusetzenden Instrumente der Mitarbeiterbindung (für diesen Standort) innerhalb Ihres Unternehmens beteiligt?

Sie können mehrere Möglichkeiten ankreuzen.

- ☐ Unternehmensleitung an diesem Standort
- ☐ HR-Leitung an diesem Standort
- ☐ andere Fachabteilungen an diesem Standort
- ☐ Unternehmensleitung der Mutter-/Schwestergesellschaft
- ☐ HR-Leitung der Mutter-/Schwestergesellschaft
- ☐ Sonstiges: ______________________

22 Welchen Einfluss nimmt die Muttergesellschaft auf die Auswahl der einzusetzenden Instrumente der Mitarbeiterbindung für Ihr Unternehmen (an diesem Standort)?

keinen Einfluss [1] [2] [3] [4] [5] [6] [7] sehr großen Einfluss

23 Wie bewerten Sie den Abstimmungsprozess zur Auswahl der einzusetzenden Instrumente der Mitarbeiterbindung für Ihr Unternehmen (an diesem Standort)?

sehr schlecht [1] [2] [3] [4] [5] [6] [7] sehr gut

24 Wurden seit Bestehen Ihres Unternehmens (an diesem Standort) Prozessschritte an andere Standorte ausgelagert oder an andere Unternehmen (z.B. Lieferanten) übertragen?

- ☐ ja
- ☐ nein

25 Wie viele Arbeitsplätze waren von diesen Auslagerungen/ Übertragungen in Ihrem Unternehmen (an diesem Standort) betroffen und wurden woanders neu besetzt?

- ☐ kleiner 2% der aktuellen Mitarbeiterzahl Ihres Unternehmens (an diesem Standort)
- ☐ zwischen 2% und kleiner 5% der aktuellen Mitarbeiterzahl Ihres Unternehmens (an diesem Standort)
- ☐ zwischen 5% und kleiner 10% der aktuellen Mitarbeiterzahl Ihres Unternehmens (an diesem Standort)
- ☐ zwischen 10% und kleiner 20% der aktuellen Mitarbeiterzahl Ihres Unternehmens (an diesem Standort)
- ☐ zwischen 20% und kleiner 30% der aktuellen Mitarbeiterzahl Ihres Unternehmens (an diesem Standort)
- ☐ mehr als 30% der aktuellen Mitarbeiterzahl Ihres Unternehmens (an diesem Standort)

26 Was geschah mit den betroffenen Mitarbeitern Ihres Unternehmens (an diesem Standort). Sie wurden...

- ☐ abgebaut
- ☐ anderweitig in Ihrem Unternehmen (an diesem Standort) eingesetzt
- ☐ überwiegend abgebaut und teilweise anderweitig in Ihrem Unternehmen (an diesem Standort) eingesetzt
- ☐ überwiegend anderweitig in Ihrem Unternehmen (an diesem Standort) eingesetzt und teilweise abgebaut

27 Was waren die Gründe für diese Auslagerungen/ Übertragungen?

Sie können mehrere Möglichkeiten ankreuzen.

- ☐ Reduktion der Personalkosten
- ☐ Kapazitätsengpässe
- ☐ Managemententscheidung zur Risikoverteilung auf mehrere Standorte
- ☐ Verfügbarkeit an Personal
- ☐ Kundennähe
- ☐ Sonstiges: ______________________

28 Welche Produkte und Prozessschritte waren von diesen Auslagerungen/ Übertragungen in Ihrem Unternehmen (an diesem Standort) betroffen?

Sie können mehrere Möglichkeiten ankreuzen.

- ☐ Fertigprodukte, die an Ihr Unternehmen (an diesen Standort) zurückgeliefert und von hier verkauft wurden
- ☐ Fertigprodukte, die nicht mehr an Ihr Unternehmen (an diesem Standort) zurückgeliefert wurden, sondern direkt von einem anderen Standort verkauft wurden
- ☐ Vorprodukte oder Halbfertigprodukte, die in Ihrem Unternehmen (an diesem Standort) weiterverarbeitet oder fertig gestellt werden
- ☐ Sonstiges: ______________________

29 Wo hoch ist derzeit der Anteil der direkten Lohnkosten am Umsatz in Ihrem Unternehmen (an diesem Standort)?

☐ %

30 Wie hat sich der Anteil der direkten Lohnkosten am Umsatz in Ihrem Unternehmen (an diesem Standort) in den letzten 3 Jahren entwickelt?

stark gesunken [1] [2] [3] [4] [5] [6] [7] stark gestiegen

31 Was sind die Gründe für die Veränderung des Anteils der direkten Lohnkosten am Umsatz in Ihrem Unternehmen (an diesem Standort) innerhalb der letzten 3 Jahre?

Sie können mehrere Möglichkeiten ankreuzen.

- ☐ Produktivitätssteigerungen
- ☐ Änderungen der gefertigten Produkte (anderer Produkt-Mix)
- ☐ Substitution manueller Arbeit durch Maschinen
- ☐ überproportionale Lohnsteigerungen
- ☐ unterproportionale Lohnsteigerungen
- ☐ Umsatzeinbußen
- ☐ Umsatzsteigerungen
- ☐ Auslagerungen an andere Standorte oder Unternehmen
- ☐ Sonstiges: ______________________

32 Wo hoch ist derzeit der Anteil der indirekten Lohnkosten am Umsatz in Ihrem Unternehmen (an diesem Standort)?

☐ %

33 Wie hat sich der Anteil der indirekten Lohnkosten am Umsatz in Ihrem Unternehmen (an diesem Standort) in den letzten 3 Jahren entwickelt?

stark gesunken | 1 | 2 | 3 | 4 | 5 | 6 | 7 | stark gestiegen

34 Was sind die Gründe für die Veränderung des Anteils der indirekten Lohnkosten am Umsatz in Ihrem Unternehmen (an diesem Standort) innerhalb der letzten 3 Jahre?

Sie können mehrere Möglichkeiten ankreuzen.

- ☐ Produktivitätssteigerungen
- ☐ Änderungen der gefertigten Produkte (anderer Produkt-Mix)
- ☐ Substitution manueller Arbeit durch Maschinen
- ☐ überproportionale Lohnsteigerungen
- ☐ unterproportionale Lohnsteigerungen
- ☐ Umsatzeinbußen
- ☐ Umsatzsteigerungen
- ☐ Auslagerungen an andere Standorte oder Unternehmen
- ☐ Sonstiges: ______________________________

35 Wurden seit Bestehen Ihres Unternehmens (an diesem Standort) Prozessschritte automatisiert?

- ☐ ja
- ☐ nein

36 Wie viele Arbeitsplätze waren von diesen Prozessautomatisierungen in Ihrem Unternehmen (an diesem Standort) betroffen?

- ☐ kleiner 2% der aktuellen Mitarbeiterzahl Ihres Unternehmens (an diesem Standort)
- ☐ zwischen 2% und kleiner 5% der aktuellen Mitarbeiterzahl Ihres Unternehmens (an diesem Standort)
- ☐ zwischen 5% und kleiner 10% der aktuellen Mitarbeiterzahl Ihres Unternehmens (an diesem Standort)
- ☐ zwischen 10% und kleiner 20% der aktuellen Mitarbeiterzahl Ihres Unternehmens (an diesem Standort)
- ☐ zwischen 20% und kleiner 30% der aktuellen Mitarbeiterzahl Ihres Unternehmens (an diesem Standort)
- ☐ mehr als 30% der aktuellen Mitarbeiterzahl Ihres Unternehmens (an diesem Standort)

37 Was waren die Gründe für diese Automatisierungen?

Sie können mehrere Möglichkeiten ankreuzen.

- ☐ Reduktion der Personalkosten
- ☐ Kapazitätsengpässe
- ☐ Verfügbarkeit an Personal
- ☐ Qualitätsaspekte
- ☐ Umsatzwachstum
- ☐ Sonstiges: ______________________________

38 Wurden seit Bestehen Ihres Unternehmens (an diesem Standort) Prozessschritte automatisiert und gleichzeitig ausgelagert oder an andere Unternehmen (z.B. Lieferanten) übertragen?

- ☐ ja
- ☐ nein

39 Wie hoch ist derzeit der Anteil der Abschreibungen am Umsatz in Ihrem Unternehmen (an diesem Standort)?

☐ %

40 Wie hat sich der Anteil der Abschreibungen am Umsatz in Ihrem Unternehmen (an diesem Standort) in den letzten 3 Jahren entwickelt?

stark gesunken | 1 | 2 | 3 | 4 | 5 | 6 | 7 | stark gestiegen

41 Was sind die Gründe für die Veränderung des Anteils der Abschreibungen am Umsatz in Ihrem Unternehmen (an diesem Standort) innerhalb der letzten 3 Jahre?

Sie können mehrere Möglichkeiten ankreuzen.

- ☐ Produktivitätssteigerungen
- ☐ Änderungen der gefertigten Produkte (anderer Produkt-Mix)
- ☐ Substitution manueller Arbeit durch Maschinen
- ☐ überproportionale Lohnsteigerungen
- ☐ unterproportionale Lohnsteigerungen
- ☐ Umsatzeinbußen
- ☐ Umsatzsteigerungen
- ☐ Auslagerungen an andere Standorte oder Unternehmen
- ☐ Sonstiges: ______________________________

42 Wie zufrieden sind die Mitarbeiter in Ihrem Unternehmen (an diesem Standort)?

nicht zufrieden | 1 | 2 | 3 | 4 | 5 | 6 | 7 | sehr zufrieden

43 Wie zufrieden sind die Mitarbeiter in Ihrem Unternehmen (an diesem Standort) im Vergleich zu den Mitarbeitern in Ihrer Mutter-/Schwestergesellschaft?

sehr viel unzufriedener als in der Mutter-/Schwestergesellschaft | 1 | 2 | 3 | 4 | 5 | 6 | 7 | sehr viel zufriedener als in der Mutter-/Schwestergesellschaft

44 Wie hoch ist die Fluktuation der Mitarbeiter in Ihrem Unternehmen (an diesem Standort)?

insgesamt: ☐ %

Produktion: ☐ %

Entwicklung: ☐ %

Administration: ☐ %

45 Wie liegt die Fluktuation der Mitarbeiter in Ihrem Unternehmen (an diesem Standort) im Vergleich zur Fluktuation der Mitarbeiter in Ihrer Mutter-/Schwestergesellschaft?

viel höher als in der Mutter-/Schwestergesellschaft | 1 | 2 | 3 | 4 | 5 | 6 | 7 | viel niedriger als in der Mutter-/Schwestergesellschaft

46 Wie hoch ist die Umsatzrendite Ihres Unternehmens (an diesem Standort)?

☐ %

47 Wie liegt die Umsatzrendite Ihres Unternehmens (an diesem Standort) im Vergleich zur Umsatzrendite Ihrer Muttergesellschaft / Schwestergesellschaften?

viel höher als in der Mutter-/Schwestergesellschaft | 1 | 2 | 3 | 4 | 5 | 6 | 7 | viel niedriger als in der Mutter-/Schwestergesellschaft

48 Wie hoch ist der Gewinn Ihres Unternehmens (an diesem Standort)?

☐ EUR

49 In welcher Region befindet sich Ihr Unternehmen (an diesem Standort) in Rumänien?

- ☐ Nordwest
- ☐ Zentrum
- ☐ Nordost
- ☐ Südost
- ☐ Süd
- ☐ Bukarest
- ☐ Südwest
- ☐ West
- ☐ Sonstiges: ____________________

50 In welcher Stadt befindet sich Ihr Unternehmen (an diesem Standort)?

____

51 Wann wurde Ihr Unternehmen (an diesem Standort) gegründet?

Jahr: ☐

52 Wie viele Mitarbeiter werden in Ihrem Unternehmen (an diesem Standort) beschäftigt?

☐ Mitarbeiter (Anzahl)

53 Wie hoch ist das Durchschnittsalter der Mitarbeiter Ihres Unternehmens (an diesem Standort)?

☐ Jahre

54 Wie viele Mitarbeiter beschäftigte Ihr Unternehmen (an diesem Standort) ein Jahr nach seiner Gründung?

☐ Mitarbeiter (Anzahl)

55 Welche Tätigkeiten werden in Ihrem Unternehmen (an diesem Standort) verrichtet?
Sie können mehrere Möglichkeiten ankreuzen.

- ☐ Produktion
- ☐ Entwicklung
- ☐ Administration
- ☐ Sonstiges: ____________________

56 Wer sind die Kunden Ihres Unternehmens (an diesem Standort)?
Sie können mehrere Möglichkeiten ankreuzen.

- ☐ konzerninterne oder verbundene Unternehmen
- ☐ externe Unternehmen
- ☐ Verbraucher/Endkunden
- ☐ Sonstiges: ____________________

57 Seit wann sind Sie im Unternehmen (an diesem Standort) tätig?

Jahr: ☐

58 Welche Funktion bekleiden Sie im Unternehmen (an diesem Standort) derzeit?

- ☐ General Manager / Plant Manager
- ☐ HR Manager/Director
- ☐ Mitarbeiter der HR Abteilung
- ☐ Sonstiges: ____________________

Literaturverzeichnis

ACAROM Asociatia Constructorilor de Automobile din Romania (Hrsg.) (2011), Members List, in: http://www.acarom.ro/en/members/list_members/1/1, abgerufen am 17.07.2011.

Adler, Nancy J. (1997), International Dimensions of Organizational Behavior, Cincinnatti (South-Western) 1997.

Ajzen, Icek/Fishbein, Martin (1980), Understanding attitudes and predicting social behavior, Englewood Cliffs/NJ (Prentice Hall) 1980.

Albers, Sönke/Skiera, Bernd (1999), Regressionsanalyse, in: *Herrmann, Andreas/Homburg, Christian* (Hrsg.), Marktforschung. Grundlagen – Methoden – Anwendungen, Wiesbaden (Gabler) 1999, 205-236.

Alexander, Jeffrey C. (1994a), Modern, Anti, Post and Neo, in: New Left Review 210 (2/1994), 63-101.

Alexander, Jeffrey C. (1994b), Modern, Anti, Post and Neo: How Social Theories Have Tried to Understand the 'New World' of 'Our Time', in: Zeitschrift für Soziologie 23 (3/1994), 165-197.

Allen, David G./Weeks, Kelly P./Moffitt, Karen R. (2005), Turnover Intentions and Voluntary Turnover: The Moderating Roles of Self-Monitoring, Locus of Control, Proactive Personality, and Risk Aversion, in: Journal of Applied Psychology 90 (5/2005), 980-990.

Allen, Natalie J./Meyer, John P. (1990), The measurement of antecedents of affective, continuance and normative commitment to the organization, in: Journal of Occupational Psychology 63 (1990), 1-18.

Allgemeine Deutsche Zeitung für Rumänien (Hrsg.) (2012), Direktinvestitionen auf 941 Millionen Euro gestiegen – Leistungsbilanzdefizit zu knapp einem Drittel gedeckt, in: http://www.adz.ro/artikel/artikel/direktinvestitionen-auf-941-millionen-euro-gestiegen/, abgerufen am 01.11.2012.

Alt, Gerhard (Hrsg.) (1988), Armut im Süden durch Wohlstand im Norden: Nachträge und Schlaglichter zur Dependenz-Theorie, München (Hanns-Seidel-Stiftung) 1988.

Alt, Ramona/Lang, Reinhart (2004), Anforderungen an die Führungskompetenzen von Managern im Transformationsprozess ausgewählter MOEL, in: *Zschiedrich, Harald/Schmeisser, Wilhelm/Hummel, Thomas R.* (Hrsg.), Internationales Management in den Märkten Mittel- und Osteuropas, München (Hampp) 2004, 111-132.

Andrei-Cocarta, Luminita (2007), Leadership and culture, in: *National University Research Council* (Hrsg.), Change Leadership in Romania's New Economy – International Research Conference, 204-206.

Apolte, Thomas/Cassel, Dieter (1991), Osteuropa: Probleme und Perspektiven der Transformation sozialistischer Wirtschaftssysteme, in: List-Forum für Wirtschafts- und Finanzpolitik 17 (1/1991), 22-55.
Arnold, Hugh J./Feldman, Daniel C. (1982), A multivariate analysis of the determinants of job turnover, in: Journal of Applied Psychology 67, 350-360.
Auer-Rizzi, Werner (2007), Unternehmenskulturen in globaler Interaktion: Analysen, Erfahrungen, Lösungsansätze, Wiesbaden (Gabler) 2007.
Auswärtiges Amt (Hrsg.) (2012), Beziehungen zu Deutschland, in: http://www.auswaertiges-amt.de/DE/Aussenpolitik/Laender/Laenderinfos/Rumaenien/Bilateral_node.html, abgerufen am 01.11.2012.
Auto Motor und Sport (Hrsg.) (2008), Dacia – Neues Lohnangebot, in: http://www.auto-motor-und-sport.de/news/dacia-neues-lohnangebot-713956.html, abgerufen am 05.01.2013.
Automobil Produktion (Hrsg.) (2010), Der Newsletter für Automotive in Osteuropa. Ausgabe 4/25, Februar 2010, Landsberg (Moderne Industrie) 2010.
Automobil Produktion (Hrsg.) (2011), Top 100 – Automotive Suppliers Global Ranking, Landsberg (Moderne Industrie) 2011.
Automobil Produktion (Hrsg.) (2012), Absatzkrise kommt in der Oberklasse an, in: http://www.automobil-produktion.de/2012/09/absatzkrise-kommt-in-der-oberklasse-an/, abgerufen am 01.11.2012.
Backhaus, Klaus/Erichson, Bernd/Plinke, Wulff/Weiber, Rolf (2008), Multivariate Analysemethoden: eine anwendungsorientierte Einführung, Berlin, Heidelberg (Springer) 2008.
Backhaus, Klaus/Kirchgeorg, Manfred/Meffert, Heribert (Hrsg.) (2009), Employer branding: professionelles Markenmanagement zur Profilierung am Arbeitsmarkt; Dokumentation des Workshops vom 30. November 2007, Leipzig (Wissenschaftliche Gesellschaft für Marketing und Unternehmensführung) 2009.
Baethge, Martin (1991), Arbeit, Vergesellschaftung, Identität – Zur zunehmenden normativen Subjektivierung der Arbeit, in: Soziale Welt 43 (1/1991), 6-19.
Baethge, Martin (1994), Arbeit und Identität, in: *Beck, Ulrich/Beck-Gernsheim, Elisabeth* (Hrsg.), Riskante Freiheiten. Individualisierung in modernen Gesellschaften, Frankfurt (Suhrkamp) 1994, 245-261.
Baharian, Armin/Kouli, Ekaterina/Ratazzi-Förster, Birgitta (2012), Internationale Rekrutierung und Integration ausländischer Fachkräfte – Ein lohnenswerter Weg zur Personalgewinnung?, in: *Zehrfeld, W. Axel* (Hrsg.), Fachkräftesicherung: Situation – Handlungsfelder – Lösungen, Frankfurt am Main (Frankfurter Allgemeine Buch) 2012, 112-123.

Baillod, Jürg (1992), Fluktuation bei Computerfachleuten: eine Längsschnittuntersuchung über die Beziehung zwischen Arbeitssituationen und Berufsverläufen, Frankfurt am Main (Lang) 1992.

Baillod, Jürg/Semmer, Norbert (1994), Fluktuation und Berufsverläufe bei Computerfachleuten, in: Zeitschrift für Arbeits- und Organisationspsychologie 38/12NF (4/1994), Göttingen (Hogrefe) 1994, 152-163.

Ballou, Brian/Heitger, Dan L. (2006), Tapping a Risky Labor Pool, in: Harvard Business Review 84 (12/2006), 1-3.

Bannys, Frank (2012), Interkulturelles Management: Konzepte und Werkzeuge für die Praxis, Weinheim (Wiley) 2012.

Barmeyer, Christoph I. (2010), Kulturkorridor, in: *Scholz, Christian* (Hrsg.), Vahlens Großes Personallexikon, München (Vahlen) 2010, 648.

Barmeyer, Christoph I. (2010a), Kulturkonvergenz, in: *Scholz, Christian* (Hrsg.), Vahlens Großes Personallexikon, München (Vahlen) 2010, 647-648.

Barmeyer, Christoph I. (2010b), Kulturdivergenz, in: *Scholz, Christian* (Hrsg.), Vahlens Großes Personallexikon, München (Vahlen) 2010, 643.

Barnard, Chester I. (1938), The Functions of the Executive, Cambridge (Harvard University Press) 1938.

Barthelbort, Thomas (1996), Der Schluß auf die beste Erklärung, in: *Hubig, Christoph/Poser, Hans* (Hrsg.), Cognitio Humana – Dynamik des Wissens und der Werte, Leipzig (Leipziger Universitätsverlag) 1996, 552-559.

Bauer, Hans H./Hammerschmidt, Maik (2004), Kundenzufriedenheit und Kundenbindung bei Internet-Portalen – Eine kausalanalytische Studie, in: *Bauer, Hans H./Rösger, Jürgen/Neumann, Marcus* (Hrsg.), Konsumentenverhalten im Internet, München (Vahlen), 189-214.

Bauer, Hans H./Jensen, Stefanie (2001), Determinanten der Mitarbeiterbindung: Überlegungen zur Verallgemeinerung der Kundenbindungstheorie, Mannheim (Universität Mannheim, Institut für Marktorientierte Unternehmensführung) 2001.

Bauer, Jobst-Hubertus (2007), Arbeitsrechtliche Aufhebungsverträge: arbeits-, gesellschafts-, steuer- und sozialversicherungsrechtliche Hinweise zur einvernehmlichen Beendigung von Dienst- und Arbeitsverhältnissen, München (Beck) 2007.

Baumüller, Martin (2007), Managing cultural diversity: an empirical examination of cultural networks and organizational structures as governance mechanisms in multinational corporations, Bern (Lang) 2007.

Beck, Ulrich (1996), Risikogesellschaft: auf dem Weg in eine andere Moderne, Frankfurt (Suhrkamp) 1996.

Beck, Ulrich/Bonß, Wolfgang (1984), Soziologie und Modernisierung. Zur Ortsbestimmung der Verwendungsforschung, in: Soziale Welt, 35 (4/1984), 381-406.
Becker, Claudia (2010), Traineeprogramm, in: *Bröckermann, Reiner* (Hrsg.), Handbuch Personalentwicklung: die Praxis der Personalbildung, Personalförderung und Arbeitsstrukturierung, Stuttgart (Schäffer-Poeschel) 2010, 339-350.
Becker, Fred G. (1990), Anreizsysteme für Führungskräfte. Möglichkeiten zur strategisch-orientierten Steuerung des Managements, Stuttgart (Poeschel) 1990.
Becker, Howard S. (1960), Notes on the concept of commitment, in: American Journal of Sociology 66 (1/1960), 32-42.
Behrens, Leila (2007), Konservierung von Stereotypen mit Hilfe der Statistik: Geert Hofstede und sein kulturvergleichendes Modell, Köln (Universität zu Köln, Institut für Linguistik) 2007.
Bendix, Reinhard (1969), Modernisierung in internationaler Perspektive, in: *Zapf, Wolfgang* (Hrsg.), Theorien des sozialen Wandels, Köln (Kiepenheuer) 1969, 505-512.
Benkhoff, Birgit/Mallmann, Dana (2003), Fluktuationsneigung und Leistungsmotivation von Mitarbeitern beim Outsourcing, Dresden (Technische Universität Dresden, Fakultät der Wirtschaftswissenschaften) 2003.
Berger, Johannes (1996), Was bedeutet die Modernisierungstheorie wirklich – und was wird ihr bloß unterstellt?, in: Leviathan 24 (1/1996), 45-77.
Bertelsmann Stiftung (Hrsg.) (2009a), BTI 2010 – Hungary Country Report, in: http://www.bertelsmann-transformation-index.de/fileadmin/pdf/Gutachten_BTI-2010/ ECSE/Hungary.pdf, abgerufen am 25.04.2010.
Bertelsmann Stiftung (Hrsg.) (2009b), BTI 2010 – Poland Country Report, in: http://www.bertelsmann-transformation-index.de/fileadmin/pdf/Gutachten_BTI-2010/ECSE/Poland.pdf, abgerufen am 25.04.2010.
Bertelsmann Stiftung (Hrsg.) (2009c), BTI 2010 – Czech Republic Country Report, in: http://www.bertelsmann-transformation-index.de/fileadmin/pdf/Gutachten_BTI2010/ECSE/Czech_Republic.pdf, abgerufen am 25.04.2010.
Bertelsmann Stiftung (Hrsg.) (2009d), BTI 2010 – Slovenia Country Report, in: http://www.bertelsmann-transformation-index.de/fileadmin/pdf/Gutachten_BTI-2010/ECSE/Slovenia.pdf, abgerufen am 25.04.2010.
Bertelsmann Stiftung (Hrsg.) (2009e), BTI 2010 – Romania Country Report, in: http://www.bertelsmann-transformation-index.de/fileadmin/pdf/Gutachten_BTI-2010/ECSE/Romania.pdf, abgerufen am 25.04.2010.
Bertelsmann Stiftung (Hrsg.) (2009f), BTI 2010 – Bulgaria Country Report, in: http://www.bertelsmann-transformation-index.de/fileadmin/pdf/Gutachten_BTI-2010/ECSE/Bulgaria.pdf, abgerufen am 25.04.2010.

Bertelsmann Stiftung (Hrsg.) (2009g), Transformation Index 2010. Politische Gestaltung im internationalen Vergleich, in: http://www.bertelsmann-transformation-index.de/fileadmin/pdf/Anlagen_BTI_2010/BTI_2010__Broschuere_D_web.pdf, abgerufen am 02.03.2010.
Bertelsmann Stiftung (Hrsg.) (2010), Transformation Index 2010, in: http://www.bertelsmann-transformation-index.de/fileadmin/pdf/Anlagen_BTI_2010/BTI_2010__Rankingtabelle_D_web.pdf, abgerufen am 25.04.2010.
Bertelsmann Stiftung (Hrsg.) (2012), BTI Bertelsmann Transformation Index – Ergebnisse 2012, in: http://www.bti-project.de/index/, abgerufen am 03.11.2012.
Bertrand, Martin H. (2004), Best-Practise-Personalbindungsstrategien in Großunternehmen, in: *Bröckermann, Reiner/Pepels, Werner* (Hrsg.), Personalbindung: Wettbewerbsvorteile durch strategisches Human Resource Management, Berlin (Schmidt) 2004, 265-286.
Bethkenhagen, Erik (2010), Kienbaum-Studie zur Vergütung in Mittel- und Osteuropa 2010 – Trotz Krise moderate Gehaltssteigerung in Mittel- und Osteuropa, in: http://www.kienbaum.de/desktopdefault.aspx/tabid-502/650_read-6898/, abgerufen am 01.11.2012.
Bienzeisler, Bernd/Bernecker, Sandra (2008), Fachkräftemangel und Instrumente der Personalgewinnung: Kurzstudie im Umfeld technischer Unternehmen, Stuttgart (Fraunhofer IRB Verlag) 2008.
Bigler, Christof/Wunder, Jan (2003), Statistische Datenanalyse mit R: Eine Einführung für Umweltwissenschaftler, in: http://www.fe.ethz.ch/people/cbigler/-projects/R/tutorial, abgerufen am 21.06.2012.
Birbaumer, Niels (Hrsg.) (2004), Enzyklopädie der Psychologie/Organisationspsychologie – Grundlagen und Personalpsychologie, Göttingen, Bern, Toronto, Seattle (Hogrefe) 2004.
Blazejewski, Susanne (2007), Kulturdimension „Werte": Der Einfluss von Grund- und Leitwerten auf das Verhalten von Führungskräften, in: *Auer-Rizzi, Werner*, Unternehmenskulturen in globaler Interaktion: Analysen, Erfahrungen, Lösungsansätze, Wiesbaden (Gabler) 2007, 59-92.
Bloch, Ernst (1973), Erbschaft dieser Zeit, Frankfurt (Suhrkamp) 1973.
Blom, Herman/Meier, Harald (2004), Interkulturelles Management: Interkulturelle Kommunikation. Internationales Personalmanagement. Diversity-Ansätze im Unternehmen, Herne, Berlin (Verlag Neue Wirtschaftsbriefe) 2004.
Bluhm, Katharina (2007), Experimentierfeld Ostmitteleuropa?: Deutsche Unternehmen in Polen und der Tschechischen Republik, Wiesbaden (Verlag für Sozialwissenschaften) 2007.
Böhm, Stephan (2008), Organisationale Identifikation als Voraussetzung für eine erfolgreiche Unternehmensentwicklung: eine wissenschaftliche Analyse mit Ansatzpunkten für das Management, Wiesbaden (Gabler) 2008.

Bolten, Jürgen (2012), Interkulturelle Kompetenz, Erfurt (Landeszentrale für Politische Bildung Thüringen) 2012.

Booker, Rita (2007), Wachstumsmärkte in Osteuropa: Strategien für langfristigen Erfolg in den neuen EU-Ländern, Heidelberg (Redline Wirtschaft) 2007.

Bortz, Jürgen/Döring, Nicola (2006), Forschungsmethoden und Evaluation: für Human- und Sozialwissenschaftler, Berlin, Heidelberg (Springer) 2006.

Bortz, Jürgen/Schuster, Christof (2010), Statistik für Human- und Sozialwissenschaftler, Berlin, Heidelberg (Springer) 2010.

Braun, Michael S. (2010), Betriebliche Alterssicherung im Spannungsfeld von betrieblicher Altersversorgung und betrieblicher Altersvorsorge, Aachen (Shaker) 2010.

Brauweiler, Jana (2010), Retention Management: Rekrutierung und Mitarbeiterbindung im Kontext des demografischen Wandels, in: *Preißing, Dagmar* (Hrsg.), Retention Management: Rekrutierung und Mitarbeiterbindung im Kontext des demografischen Wandels, München (Oldenbourg) 2010, 77-105.

Brenscheidt, Michael (Hrsg.) (2011), Kein Gurt – nirgends: Erlebnisse deutscher Manager in Rumänien, Münster (OWC-Verl. für Außenwirtschaft) 2011.

Bröckermann, Reiner (Hrsg.) (2010), Handbuch Personalentwicklung: die Praxis der Personalbildung, Personalförderung und Arbeitsstrukturierung, Stuttgart (Schäffer-Poeschel) 2010.

Brühl, Rolf (2006), Abduktion und Induktion in wissenschaftlichen Untersuchungen, in: Wirtschaftswissenschaftliches Studium 35 (4/2006), 182-186.

Bruhn, Manfred (2007), Kundenorientierung: Bausteine für ein exzellentes Customer Relationship Management (CRM), München (Beck DTB) 2007.

Bruhn, Manfred/Georgi, Dominik (2010), Wirtschaftlichkeit des Kundenbindungsmanagements, in: *Bruhn, Manfred/Homburg, Christian*, Handbuch Kundenbindungsmanagement. Strategien und Instrumente für ein erfolgreiches CRM, Wiesbaden (Gabler) 2010, 635-665.

Bruhn, Manfred/Grund, Michael (2008), Mitarbeiterzufriedenheit und Mitarbeiterbindung, in: *Herrmann, Andreas/Homburg, Christian/Klarmann, Martin* (Hrsg.), Handbuch Marktforschung: Methoden – Anwendungen – Praxisbeispiele.

Bruhn, Manfred/Homburg, Christian (1998), Handbuch Kundenbindungsmanagement: Grundlagen – Konzepte – Erfahrungen, Wiesbaden (Gabler) 1998.

Brunner, Dorothea (2009), Die Wahrnehmung der Lohndisparität im Unternehmen und deren Wirkung auf die Kündigungsabsicht, München (Hampp) 2009.

Bürklin, Wilhelm/Klein, Markus/Ruß, Achim (1994), Dimensionen des Wertewandels. Eine empirische Längsschnittanalyse zur Dimensionalität und der Wandlungsdynamik gesellschaftlicher Wertorientierungen, in: Politische Vierteljahresschrift 35 (41/1994), 579-606.

Bundesinstitut für Bau-, Stadt- und Raumforschung im Bundesamt für Bauwesen und Raumordnung (2006), Bevölkerungsentwicklung in Europa – Europäische Raumbeobachtung, in: http://www.bbsr.bund.de/nn_23744/BBSR/DE/Raumbeobachtung/GlossarIndikatoren/indikatoren__dyncatalog,lv2=102816,lv3=11084-6.html, abgerufen am 24.10.2009.

Bundesministerium der Justiz/juris.de (Hrsg.) (2008), Kündigungsschutzgesetz (KSchG), in: http://www.gesetze-im-internet.de/bundesrecht/kschg/gesamt.pdf, abgerufen am 25.10.2009.

Bundesministerium der Justiz/juris.de (Hrsg.) (2009), Altersteilzeitgesetz, in: http://bundesrecht.juris.de/bundesrecht/alttzg_1996/gesamt.pdf, abgerufen am 25.10.2009.

Bundesministerium für Arbeit und Soziales (2012), Das Portal zur Fachkräfte-Offensive, in: http://www.fachkraefte-offensive.de/DE/Startseite/start.html, abgerufen am 17.12.2012.

Bundesministerium für Familie, Senioren, Frauen und Jugend (Hrsg.) (2003), Betriebswirtschaftliche Effekte familienfreundlicher Maßnahmen. – Kosten-Nutzen-Analyse –, in: http://www.bmfsfj.de/Kategorien/Publikationen/Publikationen,did=11386.html, abgerufen am 18.08.2009."

Bundesministerium für Wirtschaft und Technologie (2012), Make it in Germany, in: http://www.make-it-in-germany.com/, abgerufen am 17.11.2012.

Burmann, Christoph (2009), Employer Branding 2.0 – Gewinnung und Bindung qualifizierter Mitarbeiter, in: *Backhaus, Klaus/Kirchgeorg, Manfred/Meffert, Heribert* (Hrsg.), Employer branding: professionelles Markenmanagement zur Profilierung am Arbeitsmarkt, Leipzig (Wiss. Ges. für Marketing und Unternehmensführung) 2009, 55-62.

Carrell, Scott E. (2007), The national internal labor market encounters the local labor market: Effects on employee retention, in: Labour Economics 14 (5/2007), 774-787.

Chmielewicz, Klaus (1994), Forschungskonzeptionen der Wirtschaftswissenschaft, Stuttgart (Schäffer-Poeschel) 1994.

Collins, Michael D. (2010), The effect of psychological contract fulfillment on manager turnover intentions and its role as a mediator in a casual, limited-service restaurant environment, in: International Journal of Hospitality Management 29 (4/2010), 736-742.

Condruz-Bacescu, Monica/Maftei, Mara Magda (2007), Globalisation is reshaping the Romanian culture, in: *National University Research Council* (Hrsg.), Change Leadership in Romania's New Economy – International Research Conference, 222-229.

Cooper-Hakim, Amy/Viswesvaran, Chockalingam (2005), The construct of work commitment: Testing an integrative framework, in: Psychological Bulletin 131 (2/2005), 241-259.
Corsini, Andrea (2012), Free Statistical Software Comparison, in: http://en.freestatistics.info/comp.php, abgerufen am 21.06.2012.
Costigan, Robert D./Insinga,Richard C./Berman, J. Jason/Kranas, Grazyna/Kureshov, Vladimir A. (2011), Revisiting the relationship of supervisor trust and CEO trust to turnover intentions: A three-country comparative study, in: Journal of World Business 46 (1/2011), Africa Special Issue Section, 74-83.
Cotton, John L./Tuttle, Jeffrey M. (1986), Employee turnover: A meta-analysis and review with implications for research, in: Academy of Management Review 11 (1/1986), 55-70.
Cox, John (2005), New Tools for Impacting Employee Retention, in: *Carliner, Saul/Sugrue, Brenda* (Hrsg.), ASTD 2005 Research-to-Practice Conference Proceedings, Alexandria (American Society for Training & Development) 2005, 64-72.
Creswell, John W. (2003), Mixed methods procedures. Research design: Qualitative, quantitative, and mixed methods approaches, Thousand Oaks (Sage) 2003.
Crutchley, Claire/Yost, Keven (2008), Key Employee Retention Plans in Bankruptcy, in: http://www.business.auburn.edu/~yostkev/research/kerps.pdf, abgerufen am 01.07.2010.
Dalessio, Anthony/Silverman, William H./Schuck, John R. (1986), Paths to turnover: A re-analysis and review of existing data on the Mobley, Horner, and Hollingsworth turnover model, in: Human Relations 39 (3/1986), 245-264.
Degele, Nina/Dries, Christian (2005), Modernisierungstheorie: eine Einführung, Paderborn, München (Fink) 2005.
Deutscher Wirtschaftsclub Siebenbürgen (2011), Mitglieder Automobil-Zulieferer, in: http://www.dws.ro/branche/194.html, abgerufen am 17.07.2011.
Deutscher Wirtschaftsklub Kronstadt (2011), Mitgliederliste, in: http://www.dwk.ro/index.php/de/mitglieder, abgerufen am 17.07.2011.
Deutsch-Rumänische Industrie- und Handelskammer (2011), Mitgliederliste, in: http:// rumaenien.ahk.de/ mitgliedschaft/ mitgliederliste, abgerufen am 17.07.2011.
Deutsch-Rumänischer Wirtschaftsklub für die Region Sathmar (2011), Mitglieder, in: http://www.drwsm.ro/index.php?option=com_sobi2&Itemid=37&lang=de, abgerufen am 17.07.2011.
Deutsch-Rumänischer Wirtschaftsverein Arad (2011), Mitgliederliste, in: http://www.drw.ro/Mitglieder/mitglieder.html, abgerufen am 17.07.2011.

Deutschsprachiger Wirtschaftsclub Banat (2011), Mitglieder Automobil-Zulieferer, in: http://www.dwc.ro/branche/194.html, abgerufen am 17.07.2011.
Deutsch-Ungarische Industrie- und Handelskammer (Hrsg.) (2006), Konjunkturbericht MOE 2006 – Ergebnisse einer Umfrage unter deutschen Unternehmen zur Konjunktur und zum Investitionsklima in 14 Ländern Mittel- und Südosteuropas, in: http://www.dihk.de/inhalt/download/AHK_MOE_Umfrage.pdf, abgerufen am 16.03.2009.
Deutsch-Ungarische Industrie- und Handelskammer (Hrsg.) (2008), Konjunkturbericht Mittel- und Osteuropa – Konjunkturerwartungen und Investitionsklima 2008, in: http://www.ahk-balt.org/fileadmin/ahk_baltikum/Publikationen/Konjunkturbericht_MOE_2008_01.pdf, abgerufen am 16.03.2009.
Deutsch-Ungarische Industrie- und Handelskammer (Hrsg.) (2009), AHK – Konjunkturbericht MOE 2009 – Ergebnisse einer Umfrage der deutschen Auslandshandelskammern in 15 Ländern Mittel- und Osteuropas, in: http://tschechien.ahk.de/fileadmin/user_upload/Publikationen/KB_MOE_2009_FINAL.pdf, abgerufen am 24.04.2010.
DIHK Deutscher Industrie- und Handelskammertag (2008), Going International – Deutscher Industrie- und Handelskammertag – Erfahrungen und Perspektiven der deutschen Wirtschaft im Auslandsgeschäft. Ergebnisse der IHK/AHK-Unternehmensumfrage 2007 – Bundesweite Auswertung, in: http://www.dihk.de/ inhalt/download/goinginternational_07.pdf, abgerufen am 14.03.2009.
DIHK Deutscher Industrie- und Handelskammertag (2009), Going International – Deutscher Industrie- und Handelskammertag – Erfahrungen und Perspektiven der deutschen Wirtschaft im Auslandsgeschäft. Ergebnisse der IHK-Unternehmensumfrage 2008 – Bundesweite Auswertung, in: http://www.essen.ihk24.de/produktmarken/international/Aktuelles/Anlagen/GoingInternational2008Auszug.pdf, abgerufen am 14.03.2009.
DIHK Deutscher Industrie- und Handelskammertag (Hrsg.) (2011), Der Arbeitsmarkt im Zeichen der Fachkräftesicherung, DIHK-Arbeitsmarktreport 2011, Ergebnisse einer DIHK-Unternehmensbefragung Herbst 2011, Berlin (Deutscher Industrie- und Handelskammertag) 2011.
Diller, Hermann (1996), Kundenbindung als Marketingziel, in: Marketing ZFP 18 (2/1996), 81-94.
Doingbusiness.ro (Hrsg.) (2011), Doing Business in Romania, in: http://www.doingbusiness.ro, abgerufen am 16.07.2011.
Dorow, Wolfgang/von Kibed, Gabriele Varga (2006), Transformation von Unternehmenskulturen im Spannungsfeld west-osteuropäischer Wertedifferenzen: Zwei Fallbeispiele für Lösungsansätze deutscher Konzerngesellschaften, in: *Beichelt, Timm* (Hrsg.), Europa Studien. Transformation von Unternehmungs-

kulturen im Spannungsfeld west-osteuropäischer Wertedifferenzen, Wiesbaden (Verlag für Sozialwissenschaften) 2006, 415-432.
Dülfer, Eberhard/Jöstingmeier, Bernd (2008), Internationales Management in unterschiedlichen Kulturbereichen, München (Oldenbourg) 2008.
Dycke, Axel/Schulte, Christoph (1986), Cafeteria-Systeme, in: Die Betriebswirtschaft 46 (5/1986), 577-589.
Eberhard, Kurt (1999), Einführung in die Erkenntnis- und Wissenschaftstheorie: Geschichte und Praxis der konkurrierenden Erkenntniswege, Stuttgart (Kohlhammer) 1999.
ECA International (Hrsg.) (2011), Salary Trends Survey 2011/2012, in: http://www.eca-international.com/shop/policy_and_salary_benchmarking/salary_trends_survey, abgerufen am 01.11.2012.
Erdmann, Vera/Seyda, Susanne (2012), Fachkräfteengpässe in Deutschland – Ausgeprägte Knappheiten bei beruflich Qualifizierten, in: *Zehrfeld, W. Axel* (Hrsg.), Fachkräftesicherung: Situation – Handlungsfelder – Lösungen, Frankfurt am Main (Frankfurter Allgemeine Buch) 2012, 20-31.
Eschlbeck, Daniela (2009), Die Auswirkungen von Outsourcing im IT-Bereich auf unternehmerische und räumliche Strukturen: eine empirische Analyse mittelständischer Unternehmen in Bayern, München (Utz) 2009.
Etscheit, Georg (2005), Vorreiter des »Insourcing« – Varta hat die Produktion seiner Mikrobatterien aus Singapur an den schwäbischen Stammsitz Ellwangen zurückgeholt, in: http:// www.zeit.de/ 2005/ 20/ KG-Varta, abgerufen am 09.04.2009.
Euro-Informationen (2011), Löhne in neuen EU-Mitgliedstaaten legen stark zu, in: http://www.eu-info.de/arbeiten-europa/jobsuche-arbeiten-europa/realloehne/, abgerufen am 13.07.2011.
European Commission (2012), Foreign direct investment, in: http://ec.europa.eu/economy_finance/eu/globalisation/fdi/index_en.htm, abgerufen am 11.11.2012.
European Foundation for the Improvement of Living and Working Conditions (2011), Pay developments – 2009, in: http://www.eurofound.europa.eu/docs/eiro/tn1004029s/TN1004029S.pdf, abgerufen am 13.07.2011.
European Foundation for the Improvement of Living and Working Conditions (Hrsg.) (2009), ERM case studies: Employment impact of relocation of multinational companies across the EU, in: https://eurofound.europa.eu/docs/erm/tn0810026s/tn0810026s.pdf, abgerufen am 03.04.2009.
European Union (2010), Europe in figures – Eurostat yearbook 2010, Brüssel (Publications Office of the European Union) 2010.
European Union (2011a), Europe in figures. Eurostat yearbook 2011, in: http://epp.eurostat.ec.europa.eu/cache/ITY_OFFPUB/KS-CD-11-001/EN/KS-CD-11-001-EN.PDF, abgerufen am 24.10.2012.

Eurostat (2010), April 2010 – Arbeitslosenquote der Eurozone bei 10,1%, Quote der EU27 bei 9,7%, in: *Eurostat*, Pressemitteilungen Euroindikatoren, 78/2010 – 1. Juni 2010, Luxemburg (Eurostat Pressestelle) 2010, 1-2.
Eurostat (2011a), Wachstumsrate des realen BIP, in: http://epp.eurostat.ec.europa.eu/tgm/graph.do?tab=graph&plugin=1&language=de&pcode=tsieb020&toolbox=type, abgerufen am 11.07.2011.
Eurostat (2011b), Gesamtfruchtbarkeitsrate – Anzahl der Kinder pro Frau, in: http://epp.eurostat.ec.europa.eu/tgm/table.do?tab=table&init=1&language=de&pcode=tsdde220&plugin=1, abgerufen am 04.07.2011.
Eurostat (2012a), Basic figures on the EU. Autumn 2012 edition, in: http://epp.eurostat.ec.europa.eu/cache/ITY_OFFPUB/KS-GL-12-003/EN/KS-GL-12-003-EN.PDF, abgerufen am 24.10.2012.
Eurostat (2012b), Arbeitskosten – jährliche Daten – Nace Rev. 2, in: http://epp.eurostat.ec.europa.eu/tgm/table.do?tab=table&init=1&language=de&pcode=tps00173&plugin=1, abgerufen am 27.12.2012.
Eurostat (2012c), BIP pro Kopf, in: http://epp.eurostat.ec.europa.eu/tgm/refreshTableAction.do?tab=table&pcode=tsdec100&language=de, abgerufen am 27.12.2012.
Eurostat (2012d), BIP pro Kopf in Kaufkraftstandards, in: http://epp.eurostat.ec.europa.eu/tgm/table.do?tab=table&init=1&plugin=1&language=de&pcode=tec00114, abgerufen am 15.11.2012.
Faes, Günter (2010), Einführung in R: Ein Kochbuch zur statistischen Datenanalyse mit R, Norderstedt (Books on Demand) 2010.
Fahrmeir, Ludwig/Kneib, Thomas/Lang, Stefan (2009), Regression: Modelle, Methoden und Anwendungen, Berlin, Heidelberg (Springer) 2009.
Fandel, Günter/Fistek, Allegra/Stütz, Sebastian (2011), Produktionsmanagement, Berlin, Heidelberg (Springer) 2011.
Fee, C. Edward/Hadlock, Charles J. (2004), Management turnover across the corporate hierarchy, in: Journal of Accounting and Economics 37 (1/2001), 3-38.
Feistel, Matthias S. G. (2008), Strategisches Kundenbindungsmanagement: Modellrahmen und empirische Evidenz auf Basis einer kausalanalytischen Untersuchung in der Mineralölindustrie, Wiesbaden (Gabler) 2008.
Felfe, Jörg (2008), Mitarbeiterbindung, Göttingen (Hogrefe) 2008.
Fishbein, Martin/Ajzen, Icek (1975), Belief, attitude, intention and behavior: An introduction to theory and research, Readin (Addison Wesley) 1975.
Fitsch, Hellen (2007), Beratung und Veränderung in Organisationen: Eine mikropolitische Untersuchung von Umsetzungsschwierigkeiten in Beratungsprozessen am Beispiel der Einführung von Lean Production in einem Automobilkonzern, Marburg (Metropolis) 2007.

Flick, Uwe (2008), Qualitative Forschung: ein Handbuch, Reinbek bei Hamburg (Rowohlt) 2008.
Flörecke, Klaus-Dieter (2009), Die 100 umsatzstärksten Automobilzulieferer weltweit, in: Automobilwoche 15 (13. Juli 2009), 14.
Focus Online (2008), Lohnerhöhung bei Dacia, in: http://www.focus.de/auto/neuheiten/streik-bei-dacia_aid_266859.html, abgerufen am 15.08.2010.
Fowkes, Ben (1994), Aufstieg und Niedergang des Kommunismus in Osteuropa, Mainz (Decaton) 1994.
Frank, Ulrich (2003), Einige Gründe für die Wiederbelebung der Wissenschaftstheorie, in: Die Betriebswirtschaft 63 (3/2003), 278-292.
Franken, Swetlana (2005), Erfolg in Osteuropa: Chancen und Risiken für deutsche Unternehmen, Saarbrücken (Verlag Dr. Müller) 2005.
Freedom House (2009), Methodology, in: http://www.freedomhouse.hu/images/nit2009/methodology.pdf, abgerufen am 02.05.2010.
Frevel, Bernhard (Hrsg.) (2004), Herausforderung demografischer Wandel, Wiesbaden (Verlag für Sozialwissenschaften) 2004.
Fricke, Yvonne (2010), Job Rotation, in: *Bröckermann, Reiner* (Hrsg.), Handbuch Personalentwicklung: die Praxis der Personalbildung, Personalförderung und Arbeitsstrukturierung, Stuttgart (Schäffer-Poeschel) 2010, 531-538.
Friedli, Thomas (2006), Technologiemanagement. Modelle zur Sicherung der Wettbewerbsfähigkeit, Berlin, Heidelberg (Springer) 2006.
Friedli, Vera/Thom, Norbert (2001), Personalerhaltung: ein Element des nachhaltigen Personalmanagements, Bern (Institut für Organisation und Personal der Universität Bern) 2001.
Friedrichs, Jürgen (1990), Methoden empirischer Sozialforschung, Opladen (Westdeutscher Verlag) 1990.
Fromm, Sabine (2003), Multiple lineare Regressionsanalyse, Bamberg (Otto-Fiedrich-Universität Bamberg) 2003.
Fundinger, Marie-Claire (2007), Die Ausgestaltung von Anreizsystemen für High Potentials mit Fokus auf die Mitarbeiterbindung, Zürich (Universität Zürich, Lehrstuhl für Human Resource Management) 2007.
Fuß, Peter/Kausch-Blecken von Schmeling, Thilo (2004), Automobilstandort Deutschland in Gefahr? Automobilbranche auf dem Weg nach Osteuropa und China, Frankfurt (Ernst & Young) 2004.
Gabler Verlag (Hrsg.) (2004), Gabler Wirtschafts-Lexikon, Wiesbaden (Gabler) 2004.
Gehlen, Stephanie (2004), "Intention to Quit" chinesischer Mitarbeiter in deutsch-chinesischen Gemeinschaftsunternehmen in China, Münster (Lit) 2004.
Gehler, Michael (2009), Die Umsturzbewegungen 1989 in Mittel- und Osteuropa, in: http://www.bpb.de/themen/58LP1M.html (30.12.09).

Gehrke, Gunter (2003), Kundenbindungsstrategien industrieller Zulieferer: Eine empirische Studie in der Automobilzulieferindustrie, Aachen (Shaker) 2003.

Geighardt, Christiane (2008), Retaining von Schlüsselkräften: Mitarbeiterbefragung als Planungsinstrument für personalbindende Maßnahmen, Saarbrücken (Verlag Dr. Müller) 2008.

Geißler, Rainer (2010), Die Sozialstruktur Deutschlands: Zur gesellschaftlichen Entwicklung mit einer Bilanz zur Vereinigung, Wiesbaden (Verlag für Sozialwissenschaften) 2010.

Gemini (1998), Studie zur Mitarbeiterbindung, Bad Homburg (Gemini Consulting GmbH) 1998.

Germany Trade and Invest GTAI (2010), Branchenbarometer – Mittel- und Osteuropa. Automobilindustrie, in: http://www.gtai.de/DE/Content/__SharedDocs/ Anlagen/ PDF/branchen-international/ mittel-und-osteuropa/ automobilindustrie, templateId=raw, property=publicationFile.pdf/ automobilindustrie? show=true, abgerufen am 18.02.2010."

Gillies, Constantin (2008), Hallo, Deutschland! Qualitätsmängel, Probleme in der Logistik, Fehlplanungen: Aus welchen Gründen Unternehmen ihre Produktionsstätten wieder nach Deutschland holen, in: LOGISTIK inside (10/2008), 34-38.

Ginsburg, Hans Jakob (2009), Osteuropa: Gefährlicher Sog für Banken, in: http://www.wiwo.de/unternehmen-maerkte/osteuropa-gefaehrlicher-sog-fuer-banken-388952/, abgerufen am 22.12.2009.

Glen, Clayton (2006), Key skills retention and motivation: the war for talent still rages and retention is the high ground, in: Industrial and Commercial Training 38 (1/2006), 37-45.

Gmür, Markus (2010), Personalbindung, in: *Scholz, Christian* (Hrsg.), Vahlens Großes Personallexikon, München (Vahlen) 2010, 863-866.

Golden, Timothy D. (2006), Avoiding depletion in virtual work: Telework and the intervening impact of work exhaustion on commitment and turnover intentions, in: Journal of Vocational Behavior 69 (1/2006), 176-187.

Graat, Elena de/Lethert, Astrid G. (2008), Spielraum gewinnen: Unternehmen & Familie: betrieblich unterstützte Kinderbetreuung; Konzepte, Rechtliches und Finanzielles in Bund und Ländern, Kronach (Link) 2008.

Grimpe, Christoph (2005), Arbeitszufriedenheit und Fluktuation im Post Merger Integrationsprozess, Discussion Paper No. 05-76, Mannheim (ZEW Zentrum für Europäische Wirtschaftsforschung) 2005.

Groenewald, Horst (2006), Bindung lokaler Führungskräfte in China, in: Personal 8 (6/2006), 46-48.

Groenewald, Horst (2009), Effektive Bindung lokaler Führungskräfte in China : Retention-Management westlicher Unternehmen, Siegen (UniPrint Siegen) 2009.
Groß, Jürgen (2010), Grundlegende Statistik mit R: Eine anwendungsorientierte Einführung in die Verwendung der Statistik Software R, Wiesbaden (Vieweg + Teubner) 2010.
Grund, Christian (2000), Der zwischenbetriebliche Arbeitsplatzwechsel: Determinanten, Konsequenzen und empirische Befunde für die Bundesrepublik Deutschland, München (Hampp) 2000.
Grunwald, Christiane (2001), Personalerhaltung im oberen Management: Strategien und Maßnamen zur Vermeidung ungewollter Fluktuation, Wiesbaden (Deutscher Universitätsverlag) 2001.
Gumbrecht, Hans Ulrich (1979), Modern, Modernität, Moderne, in: Brunner, Otto (Hrsg.), Geschichtliche Grundbegriffe, Historisches Lexikon zur politisch-sozialen Sprache in Deutschland, Stuttgart (Klett-Cotta) 1979, 93-131.
Hage, Simon (2007), Standort D – Die Rückkehr der Reumütigen, in: http://www. manager-magazin.de/unternehmen/mittelstand/0,2828,460471,00.html, abgerufen am 10.04.2009.
Haller, Max (2007), Wertwandel und Gesellschaft, in: Washietl, Engelbert (Hrsg.), Werte – aber welche?: die Werte-Debatte, Wien, Berlin, Münster (Lit) 2007, 34-47.
Harman, Gilbert (1968), Enumerative Induction as Inference to the Best Explanation, in: The Journal of Philosophy 65 (1968), 529-533.
Hartung, Joachim/Elpelt, Bärbel/Klösener, Karl-Heinz (2009), Statistik: Lehr- und Handbuch der angewandten Statistik, München (Oldenbourg) 2009.
Hatzinger, Reinhold/Hornik, Kurt/Nagel, Herbert (2011), R– Einführung durch angewandte Statistik, München, Boston (Pearson Studium) 2011.
Haubrock, Alexander/Öhlschlegel-Haubrock, Sonja (2009), Personalmanagement, Stuttgart (Kohlhammer) 2009.
Hauff, Sven (2010), Früherkennung im Human-Resource-Management: soziokulturelle Entwicklungen und die Antizipierbarkeit von Personalrisiken, München, Mering (Hampp) 2010.
Häuser, Jutta (2010), 17% Fluktuation in Rumänien – Auch … aber nicht nur ein interkulturelles Thema, in: http://www.ypsylon.de/content/doc/Rumaenien.pdf, abgerufen am 01.11.2012.
Hausknecht, John/Rodda, Julianne M./Howard, Michael J. (2008), Targeted Employee Retention: Performance-Based and Job-Related Differences in Reported Reasons for Staying, in: Human Resource Management 48 (2/2008), 269-288.

Heidenreich, Martin (1996), Die subjektive Modernisierung fortgeschrittener Arbeitsgesellschaften, in: Soziale Welt 47 (1/1996), 24-43.
Heidenreich, Martin/Braczyk, Hans-Joachim (2003), Chancen durch Wertewandel?, in: *Bullinger, Hans-Jörg/Warnecke, Hans Jürgen/Westkämpfer, Engelbert* (Hrsg.), Neue Organisationsformen in Unternehmen. Ein Handbuch für das moderne Management, Berlin, Heidelberg (Springer) 2003, 142-156.
Heintz, Monika (2002), East European Managers and Western management theories: an ethnographic approach of Romanian service sector enterprises, in: Journal for East European Management Studies 7 (3/2002), 279-297.
Hellbrück, Reiner (2011), Angewandte Statistik mit R: Eine Einführung für Ökonomen und Sozialwissenschaftler, Wiesbaden (Gabler) 2011.
Herbig, Paul A. (1997), Handbook of Cross-Cultural Marketing, Binghampton (The Haworth Press) 1997.
Herrmann, Andreas/Homburg, Christian/Klarmann, Martin (Hrsg.) (2008), Handbuch Marktforschung: Methoden – Anwendungen – Praxisbeispiele, Wiesbaden (Gabler) 2008.
Herzberg, Philipp Yorck (2011), Selbstdarstellung in Persönlichkeitsfragebögen: Das Phänomen der sozialen Erwünschtheit, in: *Hornke, Lutz F./Amelang, Manfred/Kersting, Martin/Birbaumer, Niels/Frey, Dieter/Kuhl, Julius/Schneider, Wolfgang/Schwarzer, Ralf* (Hrsg.), Persönlichkeitsdiagnostik, Göttingen (Hogrefe) 2011, 121-155.
Heß, Dorit (2004), Senioren gesucht – Schluss mit dem Jugendwahn, in: http://www.spiegel.de/wirtschaft/0,1518,304268,00.html, abgerufen am 25.10.2009.
Hibsch, Martin (2007), Führung in einem multinationalen Unternehmen in Rumänien, in: *Müller, Susanne* (Hrsg.), Management-Guide Rumänien, Frankfurt (Cross Culture Publishing) 2007, 209-222.
Hilb, Martin (2009), Integriertes Personal-Management: Ziele – Strategien – Instrumente, Köln (Luchterhand) 2009.
Hill, Hermann (Hrsg.) (2011), Modernisierung – Prozess oder Entwicklungsstrategie?, Frankfurt (Campus) 2001.
Hillmann, Karl-Heinz (2001), Zur Wertewandelforschung: Einführung, Übersicht und Ausblick, in: *Oesterdiekhoff, Georg W.* (Hrsg.), Werte und Wertewandel in westlichen Gesellschaften: Resultate und Perspektiven der Sozialwissenschaften, Opladen, (Leske und Budrich) 2001, 15-39.
Hillmann, Karl-Heinz (2003), Wertwandel: Ursachen, Tendenzen, Folgen, Würzburg (Carolus) 2003.
Hinkin, Timothy R./Tracey, J. Bruce (2000), The Cost of Turnover – Putting a Price on the Learning Curve, in: Cornell Hotel and Restaurant Administration Quarterly (6/2000), 14-21.

Hodgetts, Richard M./Luthans, Fred/Doh, Jonathan P. (2003), International Management: Culture Strategy and Behavior, New York (McGraw-Hill) 2003.
Hofstede, Geert (1980), Culture's Consequences: International Differences in Work-Related Values, Newbury Park, London, New Delhi (Sage) 1980.
Hofstede, Geert (2001), Culture's Consequences: Comparing Values, Behaviors, Institutions and Organizations Across Nations, Thousand Oaks (Sage) 2001.
Hofstede, Geert (2006), What did GLOBE really measure? Researchers' minds versus respondents' minds, in: Journal of International Business Studies 37 (7/2006), 882-896.
Hofstede, Geert (2012), Geert Hofstede Cultural Dimensions, in: http://geert-hofstede.com/dimensions.html, abgerufen am 04.08.2012.
Hofstede, Geert/Hofstede, Gert Jan/Minkov, Michael (2010), Cultures and Organizations: Software of the Mind, New York (McGraw-Hill) 2010.
Hoft, Nancy (1996), Developing a Cultural Model, in: *Del Galdo, Elisa M./Nielsen, Jakob* (Hrsg.), International User Interfaces, New York (John Wiley & Sons) 1996, 41-73.
Hohlstein, Michael (2009), Lexikon der Volkswirtschaft, München (Beck) 2009.
Holtbrügge, Dirk (1995), Personalmanagement multinationaler Unternehmungen in Osteuropa. Bedingungen – Gestaltung – Effizienz, Wiesbaden (Gabler) 1995.
Hom, Peter W./Griffith, Roger W. (1995), Employee Turnover, Cincinnati/OH (South-Western) 1995.
Homburg, Christian/Becker, Annette/Hentschel, Frederike (2010), Der Zusammenhang zwischen Kundenzufriedenheit und Kundenbindung, in: *Bruhn, Manfred/Homburg, Christian*, Handbuch Kundenbindungsmanagement. Strategien und Instrumente für ein erfolgreiches CRM, Wiesbaden (Gabler) 2010, 123-126.
Homburg, Christian/Bruhn, Manfred (2010), Kundenbindungsmanagement – Eine Einführung in die theoretischen und praktischen Problemstellungen, in: *Bruhn, Manfred/Homburg, Christian*, Handbuch Kundenbindungsmanagement. Strategien und Instrumente für ein erfolgreiches CRM, Wiesbaden (Gabler) 2010, 4-37.
Hornberger, Sonja (2010), Individualisierung, in: *Scholz, Christian* (Hrsg.), Vahlens Großes Personallexikon, München (Vahlen) 2010, 487-490.
House, Robert J. (2002), Global leadership and organizational behavior effectiveness research program – results with special respect to Eastern Europe, in: *Lang, Rainhart* (Hrsg.), Personalmanagement im Transformationsprozess, V. Chemnitzer Ostforum 20. - 23. März 2001, München (Hampp) 2002, 43-62.
House, Robert J./Hanges, Paul J./Javidan, Mansour (2004), Culture, Leadership, and Organizations: The Globe Study of 62 Societies, Thousand Oaks (Sage) 2004.

House, Robert/Javidan, Mansour/Hanges, Paul/Dorfman, Peter (2002), Understanding cultures and implicit leadership theories across the globe: an introduction to project GLOBE, in: Journal of World Business 37 (2002), 3-10.
Hradil, Stefan (2001), Sozialer Wandel. Gesellschaftliche Entwicklungstrends., in: *Schäfers, Bernhard/Zapf, Wolfgang* (Hrsg.), Handwörterbuch zur Gesellschaft Deutschlands, Opladen (Leske + Budrich Verlag) 2001, 642-653.
Hundertmark, Heike (2013), Beziehungsmanagement in der Automobilindustrie: OEM-Relationship-Management als Sonderfall des CRM, Wiesbaden (Springer Gabler) 2013.
Iacovoiu, Viorela (2007), The impact of foreign direct investments upon the productivity of CEE economies, in: *The General Association of Economists of Romania* (Hrsg.), Romania in the European Union. The Quality of Integration. Growth. Competence. Employment, Bukarest (General Association of Economists of Romania) 2007, 113-121.
Ihaka, Ross (1998), R: Past and Future History – A Draft of a Paper for Interface '98, in: http://www.stat.auckland.ac.nz/~ihaka/downloads/Interface98.pdf, abgerufen am 21.06.2012.
Ihaka, Ross/Gentleman, Ross (1996), R: A language for data analysis and graphics, in: Journal of Computational and Graphical Statistics 5 (3/1996), 299-314.
IHK Ulm (Hrsg.) (2009), SOE: Der Arbeitsmarkt in Südost-Europa, in: http://www.ulm.ihk24.de/produktmarken/international/Kompetenzzentrum/Suedosteuropa_informativ/SOE_Der_Arbeitsmarkt_in_Suedost-Europa.jsp, abgerufen am 08.06.2009.
Inglehart, Ronald (1977), The silent revolution: Changing values and political styles, Princeton (Princeton University Press) 1977.
Inglehart, Ronald (1980), Zusammenhang zwischen sozioökonomischen Bedingungen und individuellen Wertprioritäten, in: Kölner Zeitschrift für Soziologie und Sozialpsychologie 32 (1/1980), 144-152.
Inglehart, Ronald (1990), Culture Shift in Advanced Industrial Societies, Princeton (Princeton University Press) 1990.
Inglehart, Ronald (1998), Modernisierung und Postmodernisierung: kultureller, wirtschaftlicher und politischer Wandel in 43 Gesellschaften, Frankfurt, New York (Campus) 1998.
Inglehart, Ronald (2008), Changing Values among Western Publics from 1970 to 2006, in: West European Politics 31 (1-2/2008), 130-146.
Inglehart, Ronald/Foa, Roberto/Peterson, Christopher/Welzel, Christian (2008), Development, Freedom, and Rising Happiness – A Global Perspective (1981–2007), in: Perspectives on Psychological Science 3 (4/2008), 264-285.

Inglehart, Ronald/Welzel, Christian (2005), Modernization, Cultural Change, and Democracy: The Human Development Sequence, New York (Cambridge University Press) 2005.
Inglehart, Ronald/Welzel, Christian (2010), Changing Mass Priorities: The Link Between Modernization and Democracy, in: Perspectives on Politics 8 (2/2010), 551-567.
International Survey Research (Hrsg.) (2002), Mitarbeiterbindung, Engagement und Leistungsorientierung in Europa: Merkmale, Ursachen, Konsequenzen – Eine Studie von International Survey Research, in: http://www.dgfp.de/per-doc/document.php?id=65556, abgerufen am 11.09.2009.
Irle, Christof (2011), Rationalität von Make-or-buy-Entscheidungen in der Produktion, Wiesbaden (Gabler) 2011.
Itasse, Stephane (2007), Freiräume senken Mitarbeiterfluktuation, in: Maschinenmarkt 36 (113/2007), 32-39.
Jäger, Stefan (2006), Mitarbeiterbindung: Zur Relevanz der dauerhaften Bindung von Mitarbeitern in modernen Unternehmen, Saarbrücken (Dr. Müller) 2006.
Javidan, Mansour/House, Robert J./Dorfman, Peter W./Hanges, Paul J./Sully de Luque, Mary (2006), Conceptualizing and measuring cultures and their consequences: a comparative review of GLOBE's and Hofstede's approaches, in: Journal of International Business Studies 37 (7/2006), 897-914.
Jones, Thomas O./Sasser, W. Earl Jr. (1995), Why Satisfied Customers Defect, in: Harvard Business Review 73 (6/1995), 88-99.
Jürgens, Ulrich/Krzywdzinski, Martin (2010), Die neue Ost-West-Arbeitsteilung: Arbeitsmodelle und industrielle Beziehungen in der europäischen Automobilindustrie, Frankfurt am Main (Campus) 2010.
Kampits, Peter (2007), Werte – aber welche? Reflexion zu Wertewandel, Werteverlust, Wertekonflikten, in: Washietl, Engelbert (Hrsg.), Werte – aber welche?: die Werte-Debatte, Wien, Berlin, Münster (Lit) 2007, 15-24.
Kärkkäinen, Arja (2008), EU-15 Foreign Direct Investment in the new Member States, in: http://epp.eurostat.ec.europa.eu/cache/ITY_OFFPUB/KS-SF-08-071/EN/KS-SF-08-071-EN.PDF, abgerufen am 25.05.2010.
Kaufmann, Daniel/Kraay, Aart/Mastruzzi, Massimo (2009), Governance Matters VIII – Aggregate and Individual Governance Indicators 1996–2008. The World Bank Development Research Group, Macroeconomics and Growth Team, Washington (World Bank) 2009.
Kaufmann, Lutz/Panhans, Dirk (2006), Managementhandbuch Mittel- und Osteuropa, Wiesbaden (Gabler) 2006.

Kayser, Stefan (1999), Die Dynamik der Unternehmenstransformation in Osteuropa: eine theoretische und empirische Untersuchung des betrieblichen Transformationsprozesses, Wiesbaden (Gabler) 1999.

Kemelgor, Bruce H./Meek, William R. (2008), Employee retention in growth-oriented entrepreneurial firms: An exploratory study, in: Journal of Small Business Strategy 19 (1/2008).

Khilji, Shaista E./Wang, Xiaoyun (2007), New evidence in an old debate: Investigating the relationship between HR satisfaction and turnover, in: International Business Review 16 (3/2007), 377-395.

Kienbaum Management Consultants (Hrsg.) (2001), An der Spitze zeigt sich die Qualität der Bindung – Die Kienbaum Retention Studie 2001, Frankfurt am Main (Kienbaum Management Consultants GmbH) 2001.

Kinkel, Steffen (2009), Produktionsverlagerungen in Zeiten der Krise: Zusammenhalt von Kapazitäten statt Kostenflucht, in: http://www.vdi.de/uploads/media/Studie_Produktionsverlagerung.pdf, abgerufen am 19.11.2009.

Kinkel, Steffen/Lay, Gunter (2004a), Produktionsverlagerungen unter der Lupe: Entwicklungstrends bei Auslandsverlagerungen und Rückverlagerungen deutscher Firmen, in: http://www.isi.fraunhofer.de/isi-media/docs/i/de/publikationen/Pi_34_final_Nov.pdf, abgerufen am 16.10.2009.

Kinkel, Steffen/Lay, Gunter (2004b), Automobilzulieferer in der Klemme – Vom Spagat zwischen strategischer Ausrichtung und Auslandsorientierung, in: http://www.isi.fraunhofer.de/isi-media/docs/i/de/pi-mitteilungen/pi32.pdf?WSESSIONID=0731dd66ab8dc442a3de00e7f72ed6ab, abgerufen am 23.03.2013.

Kinkel, Steffen/Lay, Gunter/Maloca, Spomenka (2004), Produktionsverlagerungen ins Ausland und Rückverlagerungen: Ergebnisse aus der Erhebung "Innovationen in der Produktion" des Fraunhofer-Instituts für Systemtechnik und Innovationsforschung, Karlsruhe (Fraunhofer Institut für Systemtechnik und Innovationsforschung ISI) 2004.

Kinkel, Steffen/Maloca, Spomenka (2008b), FuE-Verlagerungen ins Ausland – Ausverkauf deutscher Entwicklungskompetenz? Ausmaß und Treiber von FuE-Verlagerungen im Verarbeitenden Gewerbe, in: http://www.isi.fraunhofer.de/isi-media/ docs/ i/ de/ pi-mitteilungen/ pi46.pdf?WSESSIONID =fzsyrzvp, abgerufen am 16.10.2009.

Kinkel, Steffen/Maloca, Spomenka (2008a), Produktionsverlagerungen rückläufig – Ausmaß und Motive von Produktionsverlagerungen und Rückverlagerungen im deutschen Verarbeitenden Gewerbe, in: http://isi.fraunhofer.de/isi-media/docs/i/de/pi-mitteilungen/pi45.pdf, abgerufen am 16.10.2009.

Kinkel, Steffen/Maloca, Spomenka/Jäger, Angela (2009), Produktions- und FuE-Verlagerungen ins Ausland: Verbreitung, Motive und strategische Implikationen

für das deutsche verarbeitende Gewerbe, Stuttgart (Fraunhofer-IRB-Verlag) 2009.
Kinkel, Steffen/Spomenka, Maloca (2009), Produktionsverlagerung und Rückverlagerung in Zeiten der Krise, in: http://www.isi.fraunhofer.de/isi-de/i/publikationen/mitteilung_pi.php, abgerufen am 18.01.2010.
Kinkel, Steffen/Zanker, Christoph (2007), Globale Produktionsstrategien in der Automobilzulieferindustrie. Erfolgsmuster und zukunftsorientierte Methoden zur Standortbewertung, Berlin, Heidelberg, New York (Springer) 2007.
Kirchgeorg, Manfred (2009), Einführung in die Themenstellung, in: *Backhaus, Klaus/Kirchgeorg, Manfred/Meffert, Heribert* (Hrsg.), Employer branding: professionelles Markenmanagement zur Profilierung am Arbeitsmarkt, Leipzig (Wiss. Ges. für Marketing und Unternehmensführung) 2009, 1-2.
Kissau, Kathrin (2009), Ceauşescu, Dracula und Waisenhäuser? – Eine Imagestudie über Rumänien, Saarbrücken (Dr. Müller) 2009.
Klages, Helmut (1984), Wertorientierungen im Wandel: Rückblick, Gegenwartsanalyse, Prognosen, Frankfurt, New York (Campus) 1984.
Klages, Helmut (2001), Werte und Wertewandel, in: *Schäfers, Bernhard/Zapf, Wolfgang* (Hrsg.), Handwörterbuch zur Gesellschaft Deutschlands, Opladen (Leske und Budrich) 2001, 726-738.
Klages, Helmut/Hippler, Hans-Jürgen/Herbert, Willi (1992), Werte und Wandel: Ergebnisse und Methoden einer Forschungstradition, Frankfurt, New York (Campus) 1992.
Klee, Alexander/Hennig, Thorsten (1996), Customer satisfaction and relationship quality as key variables in relationship marketing: developing a behavioral model of customer retention process, Hannover (Universität Hannover, Lehrstuhl für ABWL und Marketing II) 1996.
Klotz, Annette (2010), Berufsausbildung, in: *Bröckermann, Reiner* (Hrsg.), Handbuch Personalentwicklung: die Praxis der Personalbildung, Personalförderung und Arbeitsstrukturierung, Stuttgart (Schäffer-Poeschel) 2010, 141-155.
Kluckhohn, Clyde/Kelly, William H. (1972), Das Konzept der Kultur, in: König, René/Schmalfuss, Axel, Kulturanthropologie, Düsseldorf (Econ) 1972, 68-90.
Knaese, Birgit/Probst, Gilbert (2001), Wissensorientiertes Management der Mitarbeiterfluktuation: Eine Methode zur Reduzierung personeller Wissensrisiken, in: Zeitschrift Führung und Organisation 70 (1/2001), 35-41.
Knoblauch, Hubert (2008), Zukunft und Perspektiven qualitativer Forschung, in: *Flick, Uwe*, Qualitative Forschung: ein Handbuch, Reinbek bei Hamburg (Rowohlt) 2008, 623-632.
Knoblauch, Rolf (2004), Motivation und Honorierung der Mitarbeiter als Personalbindungsinstrument, in: *Bröckermann, Reiner/Pepels, Werner* (Hrsg.), Perso-

nalbindung: Wettbewerbsvorteile durch strategisches Human Resource Management, Berlin (Schmidt) 2004, 101-130.
Kolb, Holger (2004), Migration. Einwanderungspolitik und demografische Entwicklung, in: *Frevel, Bernhard* (Hrsg.), Herausforderung demografischer Wandel, Wiesbaden (Verlag für Sozialwissenschaften) 2004, 42-56.
König, René/Schmalfuss, Axel (1972), Kulturanthropologie, Düsseldorf (Econ) 1972.
Konsulat der Bundesrepublik Deutschland Temeswar (2012), Kreis Timis hat eine neue Senkung der Arbeitslosenquote registriert, in: http://www.temeswar.diplo.de/Vertretung/temeswar/de/02/Presseauswertung/woche__11__17__juni__2012.html, abgerufen am 23.10.2012.
Koop, Barbara (2005), Zufriedenheit und Bindung von Mitarbeitern und Kunden, Dissertation, Mannheim (Universität Mannheim, Lehrstuhl für Wirtschafts- und Organisationspsychologie) 2005.
Koppel, Oliver/Plünnecke, Axel (2009), Fachkräftemangel in Deutschland: bildungsökonomische Analyse, politische Handlungsempfehlungen, Wachstums- und Fiskaleffekte, Köln (Deutscher Instituts-Verlag) 2009.
Kornmeier, Martin (2007), Wissenschaftstheorie und wissenschaftliches Arbeiten, Heidelberg (Physica) 2007.
KPMG (Hrsg.) (2012), Länderprofile Zentral- und Osteuropa, in: http://www.kpmg.de/WasWirTun/11959.htm#a11981, abgerufen am 01.11.2012.
Krafft, Manfred (2002), Kundenbindung und Kundenwert, Heidelberg (Physica) 2002.
Kreikebaum, Hartmut/Gilbert, Dirk Ulrich/Behnam, Michael (2011), Strategisches Management, Stuttgart (Kohlhammer) 2011.
Kremic, Tibor/Tukel, Oya Icmeli/Rom, Walter O. (2006), Outsourcing decision support: a survey of benefits, risks, and decision factors, in: Supply Chain Management: An International Journal 11 (6/2006), 467-482.
Krill, Malte (2012), Mitarbeiterbindung als Umkehrung von Fluktuation: Implikationen der Fluktuationsdeterminantenforschung, in: Zeitschrift für Management 6 (4/2012), 401-425.
Kroeber, Alfred L./Kluckhohn, Clyde (1952), Culture: A Critical Review of Concepts and Definitions, Cambridge (Harvard University Press) 1952.
Krohn, Michael (2007), Personalbindung in Netzwerkorganisationen durch Investitionen in Sozialkapital: eine ökonomische Analyse der familienorientierten Gestaltung sozialer Beziehungen in der Informationsgesellschaft und durch Unternehmen und Politik, Frankfurt (Lang) 2007.
Kromrey, Helmut (2006), Empirische Sozialforschung, Stuttgart (UTB Lucius & Lucius) 2006.

Kühlmann, Torsten M. (2008), Mitarbeiterführung in internationalen Unternehmen, Stuttgart (Kohlhammer) 2008.

Kuhn, Thomas (2010), Werte und Wertewandel, in: *Scholz, Christian* (Hrsg.), Vahlens Großes Personallexikon, München (Vahlen) 2010, 1198-1200.

Kurczewski, Jacek (1992), Parlamentarismus des polnischen Adlers, in: *Thaysen, Uwe/Kloth, Hans Michael* (Hrsg.), Wandel durch Repräsentation – Repräsentation im Wandel: Entstehung und Ausformung der parlamentarischen Demokratie in Ungarn, Polen, der Tschechoslowakei und der ehemaligen DDR, Baden-Baden (Nomos) 1992, 109-115.

Kutschker, Michael/Schmid, Stefan (2011), Internationales Management, München (Oldenbourg) 2011.

Lambert, Eric G./Hogan, Nancy Lynne/Barton, Shannon M. (2001), The impact of job satisfaction on turnover intent: a test of a structural measurement model using a national sample of workers, in: The Social Science Journal 38 (2/2001), 233-250.

Lamsa, Michael (2011), Die Firma der Auslandsgesellschaft: Bildung, Führung und Schutz der Firma von Auslandsgesellschaften in Deutschland unter besonderer Berücksichtigung des europäischen Gemeinschaftsrechts, Tübingen (Mohr Siebeck) 2011.

Langenohl , Andreas (2007), Tradition und Gesellschaftskritik: Eine Rekonstruktion der Modernisierungstheorie, Frankfurt (Campus) 2007.

Li, Julie Juan (2008), How to retain local senior managers in international joint ventures: The effects of alliance relationship characteristics, in: Journal of Business Research 6 (9/2008), 986-994.

Liman, Burkhard (1999), Bewertung des irregulären Verlustes von Know-how: Schäden durch Wirtschaftsspionage und Fluktuation, Köln (Wirtschaftsverlag Bachem) 1999.

Listafirme (Hrsg.) (2011), Romanian Companies Database, in: romanian-companies.eu, abgerufen am 16.07.2011.

Litynski, Jan (1992), Politik zwischen Versprechungen und Verantwortung, in: *Thaysen, Uwe/Kloth, Hans Michael* (Hrsg.), Wandel durch Repräsentation – Repräsentation im Wandel: Entstehung und Ausformung der parlamentarischen Demokratie in Ungarn, Polen, der Tschechoslowakei und der ehemaligen DDR, Baden-Baden (Nomos) 1992, 102-108.

Lixenfeld, Christoph (2005), Zurück ins Hochlohnland – Produktionsverlagerung nach Deutschland, in: http://www.handelsblatt.com/unternehmen/strategie/zurueck-ins-hochlohnland;939473, abgerufen am 09.04.2009.

Loffing, Dina/Loffing, Christian (2010), Mitarbeiterbindung ist lernbar: Praxiswissen für Führungskräfte in Gesundheitsfachberufen, Berlin, Heidelberg (Springer Medizin) 2010.

Lohaus, Daniela/Habermann, Wolfgang (2002), Kosten des Motivationsrückgangs, in: Personal 54 (12/2002), 22-25.
Lorer, Patrick (1995), Empirische Untersuchung über Einflussfaktoren der Lohnhöhe und Entlohnungszufriedenheit in der industriellen Fertigung, Frankfurt (Lang) 1995.
Ma, Shaozhuang/Trigo, Virginia (2008), Winning the War for Managerial Talent in China, in: The Chinese Economy 41 (3/2008), 34-57.
Maag, Gisela (1991), Gesellschaftliche Werte. Strukturen, Stabilität und Funktion, Opladen (Westdeutscher Verlag) 1991.
Maatz, Björn (2008), Deutsche Firmen holen Produktion heim, in: http://ftd.de/unternehmen/industrie/381034.html, abgerufen am 08.07.2008.
Mackow, Jerzy (1992), Polens Weg zur Dritten Republik, in: *Thaysen, Uwe/Kloth, Hans Michael* (Hrsg.), Wandel durch Repräsentation – Repräsentation im Wandel: Entstehung und Ausformung der parlamentarischen Demokratie in Ungarn, Polen, der Tschechoslowakei und der ehemaligen DDR, Baden-Baden (Nomos) 1992, 69-101.
Malik, Fredmund (2011), Management: Komplexität mesitern – Band 3 Strategie: navigieren in der Komplexität der neuen Welt, Frankfurt, New York (Campus) 2011.
manager-magazin.de (Hrsg.) (2008), Umzug nach Rumänien: Rechnet Nokia falsch?, in: http://www.manager-magazin.de/unternehmen/artikel/0,2828,52948-1,00.html, abgerufen am 08.06.2009.
Marburger, Gerhard (2004), Best-Practise-Personalbindungsstrategien im Klein- und Mittelstand, in: *Bröckermann, Reiner/Pepels, Werner* (Hrsg.), Personalbindung: Wettbewerbsvorteile durch strategisches Human Resource Management, Berlin (Schmidt) 2004, 287-322.
March, James G./Simon, Herbert Alexander (1958), Organizations, Cambridge (Wiley) 1958.
March, James G./Simon, Herbert Alexander (1976), Organisation und Individuum – Menschliches Verhalten in Organisationen, Wiesbaden (Gabler) 1976.
Maslow, Abraham H. (1943), A Theory of Human Motivation, in: Psychological Review, 50 (1943), 370-396.
Maslow, Abraham H. (1970), Motivation and Personality, New York (Harper & Row) 1970.
Maslow, Abraham H. (1971), The Further Reaches Of Human Nature, New York (Viking) 1971.
Mathieu, John E./Zajac, Dennis M. (1990), A Review and Meta-Analysis of the Antecedents, Correlates and Consequences of Organizational Commitment, in: Psychological Bulletin 108 (9/1990), 171-194.

Mayring, Philipp (2010), Qualitative Inhaltsanalyse: Grundlagen und Techniken, Weinheim (Beltz) 2010.
Mense-Petermann, Ursula (2000), Institutioneller Wandel und wirtschaftliche Restrukturierung: polnische und tschechische Betriebe im Transformationsprozeß, Würzburg (Ergon) 2000.
Merk, Joachim (2008), Strategisches Personalbindungsmanagement im Krankenhaus: theoretisch und empirisch gestützte Gestaltungsempfehlungen zur Verringerung der Fluktuation kompetenter Mitarbeiter, Berlin (BWV Berliner Wissenschafts-Verlag) 2008.
Mesaros, Leila/Vanselow, Achim/Weinkopf, Claudia (2009), Fachkräftemangel in KMU – Ausmaß, Ursachen und Gegenstrategien: Expertise im Auftrag der Friedrich-Ebert-Stiftung, Bonn (bub Bonner Universitäts-Buchdruckerei) 2009.
Meyer, John P./Allen, Natalie J. (1984), Testing the side bet theory of organizational commitment: Some methodological considerations, in: Journal of Applied Psychology 69 (3/1984), 372-378.
Meyer, John P./Allen, Natalie J. (1991), A three-component conceptualization of organisational commitment, in: Human Resource Management Review (1/1991), 61-89.
Meyer, John P./Allen, Natalie J. (1997), Commitment in the workplace: theory, research, and application, Thousand Oaks (Sage) 1997.
Meyer, Silke (2012), Warum die Lederhosen anbleiben – Interkulturalität und Stereotype, in: *Schmidt, Judith/Keßler, Sandra/Simon, Michael* (Hrsg.), Interkulturalität und Alltag, Münster (Waxmann) 2012, 71-90.
Michaels, Charles E./Spector, Paul E. (1982), Causes of employee turnover: A test of the Mobley, Griffeth, Hand, and Meglino model, in: Journal of Applied Psychology 67 (1/1982), 53-59.
Michaels, Ed/Handfield-Jones, Helen/Axelrod, Beth (2001), The War for Talent, Harvard (Harvard Business Press) 2001.
Mihalcea, Alina-Daniela (2007), The impact of the labor force migration in the European Space upon the business firms in Romania, in: *The General Association of Economists of Romania* (Hrsg.), Romania in the European Union. The Quality of Integration. Growth. Competence. Employment, Bukarest (General Association of Economists of Romania) 2007, 102-106.
Mitchell, Terence R./Holtom, Brooks C/Lee, Thomas W./Graske, Ted (2001), How to keep your best employees: Developing an effective retention policy, in: The Academy of Management Executive 15 (4/2001), 96-109.
Mobley, William H. (1977), Intermediate linkages in the relationship between job satisfaction and employee turnover, in: Journal of Applied Psychology 62 (2/1977), 237-240.

Mobley, William H./Griffeth, Rodger W./Hand, Herbert H./Meglino, Bruce M. (1979), Review and Conceptual Analysis of the Employee Turnover Process, in: Psychological Bulletin 86 (3/1979), 493-522.
Morschett, Dirk/Schramm-Klein, Hanna/Swoboda, Bernhard (2011), Rollen von Auslandseinheiten – Entwicklung einer umfassenden Typologie, in: *Puck, Jonas F./Leitl, Christoph* (Hrsg.), Außenhandel im Wandel: Festschrift zum 60. Geburtstag von Reinhard Moser, Berlin, Heidelberg (Physica) 2011, 177-196.
Morschett, Dirk/Schramm-Klein, Hanna/Zentes, Joachim (2010), Strategic international management: text and cases, Wiesbaden (Gabler) 2010.
Moser, Regine/Saxer, Andrea (2002), Retentionmanagement für High Potentials – Konzeptionelle Grundlagen – empirische Ergebnisse – Gestaltungsempfehlungen, in: http://www.publicmanagement.unibe.ch/lehre/praemierte-Liz/Liz-Moser -Saxer.pdf, abgerufen am 26.08.2008.
Mowday, Richard T./Steers, Richard M./Porter, Lyman W. (1979), The Measurement of Organizational Commitment, in: Journal of Vocational Behavior 14 (4/1979), 224-247.
Mudra, Peter (2010), Personalentwicklung und berufsbegleitende Masterstudien, in: *Bröckermann, Reiner* (Hrsg.), Handbuch Personalentwicklung: die Praxis der Personalbildung, Personalförderung und Arbeitsstrukturierung, Stuttgart (Schäffer-Poeschel) 2010, 317-335.
Müller, Stefanie/Scholz, Christian (2012), Wie werde ich als kleines oder mittleres Unternehmen ein attraktiver Arbeitgeber?, in: *Zehrfeld, W. Axel* (Hrsg.), Fachkräftesicherung: Situation – Handlungsfelder – Lösungen, Frankfurt am Main (Frankfurter Allgemeine Buch) 2012, 68-82.
Müller, Susanne (Hrsg.) (2007), Management-Guide Rumänien, Frankfurt (Cross Culture Publishing) 2007.
Müller, Susanne (Hrsg.) (2008), Management guide Bulgaria: a handbook for investors and executives, Frankfurt (Cross Culture Publishing) 2008.
Müller, Wolfgang/Riesenbeck, Hajo (1991), Wie aus zufriedenen Kunden auch anhängliche Kunden werden, in: Harvard Manager (3/1991), 67-80.
Müller-Schneider, Thomas (2001), Wertewandel, Erlebnisorientierung und Lebensstile. Eine gesellschaftsgeschichtliche und modernisierungstheoretische Interpretation, in: *Oesterdiekhoff, Georg W.* (Hrsg.), Werte und Wertewandel in westlichen Gesellschaften: Resultate und Perspektiven der Sozialwissenschaften, Opladen (Leske und Budrich) 2001, 91-106.
Müller-Vorbrüggen, Michael (2004), Best-Practise-Personalbindungsstrategien in internationalen Unternehmen, in: *Bröckermann, Reiner/Pepels, Werner* (Hrsg.), Personalbindung: Wettbewerbsvorteile durch strategisches Human Resource Management, Berlin (Schmidt) 2004, 343-364.

Mure, Johannes (2007), Weiterbildungsfinanzierung und Fluktuation: theoretische Erklärungsansätze und empirische Befunde auf Basis des skill-weights approach, München, Mering (Hampp) 2007.
Negrusa, Adina/Ionescu, Gheorghe (2007), Study about the Romanian work-related cultural values. Vorstellung auf der International Conference on Business Excellence 2007, Brasov (Academy of Economic Studies Bucharest) 2007.
Neuhaus, Astrid (2010), Das „Arbeitnehmerkündigungsverhalten" als Teilaspekt einer allgemeinen Theorie von Fluktuation: ein einstellungstheoretischer Erklärungsansatz für die Personalpraxis, Münster (Verl.-Haus Monsenstein und Vannerdat) 2010.
Nicolae, Mariana/Nicolae, Elena Ecaterina (2007), Values, mentalities, and leadership in emerging markets, in: *National University Research Council* (Hrsg.), Change Leadership in Romania's New Economy – International Research Conference, 37-46.
Nonaka, Ikujirō/Takeuchi, Hirotaka (1997), Die Organisation des Wissens: wie japanische Unternehmen eine brachliegende Ressource nutzbar machen, Frankfurt, New York (Campus) 1997.
Nunn, John (2000), Career planning: Key to employee retention, in: Journal of Property Management 65 (5/2000), 20-21.
Obermeier, Birgit (2002), Retention Management: Die besten binden, in: http://www.faz.net/aktuell/wirtschaft/karrieresprung-retention-management-die-besten-binden-161349.html, abgerufen am 30.12.08.
Oelmann, Annabel (2009), Direktinvestitionen nach Mittel- und Osteuropa: ein Branchenvergleich der deutschen Automobil- und Maschinenbauindustrie, Baden-Baden (Nomos) 2009.
Oesterdiekhoff, Georg W. (2001), Das Theoriemodell von Ronald Inglehart in der Diskussion seiner Grundlagen, in: *Oesterdiekhoff, Georg W.* (Hrsg.), Werte und Wertewandel in westlichen Gesellschaften: Resultate und Perspektiven der Sozialwissenschaften, Opladen, (Leske und Budrich) 2001, 41-54.
Olesch, Gunther (2000), Personalmarketing zur Gewinnung und Bindung von Ingenieuren, in: Personal 52 (6/2000), 285-289.
Olfert, Klaus (2006), Personalwirtschaft, Ludwigshafen (Kiehl) 2006.
O'Reilly, Charles (1991), Organizational Behavior: Where we've been, where we're going, in: Annual Review of Psychology 42 (1/1991), 427-458.
Ortlieb, Renate (2010), Fluktuation, in: *Scholz, Christian* (Hrsg.), Vahlens Großes Personallexikon, München (Vahlen) 2010, 359-362.
Parsons, Talcott (1964), Evolutionary Universals in Society, in: American Sociological Review 29 (3/1964), 339-357.
Parsons, Talcott (1966), The Evolution of Societies, Englewood Cliffs (Prentice Hall) 1966.

Peirce, Charles S. (1960), Pragmatism and Pragmaticism, in: *Hartshorne, Charles/Weiss, Paul* (Hrsg.): Collected Papers of Charles Sanders Peirce, Volume 5, Cambridge (Harvard University Press) 1960.

Peter, Sibylle Isabelle (1997), Kundenbindung als Marketingziel: Identifikation und Analyse zentraler Determinanten, Wiesbaden (Gabler) 1997.

Piekenbrock, Dirk (2009), Gabler, Kompakt-Lexikon Volkswirtschaftslehre, Wiesbaden (Gabler) 2009.

Piller, Georg (2010), Systematische Führungskräfteentwicklung als Katalysator des Unternehmenswandels, in: *Weißenrieder, Jürgen* (Hrsg.), Nachhaltiges Personalmanagement in der Praxis: mit Erfolgsbeispielen mittelständischer Unternehmen, Wiesbaden (Gabler) 2010, 77-97.

Plassmeier, Stefanie C. (2010), Mitarbeiterbindung in Zeiten des demografischen Wandels: Altersabhängige Entstehungsbedingungen von affektivem organisationalem Commitment, Lüneburg (Universität Lüneburg) 2010.

Poe, Amy C. (1998), Retention Bonuses Prove Effective for Companies in Transition, in: HR Magazine 43 (4/1998), 53-58.

Pointner, Wolfgang (2003), Umbruch in der Automobilindustrie? Von den Grenzen des Outsourcing, Frankfurt am Main (Lang) 2003.

Popper, Karl R. (1994), Logik der Forschung, 10. Aufl., Tübingen (Mohr) 1994.

Porter, Lyman W./Steers, Richard M. (1973), Organizational, work, and personal factors in employee turnover and absenteeism, in: Psychological Bulletin, Volume 80 (2/1973), 151-176.

Poser, Hans (2001), Wissenschaftstheorie: eine philosophische Einführung, Stuttgart (Reclam) 2001.

Price, James L. (1977), The Study of Turnover, Ames (Iowa State University Press) 1977.

R Project for Statistical Computing (2012a), What is R?, in: http://www.r-project .org/about.html, abgerufen am 21.06.2012.

R Project for Statistical Computing (2012b), CRAN Mirrors, in: http://www.r-project .org/, abgerufen am 21.06.2012.

R Project for Statistical Computing (2012c), Contributed Packages, in: http://cran.r-project .org/web/packages/, abgerufen am 21.06.2012.

R Project for Statistical Computing (2012d), CRAN Task Views, in: http://cran.r-project.org/web/views/, abgerufen am 21.06.2012.

R Project for Statistical Computing (2012e), The R Foundation for Statistical Computing, in: http://www.r-project.org/index.html, abgerufen am 21.06.2012.

Radtke, Philipp/Abele, Eberhard/Zielke, Andreas E. (2004), Die smarte Revolution in der Automobilindustrie: das Auto der Zukunft – Optionen für Hersteller – Chancen für Zulieferer, Frankfurt am Main (Redline Wirtschaft) 2004.

Raffée, Hans (1974), Grundprobleme der Betriebswirtschaftslehre, Göttingen (Vandenhoeck & Ruprecht) 1974.
Ramlall, Sunil (2003), Managing Employee Retention as a Strategy for Increasing Organizational Competitiveness, in: Applied H.R.M. Research 8 (2/2003), 63-72.
Rebenstorf, Hilke (2009), Sozialer Wandel und demokratische Kultur: eine explorative Studie mit Jugendlichen in Israel und der Westbank, Berlin, Münster (Lit) 2009.
Regnet, Erika (2004), Karriereentwicklung 40+: weitere Perspektiven oder Endstation?, Weinheim, Basel (Beltz) 2004.
Reiche, B. Sebastian (2008), The configuration of employee retention practices in multinational corporations' foreign subsidiaries, in: International Business Review 17 (6/2008), 676-687.
Reichelt, Beate (2010), Mentoring und Patenschaft, in: Bröckermann, Reiner (Hrsg.), Handbuch Personalentwicklung: die Praxis der Personalbildung, Personalförderung und Arbeitsstrukturierung, Stuttgart (Schäffer-Poeschel) 2010, 437-453.
Reichenbach, Hans (1938), Experience and prediction: an analysis of the foundations and the structure of knowledge, Chicago (University of Chicago) 1938.
Reichers, Arnon E. (1985), A Review and Reconceptualization of Organizational Commitment, in: Academy of Management Review 10 (3/1985), 465-476.
Reichheld, Frederick F. (1997), Der Loyalitäts-Effekt: die verborgene Kraft hinter Wachstum, Gewinnen und Unternehmenswert, Frankfurt; New York (Campus) 1997.
Reichheld, Frederick F./Sasser, W. Earl Jr. (1990), Zero Defecions: Quality Comes to Services, in: Harvard Business Review 68 (5/1990), 105-111.
Reisch, Katharina (2008), Erfolgsfaktoren eines systematischen Employee Retention Managements: Am Beispiel der Bindung chinesischer Nachwuchs- und Führungskräfte in deutschen Unternehmen in China, Saarbrücken (Dr. Müller) 2008.
Richter, Ansgar/Weiß, Christian (2009), Fachkräftemangel – (k)ein Problem? Die politische und gesellschaftliche Bedeutung des Fachkräftemangels in Deutschland, in: *Schmidt, Klaus/Gleich, Ronal/Richter, Ansgar* (Hrsg.), Gestaltungsfeld Arbeit und Innovation: Perspektiven und best practices aus dem Bereich Personal und Innovation, Freiburg, Berlin, München (Haufe) 2009, 61-80.
Richter, Falk/Pohlandt, Andreas (2011), Arbeitsintegrierte Ansätze der Personalentwicklung, in: *Ryschka, Jurij* (Hrsg.), Praxishandbuch Personalentwicklung: Instrumente, Konzepte, Beispiele, Wiesbaden (Gabler) 2011, 137-175.

Rippe, Wolfgang (1974), Die Fluktuation von Führungskräften der Wirtschaft: eine empirische Studie über den Entschluss zum zwischenbetrieblichen Arbeitsplatzwechsel, Berlin (Duncker und Humblot) 1974.
Ritsert, Jürgen (2009), Schlüsselprobleme der Gesellschaftstheorie: Individuum und Gesellschaft – soziale Ungleichheit – Modernisierung, Wiesbaden (Verlag für Sozialwissenschaften) 2009.
Rohozinska, Joanna (1999), Romania's ills: Strays and Stereotypes, in: Central Europe Review 1, (11/6. September 1999), http://www.ce-review.org/99/11 /rohozinska11.html, abgerufen am 25.08.2012.
Rösler, Philipp/Lindner, Christian (Hrsg.) (2009), Freiheit: gefühlt – gedacht – gelebt; liberale Beiträge zu einer Wertediskussion, Wiesbaden (Verlag für Sozialwissenschaften) 2009.
Rössel, Jörg (2007), Ronald Inglehart: Daten auf der Suche nach einer Theorie – Analysen des weltweiten Wertewandels, in: *Moebius, Stephan/Quadflieg, Dirk* (Hrsg.), Kultur – Theorien der Gegenwart, Wiesbaden (Verlag für Sozialwissenschaften) 2007, 545-555.
Roth, Andrei (2005), Modernisierung, Pseudomodernisierung und Gegenmodernisierung in Rumänien, in: *Mansfeldová, Zdenka* (Hrsg.), Patterns of Europeanisation in Central and Eastern Europe, Hamburg (Krämer) 2005, 239-255.
Rothlauf, Jürgen (2009), Interkulturelles Management. Mit Beispielen aus Vietnam, China, Japan, Russland und Saudi-Arabien, München (Oldenbourg) 2009.
Rubatos, Adrienne/Thomas, Alexander (2011), Beruflich in Rumänien: Trainingsprogramm für Manager, Fach- und Führungskräfte, Göttingen (Vandenhoeck & Ruprecht) 2011.
Rumänisches Justizministerium (Hrsg.) (2011), Oficiul National al Registrului Comertului, in: www.onrc.ro, abgerufen am 16.07.2011.
Rusbult, Caryl E. (1980), Commitment and satisfaction in romantic associations: A test of the investment model, in: Journal of Experimental Social Psychology 16 (2/1980), 172-186.
Russell, Kelly Danielle (2005), Deferred compensation and employee retention, Stanford (Stanford Press) 2005.
Ryschka, Jurij (Hrsg.) (2011), Praxishandbuch Personalentwicklung: Instrumente, Konzepte, Beispiele, Wiesbaden (Gabler) 2011.
Sabathil, Peter (1977), Fluktuation von Arbeitskräften. Determinanten, Kosten und Nutzen aus betriebswirtschaftlicher Sicht, München (Florentz) 1977.
Salden, Claudia (2010), Rumänien und seine Stereotype in der Presse: am Beispiel deutscher und französischer Zeitungen (2003 bis 2008), Hamburg (Kovac) 2010.
Sattelberger, Thomas (1999), Wissenskapitalisten oder Söldner? Personalarbeit in Unternehmensnetzwerken des 21. Jahrhunderts, Wiesbaden (Gabler) 1999.

Schanz, Günther (1988), Methodologie für Betriebswirte, Stuttgart (Poeschel) 1988.
Schat, Hans-Dieter (2012), Die Fachkräftesituation aus wissenschaftlich-demografischer Perspektive, in: *Zehrfeld, W. Axel* (Hrsg.), Fachkräftesicherung: Situation – Handlungsfelder – Lösungen, Frankfurt am Main (Frankfurter Allgemeine Buch) 2012, 32-39.
Schauenberg, Bernd (2004), Wissenschaftstheoretische Einordnung des Personalmanagements, in: *Gaugler, Eduard/Oechsler, Walter A./Weber, Wolfgang* (Hrsg.): Handwörterbuch des Personalwesens, Stuttgart (Schäffer-Poeschel) 2004, 2017-2028.
Schein, Edgar H. (1984), Coming to a new awareness of organizational culture, in: Sloan Management Review 25 (2/1984), 3-16.
Schein, Edgar H. (1985), Organizational Culture and Leadership. A Dynamic View, San Francisco (Jossey-Bass) 1985.
Schein, Edgar H. (2003), Organisationskultur, Bergisch Gladbach (Edition Humanistische Psychologie) 2003.
Schellschmidt, Klaus-Dieter (2010), Training off the Job, in: *Bröckermann, Reiner* (Hrsg.), Handbuch Personalentwicklung: die Praxis der Personalbildung, Personalförderung und Arbeitsstrukturierung, Stuttgart (Schäffer-Poeschel) 2010, 228-246.
Schiedt, Alexandra (2000), Mitarbeiterbindung steckt in den Kinderschuhen, in: Personalwirtschaft (12/2000), 53-57.
Schier, Wolfram (2010), Training on the Job und Training near the Job, in: *Bröckermann, Reiner* (Hrsg.), Handbuch Personalentwicklung: die Praxis der Personalbildung, Personalförderung und Arbeitsstrukturierung, Stuttgart (Schäffer-Poeschel) 2010, 215-228.
Schneider, Willy/Henning, Alexander (2010), 100 Kennzahlen für profitable Kundenbeziehungen, Wiesbaden (cometis) 2010.
Schnell, Rainer/Hill, Paul B./Esser, Elke (2011), Methoden der empirischen Sozialforschung, München, Wien (Oldenbourg) 2011.
Scholz, Christian (2000), Personalmanagement, München (Vahlen) 2000.
Scholz, Christian (2003), Spieler ohne Stammplatzgarantie: Darwiportunismus in der neuen Arbeitswelt, Weinheim (Wiley) 2003.
Scholz, Christian (2003), Grundzüge des Personalmanagements, München (Vahlen), 2011.
Scholz, Christian/Stein, Volker (2000), "Competitive Acceptance" im kulturübergreifenden Wettbewerb, in: *Gutmann, Joachim/Kabst, Rüdiger* (Hrsg.), Internationalisierung im Mittelstand. Chance – Risiken – Herausforderungen, Wiesbaden (Gabler), 2000, 193-208.

Scholz, Christian/Stein, Volker (2002), "Competitive Acceptance" in Cross-Cultural Interaction, in: *Scholz, Christian/Zentes, Joachim* (Hrsg.), Strategic Management. A European Approach, Wiesbaden (Gabler), 2002, 283-304.
Scholz, Christian/Stein, Volker (2012a), From Cultural Chameleons to Competitive Acceptance: Teaching Cross-Cultural Management in the Real World. Paper presented at the Academy of Management Annual Meeting in Boston/MA, USA, 7. August 2012, Boston 2012.
Scholz, Christian/Stein, Volker (2012b), Die Competitive-Acceptance-Matrix, in: Personal.Manager HR International 11 (4/2012), 46-49.
Schramm-Klein, Hanna (2012), Internationale Markteintrittsstrategien – Eine State-of-the-Art-Betrachtung, in: *Zentes, Joachim* (Hrsg.), Markteintrittsstrategien: Dynamik und Komplexität, Wiesbaden (Springer Gabler) 2012, 23-50.
Schreyögg, Georg (2011), Methodologische Grundlagen qualitativer Managementforschung. VHB Workshop 11.4. 2011, Berlin 2011.
Schreyögg, Georg/Koch, Jochen (2010), Grundlagen des Managements: Basiswissen für Studium und Praxis, Wiesbaden (Gabler) 2010.
Schröder, Jens (2005), Ist der Produktionsstandort Deutschland noch zu retten? Ergebnisse einer Studie des Fraunhofer IPT und der Unternehmer-Beratung Droege & Comp. GmbH, in: http://www.argez.de/library/documents/Schroeder_32037.pdf, abgerufen am 16.10.2009.
Schroff, Ewald (2010), Werte statt Formalismen – wider die Alibikultur, in: *Weißenrieder, Jürgen* (Hrsg.), Nachhaltiges Personalmanagement in der Praxis: mit Erfolgsbeispielen mittelständischer Unternehmen, Wiesbaden (Gabler) 2010, 191-207.
Schülke, Janina (2009), Mitarbeiterbindung: Interessenkonflikt zwischen Personalberatern und Unternehmen – mit empirischer Untersuchung, Saarbrücken (Dr. Müller) 2009.
Schulte, Anja (2002), Das Phänomen der Rückverlagerung: internationale Standortentscheidungen kleiner und mittlerer Unternehmen, Wiesbaden (Gabler) 2002.
Schulz, Anja (2007), Der Standort Deutschland und die Rückverlagerer: Wege von kleinen und mittleren Unternehmen wieder nach Deutschland, Saarbrücken (Verlag Dr. Müller) 2007.
Schwartz, Shalom H. (1994), Beyond Individualism / Collectivism. New Cultural Dimensions of Values, in: *Kim, Uichol/Triandis, Harry C./Kagitcibasi, Cigdem/Choi, Sang-Chin/Yoon, Gene* (Hrsg.), Individualism and Collecivism: theory, method and applications, Thousand Oaks (Sage) 1994, 85-119.
Schwartz, Shalom H. (2004), Mapping and interpreting cultural differences around the world, in: *Vinken, Henk/Soeters, Joseph/Ester, Peter* (Hrsg.), Com-

paring cultures, Dimensions of culture in a comparative perspective, 43-73, Leiden (Brill) 2004, 43-73.
Schwengsbier, Jutta (2008), Zurück zu den Wurzeln – Wenn Unternehmen ihre Produktion aus dem Ausland zurückholen, in: http://dradio.de/dlf/sendungen/hintergrundpolitik/832462/drucken, abgerufen am 20.08.2008.
Semmer, Norbert/ Baillod, Jürg (1993), Korrelate und Prädiktoren von Fluktuation: Zum Stand der Forschung, in: Zeitschrift für Arbeitswissenschaft 47/19NF (3/1993), 179-186.
Semmer, Norbert/Baillod, Jürg/Stadler, Roger/Gail, Klaus (1996), Fluktuation bei Computerfachleuten: Eine follow-up Studie, in: Zeitschrift für Arbeits- und Organisationspsychologie 40/14NF (4/1996), 190-199.
Senter, Jenell L./Martin, James E. (2007), Factors affecting the turnover of different groups of part-time workers, in: Journal of Vocational Behavior 71 (1/2007), 45-68.
Seufert, Sabine (2010), Corporate University, in: *Bröckermann, Reiner* (Hrsg.), Handbuch Personalentwicklung: die Praxis der Personalbildung, Personalförderung und Arbeitsstrukturierung, Stuttgart (Schäffer-Poeschel) 2010, 303-316.
Sheridan, John E. (1992), Organizational culture and employee retention, in: Academy of Management Journal 35 (5/1992), 1036-1056.
Simon, Peter (2007), Führen in Rumänien: Mehr Stil als Kultur, in: *Müller, Susanne* (Hrsg.), Management-Guide Rumänien, Frankfurt (Cross Culture Publishing) 2007, 205-208.
Simonis, Thomas/Müller, Susanne (2007), Personenorientiert, vor allen Dingen!, in: *Müller, Susanne* (Hrsg.), Management-Guide Rumänien, Frankfurt (Cross Culture Publishing) 2007, 191-204.
Six, Bernd/Felfe, Jörg (2004), Einstellungen und Werthaltungen im organisationalen Kontext, in: *Birbaumer, Niels* (Hrsg.), Enzyklopädie der Psychologie/Organisationspsychologie – Grundlagen und Personalpsychologie, Göttingen, Bern, Toronto, Seattle (Hogrefe) 2004, 597-672.
Sousa-Poza, Alfonso/Sousa-Poza, Andrés A. (2003), Job satisfaction and labor turnover: does gender matter?, in: http://www.faa.unisg.ch/Publikationen/diskussionspapiere/dp94.PDF, abgerufen am 26.10.2009.
Speck, Peter/Ryba, Andreas (2004), Best-Practise-Personalbindungsstrategien in Industrieunternehmen, in: *Bröckermann, Reiner/Pepels, Werner* (Hrsg.), Personalbindung: Wettbewerbsvorteile durch strategisches Human Resource Management, Berlin (Schmidt) 2004, 383-397.
Spiegel Online (Hrsg.) (2003), Ende des Jugendwahns? Ältere Semester gesucht, in: http://www.spiegel.de/unispiegel/jobundberuf/0,1518,243265,00.html, abgerufen am 25.10.2009.

Spiegel Online (Hrsg.) (2012), Wirtschaftskrise erfasst Autoindustrie, in: http://www.spiegel.de/wirtschaft/unternehmen/krise-in-europa-autohersteller-wie-peugeot-und-daimler-leiden-a-846393.html (01.11.2012).

Staar, Stephanie (1993), Ansätze zur Analyse von Transformationsprozessen. Working Paper Nr. 4. Forschungsprojekt "Transformationsprozesse in ehemals Volkseigenen Betrieben", Koblenz (Wissenschaftliche Hochschule für Unternehmensführung) 1993.

Statistisches Bundesamt Deutschland (2009), Bedeutung der Industrie in den vergangenen 15 Jahren fast unverändert. Pressemitteilung Nr.146 vom 15.04.2009, in: http://www.destatis.de/jetspeed/portal/cms/Sites/destatis/Internet/DE/Presse/pm/2009/04/PD09__146__81,templateId=renderPrint.psml, abgerufen am 14.08.2010.

Statistisches Bundesamt Deutschland (2012), Volkswirtschaftliche Gesamtrechnungen. Inlandsproduktsberechnung. Lange Reihen ab 1970. Fachserie 18 Reihe 1.5, in: https://www.destatis.de/DE/Publikationen/Thematisch/VolkswirtschaftlicheGesamtrechnungen/Inlandsprodukt/InlandsproduktsberechnungLangeReihen.html (27.12.12).

Steers, Richard M./Mowday, Richard T. (1981), Employee turnover and post-decision accommodation process, in: *Cummings, Larry L./Staw, Barry M.* (Hrsg.), Research in Organizational Behavior, Greenwich (JAI Press) 1981, 235-281.

Steffens, Marec Béla (2004), Der autoritäre Führungsstil in Mittel- und Osteuropa – eine Falle, in: *Zschiedrich, Harald/Schmeisser, Wilhelm/Hummel, Thomas R.* (Hrsg.), Internationales Management in den Märkten Mittel- und Osteuropas, München (Hampp) 2004, 133-140.

Stein, Volker (2009), Humankapital: Drei wohlverstandene Freiheiten, in: *Rösler, Philipp/Lindner, Christian* (Hrsg.), Freiheit: gefühlt – gedacht – gelebt; liberale Beiträge zu einer Wertediskussion, Wiesbaden (Verlag für Sozialwissenschaften) 2009, 300-308.

Stein, Volker (2010), Darwiportunismus, in: *Scholz, Christian* (Hrsg.), Vahlens Großes Personallexikon, München (Vahlen) 2010, 219-222.

Stein, Volker (2010), No-Show-Quote, in: *Scholz, Christian* (Hrsg.), Vahlens Großes Personallexikon, München (Vahlen) 2010, 788.

Sterbling, Anton (2007), Wertewandel und Wertorientierungen in Rumänien im europäischen Kontext, in: *Müller, Susanne* (Hrsg.), Management-Guide Rumänien, Frankfurt (Cross Culture Publishing) 2007, 43-50.

Sterbling, Anton (2007), Zumutungen der Moderne: kultursoziologische Analysen, Hamburg (Krämer) 2007.

Stock-Homburg, Ruth (2010), Personalmanagement: Theorien – Konzepte – Instrumente, Wiesbaden (Gabler) 2010.

Stöhr, Stefan (2011), Institutionelle und wirtschaftliche Auswirkungen der Systemtransformation in den MOE-Staaten: dargestellt am Beispiel der Länder Ungarn, Rumänien und Kroatien, Bayreuth (PCO) 2011.
Stritzke, Christoph (2010), Marktorientiertes Personalmanagement durch Employer Branding, Wiesbaden (Gabler) 2010.
Süßmuth, Bernd (2009), Talentmanagement in der Rezession, in: Personalführung 42 (8/2009), 64-71.
Szebel-Habig, Astrid (2004), Mitarbeiterbindung: Auslaufmodell Loyalität? Mitarbeiter als strategischer Erfolgsfaktor, Weinheim, Basel (Beltz) 2004.
Tagscherer, Ulrike (1999), Mobilität und Karriere in der VR China – Chinesische Führungskräfte im Transformationsprozess – Eine qualitativ-empirische Analyse chinesischer Führungskräfte in deutsch-chinesischen Joint-Ventures, 100% Tochtergesellschaften und Repräsentanzen, Heidelberg (Universität Heidelberg, Geographisches Institut) 1999.
Tees, Debra M. (2009), Redefining employee retention: A paradigm shift, Philadelphia (University of Pennsylvania) 2009.
Thiele, Sabrina (2009), Work-Life-Balance zur Mitarbeiterbindung: eine Strategie gegen den Fachkräftemangel, Hamburg (Diplomica) 2009.
Tholen, Jochen/Czíria, Ludovit/Hemmer, Eike/Kozek, Wieslawa (2006), Direktinvestitionen deutscher Unternehmen in Mittel- und Osteuropa, München (Hampp) 2006.
Thom, Norbert/Friedli, Vera (2008), Hochschulabsolventen gewinnen, fördern und erhalten, Bern, Stuttgart, Wien (Haupt) 2008.
Thoma, Christoph (2011), Erfolgreiches Retention Management von Millenials, in: *Klaffke, Martin* [Hrsg.], Personalmanagement von Millennials: Konzepte, Instrumente und Best-Practice-Ansätze, Wiesbaden (Gabler) 2011, 163-179.
Thunderbird School of Global Management (Hrsg.) (2006a), Research Survey GLOBE Project (Global Leadership and Organizational Behavior Effectiveness Project). Form Alpha, in: http:// www.thunderbird.edu/ wwwfiles/ ms/globe/pdf/ GLOBE_Phase_2_Alpha_Questionnaire.pdf, abgerufen am 22.01.09.
Thunderbird School of Global Management (Hrsg.) (2006b), Research Survey GLOBE Project (Global Leadership and Organizational Behavior Effectiveness Project). Form Beta, in: http://www.thunderbird.edu/wwwfiles/ms/globe/pdf/ GLOBE_Phase_2_Beta_Questionnaire.pdf, abgerufen am 25.04.09.
Thunderbird School of Global Management (Hrsg.) (2006c), Guidelines for the Use of GLOBE Culture and Leadership Scales. August 1, 2006, in: http://www. thunderbird.edu/wwwfiles/ms/globe/pdf/GLOBE_Culture_and_Leadership_Scales_Guidelines.pdf, abgerufen am 22.01.09.

Thunderbird School of Global Management (Hrsg.) (2011), Global Leadership and Organizational Behavior Effectiveness Research Project Home Page, in: http://www.thunderbird.edu/sites/globe/, abgerufen am 23.06.2011.
Tomczak, Torsten/Reinecke, Sven/Dittrich, Sabine (2010), Kundenbindung durch Kundenkarten und -clubs, in: *Bruhn, Manfred/Homburg, Christian,* Handbuch Kundenbindungsmanagement. Strategien und Instrumente für ein erfolgreiches CRM, Wiesbaden (Gabler) 2010, 387-410.
Towers Perrin (Hrsg.) (2006), Was Mitarbeiter bewegt und Unternehmen erfolgreich macht – Gewinnen, Binden und Motivieren von Mitarbeitern als erfolgskritischer Beitrag zum Unternehmenserfolg. Towers Perrin Global Workforce Study Deutschland, in: http://www.towersperrin.com/tp/getwebcachedoc?webc=HRS/DEU/2007/200701/GWS.pdf, abgerufen am 26.08.2008.
Towers Perrin (Hrsg.) (2009a), Was Mitarbeiter bewegt zum Unternehmenserfolg beizutragen – Mythos und Realität Towers Perrin Global Workforce Study 2007-2008 – Deutschland Report, in: http://www.towersperrin.com/tp/getwebcachedoc?webc=HRS/DEU/2008/200801/TPGWSGermany.pdf, abgerufen am 28.02.2009.
Towers Perrin (Hrsg.) (2009b), Closing the Engagement Gap: A Road Map for Driving Superior Business Performance Towers Perrin Global Workforce Study 2007-2008, in: http://www.towersperrin.com/tp/getwebcachedoc?webc=HRS/-USA/2008/200803/GWS_Global_Report20072008_31208.pdf, abgerufen am 28.02.2009.
Towers Watson (Hrsg.) (2012), Global Workforce Study. Engagement at Risk: Driving Strong Performance In a Volatile Global Environment, in: http://towerswatson.com/ assets/ pdf/ 2012-Towers-Watson-Global-Workforce-Study.pdf, abgerufen am 03.11.2012.
Trompenaars, Fons (1994), Riding the waves of culture, Chicago (Irwin) 1993.
Trompenaars, Fons/Hampden-Turner (1997), Riding the waves of culture, New York (McGraw-Hill) 1997.
Trost, Armin (2009), Employer Branding, in: *Trost, Armin* (Hrsg.), Employer branding: Arbeitgeber positionieren und präsentieren, Köln (Luchterhand) 2009, 13-77.
Trost, Armin (2012), Talent-Relationship-Management: Personalgewinnung in Zeiten des Fachkräftemangels, Berlin, Heidelberg (Springer) 2012.
Trost, Armin (Hrsg.) (2009), Employer branding: Arbeitgeber positionieren und präsentieren, Köln (Luchterhand) 2009.
University of St Andrews (2012), Map of Contemporary Central and Eastern Europe, in: http://www.st-andrews.ac.uk/~pv/courses/centeur/map.html, abgerufen am 03.11.2012.

Urban, Dieter/Mayerl, Jochen/Sackmann, Reinhold (Hrsg.) (2011), Regressionsanalyse: Theorie, Technik und Anwendung, Wiesbaden (Verlag für Sozialwissenschaften) 2011.
Verfürth, Claus (2010), Einarbeitung, Integration und Anlernen neuer Mitarbeiter, in: *Bröckermann, Reiner* (Hrsg.), Handbuch Personalentwicklung: die Praxis der Personalbildung, Personalförderung und Arbeitsstrukturierung, Stuttgart (Schäffer-Poeschel) 2010, 157-176.
Verlander, Edward G./Evans, Martin R. (2007), Strategies for Improving Employee Retention, in: Clinical Leadership & Management Review 21 (2/2007), E4.
Vinke, Axel (2005), Virtuelle Arbeitsstrukturen und organisationales Commitment : das Büro als entscheidender Faktor sozialer Identifikation, Wiesbaden (Dt. Universitätsverlag) 2005.
Voicu, Bogdan/Voicu, Malina (2009), Continuities and discontinuities in social values in postcommunist Romania, in: Studia Universitatis Babes-Bolyai, Sociologia – Restructuring the postsocialist city, Issue 1, June 2009, Cluj-Napoca (Studia Universitatis Babes-Bolyai) 2009, 161-178.
vom Hofe, Anja (2005), Strategien und Maßnahmen für ein erfolgreiches Management der Mitarbeiterbindung, Hamburg (Kovac) 2005.
von der Oelsnitz, Dietrich/Stein, Volker/Hahmann Martin (2007), Der Talente-Krieg: Personalstrategie und Bildung im globalen Kampf um Hochqualifizierte, Bern, Stuttgart, Wien (Haupt) 2007.
von Keller, Eugen (1982), Management in fremden Kulturen: Ziele, Ergebnisse und methodische Probleme der kulturvergleichenden Managementforschung, Bern (Haupt) 1982.
von Laue, Theodore H. (1988), The World Revolution of Westernization. The Twentieth Century in Global Perspective, New York, Oxford (Oxford University Press) 1988.
Wagner, Dieter (1991), Anreizpotentiale und Gestaltungsmöglichkeiten von Cafeteria-Modellen, in: *Schanz, Günther* (Hrsg.), Handbuch Anreizsysteme in Wirtschaft und Verwaltung, Stuttgart (Schäffer-Poeschel) 1991, 91-109.
Wagner, Richard (1991), Sonderweg Rumänien: Bericht aus einem Entwicklungsland, Berlin (Rotbuch) 1991.
Wallentowitz, Henning/Freialdenhoven, Arndt/Olschewski, Ingo (2009), Strategien in der Automobilindustrie: Technologietrends und Marktentwicklungen, Wiesbaden (Vieweg + Teubner) 2009.
Walsh, Gianfranco (2011), Unfriendly customers as a social stressor – An indirect antecedent of service employees' quitting intention, in: European Management Journal 29 (1/2011), 67-78.

Weber, Wolfgang/Festing, Marion/Dowling, Peter J./Schuler, Randall S. (2011), Internationales Personalmanagement, Wiesbaden (Gabler) 2011.

Weißenrieder, Jürgen (Hrsg.) (2010), Nachhaltiges Personalmanagement in der Praxis: mit Erfolgsbeispielen mittelständischer Unternehmen, Wiesbaden (Gabler) 2010.

Welge, Martin K./Holtbrügge, Dirk (2006), Internationales Management: Theorien, Funktionen, Fallstudien, Stuttgart (Schäffer-Poeschel) 2006.

Weller, Ingo (2007), Fluktuationsmodelle: Ereignisanalysen mit dem sozio-oekonomischen Panel, München (Hampp) 2007.

Welt Online (2009), Rumänien bittet um Hilfe aus EU-Krisenfonds, in: http://www.welt.de/politik/article3348778/Rumaenien-bittet-um-Hilfe-aus-EU-Krisenfonds.html, abgerufen am 22.12.2009.

Werle, Klaus (2008), High Potentials – Jeder Zweite will weg, in: http://www. manager-magazin.de/ koepfe/ karriere/ 0,2828,556394,00.html, abgerufen am 27.12.2008.

Whitt, Ward (2006), The Impact of Increased Employee Retention on Performance in a Customer Contact Center, in: Manufacturing & Service Operations Management 8 (3/2006), 235-252.

Wiedmann, Klaus-Peter/Koot, Christian (2003), Kundenbindung und Kundenbindungspotential: eine theoriegeleitete Modellgenese, Hannover (Universität Hannover, Lehrstuhl für ABWL und Marketing II) 2003.

Wiener Yoash/Vardi, Yoav (1980), Relationships between job, organization, and career commitments and work outcomes: An integrative approach, in: Organizational Behavior and Human Performance 26 (8/1980), 81-96.

Wilhelm, Alexander/Wuttke, Jürgen (2012), Handlungsfelder zur Fachkräftesicherung aus Arbeitgebersicht, in: *Zehrfeld, W. Axel* (Hrsg.), Fachkräftesicherung: Situation – Handlungsfelder – Lösungen, Frankfurt am Main (Frankfurter Allgemeine Buch) 2012, 40-46.

Williams, Verna L./Sunderland, Julie E. (1999), New pay programs boost retention, in: Workforce 78 (5/1999), 36-40.

Wilms, Wolfgang J. (2010), Job Enlargement und Job Enrichment, in: *Bröckermann, Reiner* (Hrsg.), Handbuch Personalentwicklung: die Praxis der Personalbildung, Personalförderung und Arbeitsstrukturierung, Stuttgart (Schäffer-Poeschel) 2010, 555-566.

Winter, Johannes (2006), Nach Produktion kommt Forschung und Entwicklung. Mittel- und Osteuropa als Ziel für Auslandsinvestitionen in der Automobilindustrie. Osteuropaforschung – 15 Jahre „danach“ Beiträge für die 14. Tagung junger Osteuropa-Experten, in: http://www.ssoar.info/ssoar/files/2008/1707/winterj_kraftfahrzeugindustrie_osteuropa_upgrading.pdf, abgerufen am 30.12.2008, 154-159.

Wirtschaftskammer Österreich (2012), Arbeitsproduktivität, in: http://www.wko.at/statistik/eu/europa-arbeitsproduktivitaet.pdf, abgerufen am 22.09.20012.
Wirtschaftskammer Österreich (2012), Inflationsraten, in: http://wko.at/statistik/eu/europa-inflationsraten.pdf, abgerufen am 17.12.2012.
Wöhlcke, Manfred (1988), Grundzüge der Dependenztheorie – Eine Einführung, in: *Alt, Gerhard* (Hrsg.), Armut im Süden durch Wohlstand im Norden: Nachträge und Schlaglichter zur Dependenz-Theorie, München (Hanns-Seidel-Stiftung) 1988, 17-34.
Wölfer, Dirk (2012), AHK-Konjunkturumfrage MOE 2012, in: http://tschechien.ahk.de/ fileadmin/ ahk_tschechien/ Presse/ PM_2012/ Konjunkturbericht_MOE_2012.pdf, abgerufen am 10.11.2012.
World Bank (2012), Fertility rate, total (births per woman), in: http://data.worldbank.org/indicator/SP.DYN.TFRT.IN, abgerufen am 16.11.2012.
World Bank (2012a), Unemployment, total (% of total labor force), in: http://data.worldbank.org/indicator/SL.UEM.TOTL.ZS, abgerufen am 10.11.2012.
World Bank (2012b), GDP Annual Growth, in: http://data.worldbank.org/indicator/NY.GDP.MKTP.KD.ZG, abgerufen am 09.11.2012.
World Values Survey (Hrsg.) (2008), Values Change The World. World Values Survey, in: http://www.worldvaluessurvey.org/wvs/articles/folder_published/article_base_110/files/WVSbrochure5-2008_11.pdf, abgerufen am 23.06.2011.
World Values Survey (Hrsg.) (2011), Download data files of the Values Studies, in: http://www.wvsevsdb.com/wvs/WVSData.jsp, abgerufen am 23.06.2011.
World Values Survey (Hrsg.) (2012), New wave of surveys, in: http://www.worldvaluessurvey.org/wvs/articles/folder_published/article_base_116, abgerufen am 17.11.2012.
Worrach, Cornelia (2001), Der Mensch – das Maß aller Dinge, in: Personalwirtschaft (1/2001), 66-69.
Wunderer, Rolf (2007), Führung und Zusammenarbeit – Eine unternehmerische Führungslehre, Köln (Luchterhand) 2007.
Zapf, Wolfgang (1991b), Modernisierung und Modernisierungstheorien, in: *Zapf, Wolfgang* (Hrsg.), Die Modernisierung moderner Gesellschaften: Verhandlungen des 25. Deutschen Soziologentages in Frankfurt am Main 1990, Frankfurt, New York (Campus) 1991, 23-39.
Zapf, Wolfgang (1994), Modernisierung, Wohlfahrtsentwicklung und Transformation: soziologische Aufsätze 1987 bis 1994, Berlin (Sigma) 1994.
Zapf, Wolfgang (2001a), Modernisierung – Dimensionen eines Begriffs, in: *Hill, Hermann* (Hrsg.), Modernisierung – Prozess oder Entwicklungsstrategie?, Frankfurt (Campus) 2001, 13-22.

Zapf, Wolfgang (2001b), Modernisierung und Transformation, in: *Schäfers, Bernhard/Zapf, Wolfgang* (Hrsg.), Handwörterbuch zur Gesellschaft Deutschlands, Opladen (Leske + Budrich) 2001, 492-501.

Zapf, Wolfgang (2008), Entwicklung und Sozialstruktur moderner Gesellschaften, in: *Korte, Hermann/Schäfers, Bernhard* (Hrsg.), Einführung in Hauptbegriffe der Soziologie, Wiesbaden (Verlag für Sozialwissenschaften) 2008, 257-271.

Zapf, Wolfgang (Hrsg.) (1969), Theorien des sozialen Wandels, Köln (Kiepenheuer) 1969.

Zapf, Wolfgang (Hrsg.) (1991a), Die Modernisierung moderner Gesellschaften: Verhandlungen des 25. Deutschen Soziologentages in Frankfurt am Main 1990, Frankfurt, New York (Campus) 1991.

Zaugg, Robert J. (2009), Nachhaltiges Personalmanagement: eine neue Perspektive und empirische Exploration des Human Resource Management, Wiesbaden (Gabler) 2009.

Zaugg, Robert J./Blum, Adrian/Thom, Norbert (2001), Nachhaltiges Personalmanagement – Spitzengruppenbefragung in europäischen Unternehmungen und Institutionen, in: http:// www.empiricon.ch/ web/downloads/ pblc/nachhaltiges_personalmanagement_2001.pdf, abgerufen am 27.08.2009.

Zeit Online (2012), OECD Studie – China und Indien hängen den Rest der Welt ab, in: http://www.zeit.de/wirtschaft/2012-11/oecd-studie-china-indien, abgerufen am 10.11.2012.

Zschiedrich, Harald (2001), Internationales Management im Spannungsfeld von Transformation und Globalisierung, in: *Clermont, Alois* (Hrsg.), Strategisches Personalmanagement in globalen Unternehmen, München (Vahlen) 2001, 125-145.

PERSONALMANAGEMENT UND ORGANISATION

Herausgegeben von Volker Stein

Band 1 Torsten Klein: Dynamisches Ressourcenkonfigurationsmanagement. Eine funktionalorientierte Werterhaltung strategischer Kompetenzen. 2010.

Band 2 Janina C. Volmer: Psychological Contracting. Rationalisierung des Entstehungsprozesses psychologischer Arbeitsverträge – eine darwiportunistische Analyse. 2013.

Band 3 Malte Krill: Mitarbeiterbindung im Einflussfeld gesellschaftlicher Modernisierung in Mittel- und Osteuropa. Eine Analyse am Beispiel der Automobilzulieferindustrie in Rumänien. 2014.

www.peterlang.com